Eckart Pott Tierlexikon von A-Z

Eckart Pott Tierlexikon von A-Z

Eckart Pott

Ravensburger
TIERLEXIKON
VON A-Z

Otto Maier Ravensburg

Koala

Mississippi-Alligator

Die Deutsche Bibliothek – CIP-Einheitsaufnahme

Pott, Eckart:
Ravensburger Tierlexikon von A–Z / Eckart Pott
[Fotos: Eckart Pott, Hans Reinhard u. a.; Ill.: Klaus Joas]. –
Ravensburg: Maier, 1993
ISBN 3-473-35584-4
NE: HST

Gedruckt auf chlorfrei gebleichtem Papier

5 4 3 2 1   97 96 95 94 93

Layout: Friederike Naroska, Tübingen
Umschlaggestaltung: Werbeagentur Bauer, Weingarten
Fotos: Eckart Pott, Hans Reinhard, Bildarchiv OKAPIA,
Bildarchiv Harald Lange, Friederike Naroska,
Winfried Wisniewski, Manfred Danegger
Illustrationen: Klaus Joas, Remshalden

Die Abbildung auf Seite 1 zeigt eine junge Sattelrobbe,
die Abbildung auf Seite 3 ein Zebra.

Brutkolonie des Königspinguins ▷

Schwimmkrabbe

Stockente, Erpel

Inhalt

Zu diesem Buch

Ein Lexikon über Tiere zu schreiben, klang für mich zunächst recht einfach. Aber schon bald stellten sich entscheidende Fragen: Reicht der Platz überhaupt aus, um all die vielen Tiere, die es gibt, in einem Überblick darzustellen? Und: Welche Tiere sollen in dem Buch vorgestellt werden? Schließlich: Wie werden die Tiere angeordnet? – Keine leichte Aufgabe also, die Idee für dieses Lexikon in die Tat umzusetzen.

Tierforscher schätzen, daß es etwa eineinhalb Millionen verschiedene Tierarten auf der Erde gibt. Daraus mußte eine sinnvolle Auswahl getroffen werden. In eine erste Liste habe ich die bekanntesten europäischen Säugetiere und Vögel aufgenommen. Diese Liste wurde dann durch die interessantesten Säugetiere und Vögel aus den anderen Erdteilen ergänzt. In gleicher Weise habe ich die weiteren Wirbeltiere – die Kriechtiere, die Lurche und die Fische – in die Liste eingebaut.

Die Wirbeltiere machen zusammen nur einen kleinen Teil des Tierreiches aus. Sie umfassen nur etwa 50 000 verschiedene Arten. Dennoch gehören zu ihnen die beliebtesten Tiere, und deshalb nehmen sie in diesem Lexikon auch den breitesten Raum ein. Interessante oder ungewöhnliche Tiere aus anderen Gruppen wurden aber gleichermaßen berücksichtigt: Muscheln und Schnecken, Käfer und Schmetterlinge, Seesterne und Seeigel und andere mehr.

In einem Lexikon sind die Begriffe meist nach dem Alphabet geordnet, und so ist es auch in diesem Tierlexikon. Damit du dich schnell zurechtfinden kannst, stehen die Suchbegriffe deutlich sichtbar ganz oben auf den Seiten.

Ein Beispiel: Wenn du etwas über Bären nachlesen willst, findest du die Information unter dem Stichwort „Bär". Dabei sind der Braunbär und der Eisbär ausführlicher behandelt als der Schwarzbär und die weiteren Bären-Arten, die es auf der Erde gibt. Braunbär und Eisbär werden auch jeweils im Foto gezeigt, und zu beiden Arten findest du einen Kasten mit den wichtigsten Angaben über sie.

Diese Info-Kästen sind für jedes Tier gleich aufgebaut. Nacheinander stehen hier die Stichwörter **Größe**, **Merkmale**, **Ernährung**, **Fortpflanzung** und **Vorkommen**.

Unter **Größe** findest du Informationen zur Länge und zum Gewicht des Tieres. Bei großen Vögeln ist auch die Flügelspannweite angegeben.

Unter **Merkmale** ist ausgeführt, woran man die jeweilige Tierart erkennen kann, wie sich Männchen und Weibchen unterscheiden, welche besonderen Kennzeichen die Jungen haben und ähnliches.

Das Stichwort **Ernährung** beinhaltet sowohl die Nahrung als auch die Ernährungsweise. Du kannst also nachlesen, was das Tier frißt oder wie es jagt.

Unter dem Stichwort **Fortpflanzung** ist etwa bei Vögeln angegeben, wo und wie sie ihr Nest bauen, wie viele Eier sie legen, wie die Eier gefärbt sind und wie viele Bruten sie im Jahr aufziehen. Bei den Säugetieren steht, wie lange es dauert, bis die Jungen geboren werden, wie viele Junge das Tier bekommt oder wie schwer die Jungen bei der Geburt sind.

Das **Vorkommen** beinhaltet sowohl den Lebensraum der Tiere als auch ihre Verbreitung. Du bekommst hier Informationen darüber, ob das betreffende Tier im Wald, in der Wüste oder im Hochgebirge lebt, und auf welchen Kontinenten es zu Hause ist.

Trottellumme mit ihrem Jungen

Zu diesem Buch

Siebenschläfer

In dem Text, der außerdem bei jedem Stichwort steht, wird manchmal etwas biologisch besonders Interessantes angesprochen. Oft erfährst du auch, warum das Tier seinen Namen bekommen hat. Unter jedem Stichwort werden oft mehrere Tiere genannt, die zu der jeweiligen Tiergruppe gehören. Ihre Namen sind zur Hervorhebung kursiv geschrieben.

Außerdem wird auch über andere Arten berichtet, die mit dem betreffenden Tier verwandt sind. Einige werden nur kurz erwähnt, andere werden mehr oder weniger ausführlich besprochen.

Stößt du nun in dem laufenden Text auf das Zeichen ↑, so bedeutet das, daß du unter dem gekennzeichneten Stichwort weitere Informationen finden kannst. Dazu zwei Beispiele: „Amsel ↑" bedeutet „weiterlesen unter dem Stichwort Amsel"; „Ente ↑" bedeutet „weiterlesen unter dem Stichwort Ente".

Der einfachste Weg, auf Anhieb die richtige Stelle im Lexikon zu finden, ist ein Blick in das Register am Ende des Buches. Hier sind alle Tiere alphabetisch aufgelistet, die im Lexikon genannt werden. In diesem Register findest du also sowohl die in Foto und Info-Kasten behandelten Tiere, als auch alle die Tiere, die nur erwähnt werden.

Um dir die Zuordnung der Tiere zu erleichtern, kannst du unter der Überschrift **Das Tierreich im Überblick** nachlesen, wie Biologen Tiere benennen und ordnen. Daran anschließend werden alle wichtigen Tiergruppen im Zusammenhang vorge-

stellt. Es werden jeweils die gemeinsamen Merkmale der Gruppe und ihre Untergliederung angesprochen, und die wichtigsten Vertreter werden in Zeichnungen dargestellt. An einigen Stellen wird im Text darauf verwiesen. Wenn du zum Beispiel auf den Hinweis → S. 334 stößt, bedeutet das, daß du auf Seite 334 nachlesen kannst, zu welchem Stamm ein Tier gehört.

In **Rekorde im Tierreich** und in **Tiere in Zahlen** findest du einige ungewöhnliche Informationen zum Staunen und zum Nachdenken.

Und da Biologen immer wieder spezielle Wörter benutzen, sind auf zwei Seiten noch wichtige **Biologische Fachausdrücke** zusammengestellt.

Damit du dir vorstellen kannst, wie die einzelnen Tiere aussehen, enthält dieses Buch viele farbige Fotos. Besonderen Spaß hat das Auswählen der Bilder bereitet.

Den größten Teil der Fotos habe ich selbst gemacht. Mein Freund Hans Reinhard hat einen weiteren Teil beigesteuert. Die anderen Fotos stammen von Manfred Danegger, Harald Lange, Friederike Naroska und Winfried Wisniewski und von anderen bekannten Tierfotografen. Die Fotos wurden in der ganzen Welt aufgenommen – die meisten in freier Natur, andere in Zoologischen Gärten, Vogel- und Wildparks. Aus Tausenden von Bildern haben wir die schönsten und interessantesten ausgesucht.

Klaus Joas hat die Zeichnungen für den Anhang angefertigt. Und Friederike Naroska hat es übernommen, die einzelnen Seiten ansprechend und abwechslungsreich zu gestalten. Im Verlag haben dann Sabine Zürn, Rudolf Göggerle und Andrea Prontnicki dafür gesorgt, daß aus den vielen beschriebenen Seiten, den Fotos und den Zeichnungen schließlich ein schönes Buch entstand. Allen ein herzliches Dankeschön!

Und dir nun viel Freude beim Blättern und Nachschlagen, beim Schmökern und Lesen in diesem Tierlexikon von A–Z!

Stuttgart, Januar 1993   Dr. Eckart Pott

Nächste Doppelseite: Walroßherde

Tiere
von A-Z

Aal

Flußaale sind Wanderfische und machen eine besonders interessante Entwicklung durch. Zum Laichen wandern die Fische von Europa durch den Atlantik bis in das Gebiet der Sargassosee vor der Küste Nordamerikas. Die aus den Eiern geschlüpften Larven wandern im Lauf von drei Jahren mit dem Golfstrom nach Europa zurück. Während dieser Zeit wachsen sie langsam heran. Man spricht zunächst von „Weidenblattlarven", weil die Larven die Form von Weidenblättern haben. Die jungen Fische nennt man „Glasaale", weil sie fast durchsichtig sind. Nachdem die Jungfische an den Küsten Europas angekommen sind, wandern sie flußaufwärts. Deshalb werden sie dann als „Steigaale" bezeichnet. In einem Gewässer, das ihnen zusagt, wachsen die Aale heran.

Wenn die Fische ausgewachsen und fortpflanzungsfähig sind, wandern sie wieder dorthin zurück, wo sie als Larven aus dem Ei geschlüpft sind – also zurück in die Sargassosee. Das ist eine Strecke von 5 000 bis 7 000 km Länge. Auf dieser Wanderung leben sie von Fettvorräten in ihrem Körper. Nach dem Ablaichen sterben die Fische, und bald machen sich die Nachkommen auf die gleiche Wanderung wie ihre Eltern. Aale sind Raubfische und leben von Kleintieren und von anderen Fischen.

Mit dem Flußaal verwandt ist der *Meeraal* oder *Seeaal*. Er kann bis 3 m lang und 65 kg schwer werden.

Flußaal, Europäischer Aal

Größe Männchen bis 50 cm lang, Weibchen bis 1,50 m lang und 6 kg schwer

Merkmale Der Körper ist rund, langgestreckt, schlangenartig; „Gelbaale" haben einen dunkel braungrün gefärbten Rücken und einen gelblichen Bauch, „Blankaale" haben einen silbrigweißen Bauch; die Schuppen sind sehr klein und tief in die Haut eingebettet

Ernährung Aale ruhen tagsüber in Verstecken und suchen erst nachts Nahrung: Insektenlarven und andere Kleintiere, auch andere Fische

Fortpflanzung Ausgedehnte Wanderungen zum Laichplatz; Eier treiben im Wasser

Vorkommen Ruhige Flußabschnitte und stehende Gewässer; Küsten und Binnengewässer Europas, Vorderasiens und Nordafrikas; Aale werden in vielen geeigneten Binnengewässern ausgesetzt

---

Der Flußaal ist ein Wanderfisch. Er laicht im Meer.

Adler

Adler sind zum Teil sehr große Greifvögel. Sie pakken ihre Beute mit den Füßen und halten sie damit auch fest. Die Füße haben lange, scharfe Krallen (Greiffüße). Mit ihren Hakenschnäbeln reißen Adler Stücke aus der Beute, um sie zu verspeisen.

Die bekannteste Art in Europa ist der *Steinadler*. Er ist der Wappenvogel verschiedener Länder (beispielsweise Deutschlands und Österreichs), und man findet ihn auf Münzen und Geldscheinen abgebildet. Leider ist der Steinadler in vielen Gebieten heute sehr selten; vielerorts hat man ihm auch bis

Seeadler

zur Ausrottung nachgestellt. Nur in den unzugänglichen Gebirgen konnte sich der Vogel noch einigermaßen halten. Man schätzt, daß in den gesamten Alpen noch etwa 200 Brutpaare horsten. Aber auch wenn der Adler heute unter Schutz steht, so leidet er doch unter den Störungen durch den Menschen, die durch den Tourismus in den Alpen bedingt sind. Weltweit gesehen hat der Steinadler aber ein sehr großes Verbreitungsgebiet, und beispielsweise in den nordamerikanischen Rocky Mountains kann man den großen Greifvogel noch regelmäßig beobachten.

Etwas kleiner als der Steinadler ist der *Kaiseradler*; er wird rund 80 cm lang. Diese Art unterscheidet sich vom Steinadler durch den gelblichen Oberkopf und Nacken und die weißen Schulterflekken. Der Kaiseradler ist über Teile der Iberischen Halbinsel und über Mittelasien verbreitet.

Die Beute des etwa 65 cm langen *Schlangenadlers* besteht fast ausschließlich aus Schlangen und anderen Kriechtieren. Er ist in Teilen Süd- und Osteuropas, Nordafrikas und Asiens verbreitet.

Der *Fischadler*↑ fängt Fische, die nahe der Wasseroberfläche stehen. Fischadler kommen auf der ganzen Erde vor. In Europa sind die Brutbestände aber stark zurückgegangen. Die Gründe dafür sind die unablässige Verfolgung durch den Menschen und die Verschmutzung der Gewässer. Außerdem nehmen Eiersammler immer noch Horste aus.

Will man die Adler schützen, muß man die Horste Tag und Nacht bewachen. Dies gilt auch für den stark bedrohten *Seeadler*↑. Um die verbliebenen Brutpaare machen sich die Vogelschützer große Sorgen.

Steinadler

Steinadler

Größe Länge 90 cm, Flügelspannweite rund 2,20 m

Merkmale Ausgewachsene Vögel einfarbig dunkelbraun; Kopf bisweilen heller als das übrige Gefieder; Männchen und Weibchen gleich gefärbt; Jungadler mit weißer Schwanzwurzel und weißen Feldern in den Flügeln; abgestutzter Schwanz; befiederte Beine

Ernährung Jagt Säugetiere und Vögel, frißt auch Aas

Fortpflanzung Horst in Felswänden, selten auf hohen Bäumen; meist 2 Eier, auf trübweißem Grund rotbraun gefleckt; Gelege ab April; Brutdauer rund 6 Wochen; Jungadler nach weiteren 11 bis 12 Wochen flügge; 1 Brut im Jahr

Vorkommen Vor allem im Hochgebirge oberhalb der Waldgrenze; in Europa im Alpenraum, in Teilen des Balkans, in Skandinavien, in Schottland und auf der Iberischen Halbinsel; daneben über Mittelasien, Nordwestafrika und fast ganz Nordamerika verbreitet

---

Affe

Berberaffe

Berberaffe, Magot

Größe 60 bis 70 cm lang, Schulterhöhe 45 bis 50 cm;
Weibchen bis 12 kg, Männchen bis 15 kg schwer

Merkmale Der Berberaffe hat eine kurze, unbehaarte
Schnauze und kurze Ohren; kein sichtbarer Schwanz;
er besitzt dichtes, langhaariges, gelbbraunes Fell

Ernährung Frißt Früchte, Blätter, Gras und Knollen, aber
auch Insekten und andere Kleintiere

Fortpflanzung Tragzeit 146 bis 180 Tage; der Berberaffe
bringt 1 Junges, selten auch 2 Junge zu Welt; Geburtsgewicht etwa 450 g

Vorkommen Lebt im buschigen Fels- und Hügelland zwischen 600 und 2 000 m Höhe; kommt in Europa nur in
Gibraltar im Süden Spaniens (dort aber vermutlich eingeführt) vor, sonst in Marokko und Algerien lebend

---

In jedem Zoo erfreuen sich die Affen ganz besonderer Beliebtheit. Wer sich einmal Zeit nimmt und die
Tiere genauer beobachtet, stellt fest, daß Affen Ver-
haltensweisen zeigen, die denen des Menschen ähnlich sind. Da kratzt sich ein Schimpanse am Kopf –
wie wir es tun, wenn wir verlegen sind. Oder ein
Berberaffenkind saugt an der Brust seiner Mutter –
genau wie ein Menschenbaby. Da verdreschen sich
zwei Pavianmännchen – es geht beinahe zu wie bei
einer Rauferei im Wirtshaus. Diese und viele weitere Ähnlichkeiten zwischen Affen und Menschen
lassen sich erklären: Affen und Menschen stammen
von gemeinsamen Vorfahren ab.

Affen sind unterschiedlich groß. Der kleinste Affe
ist der *Zwergseidenaffe* mit knapp 12 cm Länge.
Der größte ist der *Gorilla↑*; er wird 1,85 m groß.
Ein Schwanz kann ganz fehlen; manche Affenarten
haben aber auch einen Schwanz, der länger ist als
ihr Rumpf. Der *Bärenstummelaffe* beispielsweise
wird 50 bis 70 cm lang, und für den Schwanz kommen noch einmal 65 cm bis 1 m hinzu. Bei der nahe
verwandten *Goldstumpfnase* beträgt die Länge des
Rumpfes 50 bis 80 cm, sein Schwanz kann 1,04 m
lang werden. Der Zwergseidenaffe ist nicht nur der
kleinste, sondern auch der leichteste Affe; er wiegt
nur 100 g. Ein ausgewachsenes Gorillamännchen,
der schwerste Affe, kann ein Gewicht von 275 kg
erreichen. Er ist damit aufgerundet 3 000mal schwerer als sein kleinster Verwandter.

Affen haben ein recht gut entwickeltes Gehirn.
Viele haben einen rundlichen Kopf oder eine ausgeprägte Schnauze. Ihre Augen sind nach vorn
gerichtet; ihre Ohren sehen oft so aus wie die Ohren
des Menschen. Die Muskeln im Gesicht sind gut entwickelt, und deshalb können Affen Grimassen
schneiden. Ein besonders wichtiges Merkmal der
Affen sind ihre Hände und Füße, mit denen sie greifen und geschickt hantieren können. Der Schwanz
dient oft als weiteres Greifinstrument. Manche
Affen lernen unter Anleitung der Forscher sogar,
schwierige Handgriffe auszuführen – die oft auch
noch eine gewisse Überlegung erfordern.

Affen leben paarweise zusammen, aber auch in kleinen oder großen Gruppen. Die Tiere können sich
das ganze Jahr über fortpflanzen. Sie bekommen
meist nur ein Junges, das sie lange betreuen. Ihr
Höchstalter liegt zwischen 10 und 40 Jahren.

Die Biologen teilen die Affen in zwei große Gruppen ein, in die „Neuweltaffen" und in die „Altweltaffen". Die Neuweltaffen leben ausschließlich in Mit-
tel- und in Südamerika. Zu ihnen zählen etwa 50
verschiedene mittelgroße Arten. Alle sind ausgesprochene Baumbewohner und tagaktiv. Zu den
Neuweltaffen zählen etwa die *Totenkopfaffen*, die
Brüllaffen, die *Kapuzineraffen*, die *Klammeraffen*
und die *Seidenaffen*.

Affe

Husarenaffe

Nasenaffen. Aber noch zwei weitere wichtige Gruppen gehören zu den Altweltaffen: die Kleinen Menschenaffen mit den *Gibbons* und die Großen Menschenaffen mit *Orang-Utan↑*, *Gorilla↑* und *Schimpanse↑*. Die Menschenaffen sind die Tiere, die mit dem Menschen am nächsten verwandt sind. Sie haben ein hochentwickeltes Gehirn.

Insgesamt gehören die Affen zur Säugetier-Ordnung der Herrentiere oder Primaten (→ Seite 338). Neben den Neuweltaffen und den Altweltaffen zählen die Biologen zu dieser Ordnung auch noch die Halbaffen. Zu den Halbaffen gehören Tiere mit so abenteuerlich klingenden Namen wie *Maki, Katta, Sifaka, Indri, Fingertier, Lori, Potto* oder *Galago*. Die kleinste Halbaffenart ist das *Mausmaki* mit 11 cm Körperlänge und 50 g Gewicht. Die größte Art ist der *Indri* mit 80 cm Länge und 7 kg Gewicht. Halbaffen kommen im mittleren Afrika und in Südostasien vor. Sie sind fast ausschließlich Waldbewohner und ernähren sich von Pflanzen. Die meisten sind nachts aktiv und haben sehr große Augen und einen ausgeprägten Geruchssinn.

Husarenaffe

Größe Männchen: 60 bis 75 cm lang, 7,5 bis 13 kg schwer; Weibchen: 50 bis 60 cm lang, 4 bis 7,5 kg schwer; Schwanz so lang wie Rumpf

Merkmale Schlank, lange Gliedmaßen und langer Schwanz; runder Kopf mit kurzer Schnauze; rauhhaariges Fell, Oberseite ziegelrot, Unterseite grau- bis gelbweiß, Augenbrauen schwarz

Ernährung Frißt Wurzeln, Triebe, Blätter, Samen und Früchte von verschiedenen Pflanzen, daneben Kleintiere (vor allem Insekten), kleine Eidechsen und Vögel und deren Eier

Fortpflanzung Paarungszeit im Juli/August; Tragzeit rund 170 Tage; Hauptsetzzeit Dezember bis Februar; 1 Junges, 3 Monate von der Mutter am Bauch getragen

Vorkommen Savanne mit hohem Gras, bisweilen auch an Waldrändern oder in felsigem Gelände; in einem Gürtel am Südrand der Sahara von West- bis Ostafrika verbreitet

---

Die Verbreitung der Altweltaffen ist auf Afrika und das südliche Asien beschränkt. Im äußersten Süden Spaniens lebt der einzige europäische Affe, der *Berberaffe*. Zu den Altweltaffen zählen rund 80 verschiedene Arten. Darunter sind beispielsweise die *Makaken*, der *Rhesusaffe*, die *Paviane*, die *Meerkatzen↑*, der *Husarenaffe*, die *Languren* und die

Riesengalago

Albatros

Der Wanderalbatros brütet auf Inseln nördlich der Antarktis.

Albatrosse sind Meeresvögel; sie halten sich die meiste Zeit ihres Lebens über dem offenen Meer auf. In elegantem Segelflug gleiten sie über den Wellen dahin. Sie haben schmale, lange Flügel und können damit die Aufwinde nutzen, die an den Wellenkämmen entstehen. Von allen Vögeln beherrschen die Albatrosse den Segelflug am besten.

An Land dagegen sind die langen Flügel eher hinderlich. Die Vögel haben sowohl beim Starten als auch beim Landen ihre Schwierigkeiten. Deshalb liegen die Brutplätze der Albatrosse oft auf Felseninseln, die steil aus dem Meer aufragen. Das erleichtert ihnen das An- und Abfliegen.

Die größten Albatrosse sind der *Wanderalbatros* und der *Königsalbatros*. Diese Vögel brauchen sehr lange (6 bis 10 Jahre), bis sie das erste Mal brüten. Die Jungen schlüpfen außerdem erst nach über zweimonatiger Bebrütung aus den Eiern. Und dann dauert es noch weitere neun Monate, bis die jungen Albatrosse fliegen können. Wenn also viele der großen Albatrosse umkommen, dauert es sehr lange, bis sich ihre Bestände wieder erholt haben.

Wanderalbatros

Größe 1,20 m lang, Flügelspannweite 3,25 m (im Höchstfall 3,50 m); Gewicht 6,5 kg

Merkmale Erwachsene Vögel mit weißem Gefieder, schwarzem Flügelhinterrand und schwarzen Flügelspitzen; Schnabel und Füße blaßrosa; Jungvögel mit Braun im Gefieder

Ernährung Fängt Tintenfische, Krebse und Fische an der Wasseroberfläche

Fortpflanzung Nest am Boden; 1 Ei, Mitte November abgelegt, 80 Tage lang bebrütet

Vorkommen Auf dem offenen Meer der südlichen Ozeane rund um die Erde vorkommend; Brutplätze liegen beispielsweise auf Südgeorgien, Tristan da Cunha, der Gough- und der Crozetinsel und auf den Inseln südlich von Neuseeland; die Nester liegen auf steilaufragenden Felseninseln und hoch an den Klippen

---

Insgesamt gibt es 13 Arten von Albatrossen. Sie alle leben auf den offenen Meeren der südlichen Halbkugel. Die nördlichsten Brutplätze liegen auf den Galapagosinseln am Äquator. Über den Meeren nördlich des Äquators kann man dennoch immer wieder einmal Albatrosse beobachten.

Alk

Alken sind Meeresvögel, die nur zur Brutzeit an den Küsten anzutreffen sind. Die übrige Zeit des Jahres halten sie sich auf dem offenen Meer auf. An das Leben auf dem Meer sind die Vögel hervorragend angepaßt. Sie jagen unter Wasser und bewegen sich dabei mit Hilfe ihrer flossenartigen Flügel vorwärts. Die Flügel taugen aber nicht zu wendigen oder gar eleganten Manövern in der Luft, und deshalb fliegen Alken meist in gerader Linie. Ihre kleinen Flügel schlagen rasch auf und ab.

Insgesamt umfaßt die Vogelgruppe 22 Arten. Sie leben alle auf der nördlichen Halbkugel. Ihre Lebensweise und ihr Verhalten unterscheidet sich von Art zu Art. Den *Tordalken* beispielsweise sieht man an den Brutplätzen nur einzeln oder in kleinen Gruppen. Nie sind ähnlich große Gruppen wie bei den nahverwandten Lummen↑ zu sehen; Lummenkolonien können Tausende von Vögeln umfassen. Besonders schön ist es, vom Fischfang hereinkommende Alken zu beobachten. Während Lummen stets nur einen Fisch anlanden, kehrt der Tordalk meist mit mehreren Fischen im Schnabel vom Meer zurück. Nach der Landung in der Nähe des Brutplatzes verschwindet der Vogel im Boden oder unter Felsen. Der Tordalk brütet nämlich in Höhlen, und dort wartet das Junge auf Nahrung.

Ähnlich wie der Tordalk sah der *Riesenalk* aus. Dieser Vogel wurde 70 bis 85 cm lang und 5 kg schwer. Seine Flügel waren 16 bis 17 cm lang, und mit so kleinen Tragflächen konnte der Vogel nicht

Rot- oder Papageischnabelalk

mehr fliegen. Deshalb ist er auch den unerbittlichen Nachstellungen nicht entgangen. Der Vogel wurde im Jahr 1844 ausgerottet, und heute gibt es nur noch ein paar ausgestopfte Exemplare des Riesenalken in Museen zu sehen. Eine ähnliche Lebensweise wie die Alken haben die Pinguine↑. Deshalb sehen Alken und Pinguine auch ähnlich aus. Pinguine leben aber ausschließlich auf der südlichen Halbkugel. Und im Gegensatz zu den Alken sind Pinguine nicht mehr in der Lage zu fliegen. Sie sind dafür vollendet an die Jagd unter Wasser angepaßt – wie es auch der ausgestorbene Riesenalk, der „Pinguin des Nordens", einmal gewesen ist.

Tordalken

Tordalk

Größe Länge 40 cm

Merkmale Oberseite schwarz, Unterseite weiß; kurzer Hals und Kopf; kräftiger, seitlich zusammengedrückter Schnabel mit weißer Querlinie; Stimme rauh und knarrend „arr" oder „orr"

Ernährung Jagt unter Wasser kleine Meeresfische, aber auch Krebstiere

Fortpflanzung Das Nest wird in Höhlen gebaut (Steinhöhlen, Felsspalten, Nischen); brütet meist einzeln oder in kleinen Gruppen; 1 weißes Ei mit unterschiedlicher Fleckung; an den südlich gelegenen Brutplätzen ist der Legebeginn schon Ende April, nach Norden hin deutlich später; 1 Brut im Jahr

Vorkommen Lebt an den Küsten Skandinaviens, Nordfrankreichs, Großbritanniens, Irlands, außerdem im Norden der Ostküste Nordamerikas

Alligator

Mississippi-Alligatoren sonnen sich in einem Sumpfgebiet in Florida.

Alligatoren sind mit Krokodilen↑ und Kaimanen↑ nah verwandt. An Land bewegen sich die Panzerechsen nur langsam. Ihr eigentliches Element ist das Wasser. Hier gehen sie auch auf Jagd. Nur die erhöht stehenden Augen und Nasenlöcher ragen dann über die Wasseroberfläche. Kommt ein Beutetier nahe genug, werden die sonst so trägen Alligatoren sehr schnell. Sie packen den Fisch oder die Schildkröte und schlingen den Brocken hinunter. Es ist übrigens nicht ratsam, sich einem Alligatornest zu nähern. Während sich die Jungen in den Eiern entwickeln, bewacht das Weibchen nämlich den Nesthaufen. Es beobachtet Störungen genau und greift an.

Missisippi-Alligator

Größe 1,80 bis 5 m lang (Rekord: 5,84 m)

Merkmale Breite, runde Schnauze, auf der Oberfläche fast glatt; Haut überwiegend schwarzgrün oder schwarz gefärbt, bisweilen auch mit hellen Stellen; Junge mit gelblichen Querbinden und Flecken auf Rücken und Schwanz

Ernährung Jagt Fische und Schildkröten

Fortpflanzung Paarungszeit im Frühjahr; großer Nesthaufen aus zusammengetragenem Pflanzenmaterial: 1 bis 2 m im Durchmesser und 45 bis 90 cm hoch; 30 (bis 100) weiße, hartschalige Eier; Eier entwickeln sich in der Wärme im Inneren des Nesthaufens

Vorkommen Feuchtgebiete, sumpfige Fluß- und Seeniederungen; über den Südosten Nordamerikas verbreitet; lange Zeit verfolgt, heute unter Schutz gestellt, deshalb Zunahme der Bestände

Ameise

In Nadelwäldern, bisweilen auch in Misch- und Laubwäldern, kann man die bis 1,50 m hohen Baue der *Roten Waldameise* sehen. Die kuppelförmigen Hügel werden aus Nadeln, kleinen Zweigen, Moos und Erde zusammengetragen. Meist errichten die Tiere sie an trockenen, sonnigen Stellen am Waldrand. Über der Erde sieht man aber nur einen kleinen Teil des Ameisennestes. Unter dem Nesthügel kann es sich bis zu 2 m tief im Boden ausdehnen.

Die Baue der Roten Waldameise beherbergen oft 100 000 und mehr einzelne Tiere. Deren Zusammenleben ist gut organisiert; man spricht von einem „Insektenstaat". Wie bei den Bienen↑ setzt sich der Staat aus verschiedenen „Bürgern" zusammen, die sich in ihrem Körperbau und in ihren Aufgaben unterscheiden.

Die Mehrzahl der Ameisen sind Arbeiterinnen. Das sind verkümmerte Weibchen, die aus unbefruchteten Eiern hervorgehen. Sie werden 5 bis 8 mm lang und tragen keine Flügel. Die Arbeiterinnen haben umfangreiche Aufgaben zu erledigen: Sie bauen am Nest, reinigen und verteidigen es, sie pflegen die Brut und die Königinnen und beschaffen das benötigte Futter.

Der Nesthügel wird laufend ausgebessert, und im Inneren muß „geputzt" werden. Wenn ein Räuber, etwa ein Grünspecht, über das Nest herfällt, verteidigen es die Arbeiterinnen. Ameisen besitzen zwar keinen Stachel, können aber empfindlich beißen und verspritzen Ameisensäure.

Rote Waldameisen

Rote Waldameise

Größe 5 bis 10 mm lang

Merkmale Großer Kopf mit recht langen, geknickten Fühlern; starke Einschnürung zwischen Brust und Hinterleib; Kopf und Brust rotbraun, Hinterleib schwarzbraun gefärbt

Ernährung Insekten und andere Kleintiere, darunter auch viele Forstschädlinge; ernährt sich daneben von Honigtau, dem süßen, zuckerhaltigen Saft, den Blattläuse ausscheiden

Fortpflanzung Baut große Nester (Ameisenhaufen), bis 1,50 m hoch; Königinnen legen Eier; unbefruchtete Eier entwickeln sich zu Arbeiterinnen und Männchen, befruchtete zu Königinnen

Vorkommen Bevorzugt in Nadel-, aber auch in Laubwäldern; Veränderung der Böden durch sauren Regen führt zu stetiger Abnahme der Ameisen; über Europa mit Ausnahme des Südens, das gemäßigte Sibirien und Nordamerika verbreitet

Nesthügel der Waldameise

Je nach Witterungsbedingungen und Alter müssen Eier, Larven und Puppen an bestimmte Stellen im Bau getragen werden. Die Larven müssen außerdem gefüttert werden, genau wie die Königinnen, deren Aufgabe es ist, Eier zu legen.

Zur Schwarmzeit im Frühjahr schlüpfen aus den Puppen 9 bis 11 mm lange Tiere, die sich fortpflanzen können: geflügelte Männchen und geflügelte Weibchen. Im Mai/Juni verlassen diese Ameisen den Bau zum Hochzeitsflug. Bei der Paarung nehmen die Weibchen Spermien für ihr ganzes Leben auf. Danach ziehen sie in bereits vorhandene Baue ein, oder sie versuchen, an einer geeigneten Stelle selbst einen Ameisenstaat aufzubauen.

Da die Ameisen verschiedene Schadinsekten jagen, sind sie für die Lebensgemeinschaft unserer Wälder von großer Bedeutung. Deshalb stehen sie auch unter Naturschutz, und man sollte die Nester unbedingt in Ruhe lassen.

Ameisenbär

Ameisenbären fallen besonders durch ihre ungewöhnlich lange, leicht nach unten gebogene Schnauze auf. Wozu sie gut ist, erkennt man, wenn man das Tier bei der Nahrungssuche beobachtet. Findet der Ameisenbär ein Ameisen- oder Termitennest, reißt er zunächst den Boden mit seinen Klauen an den Vorderfüßen auf. Bald hat er die Gänge freigelegt, in denen die kleinen Tiere leben. Dann steckt er die lange Schnauze in die Öffnung und holt die Insekten mit seiner sehr langen, beweglichen und klebrigen Zunge heraus. Bis zu 35 000 Stück soll ein Ameisenbär pro Tag vertilgen können.

Der *Große Ameisenbär* ist tagaktiv. Seine Feinde sind Puma und Jaguar. Die jungen Ameisenbären setzen sich gleich nach der Geburt auf den Rücken der Mutter und werden auch noch huckepack getragen, wenn sie schon halbwüchsig sind. Wie alt Ameisenbären in freier Natur werden, weiß man nicht. In der Obhut des Menschen können die Tiere ein Alter von 25 Jahren erreichen. Neben dem Großen Ameisenbären gibt es außerdem noch den

Zwergameisenbären, der ebenfalls im Norden Südamerikas lebt und darüber hinaus in Teilen Mittelamerikas vorkommt. Dieses Tier wird, den Schwanz mitgerechnet, nur 30 bis 50 cm lang und 300 bis 500 g schwer. Er ist im Gegensatz zum Großen Ameisenbären nachtaktiv.

Zur Verwandtschaft der Ameisenbären zählen Faultiere↑ und Gürteltiere↑. Zusammen bilden diese Tiere die Ordnung der Nebengelenktiere oder Zahnarmen (→ Seite 338).

Großer Ameisenbär

Größe 1 bis 1,30 m lang, Schwanz weitere 65 bis 90 cm lang, Gewicht 30 bis 35 kg

Merkmale Dichtes, graubraunes Fell, dunkel und hell gezeichnet; behaarter Schwanz, Haare bis 40 cm lang; langer, röhrenförmiger Kopf; 10 bis 15 cm lange Klauen an den zweiten und dritten Zehen der Vorderfüße

Ernährung Frißt Ameisen und Termiten, auch Käferlarven

Fortpflanzung Tragzeit 180 bis 190 Tage; 1 Junges je Wurf; Gewicht bei der Geburt 1,2 kg

Vorkommen Bewohnt Dornbuschsteppen, Savannen und Wälder; über das nördliche und mittlere Südamerika verbreitet

---

Der Große Ameisenbär durchstreift seinen Lebensraum.

Ameisenjungfer

Gefleckte Ameisenjungfer

Gefleckte Ameisenjungfer

Größe 3,5 cm lang, Flügelspannweite 7 cm

Merkmale Der Körper ist bräunlich gefärbt; der kleine
Kopf hat kurze, kräftige, keulenförmige Fühler; Flügel mit
dichter, netzartiger Aderung, unregelmäßig gefleckt; die
Flügel werden in Ruhehaltung dachartig über dem langen
Hinterleib zusammengelegt; die Ameisenjungfer fliegt nur
abends oder nachts

Ernährung Die Ameisenjungfer jagt kleine Insekten;
der Ameisenlöwe, die Larve, frißt vor allem Ameisen und
gräbt zum Fang der Beute kleine Trichter in den sandigen
Boden

Fortpflanzung Eier in Bodennähe abgelegt; ausgewachsene
Larven („Ameisenlöwen") etwa 12 mm lang und 6 mm breit

Vorkommen In Heidegebieten und sandigen Flächen vorkommend; über weite Teile Europas verbreitet, vor allem
in den warmen Zonen

Auf sandigen Flächen findet man bisweilen merkwürdige Trichter im Boden. Sie haben einen Durchmesser von einigen Zentimetern und liegen oft
dicht nebeneinander. Hin und wieder gerät eine
Ameise in so einen Trichter. Dessen Wände sind so
locker, daß die Ameise Mühe hat, wieder herauszu-
kommen. Sie kommt ins Rutschen und wird von
zwei dolchartigen Zangen gepackt. Die Zangen sind
die Mundwerkzeuge des Ameisenlöwen, der Larve
der Ameisenjungfer. Mit ihnen wird die Ameise
dann auch ausgesaugt.

Aus dem Ameisenlöwen entwickelt sich nach zwei-
maliger Überwinterung die Puppe und dann das
fertige Insekt. Die Ameisenjungfer zählt zu den
Netzflüglern (→ Seite 331).

Amsel

Die Amsel ist ein häufiger und bekannter Vogel.
Überall in Gärten und Parks kann man den Vogel
beobachten, und überall hört man seine Stimme. Ist
der Vogel erregt, schimpft er laut und durchdringend „tik, tik, tik". Diese Rufe hört man auch beim
Abfliegen und abends vor dem Aufsuchen der
Schlafplätze. Der langsame Gesang wirkt etwas
schwermütig. Er ist eine Folge von getragenen und
flötenden Tönen.

Die Amsel lebt aber noch nicht lange in Gärten und
Parks! Noch im vorigen Jahrhundert war sie ein
scheuer Waldvogel. Die Forscher nehmen an, daß
das bessere Futterangebot in den Städten und Dörfern die Amsel zu einer Änderung ihrer Lebensweise veranlaßt hat.

Amsel, Männchen

Amsel, Schwarzdrossel

Größe 26 cm lang

Merkmale Männchen mit einfarbig schwarzem Gefieder,
gelbem Ring um die Augen und gelbem Schnabel; Weibchen bräunlich gefärbt, Kehle gefleckt, Schnabel braun;
Junge ähnlich wie Weibchen, aber mehr rotbraun und
deutlicher gefleckt

Ernährung Schnecken, Würmer, Insekten, Früchte,
Beeren

Fortpflanzung Großes Nest aus Halmen und Erde, Mulde
mit feinem Material ausgepolstert; in Hecken, Büschen,
Kletterpflanzen, auf Fenstersimsen und Dachbalken;
4 bis 7 dicht bräunlich gefleckte Eier mit verwaschen
grünem Grund; Gelege ab März; 2, sogar 3 Bruten im Jahr

Vorkommen In Gärten und Parks sowie im Wald lebend;
in Europa fast überall vorkommend; fehlt im nördlichen
Skandinavien und in Island; Jahresvogel

Klippspringer

Antilopen sind eine sehr vielfältige Tiergruppe. Es gibt hasengroße Antilopen wie das *Dikdik*↑, aber auch solche, die die Größe eines Rindes erreichen, wie die *Elenantilope*. Die Tiere kommen in ganz unterschiedlichen Lebensräumen vor. Während die einen in der trockenen Wüste überleben können, leben die anderen in der Steppe, im Buschland, in der Savanne oder im Wald.

Antilopen haben aber auch eine Reihe von Gemeinsamkeiten. Beispielsweise sehen ihre Hufe so aus wie beim Rind. Tiere mit solchen Hufen nennt man Paarhufer (→ Seite 338). Wie das Rind sind auch alle Antilopen Wiederkäuer. Sie ernähren sich von Pflanzen, nehmen die Nahrung auf und kauen sie in einer späteren Ruhepause noch einmal durch. Auf diese Weise nutzen die Tiere ihr Futter viel besser aus, als wenn sie es schlucken und gleich verdauen würden.

Ein wichtiges Merkmal aller Antilopen sind die Hörner. Auch dies läßt darauf schließen, daß die Tiere mit dem Rind verwandt sind. Die Hörner bestehen aus einem Knochenzapfen, der aus dem Schädel herauswächst, und einer Scheide aus Horn. Hörner wachsen das ganze Leben lang. Sie werden also nicht alljährlich abgeworfen und erneuert, wie es bei den Geweihen von Hirsch↑ und Reh↑ geschieht. Hörner und Geweihe haben wenig gemeinsam.

Die Hörner der Antilopen haben eine ganz unterschiedliche Form. Manche Antilopen tragen nur

---

Klippspringer

Größe Bis 1,15 m lang; 10 bis 18 kg schwer

Merkmale Fell graubraun; Hörner fast nur bei Männchen, bis 16 cm lang, meist gerade

Ernährung Frißt je etwa zur Hälfte Laub von Büschen und Bäumen und Gräser und Kräuter

Fortpflanzung Tragzeit rund 7 Monate; 1 Junges, Setzzeit je nach Gebiet unterschiedlich

Vorkommen In mit Felsen durchsetztem Buschland vorkommend; vor allem im Osten, Süden und Südwesten Afrikas verbreitet

---

Steinböckchen

Größe Körper 70 bis 90 cm, Schwanz 5 bis 10 cm lang; 10 bis 16 kg schwer

Merkmale Körper klein, große Ohren; Fell oben hell rotbraun, unten vom Kinn bis zum Bauch weißlich; Hörner bis 19 cm lang, gerade

Ernährung Frißt hauptsächlich Laub von Sträuchern und Bäumen, daneben Gräser und Kräuter

Fortpflanzung Tragzeit rund 6 Monate; 1 Junges, Geburtsgewicht 900 g; Setzzeit ganzjährig

Vorkommen Im offenen Buschland lebend, auch in der Steppe und sogar in der Halbwüste; südliches Afrika

Steinböckchen

Antilope

kleine Stifte auf dem Kopf, die *Oryxantilope*↑ dagegen lange Spieße. Die *Kudus*↑ wiederum haben korkenzieherartige Hörner. In sich gedreht sind auch die Hörner der Elenantilope. Bei der *Impala*↑ stehen die Hörner in Form einer Leier. Die Hörner werden in erster Linie im Kampf mit Artgenossen eingesetzt.

Für die Tierforscher gibt es die Antilopen als einheitliche Gattung gar nicht. Sie unterscheiden vielmehr nah miteinander verwandte Gruppen, wie *Ducker, Böckchen, Waldböcke, Kuhantilopen, Pferdeböcke, Ried-* und *Wasserböcke*↑*, Schwarzfersenantilopen* und *Gazellen*↑. Alle diese Tiere, die man gemeinhin als Antilopen bezeichnet, gehören zur Familie der Hornträger.

Kuhantilope

Elenantilope

Größe Männliche Tiere: bis 3,45 m lang, Schwanz bis 90 cm lang; Schulterhöhe bis 1,80 m, bis 1 000 kg schwer; weibliche Tiere: bis 2,70 m lang, Schwanz bis 80 cm lang, bis 600 kg schwer

Merkmale Wirkt wie ein Rind; Fell graubraun bis dunkel rotbraun, mit weißen Abzeichen; Hörner bei männlichen Tieren bis 1,23 m, bei weiblichen Tieren bis 66 cm lang

Ernährung Gräser und Kräuter, Laub von Bäumen und Sträuchern

Fortpflanzung Tragzeit 254 bis 285 Tage; 1 Junges, selten 2 Junge; Setzzeit in Kenia von Oktober bis November, in Südafrika von März bis Mai oder im August/September

Vorkommen Savannen und Buschland, aber auch in Gelände bis hin zu Halbwüsten; östliches und südliches Afrika

---

Kuhantilope

Größe 1,75 bis 2,45 m lang, Schwanz 45 bis 70 cm lang; männliche Tiere 135 bis 200 kg, weibliche Tiere 120 bis 180 kg schwer

Merkmale Langer, schmaler Kopf; Fell rotbraun; männliche und weibliche Tiere mit Hörnern; Hörner bis 70 cm hoch, leierförmig gebogen

Ernährung Frißt hauptsächlich Gräser und Kräuter, nur selten Laub von Büschen und Bäumen

Fortpflanzung Tragzeit 8 Monate; 1 Junges, zu unterschiedlicher Zeit geboren: in Ostafrika ganzjährig mit Höhepunkten im Februar/März und im Juli/August, im südlichen Afrika September bis November

Vorkommen Lockeres Buschland, Trockensavanne, freie oder mit Büschen und Bäumen bestandene Steppe; Westen, Osten, Süden und Südwesten Afrikas

---

Die Elenantilope ist die größte Antilope, die es gibt.

Apollofalter

Der Apollofalter gehört zu den schönsten Schmetterlingen ↑ Europas. Viele für Schmetterlinge geeignete Lebensräume sind aber heute verschwunden und mit ihnen auch die Futterpflanzen der Raupen. Umweltgifte bleiben ebenfalls nicht ohne Folgen. So ist der Apollofalter heute selten geworden und in einigen Gegenden seines Verbreitungsgebietes sogar schon ausgestorben – wie viele andere Schmetterlingsarten auch.

Neben dem „normalen" Apollofalter gibt es in Europa noch zwei nahe verwandte Arten, den *Hochalpen-Apollo* und den *Schwarzen Apollo*. Alle drei Arten stehen heute in vielen Ländern Europas unter Naturschutz, da sie gebietsweise leider sehr selten geworden sind.

Apollofalter

Apollofalter

Größe Flügelspannweite 8 cm

Merkmale Körper grau, Flügel gelblichweiß gefärbt; Vorderflügel mit grauen Bändern am Rand und schwarzen Flecken; Hinterflügel mit grauen Feldern und roten, schwarz umrandeten Flecken; Fühler grau gefärbt; Zeichnung der Flügel von Gebiet zu Gebiet sehr unterschiedlich; Raupen schwarz mit 2 hellroten Punktereihen auf der Oberseite

Ernährung Die Raupen fressen bevorzugt am Weißen Mauerpfeffer, aber auch an anderen Mauerpfeffer- und an Hauswurzarten

Fortpflanzung Die vom Weibchen abgelegten Eier überwintern; Raupen in der Zeit von April bis Juni; Entwicklung über Puppe zum Falter

Vorkommen Wiesen von Tallagen bis in etwa 2 200 m Höhe; über die Gebirge von Spanien bis Südskandinavien und weiter bis nach Zentralasien hinein verbreitet

---

Ara

Araraunas oder Gelbbrustaras

Ararauna, Gelbbrustara

Größe 80 bis 95 cm lang

Merkmale Langer Schwanz, Kopf mit dickem, schwarzem Schnabel; Oberseite tief himmelblau, Unterseite gelb bis gelborange; Kehle schwarz; Wangen weiß mit feinen schwarzen Linien

Ernährung Frißt Früchte und Samen von Urwaldbäumen

Fortpflanzung Brütet in Baumhöhlen; 2 weiße Eier

Vorkommen Bewohnt Urwälder bis in etwa 500 m Höhe; in Mittelamerika und im Norden Südamerikas vorkommend; durch das Abholzen der Regenwälder verlieren die Aras ihren Lebensraum

---

Aras sind die größten aller heute lebenden Papageien ↑. Rekordhalter ist der bis auf wenige gelbe Stellen am Kopf ganz blau gefärbte *Hyazinthara* mit knapp 1 m Länge. Die Vogelkundler unterscheiden etwa ein Dutzend Araarten. Ihre Verbreitung erstreckt sich von Mexiko über Mittelamerika bis in den Süden Brasiliens. Fast alle Aras leben in Waldgebieten. Dort fliegen sie von einem Baum, auf dem sie Futter finden, zum nächsten. Die Nahrung der Aras besteht aus Samen und Früchten. Mit ihrem dicken Schnabel können sie auch harte Schalen mühelos knacken. Wegen ihrer schönen Farben hat man Aras früher in Mengen gefangen und in den Handel gebracht. Auf dem Transport sind immer viele von ihnen zugrunde gegangen, und deshalb stehen die Aras heute unter Schutz. Heute droht den Vögeln eine neue Gefahr: Mit dem Abholzen der tropischen Regenwälder verlieren die Aras immer mehr ihren angestammten Lebensraum.

Auerhuhn

Das Auerhuhn ist der größte Hühnervogel Europas. Ein eindrucksvolles Erlebnis ist es, die Balz der Vögel zu beobachten. Gegen Abend kommt der Hahn zum Balzplatz, um auf dem Schlafbaum zu übernachten. In der Morgendämmerung beginnt er dann seine 5 bis 6 Sekunden lange Balzstrophe. Mit hängenden Flügeln und aufgerichtetem Hals und Schwanz stolziert der Hahn auf dem Balzplatz herum, bis die Hennen eintreffen.

Wie bei allen Hühnervögeln brütet ausschließlich die Henne. Die Jungen sind Nestflüchter; sie verlassen den gefährdeten Nistplatz bald nach dem Schlüpfen. Außerhalb des Nestes werden die Jungen wegen ihres Tarnkleides von manchem Räuber übersehen.

Balzender Auerhahn

Auerhuhn

Größe Hahn bis 90 cm lang und 5 kg schwer; Henne rund 60 cm lang und etwa 3 kg schwer

Merkmale Hahn: Gefieder dunkelgrau und schillernd blaugrün, in den Flügeln braun, schwarzer Kinnbart, weißlicher Schnabel; Henne: Gefieder braun mit dunklen Streifen und Flecken; ziemlich langer, abgerundeter Schwanz

Ernährung Triebe von Pflanzen, Nadeln (besonders von Kiefern), Beeren, Kleintiere (Ameisen)

Fortpflanzung Nest meist am Fuß eines Baumes, aber auch zwischen niedrigen Sträuchern; 7 bis 11 gelbbraune, dunkel gefleckte Eier; Brutdauer etwa 27 Tage; Gelege ab April; 1 Brut im Jahr

Vorkommen Ruhige Misch- und Nadelwälder mit reichlichem Unterwuchs an Beerensträuchern; Jahresvogel; über die höheren Mittelgebirge Europas und bis weit nach Asien hinein verbreitet

Auerochse

Der Auerochse ist die Stammform unseres Rindes↑. Die wildlebenden Tiere waren in der Eiszeit eine bevorzugte Jagdbeute des Menschen. Im 17. Jahrhundert wurden die Tiere dann ausgerottet. Die letzte verbliebene Kuh starb wahrscheinlich im Jahr 1627. Die Auerochsen, die man heute in Zoos und Wildparks sehen kann, sind also gar keine „richtigen" Auerochsen. Diese Tiere wurden vielmehr aus Rindern herausgezüchtet, die in Form und Aussehen noch stark an den Auerochsen erinnerten. Man spricht hier von Rückzüchtung. Mit dieser Methode erhielt man im Lauf der Zeit Tiere, die Auerochsen weitgehend glichen. Wie die wilden Auerochsen ausgesehen haben, weiß man nur aus alten Beschreibungen, Zeichnungen und Gemälden.

Auerochse, Ur

Größe Bis 3,10 m lang, Gewicht 800 bis 1 000 kg; Bullen größer und schwerer als Kühe

Merkmale Kopf schlank, langgestreckt; Rückenlinie gerade; Hörner weißlich mit schwarzer Spitze, bis 80 cm lang; Fell kurz, glatt; Bullen schwarzbraun mit hellem Aalstrich und hellen Krauslocken auf der Stirn; Kühe dunkelbraun; Kälber rostbraun

Ernährung Gräser und Kräuter; Zweige, Knospen und Blätter von Bäumen; im Herbst vor allem Eicheln, im Winter Fallaub

Fortpflanzung Paarungszeit August bis September; Tragzeit 9 Monate, Setzzeit Mai/Juni

Vorkommen Lichte Wälder, Auen, offenes, parkartiges Gelände; über die gesamte gemäßigte Zone Europas und Asiens verbreitet; auch in Nordafrika und Kleinasien (heute ausgestorben)

Auerochse, Kuh mit Kalb

Auster

Austern gehören zu den Muscheln↑, die Schalen mit ungleichen Klappen haben. Mit der linken oder unteren gewölbten Klappe sitzen die Tiere auf dem Grund fest. Die rechte oder obere Klappe ist flach und verschließt die andere Klappe wie ein Deckel. Die Muscheln sitzen oft in Gruppen an- und aufeinander. Es kann auch zur Ausbildung von ganzen Austernbänken kommen, die Massen von Tieren umfassen. Natürliche Austernbänke findet man allerdings heute nur noch selten.

Da das Fleisch der Muscheln sehr schmackhaft ist, stehen sie seit Jahrhunderten auf dem Speisezettel der Menschen. Heute wird der Bedarf durch Austern gedeckt, die in großen Mengen in Austerngärten gezüchtet werden.

Europäische Auster

Größe Bis 10 cm, selten bis 15 cm Durchmesser

Merkmale Schale flach und annähernd rund; Oberfläche durch die Zuwachsringe unregelmäßig gewellt, oft mit Algen bewachsen; Schale außen schmutziggrau, innen milchigweiß gefärbt

Ernährung Strudelt Wasser ein und filtert die darin enthaltenen Kleinstlebewesen (Planktonalgen) als Nahrung heraus

Fortpflanzung Austern sind Zwitter und abwechselnd männlich und weiblich; Eier werden im Tier befruchtet und dann ins Wasser ausgestoßen; die weitere Entwicklung erfolgt über schwimmende Larven zu Jungmuscheln, die sich festsetzen

Vorkommen Besiedelt harte Böden und Felsen in der Brandungszone; Nordsee, Atlantik und Mittelmeer (Austern werden auch gezüchtet)

Europäische Auster

Austernfischer

Wo Austernfischer leben, sind sie nicht zu übersehen. Die Vögel sind kräftig gefärbt und haben eine laute Stimme. Zu Beginn der Brutzeit hört man sie trillern. Dabei heben sie sich in den Schultern, und Kopf und Schnabel weisen zum Boden. Das Trillern wirkt oft ansteckend auf andere Männchen, und bald sieht man einen ganzen Trupp Austernfischer mit gesenktem Kopf ein eigenartiges Turnier ausführen: Die Vögel umkreisen sich, laufen nebeneinander und hintereinander her, dann fliegen sie hoch und führen die Spiele in der Luft weiter.

Seinen Namen trägt der Austernfischer übrigens nicht ganz zu Recht. Er frißt zwar Muscheln und Schnecken, aber Austern kann er wegen ihrer dicken Schale nicht knacken.

Austernfischer

Austernfischer

Größe Länge 43 cm

Merkmale Gefieder schwarz-weiß; langer, roter Schnabel und rote Beine; im Flug deutliche weiße Flügelbinde und weißer Bürzel sichtbar; typische „kliep, kliep"-Rufe, auch kurz „pik, pik", Trillern: „kewick, kewick, kwick, kwick, kerirr"

Ernährung Frißt hauptsächlich Muscheln und Schnecken; auch Krebstiere, Würmer und Insekten

Fortpflanzung Flache Nestmulde am Strand, am Dünenboden oder in der Vegetation, manchmal mit Material aus der Umgebung ausgelegt („Muschelnester"); meist 3 Eier, hellbraun mit dunklen Flecken; erste Gelege oft schon Mitte März; 1 Brut im Jahr, Nachgelege häufig

Vorkommen Strände, Dünen, Wattwiesen, Grünland; in den Küstengebieten Europas und Asiens; auch in Zentralasien und Neuseeland

---

Axishirsch

Axishirsch

Axishirsch, Chital
Größe 1,10 bis 1,40 m lang, Schwanz weitere 20 bis 30 cm lang; Gewicht 75 bis 100 kg
Merkmale Körper gedrungen, lange Beine; Fell rotbraun, stets kräftig gefleckt; Geweih dünn, leierförmig geschwungen, mit 6 (selten 7 oder 8) Sprossen
Ernährung Frißt Laub, Früchte und Gräser
Fortpflanzung Tragzeit 7 bis 7,5 Monate; 1 Junges bis 3 Junge; manchmal 2 Geburten im Jahr
Vorkommen In Wäldern, mit Büschen bestandenen Grasfluren und Rohrdickichten; über Indien und Hinterindien verbreitet

Der Axishirsch trägt in allen Altersstufen und zu jeder Jahreszeit Flecken im Fell. Dies ist auch bei einigen Formen des Damhirsches↑ der Fall. Beim Rothirsch und beim Reh dagegen tragen nur die ganz jungen Tiere Flecken. Weil der Axishirsch so schön aussieht, hat man ihn in Australien, Neuseeland, Hawaii, Brasilien und Argentinien als Parkwild eingeführt. Auch in Europa wurde der Hirsch stellenweise gehalten. In ihrer Heimat leben Axishirsche in großen Rudeln zusammen. Sie umfassen gelegentlich 800 und mehr einzelne Tiere.

Axolotl

Der Axolotl ist ein merkwürdiger Schwanzlurch. Er hat noch als erwachsenes Tier einen Ruderschwanz und äußerlich sichtbare Kiemen. Dies sind Kennzeichen, wie sie normalerweise die Larven von Salamandern und Molchen aufweisen, mit denen der Axolotl verwandt ist. Der Axolotl verharrt im Larvenzustand und pflanzt sich so auch fort. An Land geht er zur Lungenatmung über und bekommt einen runden Schwanz.

Axolotl
Größe Bis 29 cm lang
Merkmale Langgestreckt, dicker Kopf; je 3 äußerlich sichtbare rote Kiemenbüschel an den Seiten des Kopfes; seitlich abgeplatteter Ruderschwanz; es kommen dunkle und weißlich gefärbte Tiere vor
Ernährung Frißt im Wasser lebende Kleintiere wie Kleinkrebse, kleine Schnecken und Muscheln
Fortpflanzung Männchen setzen Spermien in Paketen ab, die vom Weibchen aufgenommen werden; das Weibchen legt die Eier an Pflanzen ab; die Larven schlüpfen nach etwa 4 Wochen
Vorkommen Sumpfige Flachseen; Mexiko (Xochimilcosee, 20 km südlich von Mexiko-Stadt)

Axolotl

Bär

Der Alaska-Braunbär hat gerade einen großen Lachs gefangen.

Bären gehören zu den Raubtieren. Sie unterscheiden sich aber stark von ihren Verwandten und bilden deshalb eine eigene Familie.

Sie ernähren sich nicht nur von Fleisch, und sie sind anders gebaut als andere Raubtiere. Bären sind Allesfresser, die neben Fleisch auch Gras und Beeren fressen. Dies zeigt sich an ihrem Gebiß: Die Tiere haben breite, flache Backenzähne zum Zermahlen der Pflanzen. Bären sind außerdem Sohlengänger, laufen also auf der ganzen Fußsohle und nicht nur auf den Zehen.

„Meister Petz", wie der *Braunbär* in Märchen und Fabeln genannt wird, ist in Europa selten geworden. Einigermaßen häufig sind die Tiere noch in Nordamerika, vor allem in Alaska. Im Herbst brauchen die Bären jede Menge Nahrung, um sich ein Fettpolster zuzulegen, von dem sie im Winter zehren können. Im November/Dezember zieht sich jeder Bär in eine Höhle zurück. In der Zeit der Winterruhe sinkt die Körpertemperatur ab, und alle Lebensvorgänge werden verlangsamt. Dennoch wacht der Bär von Zeit zu Zeit auf. Im April/Mai

Braunbär	
Größe	In Europa bis 1,70 m lang und 70 kg schwer; in Alaska dagegen viel größer: Schulterhöhe bis 1,40 m, Länge bis 3 m und Gewicht bis 675 kg
Merkmale	Hellbraunes bis dunkelbraunes, langhaariges Fell; kräftiges Gebiß mit starken Eckzähnen
Ernährung	Allesfresser: Gras, Beeren, Erdhörnchen, Schneehühner, Vogeleier, Aas
Fortpflanzung	Brunstzeit Mai bis Juli; Tragzeit 6 bis 9 Monate; Geburt der Jungen Ende Dezember bis Mitte Januar; meist 2 bis 3 Junge, 400 bis 500 g schwer
Vorkommen	Ausgedehnte Waldgebiete (Bergwälder), Tundra; in Europa, Asien und Nordamerika verbreitet

verläßt er die Höhle wieder. Sein Fettpolster ist aufgebraucht, der Bär ist abgemagert, und er benötigt dringend frisches Futter. Auch die Weibchen suchen im Herbst jedes für sich eine Höhle auf, in denen sie mitten im Winter ihre Jungen zur Welt bringen. Im Frühling, wenn die Tiere die Höhlen wieder verlassen, sind die Jungen schon so weit herangewachsen, daß sie laufen und der Mutter folgen können. Braunbären werden in der freien Natur 20 bis 30 Jahre alt.

Bär

Der *Eisbär*, der weiße Bär des Packeisgürtels im hohen Norden, jagt vor allem Robben; er ist überwiegend Fleischfresser. Äußerlich unterscheidet sich der Eisbär sehr vom Braunbären. Sein Körper ist mehr langgestreckt, der Hals ist lang und dünn, der Kopf länglich und schmal. Die Ohren sind auffallend klein, damit an dieser Stelle nicht unnötig viel Körperwärme verlorengeht. Das dichte Fell und die Fettschicht unter der Haut schützen den Körper vor der Kälte. Da Eisbären immer wieder einmal ins Wasser müssen, haben sie Schwimmhäute zwischen den Zehen. Während die meisten Eisbären das ganze Jahr über aktiv sind, ziehen sich die trächtigen Weibchen im Herbst in Schneehöhlen zurück. Hier kommen im Dezember die Jungen zur Welt. Im März verläßt die Eisbärenmutter mit ihren Jungen die Höhle wieder. Die Jungen wachsen heran und lernen jagen. Gegen Ende des zweiten Lebensjahres der Jungen löst sich die Bärenfamilie auf. Eisbären werden 25 Jahre alt.

In den Wäldern Nordamerikas kommt der *Schwarzbär* vor. Die Tiere haben meist ein schwarzes Fell; es gibt aber auch braune, cremefarbene und sogar weiße Tiere. Die Männchen werden bis 1,80 m lang und 150 kg schwer; die Weibchen bleiben kleiner. Schwarzbären halten wie die Braunbären eine Winterruhe. Sie kann 7 bis 8 Monate dauern. Im Mai kommen die Bären wieder ans Tageslicht. Schwarzbären fressen Gras und Beeren, aber auch Fische und Aas. In manchen Gebieten Nordamerikas kommen übrigens Schwarzbären und Braunbären nebeneinander vor. Sie gehen sich aber aus dem Weg. Bei einer ernsthaften Auseinandersetzung würde der Schwarzbär auch den kürzeren ziehen.

Junge Braunbären

Eisbär	
Größe	Männchen bis 2,50 m lang, Schulterhöhe bis 1,60 m, 410 kg (in Ausnahmefällen bis 1 000 kg) schwer; Weibchen bis 2,10 m lang und entsprechend leichter
Merkmale	Gestreckter Körper; weißes bis gelbliches, langhaariges Fell; Hals und Kopf langgestreckt, kleine Ohren; Schwimmhäute zwischen den Zehen
Ernährung	Überwiegend Fleischfresser; vor allem Robben, daneben Karibus, Moschusochsen, Lemminge, Fisch, auch gestrandete Wale und Walrosse
Fortpflanzung	Brunstzeit April/Mai; Tragzeit 8 bis 9 Monate; Geburt der Jungen im Dezember; meist 2 Junge; bei der Geburt etwa 30 cm lang
Vorkommen	An der südlichen Grenze des Eisgürtels im Norden Asiens und Nordamerikas; um Spitzbergen und Grönland herum; nur selten an Land

Eisbär

Es gibt noch vier weitere Bärenarten. Der *Kragenbär* mit seiner weißen Brustzeichnung kommt im Osten Asiens vor. Der *Lippenbär* lebt in Indien und Sri Lanka. Der *Malaienbär* wiederum ist in Hinterindien und Indonesien zu Hause; er ist der kleinste unter den Bären. Der *Brillenbär* oder *Andenbär* mit seiner weißen Gesichtszeichnung lebt in den Wäldern und Hochgebirgen des nördlichen Südamerikas auf Höhen zwischen 600 und 2000 m.

Barsch

Der Flußbarsch bevorzugt als Standfisch klare Gewässer ohne starke Strömung mit einem harten Boden. Die Jungfische leben eine Zeitlang im Schwarm. Sie halten sich in Ufernähe auf und sind deshalb leicht zu beobachten. Am Ende des zweiten Lebensjahres werden die Jungbarsche geschlechtsreif. Der Flußbarsch hat ein wohlschmeckendes Fleisch und ist ein wichtiger Nutzfisch. Auch bei Sportanglern ist er sehr beliebt.

Ein naher Verwandter des Flußbarsches ist der Zander↑. Dieser Fisch sieht auch ganz ähnlich aus. Allerdings fallen bei ihm die Querbinden nicht so stark auf wie beim Flußbarsch. Außerdem sind die Rückenflossen und die Schwanzflosse dunkel gefleckt.

Flußbarsch, Egli

Größe Bis 45 cm lang

Merkmale Der Flußbarsch ist an der strahligen ersten Rückenflosse, den dunklen Querbinden auf den Körperseiten und den rötlichen Bauch- und Afterflossen leicht zu erkennen

Ernährung Frißt andere Fische; junge Flußbarsche fressen Kleinkrebse und andere kleine Wassertiere, daneben auch Laich

Fortpflanzung Die Laichzeit liegt zwischen März und Juni; die Eier werden in gallertigen Schnüren an Wasserpflanzen oder Steinen festgeheftet; die Jungen schlüpfen nach etwa 2 bis 3 Wochen

Vorkommen In stehenden und fließenden Gewässern bis in etwa 1 000 m Höhe; mit Ausnahme der Iberischen Halbinsel, von Italien, Schottland, von Teilen Norwegens und des Balkans über ganz Europa und Teile Asiens verbreitet

---

Flußbarsch

Baßtölpel

Baßtölpel mit seinem Jungen

Baßtölpel

Größe Mit knapp über 90 cm Länge etwa so groß wie eine Gans, Spannweite 1,70 m

Merkmale Gefieder weiß; Kopf bei ausgewachsenen Vögeln rahmgelb getönt; schmale, lange Flügel mit schwarzen Spitzen; spitzer, graublauer Schnabel; Füße mit Schwimmhäuten zwischen den Zehen; Männchen und Weibchen gleich gefärbt

Ernährung Jagt oft in Gruppen; frißt Fische, die er aus dem Sturzflug heraus unter der Wasseroberfläche fängt

Fortpflanzung Brütet meist in Kolonien; flache Nester aus Tang; 1 bläuliches Ei mit weißem Kalküberzug; Brutzeit ab Anfang April, Brutdauer rund 44 Tage; 1 Brut im Jahr

Vorkommen Atlantik; die Brutplätze liegen an steilen, felsigen Küsten Mittel- und Nordeuropas und Kanadas; zur Nahrungssuche und außerhalb der Brutzeit lebt der Baßtölpel auf dem offenen Meer

---

Der Baßtölpel ruft zwar recht tief, aber seinen Namen hat er nicht wegen seiner Baß-Stimmlage. Er ist nach dem Bass Rock vor der schottischen Küste benannt. Diese kleine Felseninsel sieht von weitem wie verschneit aus. Die „Schneedecke" besteht aber in Wirklichkeit aus Massen von Tölpeln. Mit etwa 50 000 der weißen Vögel ist die Kolonie auf dem Bass Rock eine der größten der Welt. Aus Platzmangel brüten die Vögel dicht nebeneinander. Deshalb kommt es immer wieder zu lautstarken Streitereien und zu Beißereien, und über der Kolonie liegt dauernd ein unbeschreiblicher Lärm.

Verwandte des Baßtölpels leben auf den südlichen Meeren: *Kaptölpel, Blaufußtölpel, Masken-* und *Rotfußtölpel.*

Baumläufer

Baumläufer sind kleine, zierlich gebaute Singvögel, die es verstehen, geschickt an Baumstämmen aufwärts zu klettern und auf der Rinde nach Nahrung zu suchen. Dabei stützen sie sich mit dem recht langen, steifen Schwanz ab, um das Gleichgewicht zu halten. Im Gegensatz zum Kleiber↑ klettern sie ruckweise in Spiralen aufwärts. Neben dem *Gartenbaumläufer* gibt es in Europa noch den *Waldbaumläufer*. Beide Arten sind nur schwer voneinander zu unterscheiden.

Gartenbaumläufer

Gartenbaumläufer	
Größe	13 cm lang
Merkmale	Oberseite braun, mit hellen Streifen und Flecken; Unterseite weißlich-bräunlich; Schnabel dünn und leicht nach unten gebogen
Ernährung	Sucht in der Rinde von Bäumen nach Insekten und Spinnen, frißt daneben auch Samen
Fortpflanzung	Nest meist hinter abstehenden Rindenstücken; 5 bis 7 weiße, braun- und rotgefleckte Eier; Gelege ab Mitte April; 1 Brut im Jahr
Vorkommen	Gärten, Parks und Laubwälder; im Gebirge bis in etwa 1 000 m Höhe; über Mittel- und Südeuropa, Kleinasien und Nordafrika verbreitet

Beutelteufel

Das kleine Beuteltier heißt zu Unrecht „Teufel". Weiße Siedler, die in Tasmanien mit dem Tier in Berührung gekommen sind, haben es nur deshalb als wild und bösartig erlebt, weil sie brutal mit ihm umgegangen sind.

Bei der Geburt sind die kleinen „Teufel" nur 1 cm lang. Sie saugen sich an den Zitzen der Mutter fest und bleiben etwa 5 Monate im Beutel. Danach bauen die Elterntiere in einem hohlen Baumstamm oder unter Felsen ein weich gepolstertes Nest und legen die Jungen dort ab. Mit zwei Jahren werden die jungen Beutelteufel geschlechtsreif.

Früher kam der Beutelteufel auch in Australien vor. Heute ist er dort ausgestorben, wahrscheinlich wegen der Ausbreitung des Dingos↑. Nach Tasmanien dagegen sind Dingos nie gelangt, und dort konnte der Beutelteufel bis heute überleben. Beutelteufel stehen heute unter Naturschutz.

Beutelteufel, Tasmanischer Teufel	
Größe	50 cm lang, Schwanz weitere 25 cm lang; Gewicht 8 bis 12 kg; Männchen größer als Weibchen
Merkmale	Gedrungen und kräftig gebaut; dichtes, schwarzes Fell mit unregelmäßigen weißen Abzeichen am Bauch, am Nacken und an den Schultern
Ernährung	Frißt Aas, Vögel, Säugetiere, Kriechtiere
Fortpflanzung	Paarungszeit zwischen März und Mai, Geburt der Jungen Ende Mai/Anfang Juni; nicht mehr als 4 Junge pro Wurf, meist weniger
Vorkommen	Lebt im offenen Waldland, auch in Kulturland; heute nur noch in Tasmanien verbreitet (früher auch in Australien)

Beutelteufel

29

Biber

Biber sind vorwiegend in der Dämmerung und nachts aktiv. Sie sind deshalb nur schwer zu beobachten. Man stößt eher auf die Spuren ihrer Nagetätigkeit. Überall entlang ihrer Wohngewässer sieht man angenagte oder gefällte Bäume und Haufen von Raspelspänen liegen. Biber graben sich Höhlen in die Ufer, oft bauen sie aber auch große Burgen aus Ästen und feinen Zweigen. Durch einen Unterwasserzugang gelangen sie ins Innere. Um den Wasserstand in ihrem Wohngewässer gleichmäßig hoch zu halten, bauen Biber große Knüppeldämme. Die Dämme stauen das Wasser auf, und oft werden große Flächen unter Wasser gesetzt. Dort wachsen dann auch die Weichhölzer besser, die Biber besonders gern benagen. Der Biber ist eines der wenigen Tiere, die ihren Lebensraum zu ihrem Vorteil verändern können.

Wegen seines kostbaren Pelzes hat man dieses große Nagetier früher rücksichtslos gejagt. Die Biberbestände sind allein schon aus diesem Grund stark zurückgegangen. Aber auch wenn Flüsse begradigt und die Auenwälder am Ufer abgeholzt werden, verschwinden die Tiere, denn durch diese Maßnahmen wird ihnen der Lebensraum genommen. So ist es kein Wunder, daß Biber in vielen Gebieten selten geworden sind. Mittlerweile stehen sie unter Schutz, und man versucht, sie in geeigneten Gebieten wieder anzusiedeln. Das gelingt vielfach sehr gut. Weltweit gesehen gibt es heute mehr Biber als noch vor wenigen Jahrzehnten.

Der Biber schwimmt mit einem Weidenzweig zu seiner Burg.

Biber

Größe Körper bis 1 m lang, Schwanz weitere 30 bis 40 cm lang; bis 35 kg schwer

Merkmale Körper gedrungen, Fell graubraun; Schwimmhäute zwischen den Zehen; breiter, flacher Schwanz („Kelle") mit schuppenartiger Oberfläche; schlägt bei Gefahr mit dem Schwanz auf die Wasseroberfläche, um Artgenossen zu warnen

Ernährung Benagt die Rinde und die Zweige von Weichhölzern wie Weiden, Pappeln, Eschen und Ulmen; trägt zu Beginn des Winters einen Vorrat an Zweigen zum Bau

Fortpflanzung Paarungszeit im Februar und März; Tragzeit rund 100 Tage; 2 bis 3 Junge in einem Wurf; Geburtsgewicht 500 g; die Jungen bleiben lange bei den Eltern und werden erst mit 4 Jahren geschlechtsreif

Vorkommen Flüsse und Seen mit dichtem Baumbestand am Ufer; in Europa lückenhaft verbreitet: neben großen Gebieten in Skandinavien im Elbegebiet, an der Donau und an der südlichen Rhone (Frankreich); in Mitteleuropa erfolgreiche Versuche zur Wiedereinbürgerung; auch im Norden Asiens und Nordamerikas verbreitet

---

Ein Biberpaar hat einen Bach aufgestaut und in dem Teich seine Burg errichtet.

Biene

Die Honigbiene ist eines der wenigen Insekten, das zum „Haustier" wurde.

Honigbiene

Größe 1,3 bis 1,5 cm lang

Merkmale In der Grundfärbung dunkelbraun; besonders an der Brust, aber auch am Hinterleib gelblich behaart; 4 durchsichtige Flügel

Ernährung Sammelt Pollen und Nektar an Blüten verschiedener Pflanzen

Fortpflanzung Die Königin legt befruchtete Eier, die sich über Maden und Puppen zu erwachsenen Insekten entwickeln.

Vorkommen Gärten, Wiesen, Felder, Waldränder; heute durch den Menschen fast weltweit verbreitet

Die Honigbiene ist eines der bekanntesten Insekten überhaupt. Sie hat vier Flügel, die häutig und durchsichtig sind. Bienen zählt man deshalb zu den Hautflüglern. Zu ihren Verwandten gehören Ameisen↑, Wespen↑ und Hummeln↑.

Die Honigbiene lebt – wie viele andere Hautflügler auch – in Gemeinschaft mit Artgenossen zusammen. Da sie eines der wenigen „Haustiere" unter den Insekten ist, weiß man heute sehr gut, was die Biene alles kann und wie das Leben im Bienenstaat

abläuft. Biologen haben beispielsweise herausgefunden, daß Bienen gut sehen können. Da sich die Tiere von Pollen und Nektar ernähren, ist es für sie ja auch sehr wichtig, die Futterquellen erkennen zu können.

Daß es so etwas wie eine Bienensprache gibt, hat der Biologe Karl von Frisch in langen Versuchen herausgefunden. Er stellte fest, daß Bienen, die Nahrung entdeckt haben, im Bienenstock Tänze aufführen, um die anderen Bienen über Art, Lage, Entfernung und Ergiebigkeit der Futterquelle zu „informieren".

Die Arbeitsbienen, die Pollen und Nektar sammeln und dabei die Blüten bestäuben, sind nur ein Teil des Bienenvolkes. Eine weitere Gruppe bilden die männlichen Bienen, die Drohnen, die die Aufgabe haben, die Königin auf ihrem Hochzeitsflug zu begatten. Im Mittelpunkt des Geschehens im Bienenstaat steht die Königin. Sie ist größer als Drohnen und Arbeiterinnen und hat nur die Aufgabe, Eier zu legen. Die Königin wird von den Arbeiterinnen sorgfältig gepflegt.

Birkhuhn

Balzender Birkhahn

Birkhuhn

Größe Hahn bis 53 cm, Henne bis 41 cm lang

Merkmale Hähne mit glänzend blauschwarzem Gefieder und leierförmigem Schwanz mit weißen Unterschwanz-federn; Weibchen unscheinbar bräunlich, kräftig dunkel gebändert

Ernährung Knospen, Triebe und Blätter von Birken, Kiefer-nadeln, Beeren und ähnliche pflanzliche Kost; daneben Kleintiere

Fortpflanzung Bodennest in niedriger Vegetation, gut ver-steckt; 7 bis 10 Eier, auf gelblich-bräunlichem Grund rost-braun gefleckt; Gelege ab Ende April; 1 Brut im Jahr

Vorkommen Heidegebiete, Moore; auch im Mittelgebirge und im Hochgebirge oberhalb der Baumgrenze; Jahres-vogel; in Europa südwärts bis Norditalien und den nörd-lichen Balkan verbreitet, daneben über das mittlere Asien bis zum Pazifik

---

Birkhühner balzen schon zeitig im Frühjahr. In der Morgendämmerung fallen die Hähne auf dem Balz-platz ein und zischen und kullern. Geraten zwei Hähne aneinander, fliegen oftmals die Federn. Die Hähne versuchen, einander mit den Schnäbeln zu hacken oder schlagen sich die Flügel um die Köpfe. Kurz nach Sonnenaufgang ist das beeindruckende Schauspiel vorüber.

Die Bestände des Birkhuhns gehen in Mitteleuropa stark zurück. Wenn Moore trockengelegt und abge-torft werden, ist für das Birkhuhn kein Platz mehr. Und wenn Bergwanderer die Balz stören, bleibt der Nachwuchs aus. Heute versucht man, die verblie-benen Bestände zu retten und sie in geeigneten Gebie-ten zu schützen.

Bisamratte

Die Bisamratte stammt aus Nordamerika und wurde 1905 wegen ihres Fells in Europa ausgesetzt. Hier fühlt sie sich an stehenden und langsam fließenden Gewässern und in Sumpfgebieten mittlerweile sehr wohl. Allerdings hat damals niemand an die Folgen der Einbürgerung gedacht. Bisamratten legen näm-lich umfangreiche Erdbaue an, und das hat schon oft dazu geführt, daß Dämme und Deiche unterhöhlt wurden und einbrachen. Heute sind die Tiere zu einer Plage geworden, und überall versucht man sie in Fallen zu fangen, um die Schäden in Grenzen zu halten. Die Bisamratten werden trotzdem nicht wie-der aus Europa verschwinden. Denn es ist einfach unmöglich, alle Tiere zu fangen. Die Wühler sind sehr fruchtbar und vermehren sich schnell.

Bisamratte

Größe Körper bis 40 cm, Schwanz 19 bis 27 cm lang; 1,5 kg schwer

Merkmale Das Fell ist auf der Oberseite dunkelbraun, an den Seiten heller; die Zehen der Hinterbeine sind mit Schwimmborsten besetzt; der Schwanz pendelt beim Schwimmen hin und her

Ernährung Frißt Wurzeln, Blätter und Triebe vor allem von Schilf, daneben Teichmuscheln

Fortpflanzung Fortpflanzungszeit zwischen April und Oktober; Tragzeit etwa 1 Monat; es werden 5 bis 9 Junge geboren, die mit 3 bis 5 Monaten geschlechtsreif werden; 3 Würfe im Jahr

Vorkommen Lebt in mit Sumpfpflanzen und Gebüsch bestandenen Uferböschungen von Teichen, Bächen und Flüssen; über Nordamerika verbreitet, wurde von dort aus nach Mittel- und Osteuropa eingeführt

---

Bisamratte

Bison

Zur Brunftzeit halten sich die einzelnen Bisonpaare etwas abseits der großen Herde.

Amerikanischer Bison

Größe Körper bis 3,80 m, Schwanz bis 90 cm lang; Schulterhöhe bis 1,95 m; 545 bis über 800 kg schwer

Merkmale Massives Tier mit großem Kopf und hohem Schulterbuckel; dunkelbraunes Fell; an Kopf und Vorderbeinen Haar länger und schwarzbraun; Hörner zeigen im Bogen schräg nach oben

Ernährung Weidet Gräser und Kräuter der Prärie ab, frißt daneben auch an Büschen und Bäumen

Fortpflanzung Brunftzeit von Juli bis Oktober; Tragzeit 9 Monate; normalerweise 1 Kalb; Gewicht bei der Geburt 30 kg

Vorkommen Offene Prärie, im Norden auch offenes Waldland; über Teile Nordamerikas verbreitet

---

Der Bison ist das bekannteste amerikanische Säugetier. Jeder kennt Geschichten aus dem „Wilden Westen", in denen Büffel eine große Rolle spielen. Damit ist der Bison gemeint. Das Leben der Indianer in der nordamerikanischen Prärie war mit dem Tier so eng verbunden wie das Leben der Inuit mit dem Walroß und dem Eisbären. Bisons waren das wichtigste Jagdtier der Indianer, denn von ihnen ernährten sie sich. Wenn es viele Bisons gab, hatten die Indianer genügend zu essen. Konnten sie keine Bisons jagen, hungerten sie. Die Indianer wären nie auf die Idee gekommen, die Bisons auszurotten.

Die weißen Siedler haben die Bisonherden jedoch regelrecht zusammengeschossen. Sie wollten den Indianern dadurch die Nahrungsgrundlage entziehen und brauchten schließlich auch selbst Fleisch. Sie schossen die Bisons aber auch zu ihrem Vergnügen, und die Bestände gingen immer weiter zurück. Die Tiere wurden dann kurz vor ihrer endgültigen Ausrottung doch noch gerettet. Aber es hat lange gedauert, den geringen verbliebenen Bestand wieder zu vergrößern. Heute leben etwa 50 000 Bisons in verschiedenen Schutzgebieten.

Bisons sind kraftvolle, wuchtige Tiere, vor allem die alten Bullen mit ihren hohen Buckeln und den massigen Köpfen. Wenn man ihnen in freier Natur gegenübersteht, jagen die beeindruckenden Tiere auch Angst ein. Ein ähnlich eindrucksvolles Tier ist der mit dem Bison verwandte Wisent↑. Auch dieses europäische Wildrind stand schon einmal kurz vor dem Aussterben und konnte davor bewahrt werden.

Bläßhuhn

Außerhalb der Brutzeit sieht man Bläßhühner oft in großen Gruppen.

Während der Brutzeit leben Bläßhühner paarweise in ihren Revieren an stehenden und langsam fließenden Gewässern. Im Winter dagegen sieht man die Vögel oft in großen Scharen auf offenen Wasserflächen. Sie sammeln sich an Stellen, wo Spaziergänger die Wasservögel füttern. Bläßhühner sind leicht zu beobachten. Wenn sie schwimmen, nicken sie ständig mit dem Kopf. Bevor sie tauchen, machen sie vorher einen kleinen Sprung. Wollen sie auffliegen, müssen sie erst eine längere Strecke auf der Wasseroberfläche laufen. Nach dem Abheben strecken sie die Beine nach hinten, wobei diese über das Schwanzende hinausragen. Gute Flieger sind die Bläßhühner allerdings nicht. Meist landen die Vögel schon nach kurzem Flug wieder auf dem Wasser.

Mit seinem schiefrig-schwarzen Gefieder und der weißen Stirnblesse (daher der Name!) ist das Bläßhuhn kaum mit anderen Wasservögeln zu verwechseln. Das nah verwandte *Teichhuhn*↑ hat ein graugrünes Gefieder und eine rote Kopfplatte. Beide Arten darf man aber nicht mit Enten verwechseln,

---

Bläßhuhn

Größe 38 cm lang

Merkmale Gefieder schiefrig-schwarz; weiße Platte auf der Stirn, weißer Schnabel; graugrüne Beine, Zehen und Schwimmlappen olivgelb; Junge mit weißlicher Kehle und Brust, Stirnschild kleiner; laute „köw, köw"-Rufe und durchdringende „pix"-Rufe

Ernährung Frißt Wasserpflanzen, Samen und im Wasser lebende Kleintiere; starke jahreszeitliche Unterschiede

Fortpflanzung Nest meist gut gedeckt in den Uferpflanzen, aber auch frei; 5 bis 10 Eier, hellgrau bis gelblich-weiß mit vielen feinen rotbraunen und schwarzen Punkten; erste Gelege im März, meist nur 1 Brut im Jahr

Vorkommen Weiher und Seen, langsam fließende Flüsse; Jahresvogel; über weite Teile Europas und Asiens mit Ausnahme des Nordens verbreitet, auch in Nordafrika und in Australien

---

auch wenn sie gut schwimmen können. Bläß- und Teichhuhn haben keinen Seihschnabel und keine Schwimmhäute zwischen den Zehen, sondern nur Schwimmlappen. Allerdings sieht die Reiherente beiden recht ähnlich; auch ihr Gefieder ist schwarz, ihre Unterseite dagegen ist weiß.

Blindschleiche

Die völlig harmlose Blindschleiche wird oft für eine Schlange gehalten, weil sie so ähnlich aussieht und sich auch schlängelnd fortbewegt. Wie eine Schlange hat sie einen langgestreckten Körper mit einem kaum vom Rumpf abgesetzten Kopf. Sie hat auch keine Beine und ist ganz mit glatten, glänzenden Schuppen bedeckt. Tatsächlich ist die Blindschleiche aber eine Eidechse, bei der sich im Lauf der Erdgeschichte die Beine zurückgebildet haben.

Blindschleiche

Größe Bis 50 cm lang

Merkmale Körper wie Schlange; Färbung unterschiedlich; typisch ist eine rötlichbraune Rückenfärbung; Rücken manchmal dunkel gestreift

Ernährung Frißt Schnecken, Würmer und Insekten und deren Larven

Fortpflanzung Das Weibchen bringt im April/Mai 5 bis 15 fertig ausgebildete Junge von etwa 7 bis 10 cm Länge zur Welt

Vorkommen Auf pflanzenreichen Waldlichtungen, an Waldrändern und ähnlichen Stellen; über ganz Europa mit Ausnahme von Irland, dem südlichen Spanien und großen Teilen Skandinaviens verbreitet

---

Blind ist die Schleiche auch nicht. Sie orientiert sich sowohl mit den Augen als auch mit ihrem Geruchssinn.

Am ehesten kann man Blindschleichen beobachten, wenn man an Waldrändern und auf Lichtungen in der Abenddämmerung oder bei Regenfällen nach ihnen sucht. Und es muß natürlich in der warmen Jahreszeit sein, wenn sich die Blindschleichen an der Erdoberfläche aufhalten. Sie gehören zu den Kriechtieren, die wechselwarme Tiere sind. Ihre Körpertemperatur ändert sich also mit der Temperatur der Umgebung.

Im späten Frühjahr bekommen die Blindschleichen lebende Junge, die den Sommer über heranwachsen. Ab Oktober ruhen die Tiere in tiefen Erdverstecken. Dort überdauern sie die kalte Jahreszeit. In besonders günstig gelegenen Schlupfwinkeln können sich auch mehrere Blindschleichen zusammenfinden. Es wurden sogar schon Gruppen von 100 Tieren entdeckt. Blindschleichen können recht alt werden: In Gefangenschaft hat man einzelne Tiere sogar über 30 Jahre lang gehalten.

Die Blindschleiche ist keine Schlange, sondern eine Eidechse, der die Beine fehlen.

Boa

Die Grüne Hundskopfboa ist eine der schönsten Riesenschlangen, die es gibt.

In Abenteuergeschichten aus den südamerikanischen Regenwäldern tauchen immer wieder Riesenschlangen auf. Da ist von bis zu 13 m langen Tieren die Rede, die Menschen anfallen und sie fressen. Wahr ist aber, daß bisher keine Schlange mit einer Länge von mehr als 10 m gesehen geworden ist. Dennoch gehören Riesenschlangen zu den größten heute lebenden Kriechtieren der Erde. In Einzelfällen haben Riesenschlangen schon Menschen getötet, doch die Tiere leben in so entlegenen Gebieten, daß von ihnen kaum eine ernstzunehmende Gefahr ausgeht.

Zur Familie der Riesenschlangen zählen vor allem die Boas und die Pythons↑. Eine der schönsten Boas ist die *Grüne Hundskopfboa.* Zu den Boas gehört auch die *Anakonda*, eine der größten Schlangen der Erde. Sie kann über 9 m lang werden. Ihr Körper ist bräunlich-grünlich gefärbt. Auf der Oberseite hat sie schwarze, rundliche Flecken, an den Seiten dagegen helle, dunkel eingefaßte Flecken. Die Schlange lebt an den Urwaldflüssen Südamerikas und jagt vor allem Säugetiere und Vögel,

---

Grüne Hundskopfboa

Größe Bis 2 m lang
Merkmale Leuchtend grüner Körper mit weißlichen oder gelblichen Querbändern
Ernährung Lauert auf Bäumen oder Sträuchern auf andere Kriechtiere und Vögel
Fortpflanzung Das Weibchen bringt lebende Junge zur Welt
Vorkommen Regenwälder; über das nördliche Südamerika verbreitet

---

aber auch junge Kaimane. Das Weibchen bringt 30 bis 80 lebende Junge zur Welt, die bei der Geburt schon 70 cm lang sind.

Alle Riesenschlangen sind wahre Muskelpakete, die ihre Beute töten, indem sie sie umschlingen und erdrücken. Giftdrüsen haben diese Schlangen nicht. Die Beute wird mit dem Kopf voran gefressen. Große Schlangen können dabei sogar Beutetiere wie Ziegen oder Schweine hinunterwürgen. Haben sie eine so große Beute verschlungen, fressen Riesenschlangen oft monatelang nichts mehr. Die ganz großen Arten können in der freien Natur ein Alter von 40 bis 50 Jahren erreichen.

Borkenkäfer

An den Stämmen gefällter Bäume sieht man häufig eigenartige Muster. Auf der Oberfläche des Holzes sind flache Rinnen sichtbar, die sich baumförmig, manchmal auch sternförmig verzweigen. Das sind Fraßspuren von Borkenkäfern.

Beim *Buchdrucker* entstehen die Fraßmuster auf folgende Weise: Die Weibchen legen unter der Baumrinde zunächst Fraßgänge an. Von diesen Gängen gehen nach rechts und links Nischen ab, in die die Eier gelegt werden. Aus den Eiern schlüpfen Larven, die nun ihrerseits Gänge in das Holz fressen. Die aus den Puppen geschlüpften Käfer bohren runde Fluglöcher in die Rinde, um ins Freie zu gelangen. Die vielen weiteren Borkenkäferarten haben eine ähnliche Lebensweise wie der Buchdrucker. Die umfangreiche Käferfamilie ist allein in Mitteleuropa mit über 100 Arten vertreten. Die meisten werden nur wenige Millimeter lang; der *Riesenbastkäfer* erreicht gerade 1 cm Länge. Da die einzelnen Arten unterschiedliche Fraßmuster haben, kann man sie recht gut erkennen.

Auch wenn die Käfer winzig sind, so haben sie doch eine erhebliche Wirkung. Borkenkäfer gehören zu den Holzschädlingen. Der Buchdrucker beispielsweise geht zwar in erster Linie an kranke oder abgestorbene Bäume, bei Massenvermehrung findet man ihn aber auch auf gesunden Bäumen. Andere Borkenkäfer befallen von vornherein gesunde Bäume. Das können Nadelbäume, aber auch Laubbäume sein. Es gibt auch Borkenkäfer, die sich in

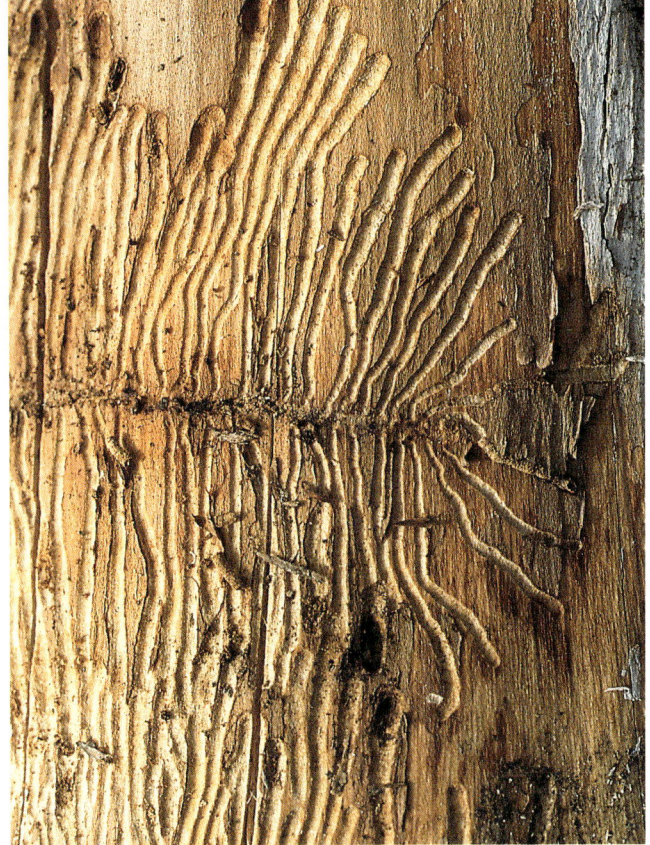

Fraßbild eines Borkenkäfers

das Holz von Obstbäumen bohren. Besondere Fallen in den Wäldern geben Aufschluß darüber, wie es mit dem Befall der Bäume aussieht. Wenn es nötig wird, müssen die Käfer mit chemischen Mitteln bekämpft werden.

Buchdrucker, oben ein Käfer, unten eine weißliche Puppe

Buchdrucker

Größe 4 bis 6 mm lang

Merkmale Winziger, walzenförmiger Käfer; Kopf unter der großen Brust verborgen; kurze Fühler mit Keule am Ende; junge Käfer gelblich, ältere über Braun bis Schwarz umfärbend; Körper gelblich-bräunlich behaart

Ernährung Käfer und Larven fressen im Holz von Nadelbäumen, bevorzugt von Fichten, aber auch von Kiefern und Lärchen

Fortpflanzung Das Weibchen legt 20 bis 70 Eier in Kammern unter der Baumrinde ab; die Entwicklung vom Ei über Larve und Puppe zum ausgewachsenen Käfer dauert meist einige Wochen

Vorkommen Vor allem in Nadelwäldern, aber auch in kleineren Nadelholzbeständen; vom Flachland bis zur Baumgrenze im Gebirge; über die Nadelwaldzone Europas und Nordasiens verbreitet

Brachsen

Der Brachsen gehört zu den Weißfischen, ist also mit dem Karpfen↑ nah verwandt. Beide Arten suchen überwiegend am Boden des Gewässers nach Nahrung. Auf dem Speisezettel des Brachsen stehen alle möglichen Kleintiere.

In warmen Frühsommernächten suchen die Fische flache, mit Unterwasserpflanzen bewachsene Uferstellen auf, um zu laichen. Oft versammeln sich große Schwärme von Brachsen an den einzelnen Laichplätzen. Jedes Weibchen legt zwischen 90 000 und 300 000 Eier ab. Die Eier sind etwas klebrig und haften an den Wasserpflanzen. Wie lange es dauert, bis die Larven aus den Eiern schlüpfen, richtet sich vor allem nach der Wassertemperatur. Aber auch der Sauerstoffgehalt des Wassers spielt eine Rolle. Die Larven heften sich noch eine Zeitlang mit ihren Klebdrüsen, die sich am Kopf befinden, an Wasserpflanzen an. Im dritten bis vierten Lebensjahr werden die Brachsen geschlechtsreif.

Der Brachsen ist ein Verwandter des Karpfens.

Brachsen, Blei, Brassen

Größe In der Regel 30 bis 50 cm lang, doch werden auch Exemplare bis 75 cm Länge gefangen, die dann bis zu 6 kg schwer sein können

Merkmale Der Fisch hat einen hohen Rücken und erscheint seitlich zusammengedrückt; silbriges Schuppenkleid

Ernährung Frißt Insektenlarven, Kleinkrebse, Schnecken, Muscheln und Würmer

Fortpflanzung Laicht an flachen, bewachsenen Uferstellen; Laichzeit im Mai/Juni; Larven schlüpfen nach 3 bis 12 Tagen

Vorkommen In größeren, nährstoffreichen Seen vorkommend, aber auch in langsam dahinfließenden Abschnitten von Flüssen lebend; in Europa mit Ausnahme der Iberischen Halbinsel, des nördlichen Skandinaviens und von Teilen des Balkans weit verbreitet; auch bis nach Asien hinein vorkommend

Brachvogel

Brachvögel sind sehr auffällige Schnepfenvögel. Man erkennt sie gut an ihren langen, leicht nach unten gebogenen Schnäbeln. Der Stocherschnabel dient dazu, in feuchtem, weichem Boden Beutetiere aufzuspüren. Der *Regenbrachvogel* brütet in großen Gebieten im Norden. In Mitteleuropa ist der Vogel regelmäßig auf dem Zug oder als Wintergast zu beobachten. Südlich seines Verbreitungsgebietes kommt der *Große Brachvogel* vor. Er wird mit 55 cm Länge deutlich größer als der Regenbrachvogel. In Sumpf- und Moorgebieten sind die schönen, vollen Flötenrufe des Großen Brachvogels nicht zu überhören. Zur Balzzeit hört man Reihen dieser Flötenrufe, die mit einem Triller abgeschlossen werden.

Regenbrachvogel

Größe Etwa 40 cm lang

Merkmale Lange Beine und langer, abwärts gebogener Stocherschnabel; Gefieder graubraun mit dichter Streifung und Fleckung, am Kopf helle Längsstreifen; Männchen und Weibchen gleich gefärbt

Ernährung Frißt Kleintiere: Insekten und deren Larven, Würmer und Schnecken, an der Küste auch kleine Krebse und Muscheln

Fortpflanzung Das Nest ist eine einfache Mulde am Boden, mit wenig Pflanzenmaterial ausgelegt; 4 bräunliche oder grünliche Eier mit dunklen Flecken; Beginn der Eiablage im Mai; 1 Brut im Jahr

Vorkommen Lebt in der Tundra, in Feuchtwiesen, Sumpfgebieten, Mooren; auf dem Zug auch an den Meeresküsten; kommt als Brutvogel im Norden Europas, Asiens und Nordamerikas vor

Regenbrachvogel

Brandgans

Brandgans, Männchen

Brandgans, Brandente

Größe 61 cm lang

Merkmale Auffällig gefärbt: Unterseite weiß, Oberseite
schwarzweiß mit grünem Flügelspiegel, Kopf und Hals
grünlich-schwarz, rostrotes Brustband, Schnabel rot
(beim Männchen mit Höcker); Beine fleischfarben;
„ak-ak-ak"-Rufe

Ernährung Frißt kleine Krebse, Muscheln, Schnecken,
Würmer, Insekten und deren Larven; Nahrungssuche im
flachen Wasser, trampelt zum Aufscheuchen von Beute

Fortpflanzung Brütet in Höhlen (Kaninchenbauten, Löcher
in Dünen, Hohlräume unter Gebäuden, Pflanzendickichte);
Gelege aus 8 bis 10 gelblichweißen Eiern; erste Gelege
schon Ende März; 1 Brut im Jahr

Vorkommen Flachküsten, Flußmündungen, salzige Binnengewässer; auf Schlick- und Sandflächen; über Europa und
Teile Vorder- und Mittelasiens verbreitet

Die Brandgans ist ein recht ungewöhnlicher Enten-
vogel. Sie ist bunt gefärbt, hat ein auffälliges Verhalten und brütet in Höhlen. Während der Brutzeit
sieht man die Vögel einzeln, manchmal auch paarweise und später zusammen mit ihren Jungen. Von
Juni an versammeln sich die Brandgänse in großen
Mengen in bestimmten Meeresgebieten, um dort
gemeinsam das Gefieder zu wechseln. Der wichtigste europäische Mauserplatz ist der Große
Knechtsand vor der deutschen Nordseeküste. Rund
100 000 Vögel finden sich dort ein – ein beeindruk-
kendes Schauspiel für jeden Beobachter. Etwa
einen Monat lang können die Vögel dann nicht
mehr fliegen, weil alle ihre Schwungfedern gleichzeitig ausfallen. Vogelforscher haben jetzt die Möglichkeit, die Vögel vom Flugzeug aus zu zählen. Um
Mitte September herum haben die Vögel wieder ihr
volles Gefieder, und sie zerstreuen sich in alle Him-
melsrichtungen.

Brautente

Die Brautente ist ein nordamerikanischer Brutvogel. Sie war einst sehr weit verbreitet, ihre Bestände
wurden aber durch Jäger stark verringert. Deshalb
wurden Enten in Gefangenschaft aufgezogen und
wieder ausgesetzt. In geeigneten Gebieten hängte
man Nistkästen auf, um die Brautente dort wieder
heimisch zu machen.

Im Gegensatz zu den meisten europäischen Enten
brüten Brautenten in Höhlen, ähnlich wie die ebenfalls sehr bunt gefärbte Mandarinente↑. Beide
Entenarten sind so schön, daß man sie als Ziervögel
auch nach Europa geholt hat, und beide Arten sind
heute bei uns auf vielen Teichen in Parks oder Zoos
zu sehen. In einigen Gebieten leben die Enten aber
auch verwildert.

Erpel der Brautente

Brautente

Größe 43 bis 51 cm lang; Gewicht: Erpel 680 g,
Weibchen 540 g

Merkmale Erpel mit buntem Gefieder: auf der Oberseite
samtschwarz, Kehle weiß, Brust kastanienbraun mit weißen Punkten, Flanken gelbbraun; in den Nacken fallende
Federhaube am Kopf, roter Augenring, rötlicher Schnabel,
gelbe Beine; Weibchen: insgesamt grau im Gefieder, mit
hellgrauen Flecken und weißer Kehle

Ernährung Frißt Kräuter, Eicheln, Bucheckern, Samen von
Nadelbäumen und daneben auch Kleintiere

Fortpflanzung Nest in Baumhöhlen, auch in Nistkästen;
bis zu 15 gelblichweiße Eier; Gelege ab April; Brutdauer
28 bis 32 Tage

Vorkommen Flüsse und Weiher in Waldgebieten; über den
Osten Nordamerikas und Kuba verbreitet; in Europa
als Zierente gehalten; zieht im Winter nach Süden in
wärmere Regonen

Buchfink

Buchfink, Männchen

Buchfink

Größe Etwa 15 cm lang

Merkmale Männchen mit kastanienbraunem Gefieder, Kopfplatte und Nacken blaugrau, Bürzel grünlich; zwei breite weiße Flügelbinden, weiße Schwanzkanten; Weibchen grünlich; ebenfalls mit zwei weißen Flügelbinden; Rufe kräftig „pink", auch weich „hüid"; Gesang („Schlag") aus etwa einem Dutzend kräftiger Schmettertöne

Ernährung Frißt Knospen, Beeren, Samen, Getreidekörner und Kleintiere

Fortpflanzung Kunstvolles Napfnest aus Moos, Flechten, Grashalmen und Spinnweben; auf waagerechten Ästen und in Astgabeln, gut getarnt; 4 bis 6 Eier, zartblau, dicht braun und rosa gefleckt; Gelege ab April; 1 Brut im Jahr, oft auch 2 Bruten

Vorkommen Überall in Gärten und Parks, Feldgehölzen und Wäldern; bewohnt fast ganz Europa, Teile Asiens und Nordafrika

---

Alle Finkenvögel haben einen kurzen, kräftigen Schnabel, mit dem sie hartschalige Samen und Früchte knacken können. Die Vögel sind also Körnerfresser, nehmen aber auch Insektennahrung auf. Der Buchfink ist der bekannteste Finkenvogel in Mitteleuropa.

Außerhalb der Brutzeit streifen die Vögel in Schwärmen umher. Dann sieht man sie auch zusammen mit *Bergfinken* oder Goldammern. Der Bergfink brütet in den Wäldern im Norden und kommt als Wintergast nach Mitteleuropa, bisweilen in großen Massen. Bergfinken haben eine orangefarbene Brust und Schulterpartie, einen weißen Bauch und zwei weiße Flügelbinden, aber keine weißen Schwanzkanten.

Buntspecht

Spechte sind allgemein daran zu erkennen, daß sie an Baumstämmen hinaufklettern können. Einer der häufigsten einheimischen Spechte ist der Buntspecht. Eigentlich sollte man ihn „Großer Buntspecht" nennen, denn es gibt noch andere, ähnlich aussehende, aber kleinere Arten: den *Mittelspecht* und den *Kleinspecht*. Der Kleinspecht wird nur so groß wie ein Sperling und ist der kleinste europäische Specht überhaupt. Neben den „bunten Spechten" kommen in Europa noch die „grünen Spechte" und der *Schwarzspecht* (Specht↑) vor.

Junger Buntspecht

Buntspecht

Größe 23 cm lang

Merkmale Schwarzer Rücken mit weißen Schulterflecken, weißliche Unterseite mit kräftig-rotem Unterschwanz; Männchen mit rotem Hinterkopf, Weibchen ohne rote Kopfzeichnung; wellenförmiger Flug; laute „kix"-Rufe

Ernährung Frißt Kleintiere, die auf der Baumrinde leben; daneben Samen, Beeren, Nüsse, Bucheckern

Fortpflanzung Brütet in selbstgezimmerten Höhlen in Laub- und Nadelbäumen, meist 3 bis 8 m über dem Boden; 5 bis 7 weiße, glänzende Eier; 1 Brut, Gelege ab April

Vorkommen Größere Gärten, Feldgehölze, Laub-, Misch-und Nadelwälder; Europa, Mittelasien und Nordwestafrika

---

Bussard

Mäusebussard

Größe 51 bis 56 cm lang, Flügelspannweite bis 1,40 m, bis 1,2 kg schwer

Merkmale Gefiederfärbung unterschiedlich: meist braune Oberseite und helle Unterseite mit viel Braun; Schwanz dunkel gebändert; Männchen und Weibchen gleich gefärbt; im Flug leicht an dem kurzen Hals, den breiten, an den Enden abgerundeten Flügeln und dem relativ kurzen, abgerundeten Schwanz zu erkennen; Flügelspitzen immer dunkel; typische miauende „hiäh"-Rufe, am häufigsten in der Paarungszeit zu hören

Ernährung Jagt vor allem Feldmäuse und andere Kleinsäuger; frißt auch Aas, und ist deshalb häufig entlang von Straßen und Autobahnen zu beobachten, wo Tiere überfahren werden

Fortpflanzung Großer Horst aus Ästen und Zweigen, auf hohen Bäumen am Waldrand; Mulde mit feinerem Material ausgelegt; 2 bis 3 weißliche, rötlichbraun gefleckte Eier, im Abstand von jeweils 3 oder 4 Tagen gelegt; Gelege ab Mitte März, 1 Brut im Jahr; die Brutdauer beträgt 4 Wochen; nach weiteren 6 Wochen verlassen die Jungbussarde den Horst

Vorkommen Bewohnt Wälder und Feldgehölze; Brut im Wald, Nahrungssuche in der offenen Landschaft; Jahresvogel, im Winter oft noch umherstreifend; besiedelt große Teile Europas, Mittelasiens, Nordamerikas und Teile Afrikas

Greifvögel sind selten geworden. Lange Zeit wurden sie als schädlich angesehen, und das zog eine unablässige Verfolgung nach sich. Es war an der Tagesordnung, die Vögel abzuschießen und die Jungen auszuhorsten. Die Bestände wurden aber nicht nur durch den Menschen verringert, auch die Veränderungen in den angestammten Lebensräumen führten zu einer Abnahme der Greifvögel.

Heute weiß man über die Rolle der Greifvögel in ihrer jeweiligen Lebensgemeinschaft besser Bescheid, und man schützt sie. Dennoch werden sich die Bestände einiger Arten nicht wieder erholen.

Ein in Mitteleuropa noch regelmäßig zu beobachtender Greifvogel ist der *Mäusebussard*. Er ist der häufigste und bekannteste einheimische Greifvogel überhaupt. Im Winter kann man auch den aus dem Norden zuwandernden *Rauhfußbussard* beobachten. Bei ihm fällt der weiße Schwanz mit der dunklen Endbinde auf, im Flug auch die hellen Flügelunterseiten mit den kräftigen dunklen Flecken. Man sieht den Vogel eher in der offenen Landschaft als den Mäusebussard.

Der Mäusebussard ist einer der häufigsten Greifvögel Europas. Er jagt vor allem Mäuse.

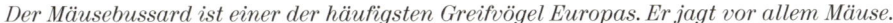

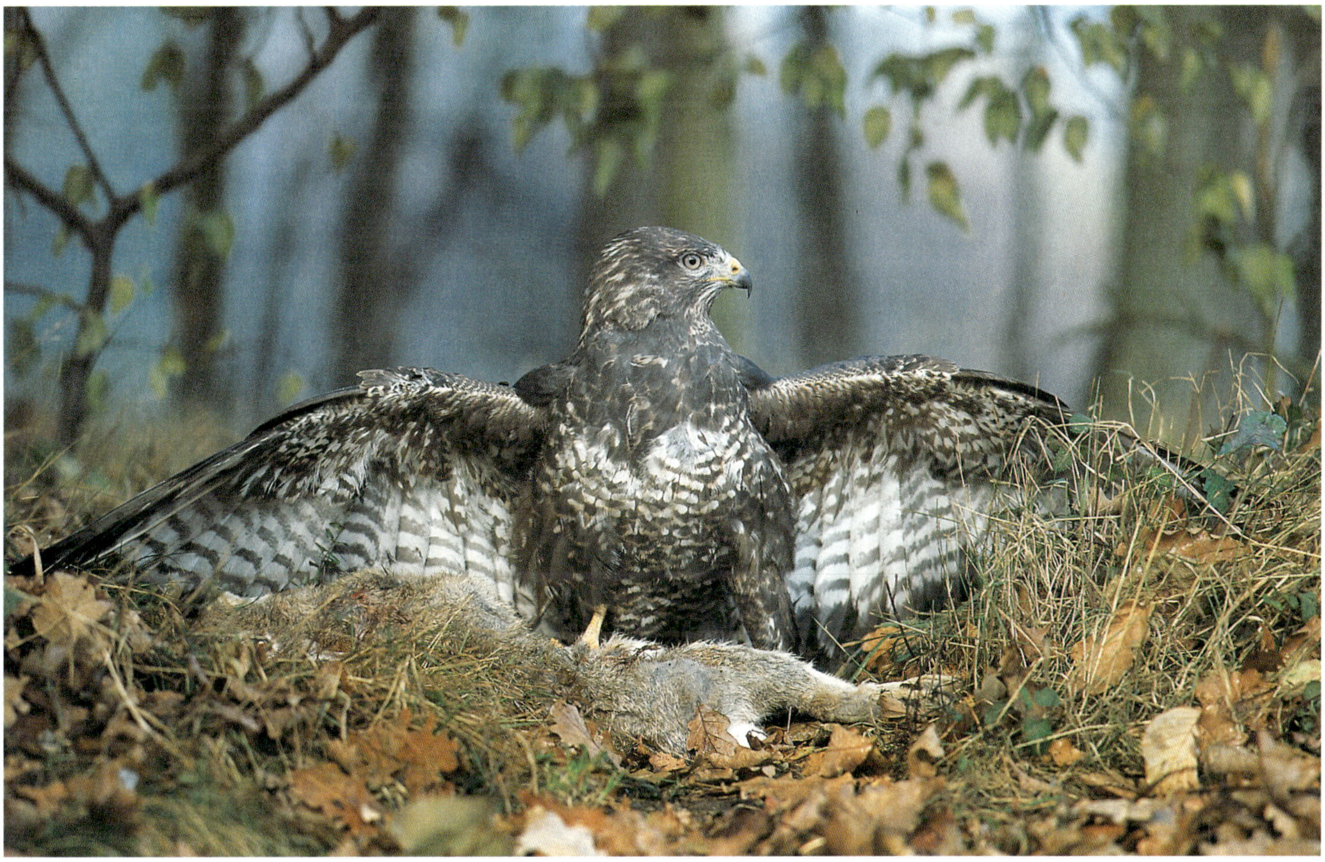

Chamäleon

Das Ostafrikanische Dreihorn-Chamäleon sitzt gut getarnt auf einem Zweig.

Chamäleons sind mit den Eidechsen verwandt und gehören zu den Kriechtieren. Sie sind häufig bräunlich oder grünlich gefärbt. Sprichwörtlich ist ihre Fähigkeit, die Farbe zu wechseln; die Tiere können sogar ganz weiß oder ganz schwarz werden. Die Färbung hängt aber nicht sehr vom Untergrund ab; vielmehr ist die Färbung in den meisten Fällen ein Ausdruck für die Stimmung des Tieres.

Weitere Kennzeichen der Chamäleons sind die Kletterfüße. Die Füße bilden regelrechte Greifzangen, mit denen sich die Tiere in Büschen und Bäumen gut festhalten können. Der Schwanz ist schmal und kann bei den meisten Arten als Greifschwanz eingesetzt werden. Die Augen stehen vor und können unabhängig voneinander bewegt werden. Die Chamäleons verfügen über eine Schleuderzunge, mit deren Hilfe Beutetiere blitzartig und treffsicher von Zweigen und Blättern „geschossen" werden. Manche Arten können ihre Zunge so weit hinausschleudern, wie sie selber lang sind. Die verdickte Zungenspitze umfaßt die Beutetiere, die an der Zunge festkleben.

Ostafrikanisches Dreihorn-Chamäleon

Größe Insgesamt 11 bis 12 cm lang

Merkmale Oft unscheinbar gefärbt; bisweilen aber auch dunkelgrün, gelbbraun oder grün mit rostbraunen Flecken; bei allzu großer Wärme auch fahlgelb; Männchen mit 3 auffälligen Hörnern auf der Schnauzenspitze, Weibchen gewöhnlich mit nur 1 kurzen Schnauzenhorn und 2 angedeuteten Voraugenhörnern

Ernährung Insekten und andere Kleintiere

Fortpflanzung 10 bis 20 Junge pro Wurf; Junge bei der Geburt noch von der Eihaut umschlossen, die jedoch sofort zerrissen wird, 5 bis 6 cm lang (davon Schwanz 2 bis 2,5 cm)

Vorkommen Savanne; Hochland Ostafrikas

Man unterscheidet etwa 85 Arten von Chamäleons. Sie kommen – mit Ausnahme der Sahara – in ganz Afrika (einschließlich Madagaskar) vor. Daneben leben Chamäleons in Indien, Pakistan und Sri Lanka. Auch in Südeuropa (Südspanien) gibt es eine Art. Man hat die Tiere bis in rund 4 000 m Höhe nachgewiesen. Die größte Art ist das *Riesenchamäleon* von Madagaskar. Dieses Tier kann 63 cm lang werden; der Schwanz mißt dann 35 cm.

Chinchilla

Die (oder das) Chinchilla ist ein Bewohner der südamerikanischen Anden. Es ist also ein Hochgebirgstier, gehört zu den Nagetieren und ist nachtaktiv. In Südamerika gibt es allerdings nicht mehr viele Chinchillas. Wegen ihres seidenweichen Felles hat der Mensch den Tieren nachgestellt. Heute ist die *Königschinchilla* (36 bis 38 cm lang, Schwanz bis 16 cm lang, Gewicht etwa 600 g) ausgerottet, und *Kurz-* und *Langschwanzchinchilla* sind im Bestand bedroht. Die Tiere stehen seit Anfang dieses Jahrhunderts unter Schutz.

In verschiedenen Ländern werden heute Chinchillas gezüchtet. Die Pelztierfarmen „erzeugen" jährlich rund 100 000 Felle. Die feinen Haare und die schönen Farben machen Chinchillafelle begehrt (und teuer), auch wenn die Pelze gegen Nässe sehr empfindlich sind und ihre Haltbarkeit deshalb recht begrenzt ist.

Chinchilla

Größe 25 bis 30 cm lang, davon Schwanz 14 bis 18 cm; 400 bis 600 g schwer

Merkmale Gedrungener Körper, buschiger Schwanz, große Augen, große Ohrmuscheln; Naturfarbe des Felles Graublau, Fell am Bauch heller; Zuchtformen auch mit schwarzem, weißem oder pastellfarbenem Fell

Ernährung Gräser, Zweige und Blätter von Büschen

Fortpflanzung Weibchen bekommen 2- bis 3mal im Jahr Junge; Tragzeit 110 Tage; je 1 bis 4 Junge pro Wurf; Tiere mit 4 bis 6 Monaten geschlechtsreif

Vorkommen Lebt im Hochgebirge in Lagen zwischen 3 000 und 4 000 m Höhe; über die Anden Perus, Boliviens, Chiles und Argentiniens verbreitet

---

Wildfarbene Chinchilla

Chuckwalla

Der Chuckwalla ist eine Eidechse, die in den Wüsten im westlichen Nordamerika lebt, überwiegend in felsigem Gelände. Manche Felskuppe beherbergt einen Chuckwalla. Wenn man das Tier beobachten will, sucht man am besten am Vor- oder Nachmittag die geeigneten Stellen ab. Irgendwo wird man mit Sicherheit einen Chuckwalla in der Sonne liegen sehen. Nähert man sich der Eidechse unvorsichtig, verschwindet sie schnell in einer Felsspalte. Fühlt sie sich in ihrer Höhle bedrängt, atmet sie mehrmals tief ein und pumpt sich mit Luft auf. Auf diese Weise verkeilt sie sich in ihrem Unterschlupf, so daß man sie nicht herausbekommt. Chuckwallas sind mit den Leguanen↑ und den Meerechsen↑ nah verwandt.

Ein Arizona-Chuckwalla sonnt sich auf einem Felsen.

Arizona-Chuckwalla

Größe 14 bis 20 cm lang

Merkmale Große, flachgedrückte Eidechse; die Beine sind dick, die Zehen lang und schlank; Schwanz mit breitem Ansatz und stumpfer Spitze; Männchen an Kopf, Brust und Schultern dunkel, mit grauen und rötlichen Flecken; der übrige Körper ist rötlich oder hellgrau; Weibchen und Jungtiere mit Querbinden auf Körper und Schwanz; Färbung insgesamt je nach Sonneneinstrahlung heller oder dunkler wechselnd

Ernährung Frißt verschiedene Wüstenkräuter und daneben gelegentlich auch Insekten

Fortpflanzung Gelege aus 5 bis 16 Eiern, die zwischen Juni und August abgelegt werden

Vorkommen Bewohnt steiniges und felsiges Gelände in Halbwüsten und Wüsten; über den Westen und Südwesten Nordamerikas bis nach Mexiko hinein verbreitet

---

Dachs

Dachse gehören zu den Raubtieren und sind mit Baum- und Steinmarder (Marder↑) nah verwandt. Man sieht sie nicht oft, denn Dachse sind scheue Tiere und nur in der Dämmerung und nachts aktiv. Bei der Nahrungssuche benutzen sie regelrechte Pfade, die am Eingang des Erdbaues beginnen und im Gelände deutlich sichtbar sind. Bevor sie losziehen, prüfen sie vom Baueingang aus erst einmal, ob die Luft rein ist. Sie schnuppern und schauen umher, wobei sie sich viel Zeit lassen.

Tagsüber halten sich die Tiere in Bauen verborgen, die sie oft zusammen mit Artgenossen bewohnen. Die Baue liegen meist unter Bäumen oder zwischen Büschen. Man erkennt sie an den großen Erdhaufen vor den Eingängen. Jeder Bau hat mehrere Eingänge und 2 bis 3 Kessel, die mit Laub oder Heu ausgepolstert werden. In den Kesseln verschlafen die Dachse den Tag, und hier kommen auch die Jungen zur Welt.

Da Dachse ihre Baue nicht nur mit Artgenossen, sondern auch mit Füchsen teilen, werden sie immer wieder unabsichtlich getötet. Bei Füchsen ist die Tollwut nämlich eine verbreitete Krankheit, die nicht nur für den Menschen, sondern auch für freilaufende Haustiere gefährlich ist. Um die Füchse zu töten, leitet man manchmal Gas in die Baue ein, wobei aber nicht nur die Füchse, sondern auch viele Dachse zugrunde gehen.

Dachs

Größe 60 bis 90 cm lang, Schwanz weitere 12 bis 24 cm lang; Gewicht im Sommer 7 bis 13 kg, im Winter 15 bis 17 kg

Merkmale Fell oben grau, unten schwarz, Kopf schwarz-weiß gestreift

Ernährung Frißt Regenwürmer, Mäuse, junge Kaninchen, Frösche, Insektenlarven, Beeren, Früchte, im Winter auch Wurzeln und Knollen; Nahrungssuche vorwiegend in der Dämmerung und nachts

Fortpflanzung Paarung im Frühjahr; Tragzeit etwa 1 Jahr; einmal im Jahr 3 bis 5 Junge (Januar/Februar), die nach etwa einem halben Jahr selbständig werden

Vorkommen Bevorzugter Lebensraum sind Laub- und Mischwälder; im Gebirge bis in 2 000 m Höhe; über fast ganz Europa verbreitet, fehlt nur in Island und in großen Teilen Skandinaviens

---

Der Dachs ist an seinem schwarzweißen Kopf leicht zu erkennen, aber er ist nur schwer zu beobachten.

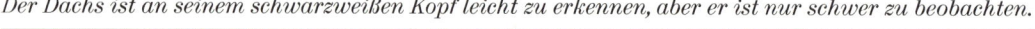

Dallschaf

Das weiße Dallschaf lebt in den nordamerikanischen Gebirgen. Das Lamm hält sich nahe an seiner Mutter.

Dallschaf, Dünnhornschaf

Größe Widder etwas über 1 m hoch und bis 90 kg schwer; weibliche Tiere bleiben kleiner

Merkmale Fell weiß bis hellgrau; beide Geschlechter bis zu einem Alter von etwa 3 Jahren ähnlich, danach nehmen die Hörner der Widder nach und nach ihre typische Schneckenform an; Hörner gelbbraun gefärbt

Ernährung Gräser und Kräuter der Bergmatten

Fortpflanzung Brunftzeit von Mitte November bis Anfang Dezember; Lämmer werden Ende Mai/Anfang Juni geboren

Vorkommen Berghänge im Hochgebirge; über große Teile im äußersten Nordwesten Nordamerikas (Alaska, Kanada, USA) verbreitet

---

Dallschafe leben in den Gebirgen Nordamerikas. Meist sieht man sie nur als winzige weiße Punkte hoch oben in den Bergflanken. Erst wenn man hinaufsteigt, erkennt man, ob es sich um eine Herde aus Muttertieren und Lämmern oder um Widder handelt.

Weibliche Tiere und Widder sieht man nur in der Brunftzeit und im Winter zusammen. Die übrige Zeit des Jahres halten sich die Herden aus Weibchen und Jungtieren von den Widdern getrennt, die ihrerseits kleine Herden bilden.

Die Widder haben große Hörner. Im Alter von 4 bis 5 Jahren beschreiben diese einen Dreiviertelkreis, nach 7 bis 11 Jahren ist eine volle Rundung erreicht. Die Hörner spielen in den Rangkämpfen der Widder eine wichtige Rolle. Zwei Rivalen rennen mit gesenkten Köpfen aufeinander los und prallen mit voller Wucht zusammen. Es ist aber nicht so, daß diese Kämpfe nur während der Brunftzeit im Frühwinter stattfinden. Vielmehr wird die Rangordnung das ganze Jahr über immer wieder neu festgelegt. Je nach Witterung und Nahrungsbedingungen streifen Dallschafe in ihrem Lebensraum weit umher. Im Sommer sieht man sie auf den Matten der hohen Berge, im Winter müssen sie oft in tiefere Lagen hinabsteigen. Lebensgefährlich wird es für die Tiere, wenn ihre Nahrung von einer Eisschicht bedeckt ist, die sie mit ihren Hufen nicht mehr durchdringen können. Geschwächte und hungernde Tiere fallen leicht ihrem Hauptfeind, dem Wolf, zum Opfer.

Damhirsch

Der Damhirsch war ursprünglich im Mittelmeergebiet beheimatet. Er wurde dort sehr stark bejagt, und seine Bestände gingen daraufhin deutlich zurück. Aber schon die Römer setzten Tiere nördlich der Alpen aus. Heute kommt der Hirsch in Südeuropa nur noch in kleinen Gebieten, dafür aber in weiten Teilen Mitteleuropas und Südosteuropas vor. In Südeuropa findet man ihn aber weniger häufig. Die Tiere leben sowohl in freier Natur als auch in großen, naturnahen Parks. Daneben werden Damhirsche auf zahlreichen Wildfarmen gehalten. Das Fleisch ist schmackhaft und wird gut bezahlt.

Der Damhirsch ähnelt dem Rothirsch (Hirsch↑) in der Gestalt, ist aber kleiner und außerdem an den hellen Flecken auf dem Rücken und den Seiten leicht zu erkennen. Wie beim Rothirsch tragen auch beim Damhirsch nur die männlichen Tiere Geweihe, die jedes Jahr erneuert werden. Sie können eine stattliche Größe erreichen. Typisch für sie ist die Schaufelbildung, die etwa beim dritten Geweih einsetzt. Damhirsche können 20 bis 25 Jahre alt werden.

Damhirsch, Kalb

Die erwachsenen männlichen Tiere tragen Schaufelgeweihe.

In Persien lebt eine besondere Unterart des Damhirsches, der *Mesopotamische Damhirsch*. Er ist etwas größer und stärker gefleckt als der in Mitteleuropa lebende Damhirsch. Um 1951 waren die Tierforscher der Meinung, dieser Hirsch sei ausgestorben. Dann fand man aber doch noch einige Tiere in Persien. Sie stehen unter Schutz, doch der heutige Bestand von etwa 250 Tieren ist stark gefährdet. Den Tieren wird der Lebensraum genommen, indem geeignete Waldgebiete in Ackerland umgewandelt werden.

Ähnlich wie der Damhirsch sieht der *Axishirsch*↑ aus. Auch er hat ein braunes, weißgeflecktes Fell. Der Axishirsch ist bei uns in Zoos und Wildparks zu sehen. Die Heimat dieses Tieres sind Sri Lanka und Indien.

Damhirsch, Damwild

Größe 1,30 bis 1,50 m lang; Schwanz 15 bis 20 cm lang; Schulterhöhe 0,85 bis 1 m; männliche Tiere 60 bis 85 kg, weibliche Tiere 30 bis 50 kg schwer

Merkmale Fell im Sommer hell-rostbraun und lebhaft weiß gefleckt, im Winter graubraun und ungefleckt; auch Tiere mit weißem oder schwarzem Fell; relativ langer Schwanz, oben schwarz; Hirsche mit Geweih, bei älteren Tieren am Ende schaufelartig verbreitert

Ernährung Frißt Gräser und Kräuter, im Herbst auch Eicheln und Bucheckern

Fortpflanzung Brunft im Spätherbst (Beginn Ende Oktober bis Mitte November); Tragzeit 8 Monate; Setzzeit Mai/Juni; 1 Kitz, Geburtsgewicht 2 bis 4 kg, wird 6 Monate lang gesäugt

Vorkommen Bevorzugt lichte Laub- und Mischwälder mit reichlichem Unterwuchs; vielfach auch in großen Parks, die einen ähnlichen Bewuchs aufweisen; über große Teile Mittel- und Südosteuropas verbreitet

Delphin

Delphine gehören zu den Walen↑, genauer gesagt zu den Zahnwalen. Sie sind Säugetiere, die dauernd im Wasser leben und mit Lungen atmen. In mehr oder weniger langen Abständen kommen sie an die Wasseroberfläche, um Luft zu holen. Unter Wasser orientieren sich Delphine vor allem mit Hilfe von Ultraschalltönen. Die ausgesandten Töne werden von möglichen Beutetieren, aber auch von Hindernissen zurückgeworfen. Für uns Menschen sind diese Töne unhörbar.

Große Tümmler sind in Delphinarien häufig zu sehen.

Dickhornschaf

Dickhornschafe leben sowohl in den Gebirgen als auch in den Wüsten Nordamerikas.

Das Dickhornschaf ist das typische Wildschaf Nordamerikas. Den Sommer über bilden die Tiere nach Geschlechtern getrennte Herden. Die Widder leben in Gruppen zusammen, und die weiblichen Tiere bilden Herden mit den Lämmern. Erst im Herbst sieht man die Tiere in gemischten Herden zusammen. Zur Brunftzeit im beginnenden Winter kommt es immer wieder zu Rangkämpfen unter den Widdern. Mit gesenkten Hörnern rennen die Tiere aufeinander zu. Es geht darum, den Gegner mit einem wuchtigen Kopfstoß aus dem Gleichgewicht zu bringen: Geht einer der Kämpfer „in die Knie", hat der andere gewonnen. Nach der Brunftzeit trennen sich die Widder wieder von den Weibchen und den Jungtieren.

Dickhornschafe leben vor allem im amerikanischen Felsengebirge, in den Rocky Mountains. Im Sommer halten sie sich hauptsächlich in Höhen oberhalb der Baumgrenze auf. Im Winter dagegen sind die Tiere oft gezwungen, in tieferen Lagen Nahrung zu suchen. Es gibt aber auch Dickhornschafe in den Wüsten im Westen der USA und in Mexiko.

Dickhornschaf

Größe 0,75 bis 1 m hoch; Widder 56 bis 124 kg, weibliche Tiere 34 bis 68 kg schwer

Merkmale Das Fell ist graubraun bis braun, um den Schwanz herum gelblich; die Hörner sind beim Widder schneckenförmig, beim Weibchen aber nur nach hinten gebogen

Ernährung Frißt Gräser und Kräuter der Bergmatten, aber auch Laub von Büschen und Bäumen

Fortpflanzung Brunft im November/Dezember; Tragzeit 175 Tage; 1 Lamm, manchmal auch 2 Lämmer; Geburtsgewicht etwa 4 kg

Vorkommen Auf felsigen Berghängen mit wenig Baumbewuchs, aber auch in Wüsten; über den Westen Nordamerikas verbreitet

---

Hier sind die Wildschafe an ganz andere Lebensbedingungen als im Hochgebirge angepaßt, nämlich an Hitze und Trockenheit. Die in den Wüsten lebenden Dickhornschafe gelten heute leider als gefährdete Tiere.

Das Dickhornschaf ist mit dem ebenfalls in Nordamerika verbreiteten Dallschaf↑ und dem europäischen Mufflon↑ verwandt. Das Tier hat eine durchschnittliche Lebensdauer von 9 Jahren.

Dikdik

Dikdiks werden nur wenig größer als Hasen, und allein daran kann man diese Antilopen↑ erkennen. Die Tiere halten sich meist in dichtem Buschland auf, und nur bei der Nahrungssuche am frühen Morgen und am späten Nachmittag sieht man sie außerhalb der Deckung. Ihre Nase ist sehr beweglich und zeigt wie ein kleiner Rüssel mal hierhin, mal dorthin. Mit ihrer Nase ziehen die Dikdiks sowohl die Düfte der Nahrung ein als auch den Geruch eines sich nähernden Feindes. Besonders Serval, Leopard und Kronenadler stellen den Tieren nach, aber auch Warane und Riesenschlangen. Im Gegensatz zu anderen Antilopen leben Dikdiks immer paarweise in einem kleinen Gebiet zusammen. Die Tiere werden in freier Natur 3 bis 4 Jahre alt.

Kirk-Dikdik

Kirk-Dikdik

Größe 55 bis 77 cm, Schwanz weitere 4 bis 6 cm lang; 2,7 bis 6,5 kg schwer

Merkmale Das Fell ist braungrau bis rötlichgrau; Unterseite weiß bis weißgelb; die Hörner werden bis zu 11 cm lang

Ernährung Frißt Blätter, Knospen, Triebe, Blüten und Früchte von Sträuchern, daneben auch Gräser und Kräuter

Fortpflanzung Paarungszeiten in Ostafrika Mai und November, im südwestlichen Afrika Juli/August und Januar/Februar; Tragzeit rund 6 Monate; zweimal im Jahr wird 1 Kitz geboren, das 3 bis 4 Monate lang gesäugt wird. Gewicht bei der Geburt 500 bis 800 g; die Tiere werden mit 6 bis 9 Monaten geschlechtsreif

Vorkommen In Buschland mit dichtem, niedrigem Bewuchs; über Ostafrika und das südwestliche Afrika verbreitet

Dingo

Dingo

Australischer Dingo

Größe Rumpf 1,50 m, Schwanz weitere 35 cm lang

Merkmale Fell bei Tieren aus den Trockengebieten meist gelblich-beige, bei Tieren aus dem Bergland rötlichbraun

Ernährung Jagt kleine Känguruhs und andere Beuteltiere, verwilderte Schweine, Kaninchen, Kriechtiere und Insekten; frißt auch Aas

Fortpflanzung Weibchen nur einmal im Jahr läufig; Tragzeit rund 9 Wochen; gewöhnlich 4 Welpen je Wurf; Welpen mit 6 Monaten selbständig

Vorkommen Anpassungsfähig, bewohnt alle möglichen Lebensräume in weiten Teilen Australiens

Der Dingo ist eines der wenigen Säugetiere Australiens, das nicht zu den Kloaken- und den Beuteltieren (→ Seite 338) gehört. Er ist aber auch gar kein richtiger Australier, sondern hat sich aus Haushunden entwickelt, die vor Jahrhunderten nach Australien gebracht worden waren und verwilderten. Auf die Jagd gehen Dingos überwiegend in der Dämmerung und nachts.

Bei Nahrungsmangel schließen sich die normalerweise in Familiengruppen lebenden Tiere zu größeren Rudeln zusammen. Sie jagen dann gemeinsam, um ihre Beutetiere zu überwältigen. Dingos stellen den einheimischen Beutetieren nach und gefährden deren Bestände. Die Tiere fallen aber auch immer wieder Schafherden an. Deshalb stellen ihnen die australischen Farmer erbarmungslos nach. Ganz anders gehen die australischen Ureinwohner mit den Dingos um. Sie fangen Welpen und ziehen sie als Haustiere auf.

Distelfalter

Der Distelfalter ist auf allen Kontinenten anzutreffen. In Europa ist er einer der häufigsten Tagfalter. Sein Name bezieht sich auf die Nahrungsgewohnheiten der Raupen: Sie fressen bevorzugt auf Disteln, aber auch auf anderen Pflanzen. Der Schmetterling unternimmt große Wanderungen. Von Mai bis Oktober sieht man ihn im nördlichen Europa fliegen. Das sind Tiere, die aus dem Süden einfliegen; sie stammen aus Nordafrika. In Mitteleuropa angekommen, legen die Falter Eier. Die Schmetterlinge, die sich aus diesen Eiern entwickeln, vermischen sich dann mit weiteren Zuwanderern, die aus dem Mittelmeergebiet kommen. Ein Schmetterling, der dem Distelfalter ähnlich sieht, ist der Kleine Fuchs (Fuchs↑).

Distelfalter

Distelfalter

Größe Spannweite der Flügel 4,5 bis 6 cm

Merkmale Flügel in der Grundfärbung ocker bis ziegelrot; mit dunklen Flecken, die an den Spitzen der Vorderflügel verdichtet sind; in diesem dunklen Bereich liegen auch mehrere weiße Flecken; Männchen und Weibchen sind gleich gefärbt

Ernährung Raupen fressen auf Disteln, Kletten, Huflattich und Brennnesseln

Fortpflanzung Eier einzeln an Futterpflanzen der Raupen abgelegt; Raupen schlüpfen nach etwa 10 Tagen; Puppenruhe 2 Wochen; erwachsene Schmetterlinge saugen an verschiedenen Blüten Nektar

Vorkommen In fast allen Lebensräumen anzutreffen, aber nicht im Wald; kommt im Gebirge bis in Höhen über 2 000 m vor; mit Ausnahme von Südamerika annähernd weltweit verbreitet

Dohle

Dohlen trifft man fast immer in Gemeinschaft mit anderen Artgenossen an. Die Vögel bilden oft große lärmende Trupps, und bisweilen schließen sich Krähen↑ an solche Trupps an. Damit das Leben im Dohlenschwarm in geregelten Bahnen verläuft, gibt es Spielregeln, die für alle Mitglieder gelten. Der berühmte Verhaltensforscher Konrad Lorenz hat hierzu vor über 50 Jahren umfassende Untersuchungen gemacht. Er hat beispielsweise herausgefunden, daß es innerhalb eines Dohlenschwarms eine Rangordnung gibt und daß Rechte und Pflichten jedes einzelnen Vogels der Gruppe genau festgelegt sind. Dohlen können 20 Jahre alt werden, und Dohlenpaare bleiben das ganze Leben lang zusammen.

Dohle

Größe 33 cm lang

Merkmale Bis auf den grauen Hinterkopf einfarbig schwarz im Gefieder; Männchen und Weibchen gleich gefärbt; typische „kjack"-Rufe

Ernährung Kleintiere, Pflanzenteile, Sämereien; Nahrungssuche auf Feldern, auch auf Müllkippen, meist in Trupps

Fortpflanzung Nest in Baumhöhlen, in Felsspalten und Löchern, in Erdwänden, auf Kirchtürmen, in Schornsteinen oder auch in Nistkästen; brütet gesellig; 3 bis 6 blaßblaue Eier mit dunkleren Flecken; erste Gelege im April, 1 Brut im Jahr

Vorkommen Offene Landschaft, Feldgehölze, Parkanlagen; brütet auch in Steinbrüchen, um Burgen und Ruinen herum und mitten in Städten; vor allem im Tiefland; Jahresvogel; über Mittel- und Südeuropa und bis nach Mittelasien hinein verbreitet

Die Dohle erkennt man am grauen Hinterkopf.

Dompfaff

Dompfaffpaar, links das Weibchen, rechts das Männchen

Dompfaff, Gimpel

Größe Knapp 15 cm lang

Merkmale Männchen mit schwarzer Kopfplatte, blaugrauem Rücken, schwarzen Flügeln mit breiter, weißer Binde; weißer Bürzel und schwarzer Schwanz; leuchtend karminrote Unterseite. Beim Weibchen Oberseite graubraun, Unterseite rötlichgrau gefärbt. Wellenförmiger Flug; das ganze Jahr über meist paarweise auftretend; schwermütig klingende „düh, düh"-Pfiffe, beim Abflug gereiht

Ernährung Frißt Knospen, Beeren, Samen, Insekten

Fortpflanzung Lockeres Nest aus Zweigen, Halmen, Moos, Haaren und Federn; in Büschen und Hecken; 4 bis 6 hellblaue Eier mit rot- oder schwarzbraunen Punkten und Flecken; Gelege ab April/Mai, 2 Bruten im Jahr

Vorkommen Gärten, Friedhöfe und Parks, Obstbaumbestände, unterholzreiche Nadel- und Mischwälder; vom Tiefland bis ins Gebirge; Teilzieher; über große Teile Europas und Asiens verbreitet

---

Der Dompfaff ist kaum mit anderen europäischen Vögeln zu verwechseln. Zumindest das Männchen mit seiner karminroten Brust und der schwarzen Kopfplatte ist leicht zu erkennen. Dompfaffen bewohnen überwiegend Wälder, aber die Vögel fehlen auch in größeren Gärten und Parks nicht. Bisweilen richten sie Schäden an Obstbäumen an; sie fressen nämlich besonders gern Knospen, vor allem dann, wenn die Samen, von denen sie sich hauptsächlich ernähren, abnehmen. Am Futterhaus kann man die Vögel ebenfalls öfter beobachten. Allerdings sind sie nirgends häufig. Der Dompfaff ist mit dem Stieglitz↑ und dem Zeisig↑ nah verwandt. Alle diese Vögel gehören zur Familie der Gimpel (Hänflinge).

Dornteufel

Der Dornteufel ist über und über mit „Dornen", das sind besonders spitze Schuppen, besetzt. Aber trotz dieses „gefährlichen" Aussehens ist das Tier völlig harmlos. Die Echse ernährt sich fast ausschließlich von Ameisen. Man hat berechnet, daß sie bei einer Mahlzeit bis zu 1800 Ameisen zu sich nehmen kann. Ihre Zähne sind so eingerichtet, daß sie die Panzer der Ameisen leicht aufknacken kann.

Der zweite Name „Wüstenteufel" weist auf den Lebensraum der Echse hin. Sie lebt im trockenen Inneren Australiens. Um Wasser aufzunehmen, bedient sich der Dornteufel eines besonderen Tricks: Kommt er mit Wasser in Berührung, saugen sich winzige Kanäle zwischen den Schuppen schnell mit Wasser voll. Das Wasser wird in Richtung Maul geleitet, und das durstige Tier kann es von seinem Körper abschlecken.

Nur so können die Tiere in der Wüste überleben. Sie müssen an die dort herrschenden Lebensbedingungen – an die Hitze und vor allem an die Trockenheit – angepaßt sein.

Dornteufel, Wüstenteufel, Moloch

Größe Gesamtlänge 21 cm

Merkmale Rumpf und Schwanz mit großen stacheligen Schuppen besetzt; lebhaft gelb, rot und braun gemustert

Ernährung Frißt fast ausschließlich Ameisen

Fortpflanzung Paarungszeit Oktober bis November; Weibchen legt im Januar 6 bis 8 Eier in einer Röhre im Boden ab

Vorkommen Steppen- und Wüstengebiete; über weite Teile Inneraustraliens verbreitet

---

Der Dornteufel lebt in den Wüsten Australiens.

Dromedar

Das Dromedar, das Einhöckrige Kamel, ist nur als Haustier bekannt; Wildformen kennt man nicht. Bei den Bewohnern der nordafrikanischen und kleinasiatischen Wüstengebiete spielt das Dromedar eine große Rolle. Es wird als Reittier benutzt und trägt Lasten. Über Jahrhunderte hinweg spielten Karawanen mit Dromedaren als Lasten- und Reittiere die wichtigste Rolle im „Verkehr" der Wüstenregionen. Heute gibt es moderne Transportmittel, die an die Stelle der Dromedare getreten sind. Als Lieferant von Milch, Fleisch, Wolle, Fellen und Mist als Brennmaterial ist das Dromedar dennoch aus Nordafrika und Vorderasien nicht wegzudenken. Der Bestand beträgt etwa 15 Millionen Tiere.

Dromedar, Einhöckriges Kamel

Größe Körper 3 m, Schwanz 50 cm lang; Schulterhöhe 1,80 bis 2,10 m; Gewicht 600 bis 1 000 kg

Merkmale Schlanke, lange Beine, 1 Höcker als Energiespeicher auf dem Rücken; Fell braun, mit kurzen Haaren; lange Augenwimpern, Oberlippe tief gespalten, verschließbare Nasenöffnungen, breite Hufe für das Gehen im Sand

Ernährung Frißt Gräser, Kräuter, Blätter von Büschen und Bäumen

Fortpflanzung Tragzeit 12 bis 13 Monate; 1 Junges in einem Wurf, Geburtsgewicht 30 bis 50 kg; Junge werden mit 1 Jahr bis 2 Jahren selbständig; weibliche Tiere sind mit 3 bis 4 Jahren, männliche Tiere mit 5 bis 6 Jahren geschlechtsreif

Vorkommen Bewohnt Wüsten und Steppen; über Nordafrika und Kleinasien verbreitet

---

Das Dromedar ist ein typischer Bewohner der Wüsten in Nordafrika und Kleinasien.

Drongo

Ein Trauerdrongo hält Ausschau nach Insekten.

Trauerdrongo, Gabelschwanzdrongo

Größe 25 cm lang, etwa 50 g schwer

Merkmale Gefieder ganz schwarz, Schwanz lang und am
  Ende gegabelt, Schnabel und Beine schwarz, Augen rot;
  Jungvögel mehr grau und Schwanz kaum gegabelt; läßt
  eine große Vielfalt an heiseren, metallisch klingenden
  Lockrufen und klare Pfiffe hören

Ernährung Ernährt sich von Insekten (besonders Bienen),
  kleinen Vögeln, Fischen und Nektar

Fortpflanzung Brutzeit je nach Region zwischen August und
  Januar; Nest aus Pflanzenmaterial und Gespinsten in Astgabeln von Bäumen, 2 bis 12 m über dem Boden;
  2 bis 4 sehr unterschiedlich gefärbte Eier; 2 bis 3 Bruten
  pro Jahr; Junge schlüpfen nach 16 bis 17 Tagen

Vorkommen Bewohner der Baum- und Buschsavanne und
  des offenen Waldlandes; über weite Teile des zentralen,
  östlichen und südlichen Afrikas verbreitet

Drongos bilden eine eigene Familie innerhalb der
Sperlingsvögel. Es gibt 20 Arten, die in Afrika und
in Asien leben. *Trauerdrongos* sieht man meist auf
Ästen sitzen, von wo die Vögel einen guten Überblick haben. Von ihrem Ansitz aus steigen die Vögel
dann auf, um Insekten in der Luft zu fangen. Einen
Teil ihrer Nahrung suchen Drongos aber auch am
Boden. Von Steppenbränden werden sie besonders
angezogen. Durch das Feuer aufgescheucht, fliegen
nämlich viele Insekten auf. Sie sind dann eine
leichte Beute für die Drongos. Wenn die Vögel
baden wollen, lassen sie sich von ihrem Ansitz oder
aus der Luft wie ein Kieselstein ins Wasser fallen.
Auf ganz ähnliche Weise fangen die Vögel auch
kleine Fische.

Drossel

Die *Singdrossel* ist mit der Amsel↑ verwandt, aber
durch die bräunliche Färbung gut von ihr zu unterscheiden. Auch die *Misteldrossel* hat eine einfarbig
braune Oberseite und eine helle, braun gesprenkelte Unterseite. Sie wird aber mit knapp 27 cm
Länge deutlich größer als die Singdrossel. Sie ist
die größte europäische Drosselart. Die schnarren-
den, harten Rufe sind ein gutes Erkennungsmerk-
mal der Misteldrossel. Die *Wacholderdrossel*, eine
weitere europäische Drossel, hat neben einem
kastanienbraunen Rücken einen grauen Kopf und
einen grauen Bürzel. Der Schwanz ist fast schwarz.
Die Rufe der Wacholderdrossel klingen wie
„schack-schack-schack". Im Norden Europas brütet
noch die *Rotdrossel*.

Singdrossel

Singdrossel

Größe 23 cm lang, etwas kleiner als Amseln

Merkmale Brauner Rücken, weißliche Unterseite mit Längs-
  reihen schwarzbrauner Punkte; rahmfarbene Unterflügel;
  Männchen und Weibchen gleich gefärbt; fliegende Sing-
  drosseln mit typischen „zipp"-Rufen; Gesang aus kurzen,
  jeweils 2- bis 4mal wiederholten Motiven

Ernährung Frißt Schnecken, Würmer, Insekten, Spinnen,
  im Herbst auch Früchte und Beeren

Fortpflanzung Kräftiges Nest aus Pflanzenmaterial in
  Büschen und Bäumen; Mulde glatt ausgestrichen;
  4 bis 6 hellblau bis türkisfarbene Eier, fein schwarz
  gesprenkelt; Gelege ab April, 2 Bruten im Jahr

Vorkommen Gärten, Parks und Friedhöfe, Feldgehölze,
  Wälder mit reichem Unterwuchs; über weite Teile Europas
  und bis Mittelasien verbreitet

Eichelhäher

Eichelhäher

Eichelhäher

Größe Etwa 35 cm lang

Merkmale Gefieder rötlichbraun; Flügel schwarz mit weißem Feld und blauschwarzen Federn; Bürzel weiß, Schwanz schwarz

Ernährung Frißt vor allem Eicheln und Bucheckern, auch Insekten und kleine Wirbeltiere

Fortpflanzung Nest aus Reisig; 5 bis 6 blaßgrüne Eier mit feiner rotbrauner Zeichnung; Gelege ab April, 1 Brut im Jahr

Vorkommen Größere Parks, Feldgehölze, Wälder vom Tiefland bis in Berglagen; Jahresvogel; über Mittel- und Nordeuropa und Asien verbreitet

---

Der Eichelhäher macht sich im Wald immer wieder lautstark bemerkbar. Sein heiseres Rätschen warnt andere Vögel vor drohenden Gefahren. Als Winter-vorrat sammelt der Häher Nüsse, Eicheln und Buch-eckern, die er zwischen Wurzeln, Laub und in der Rinde von Bäumen versteckt. Er findet aber jeweils nur einen kleinen Teil seiner Vorräte wieder und trägt so dazu bei, daß im Wald junge Bäume nach-wachsen. Nah verwandt mit dem Eichelhäher ist der Tannenhäher↑.

Eichhörnchen

Wer einmal Eichhörnchen genauer beobachtet hat, weiß, daß die Tiere ausgezeichnet an das Leben in den Baumwipfeln angepaßt sind. Eichhörnchen können an Baumstämmen hervorragend auf und ab klettern. Im Kronendach springen sie geschickt von einem Baum zum nächsten. In den Baumkronen bauen sie sich aus Laub und Zweigen ihre Nester. In den Kobeln – so heißen die Baumnester – ziehen die Tiere ihre Jungen groß; sie überwintern darin aber auch. Eichhörnchen sind Nagetiere (→ Seite 338). Zu ihren Verwandten zählen das Grauhörn-chen, das Ziesel↑ und das Murmeltier↑. Das Grau-hörnchen stammt aus Nordamerika, wurde aber in England ausgesetzt. Es ist kräftiger als das Eich-hörnchen und hat dieses dort stellenweise fast ganz verdrängt. Man muß also sehr vorsichtig sein, wenn man Tiere aus fremden Ländern hält. Sie dürfen nicht in die Freiheit entweichen.

Eichhörnchen

Größe Bis 30 cm lang; Schwanz mißt weitere 25 cm

Merkmale Fell rostrot bis schwarzbraun; langer, buschiger Schwanz

Ernährung Frißt vorwiegend Nüsse, Bucheckern, Beeren, Pilze und Insekten

Fortpflanzung Nach 5 Wochen Tragzeit werden 3 bis 7 Junge geworfen, die mit rund 2 Monaten selbständig werden; die Tiere bekommen 2mal im Jahr Junge

Vorkommen Vor allem im Nadelwald, aber auch in Misch- und Laubwäldern und in Parks und Gärten, selbst mitten in der Stadt; vom Flach- und Hügelland bis in etwa 2 000 m Höhe; über ganz Europa und die nördlichen Teile Asiens bis nach Japan verbreitet

---

Eichhörnchen

Eidechse

Zauneidechse, Männchen

Zauneidechse

Größe Vom Kopf bis zum Schwanzansatz bis 9 cm lang;
Schwanz weitere 15 cm lang

Merkmale Rücken meist hellbraun mit dunklem Mittelstreifen und einem hellen Band an jeder Seite; Unterseite
weißlich, gelblich oder grünlich; Männchen zur Fortpflanzungszeit mit grünen Partien an Kopf und Seiten

Ernährung Frißt Spinnen, Insekten und Würmer

Fortpflanzung Das Weibchen legt 5 bis 14 Eier in die Erde,
aus denen nach etwa 2 bis 3 Monaten die jungen Eidechsen schlüpfen. Die Jungen sind bei der Geburt 5 bis 6 cm
lang. Sie werden mit 1,5 bis 2 Jahren geschlechtsreif.

Vorkommen Trockene Grasfluren und Wegböschungen,
Feldraine, Hecken und Waldränder; im Gebirge bis in
2 000 m Höhe; im größten Teil Europas und bis nach
Innerasien hinein vorkommend

Eidechsen gehören zu den Kriechtieren. Sie sind also wechselwarm und brauchen eine gewisse Wärme in ihrer Umgebung, um auf „Betriebstemperatur" zu kommen. Aus diesem Grund sieht man die Tiere in den Morgenstunden in der Sonne liegen, um sich aufzuwärmen. Und deshalb sind Eidechsen auch nur tagsüber aktiv. Ihre Nahrung besteht überwiegend aus Kleintieren. Als Ergänzung fressen Eidechsen auch Früchte verschiedener Pflanzen. Werden sie selbst gejagt, können sie einen Teil ihres Schwanzes abwerfen. Dieses Stück zappelt dann noch eine Weile und lenkt die Aufmerksamkeit des Räubers auf sich, so daß die Eidechse entkommen kann. Ihr Schwanz wächst später nach, bleibt aber etwas kürzer als der ursprüngliche Schwanz.

Eidechsen kommen in den gemäßigten und den warmen Zonen der Alten Welt vor. In Europa, Afrika und Asien leben ungefähr 150 Arten. Die häufigste Art in Europa ist die *Zauneidechse*. Auch die *Berg-* oder *Waldeidechse* ist über weite Teile Europas und Nordasiens verbreitet. Sie lebt in ziemlich feuchten Gebieten in Wäldern, in sumpfigen Wiesen und in Mooren. Im Gebirge trifft man sie bis in etwa 3 000 m Höhe an. Bergeidechsen werden 16 bis 18 cm lang. Ihre Färbung ist unterschiedlich. Der Rücken kann grau, rötlich oder dunkelbraun gefärbt sein. Meist verläuft ein dunkler Längsstreifen auf der Mitte des Rückens. Die Flanken sind dunkler gefärbt; die Unterseite ist gelblich. Den Winter verbringen die Eidechsen in Kältestarre. In hohen Lagen dauert die Ruhezeit oft 8 bis 9 Monate. Diese Eidechse bringt – im Gegensatz zu allen anderen Eidechsen – lebende Junge zur Welt.

Die *Smaragdeidechse* ist eine Art des Südens; in Deutschland kommt sie nur in warmen Gebieten vor. Die Tiere werden bis zu 40 cm lang und sind auf dem Rücken lebhaft grün gefärbt. Die *Perleidechse* ist mit 60 cm Länge die größte Eidechse. Sie lebt in Südeuropa und in Nordwestafrika.

Smaragdeidechse

Eiderente

Einsiedlerkrebs

Krebse↑ haben einen Panzer, der aus Kalk gebaut und deshalb sehr hart ist. Beim Einsiedlerkrebs ist das allerdings anders. Bei ihm ist der Hinterleib nämlich weichhäutig, und deshalb braucht der Krebs dafür einen Schutz. Er sucht sich ein leeres Schneckenhaus und steckt den empfindlichen Hinterleib hinein.

Der Vorderleib mit den Beinen schaut heraus, und so kann der Einsiedlerkrebs mitsamt seinem Schneckenhaus auf Wanderschaft gehen. Der Krebs wächst zumindest in der ersten Zeit noch, und deshalb muß er sich in gewissen Abständen eine größere „Wohnung" suchen. Sobald er ein neues passendes Schneckengehäuse gefunden hat, zieht er einfach um.

Ausgewachsene Einsiedlerkrebse beziehen oft die Gehäuse der Wellhornschnecke. Auf den Gehäusen wiederum sitzen häufig Schwämme oder Seeanemonen.

Eiderente; vier Männchen, ein Weibchen und Junge

Eiderente

Größe Länge 58 cm

Merkmale Die Erpel sind unten schwarz, oben weiß, rosa Anflug auf der Brust, schwarze Kopfplatte, grünlicher Hinterkopf; die Weibchen sind braun, schwarz gebändert; Männchen und Weibchen sind außerhalb der Brutzeit scheckig gefärbt

Ernährung Muscheln und Schnecken, auch Krebstiere, Wasserinsekten und bisweilen kleine Fische

Fortpflanzung Nest: offen liegende Mulde, mit Daunen ausgepolstert; Koloniebrüter; meist 4 bis 6 blaßgrüne oder beigefarbene, länglich-ovale Eier; erste Gelege im April/Mai; 1 Brut im Jahr

Vorkommen Bewohnt küstennahe Gebiete, auch größere Binnenseen; über Mittel- und Nordeuropa, Grönland, das nördliche Nordamerika und Nordost-Sibirien verbreitet

---

Gewöhnlicher Einsiedlerkrebs, Bernhardskrebs

Größe Bis 10 cm lang

Merkmale Gräulichrot mit graugrünen und braunen Flecken und weißen Punkten; Scherenbeine gelblich, rotbraun oder braun; Scheren länglich, mit Dornen besetzt; rechte Schere viel größer als die linke Schere; Hinterleib in Schneckenhaus verborgen

Ernährung Schabt den Bodensatz mit der kleinen Schere von der Oberfläche des Meeresbodens

Fortpflanzung Männchen übergibt Samenbehälter an frisch gehäutetes Weibchen; aus den Eiern unter dem Hinterleib schlüpfen Larven, die im freien Wasser leben; mehrere Larvenstadien bis zum fertigen Krebs

Vorkommen Vom Seichtwasser bis ins tiefe Wasser, vor allem auf steinigem Boden; Atlantik, Mittelmeer, Nordsee und westliche Ostsee

---

Eiderenten sind Vögel der Meeresküsten. Sie suchen am Meeresgrund nach Freßbarem, vor allem Muscheln. Um sich unter Wasser fortzubewegen, benutzen sie ihre Flügel, ähnlich wie die Alken↑ und die Pinguine↑. Junge Eiderenten tauchen bis zu 50 Sekunden lang und erreichen eine Tiefe von ungefähr 6 m. Erwachsene Vögel tauchen 20 Sekunden bis anderthalb Minuten lang. Sie erreichen Tiefen von 10 bis 15 m; es werden auch 20 bis 30 m Tiefe angegeben. An den Küsten Islands gibt es sehr große Brutkolonien der Eiderente. Die Bauern, auf deren Grund die Kolonien liegen, verkaufen die kostbaren Daunen, mit denen die Enten ihre Nester weich auspolstern. Deshalb hegen und pflegen sie die Vögel besonders sorgfältig.

Gewöhnlicher Einsiedlerkrebs

Eisfuchs

Im Winter trägt der Eisfuchs als Schutz vor der Kälte ein dickes weißes Fell.

Der Eis- oder Polarfuchs ist ein Verwandter des europäischen Rotfuchses (Fuchs↑). Er lebt im hohen Norden und ist gut an das Leben in kalten Zonen angepaßt. So ist der Eisfuchs insgesamt klein und gedrungen, und seine Ohren sind kürzer als die des Rotfuchses. Beides verhindert, daß Körperwärme verlorengeht. Und damit der Fuchs keine kalten Füße bekommt, sind diese dicht behaart. Bevor der Winter einsetzt, wächst dem Fuchs ein dichteres Fell, das gut gegen die Kälte schützt. Das Winterfell ist außerdem weiß gefärbt, und in einer Schnee- und Eislandschaft sind Eisfüchse nur schwer auszumachen.

Wovon ernähren sich Eisfüchse im Winter? Ein Teil der Füchse streunt dann durch die Dörfer der Inuit, um dort etwas Eßbares zu finden. Ein anderer Teil folgt den Eisbären auf ihren Beutezügen. Wo ein Eisbär eine Robbe geschlagen hat, bleiben immer ein paar Brocken für die kleinen Füchse übrig. Sie müssen nur aufpassen, daß sie nicht selbst zur Beute des Bären werden. Doch sie sind schnell genug, um ihnen zu entkommen.

Eisfuchs, Polarfuchs

Größe Rumpf rund 50 cm, Schwanz 28 cm lang; 3,2 bis 6,7 kg schwer

Merkmale Kurze Schnauze, kleine Ohren, buschiger Schwanz; Fell im Sommer beige und grau oder dunkelbraun, im Winter weiß oder blaugrau

Ernährung Frißt Lemminge, Hasen, Vögel und deren Eier, Beeren, aber auch Aas und Abfälle

Fortpflanzung Tragzeit 51 bis 54 Tage; 5 bis 6 Junge in einem Wurf

Vorkommen Bewohnt den hohen Norden

Eisfuchs im Sommerfell

Eissturmvogel

Der Eissturmvogel ist der am häufigsten vorkommende Seevogel der nördlichen Meere. An den Küsten sind oft ganze Felswände ausschließlich von Eissturmvögeln besiedelt. Und wo ein Fischdampfer sein Netz einholt, sieht man oft Hunderte der Vögel auf dem Wasser schwimmen. Sie warten nur darauf, daß ein paar Fische aus dem Netz fallen oder Fischabfälle über Bord geworfen werden. Am Brutplatz sollte man die Vögel auf keinen Fall stören. Es kann nämlich passieren, daß ein brütender Vogel plötzlich ein übelriechendes Öl ausspeit. Er trifft den neugierigen Beobachter sehr genau, der dann Mühe hat, den fürchterlichen Gestank wieder loszuwerden. Schon die Jungen verfügen über diese Art von Abwehr.

Eissturmvogel

Größe Länge 47 cm

Merkmale Möwenartiger Vogel, aber dickerer Kopf und keine schwarzen Flügelspitzen; Gefieder weiß oder hellgrau, Flügel immer grau; segelt ohne Flügelschlag dicht über den Wellen dahin; Stimme: ein stoßweises Gackern, Schnattern, Knurren

Ernährung Frißt Weichtiere, Krebstiere, Fische, auch Fischabfälle und Aas

Fortpflanzung Brütet auf Felsvorsprüngen, in Felsnischen und an alten Gemäuern; 1 Ei mit weißer, rauher Schale; Beginn der Eiablage Mitte Mai, 1 Brut im Jahr

Vorkommen Nordatlantik, Nordpazifik, kommt nur zur Brutzeit an Land; Brutplätze an den Küsten Mittel- und Nordeuropas, Grönlands, des nördlichen Nordamerikas und des nordöstlichen Asiens

---

Eissturmvögel bei der Nahrungssuche

Eisvogel

Eisvogel

Eisvogel

Größe 17 cm lang

Merkmale Oberseite je nach Lichteinfall blau oder türkisfarben, metallisch glänzend; Kehle weiß, Hals mit weißem Fleck; Kopfseiten und Unterseite rostbraun; Männchen und Weibchen gleich gefärbt; durchdringende, hohe Pfiffe, die weit zu hören sind

Ernährung Jagt kleine Fische, daneben Frösche, Kaulquappen und Wasserinsekten. Die Tiere werden erbeutet, indem der Vogel von einem Ast oder aus dem Rüttelflug heraus senkrecht ins Wasser stößt

Fortpflanzung Gräbt bis zu 1 m lange Höhlen in Erdwände am Ufer der Wohngewässer; 5 bis 7 weiße Eier; erste Gelege im März; 2, manchmal auch 3 Jahresbruten

Vorkommen An klaren Bächen, Flüssen, Weihern und Seen; über weite Teile Europas, das südliche Asien und das südliche Afrika verbreitet

---

Der Eisvogel ist durch die Begradigung von Bächen und die Gewässerverschmutzung selten geworden. Der Vogel braucht natürliche Bachufer mit offenen Lehmwänden, denn dort gräbt er seine Brutröhre. An ihrem Ende ist die Röhre zu einer kleinen Höhle erweitert. Damit alle Jungen gleichmäßig Futter bekommen, geht es in der Höhle wie auf einem Karussell zu: Hat der eine Jungvogel einen Fisch bekommen, rückt er weiter und macht dem nächsten Jungen Platz. Will man den Eisvögeln helfen, muß man versuchen, die Brutwände zu erhalten. Man kann sie aber auch an geeigneten Stellen neu anlegen, indem man mit dem Spaten die Uferböschung des Baches im ausgehenden Winter frisch absticht.

Elch

Elche sind typische Bewohner der ausgedehnten Waldgebiete im Norden der nördlichen Halbkugel. Da sie ihre Hufe weit spreizen können, bewegen sie sich auch in Sumpf- und Moorgebieten ohne Schwierigkeiten fort. Sie sind gute Schwimmer und können ohne Schwierigkeiten Flüsse durchqueren. Da Elche in keiner Weise wasserscheu sind, suchen sie in flachen Weihern auch Nahrung; Wasserpflanzen fressen sie besonders gern. Ein auffälliges Merkmal der Tiere ist die hängende, sehr bewegliche Oberlippe, deren Aufgabe man erkennt, wenn man die Tiere bei der Nahrungssuche im Wald beobachtet: Sie umschließen damit nämlich Zweige und Blätter von Büschen und Bäumen (vor allem von Weichhölzern) und zupfen sie dann ab.

Elchschaufler

Die männlichen Elche tragen ein Geweih; den weiblichen Tieren fehlt es – wie bei allen Hirschen mit Ausnahme des Rentieres↑. Das Geweih besteht aus Knochen und wird jedes Frühjahr abgeworfen und anschließend neu gebildet. Von Ende Juni bis in den August hinein wird das Geweih „gefegt": Die Bullen streifen den Bast an Bäumen und Büschen von den Knochen ab. Der Bast ist eine gut durchblutete Haut, die das Geweih in seiner Entwicklungszeit ernährt. Im September ist das Geweih dann blank. Jetzt ist die Zeit der Brunft, und dabei spielt das Geweih eine wichtige Rolle. Ein großes Geweih imponiert den weiblichen Tieren und schüchtert andere Bullen ein. Die mit dem Elch verwandten Rothirsche setzen ihre Geweihe auch bei Rangordnungskämpfen ein. Beim Elch geht die Brunft wesentlich ruhiger vor sich als beim Rothirsch, und auch zu Auseinandersetzungen mit anderen Bullen kommt es nicht sehr oft. Aber gelegentlich gibt es doch auch tödliche Unfälle.

Vom achten Lebensjahr an tragen Elche ihre stärksten Geweihe. Während die europäischen Elchbullen meist nur Stangen- oder bescheidene Schaufelgeweihe bilden, kennt man aus Alaska Tiere mit mächtigen Schaufeln von mehr als 40 Enden und einem Gewicht von über 20 kg. In Alaska leben auch die größten Elche, die es gibt. Sie werden deutlich größer und schwerer als die europäischen Elche. Die Tiere spielen vor allem als Jagdwild eine große Rolle.

Elch

Größe Europäische Elche bringen es auf 2,80 m Länge und 2,20 m Schulterhöhe; Bullen können 530 kg, Kühe 350 kg Gewicht erreichen; Elche aus Nordamerika bis 3,10 m lang, Schulterhöhe bis 2,35 m und Gewicht bis 800 kg

Merkmale Groß wie ein Pferd; lange Beine, kurzer Hals, langer Kopf, kurzer Schwanz; Fell schwarzbraun; männliche Tiere mit großem Geweih

Ernährung Frißt Blätter, Zweige und Rinde von Weichhölzern wie Weiden und Espen, daneben auch Sumpf- und Wasserpflanzen

Fortpflanzung Brunft im September; Kälber zwischen April und Anfang Juni geboren, bei der Geburt 70 bis 80 cm hoch, nach 6 Monaten schon 130 bis 150 kg schwer; mit 1,5 bis 2,5 Jahren geschlechtsreif

Vorkommen Waldgebiete; über weite Teile der Nordhalbkugel verbreitet

---

Elchkuh mit Kalb

Elefant

Der Afrikanische Elefant ist das größte, auf dem Land lebende Tier der Erde.

Elefanten sind die größten heute lebenden Landsäugetiere; sie erreichen das Gewicht von einem Lastwagen. Ihr auffälligstes Merkmal ist der Rüssel, die verlängerte Nase. Mit dem Rüssel riechen Elefanten aber nicht nur, sondern sie tasten auch damit. Außerdem reißen sie mit dem Rüssel Blätter von den Bäumen oder Grasbüschel aus dem Boden und führen sie zum Mund.

Wenn Elefanten trinken wollen, tauchen sie den Rüssel ins Wasser, saugen einige Liter ein und spritzen sie sich in den Mund. Elefanten nehmen auch gern Staubbäder, um Hautparasiten zu vertreiben, und mit dem Rüssel blasen sie sich den Staub über den ganzen Körper.

Heute leben zwei Arten von Elefanten auf der Erde. Der *Afrikanische Elefant* wird größer als der *Asiatische Elefant*. Er hat auch viel größere Stoßzähne. Die Stoßzähne sind die verlängerten zweiten Schneidezähne des Oberkiefers. Sie dienen den Elefanten als Werkzeuge, die auf vielfältige Weise benutzt werden. Der größte Stoßzahn, der je bei einem (Afrikanischen) Elefanten entdeckt wurde, war 3,40 m lang und 102 kg schwer!

Die Stoßzähne bestehen aus Elfenbein, einem sehr begehrten und deshalb teuren Material. Aus diesem Grund wird trotz Verboten nach wie vor oft grausame Jagd auf die Tiere gemacht. Meist trifft man Elefanten in Herden von 10 bis 20 Tieren an. Sie

Elefant

Afrikanische Elefanten am Wasserloch

werden von einem alten, erfahrenen Weibchen angeführt und bestehen in der Regel aus einem starken und einem oder zwei halbwüchsigen Bullen und mehreren Weibchen mit ihren Jungen. Bei Trockenheit und Nahrungsmangel ziehen aber auch mehrere hundert Elefanten gemeinsam durch die Gegend. Ganz alte Bullen wiederum sind oft Einzelgänger.

Feinde haben ausgewachsene Elefanten nicht, vom Menschen abgesehen. Jungtiere fallen bisweilen großen Raubtieren wie Löwen zum Opfer. Die größte Gefahr für die Elefanten besteht darin, daß ihr Lebensraum immer mehr eingeengt wird. Elefanten benötigen jeden Tag gewaltige Mengen an Nahrung, und deshalb brauchen sie entsprechend große Gebiete, wo sie leben können. Lebensraum brauchen aber auch die Menschen in Afrika und Asien. So leben die meisten Elefanten heute in Nationalparks. Dort aber ist man oft gezwungen, Elefanten abzuschießen, wenn man verhindern will, daß sie das betreffende Gebiet in eine Wüste verwandeln und schließlich selbst verhungern.

So große und kräftige Tiere wie Elefanten sollte man eigentlich zur Arbeit einsetzen können. Tatsächlich leisten abgerichtete Asiatische Elefanten in der Forstwirtschaft Dienst.

Herde des Asiatischen oder Indischen Elefanten

Elster

Elster

Elster
Größe Einschließlich des langen, gestuften Schwanzes 46 cm lang
Merkmale Gefieder schwarzweiß gefärbt, je nach Licht mit metallisch-grünem Glanz; Männchen und Weibchen gleich gefärbt; am Boden hüpfend, flatternder Flug; auffällige „schack-schack-schack-schack"-Rufe
Ernährung Nahrung sehr vielseitig: Insekten und deren Larven, Spinnen, Würmer, Schnecken, Lurche, Eier und Junge von Vögeln, Früchte und Samen, Abfälle und Aas
Fortpflanzung Baut aus Ästen und Zweigen kugel- oder eiförmige Nester mit seitlichem Eingang; 6 bis 7 Eier, auf gelblichem, grünlichem oder grauem Grund braun und grau gefleckt; Gelege ab April, 1 Brut im Jahr
Vorkommen Offenes Gelände mit Baumgruppen, Feldgehölze, Parks und Gärten; Jahresvogel; über große Teile Europas, Mittelasiens und in Nordamerika verbreitet

Mit ihrem schwarzweißen Gefieder, dem langen Schwanz und den schackernden Rufen ist die Elster eine der auffälligsten Vogelarten Europas. Eigentlich ein Vogel der offenen Landschaft, ist sie heute auch mitten in Städten und Dörfern heimisch, nicht nur, um hier Nahrung zu suchen, sondern auch um zu brüten. Sie ist sehr anpassungsfähig und im Lauf der Zeit zu einem Kulturfolger geworden. So nennt man Tiere, die sich eng an den Menschen angeschlossen haben. Weitere Beispiele für Kulturfolger sind Amsel↑, Türkentaube↑ und Hausmaus (Maus↑). Elstern bleiben in der Regel das ganze Jahr über an einem Ort; sie streichen höchstens nach der Brutzeit in kleineren Trupps umher. Sie sind mit den Krähen↑ nah verwandt.

Emu

Der Emu ist der größte Vogel Australiens. Er hat zwar Flügel, kann aber nicht mehr fliegen. Dafür erreicht er „zu Fuß" eine Spitzengeschwindigkeit von 50 km/h. Man sieht Emus einzeln und in kleinen Gruppen. Nachdem das Weibchen die Eier gelegt hat, überläßt es dem Männchen das weitere Brutgeschäft und die Aufzucht der Jungen. Das Weibchen paart sich gleich wieder mit einem anderen Männchen. Es kann sich aber auch in der Nähe des Nestes aufhalten und die Jungen dann gemeinsam mit dem Männchen führen. Der Emu ist mit dem Kasuar↑, dem Strauß↑ und dem Nandu↑ verwandt. Kasuare kommen wie der Emu in Australien vor, Strauße in Afrika und Nandus in Südamerika. Alle diese Vögel sind flugunfähig.

Emu
Größe 1,50 bis 1,85 m hoch, Rückenhöhe 1 m; Gewicht bis 55 kg
Merkmale Lange, kräftige Laufbeine; langer Hals, kleiner Kopf; Gefieder graubraun bis fast schwarz; Haut an Kopf und Hals blau, Augen gelb
Ernährung Frißt Insekten (besonders Heuschrecken), Samen und Früchte, Gras, Laub und Blüten verschiedener Pflanzen
Fortpflanzung Nest am Boden; Mulde aus Blättern, Gras, Borkenstücken und Zweigen; 5 bis 11 dunkelgrüne Eier, 600 g schwer, allein vom Männchen ausgebrütet; Brutdauer 52 bis 60 Tage; Männchen führt Junge bis zum Alter von 18 Monaten
Vorkommen Grasland, Buschland, lichte Wälder, Halbwüsten, auch Kulturland; über fast ganz Australien verbreitet, fehlt heute in Tasmanien

Ein Emu im australischen Buschland

Ente

Paar der Spießente: links das Weibchen, rechts der Erpel

Enten suchen ihre Nahrung „Köpfchen in das Wasser, Schwänzchen in die Höh" im flachen Wasser. Sie haben einen langgestreckten Körper, und ihr Schwanz zeigt schräg nach oben, wenn sie auf dem Wasser schwimmen.

Die zweite Gruppe sind die Tauchenten. Dazu zählen *Reiherente, Tafelente↑, Schellente* und *Kolbenente.* Tauchenten beschaffen sich ihre Nahrung, indem sie zum Grund der Gewässer hinuntertauchen; dabei treiben sie sich mit ihren Füßen vorwärts. Sie haben aber nicht nur eine andere Ernährungsweise als die Schwimmenten, sondern auch eine andere Körperform: Sie sind kürzer und flacher gebaut, und ihr Schwanz fällt mit der Wasserlinie zusammen, wenn sie schwimmen.

Spießente

Größe 56 cm lang

Merkmale Schwimmente; Erpel: Kopf und Hals braun, mit weißem Längsstreifen; Vorderseite des Halses und Bauch weiß; Rücken und Flanken fein schwarz und weiß quergewellt; Weibchen: braun und hellbraun gestreift und gefleckt; beide Geschlechter mit spitzen Schwanzfedern, die beim Erpel viel länger sind als beim Weibchen

Ernährung Frißt Triebe und Samen von Pflanzen, daneben Kleintiere

Fortpflanzung Nest versteckt in Uferpflanzen; 7 bis 12 Eier, rahmfarben bis hell grünlich; erste Gelege Mitte April; 1 Brut im Jahr

Vorkommen Brütet in Sumpf- und Moorgebieten; im Winter bevorzugt auf Küstengewässern; über den Norden der Nordhalbkugel verbreitet

---

Reiherente, Erpel

Reiherente

Größe 43 cm lang

Merkmale Tauchente mit Federhaube; Erpel: Kopf, Brust, Rücken und Hinterende schwarz, Flanken und Bauch weiß; Weibchen: oben dunkelbraun, unten heller braun; mit schmalem, weißem Ring um die Schnabelwurzel; beide Geschlechter mit gelben Augen

Ernährung Frißt überwiegend Muscheln, daneben im Wasser lebende Würmer, Insekten und Kleinkrebse; meist tauchen die Vögel, um die Nahrung vom Gewässerboden heraufzuholen

Fortpflanzung Nest versteckt in Uferpflanzen; 6 bis 11 graugrüne Eier; erste Gelege ab Ende April, 1 Brut im Jahr

Vorkommen Zur Brutzeit an Weihern und Seen; im Winter auch auf Talsperren und Flüssen, kaum auf Küstengewässern; über das nördliche Eurasien verbreitet

---

Enten liegen wie Schiffchen auf dem Wasser, haben Schwimmhäute zwischen den Zehen und einen Seihschnabel. Die männlichen Enten, die Erpel, tragen ein auffälliges Gefieder. Die Weibchen dagegen sind unscheinbar gefärbt. Sie brüten die Eier allein aus und müssen auf dem Nest gut getarnt sein. Enten nisten meist am Boden, es gibt aber auch Arten, die in Baumhöhlen brüten, wie die *Mandarinente↑*. Ein auffälliges Kennzeichen der Enten ist der Flügelspiegel, der allerdings meist nur zu sehen ist, wenn die Vögel fliegen.

Man kann die Enten in zwei Gruppen einteilen. Die erste sind die Schwimm- oder Gründelenten. Zu ihnen gehören etwa *Stockente↑, Spießente, Schnatterente, Pfeifente, Löffelente* und *Krickente.* Diese

Erdhörnchen

Kap-Erdhörnchen leben im südlichen Afrika. Dort ist es sehr heiß. Um sich gegen die stechende Sonne schützen zu können, tragen die Tierchen ständig einen „Sonnenschirm" mit sich herum. Was es damit auf sich hat, sieht man in den heißen Mittagsstunden: Die Hörnchen stellen dann ihren langen, buschigen Schwanz hoch und spenden sich auf diese Weise selbst Schatten. Am frühen Morgen und am späten Nachmittag dagegen brauchen die Tiere ihren „Sonnenschirm" nicht aufzuspannen. Dann ist es nämlich merklich kühler.

Kap-Erdhörnchen, Kap-Borstenhörnchen

Größe   Körper 20 bis 29 cm, Schwanz weitere 18 bis 25 cm lang; 500 bis 1 100 g schwer

Merkmale   Große, schwarze Augen, kleine Ohren; Fell oben graubraun oder blaß rotbraun, unten grau; an den Seiten heller Streifen; buschiger Schwanz

Ernährung   Frißt Gräser und Kräuter, Samen, Früchte, Knollen und Wurzeln, daneben kleine Tiere

Fortpflanzung   Tragzeit 20 bis 30 Tage; 2 bis 6 Junge in einem Wurf, zu allen Jahreszeiten geboren

Vorkommen   Lebt im Gras- und Buschland; über den Südwesten und Süden Afrikas verbreitet

---

Ein Kap-Erdhörnchen nagt an einem Grashalm.

Erdkröte

Erdkröten haben wie alle Kröten eine warzige Haut.

Erdkröte

Größe   Männchen 8 cm, Weibchen bis 13 cm lang

Merkmale   Oberseite braun; Unterseite heller, bis grauweiß; Haut mit den für alle Kröten typischen Warzen

Ernährung   Frißt Schnecken, Insekten und deren Larven und andere Kleintiere

Fortpflanzung   Laichzeit März/April; Eier in Schnüren im Wasser abgelegt; 2 000 bis 6 000 Eier pro Weibchen

Vorkommen   Bewohnt Wälder, Wiesen und Felder, aber auch Gärten und feuchte Keller; bis in 2 500 m Höhe anzutreffen; über den größten Teil Mittel- und Nordeuropas und des gemäßigten Asiens verbreitet

---

Die Erdkröte ist Europas häufigste Kröte↑. Sie vertilgt viele Schadinsekten, Schnecken und andere Kleintiere, und man sollte das nützliche Tier schonen, wo man es trifft. Das gilt besonders für die Zeit im März/April, wenn die Kröten zu ihren Laichgewässern wandern. Dabei müssen sie oft stark befahrene Straßen überqueren. Früher wurden sie oft zu Hunderten überfahren. Heute werden manche Straßen gesperrt, bis die Tiere in ihr Wohngebiet zurückgewandert sind. Oder es werden Schutzzäune aus niedriger Plastikfolie angelegt, an denen die Tiere entlanglaufen. Die Zäune leiten die Kröten entweder in Betonröhren unter der gefährlichen Straße hindurch oder in Eimer, die in den Boden eingelassen sind. Naturschützer sind zur Zeit der Krötenwanderung oft nächtelang unterwegs, um die Kröten sicher über die Straße zu bringen. Autofahrer sollten in diesen Abschnitten besonders vorsichtig fahren.

Erdmännchen

Die gesellig lebenden Erdmännchen gehören zu den Schleichkatzen. Sie sind also Raubtiere. Jeweils 10 bis 30 der kleinen Tiere leben in einer Art Siedlung aus mehreren Bauen zusammen. Ein Bau besteht aus bis zu 1,50 m langen Gängen, die zu einem mit Gras ausgepolsterten unterirdischen Kessel führen. Das Wohn- und Jagdgebiet einer Erdmännchen-Gruppe umfaßt etwa einen Kreis von 200 bis 400 m um die Baue herum.

Von ihren Bauen aus gehen die Erdmännchen tagsüber auf Nahrungssuche. Ihren Namen haben die Tiere bekommen, weil sie sich immer wieder auf die Hinterbeine stellen, um nach Feinden Ausschau zu halten. Wenn sie nicht gerade Männchen machen, graben die Tiere im Boden. Während ihre Nase in das angefangene Erdloch fährt, schieben die Hinterbeine Erde in kleinen Wolken nach hinten heraus. Deshalb heißen sie auch „Scharrtiere".

Da die Nahrung im Umkreis der Baue begrenzt ist, ziehen die Erdmännchen mehrmals im Jahr um. Sie beziehen also immer wieder einmal eine neue Siedlung und gehen dann dort so lange ihrem Tagesgeschäft nach, bis die Nahrungsvorräte erschöpft sind. Tiere und Pflanzen haben bis zur Rückkehr der Erdmännchen Zeit, sich zu vermehren. Auf diese Weise zerstören die Tiere die Nahrungsgrundlagen in einem Gebiet nicht. Die Lebensweise der Erdmännchen entspricht also ihrem Lebensraum, in dem Hitze und Trockenheit die Entfaltung von Pflanzen und Tieren begrenzen.

Erdmännchen in der Kalahari-Wüste (Südafrika) ▷

Erdmännchen, Surikate

Größe Rumpf 25 bis 31 cm, Schwanz 9 bis 14 cm lang; Gewicht 620 bis 970 g

Merkmale Kopf rundlich mit kleinen Ohren, vorgewölbter Stirn und schmaler, spitzer Schnauze; Oberseite graubraun, mit braunen bis schwarzen Querbinden; Unterseite blaß gelblich; Schwanz mit schwarzer Spitze

Ernährung Frißt vorwiegend Kleintiere wie Insekten, Spinnen, Tausendfüßer und Schnecken; kleine Eidechsen, Schlangen und Vögel und deren Eier; daneben auch Wurzeln, Knollen, Triebe und Früchte verschiedener Pflanzen

Fortpflanzung Tragzeit 11 Wochen; Hauptwurfzeit Oktober bis April; 2 bis 5 Junge in einem Wurf

Vorkommen Bewohnt hauptsächlich Halbwüste, Trockensavanne und Steppe; im Buschland auf größeren freien Flächen vorkommend; über das südliche Afrika verbreitet

Esel

Vor etwa 6 000 Jahren wurde der Esel zum Haustier. Bis dahin gab es nur den *Wildesel.* Dieses Tier war einst über das gesamte nördliche Afrika verbreitet; heute ist es vom Aussterben bedroht. Aus dem afrikanischen Wildesel wurden im Lauf der Zeit ganz unterschiedliche Rassen von Hauseseln herausgezüchtet. Der *Poitou-Esel* ist mit einer Widerristhöhe von 1,50 m die größte Rasse. Dem steht der *Zwergesel* mit einer Widerristhöhe von 1 m als kleinste Rasse gegenüber. Das Fell der Esel kann braun oder grau sein.

Hausesel sind in vielen Gegenden der Erde anzutreffen. Sie werden hauptsächlich als Lasttiere, aber auch als Zugtiere und als Reittiere eingesetzt. Wie ihre wilden Vorfahren sind Hausesel sehr genügsame Tiere. Sie werden deshalb vor allem in heißen, trockenen Ländern gehalten, wo es nur wenig Futter und Wasser gibt. Hausesel verwildern immer wieder und schädigen die Pflanzen ihres neuen Lebensraumes oft sehr.

Da Esel mit Pferden ↑ nah verwandt sind, kann man beide auch miteinander kreuzen. Aus einer Paarung von Pferdehengst und Eselstute stammt der *Maulesel.* Aus einer Paarung von Pferdestute und Eselhengst kommt das *Maultier.* Sowohl Maulesel als auch Maultier sind fast immer unfruchtbar. Sie können also selbst nur in Ausnahmefällen Nachkommen hervorbringen. Maulesel und Maultier kann man leicht miteinander verwechseln. Im allgemeinen sind Maulesel kleiner und leichter als Maultiere. Beide werden als Tragtiere gezüchtet und eingesetzt.

Das Maultier hat häufig ein kastanienbraunes Fell. Seine Größe hängt von der Größe der Elterntiere ab. Es ist genügsam, ausdauernd und trittsicher. Alle diese Eigenschaften machen es zu einem beliebten „Verkehrsmittel" im Gebirge. In den Alpen übernehmen Maultiere in vielen Gegenden den Lastentransport zu einsamen Almhütten und Wandererherbergen. Aber auch Bergbauern setzen die Tiere ein, um sich die Arbeit an den steilen Hängen zu erleichtern. Und in den Streitkräften der Alpenländer gibt es bestimmte Einheiten, die ihre Aufgaben nur mit Hilfe von Maultieren erfüllen können.

Der Hausesel stammt vom afrikanischen Wildesel ab.

Eule

Schleiereule

Eulen verschlafen den Tag in einem Versteck und gehen erst mit Einsetzen der Dämmerung auf Jagd. Ihr auffälligstes Merkmal ist der große, weit nach hinten drehbare Kopf. Die Augen sind nach vorn gerichtet und von einem Federschleier umgeben, der den Schall zu den Ohren leitet. So hören die Eulen. Wie die Greifvögel haben Eulen einen Hakenschnabel und spitze Krallen an den Füßen. Die vierte Zehe des Greiffußes kann nach hinten oder nach vorn gestellt werden (Wendezehe). Unverdauliche Reste ihrer Beute würgen Eulen als Gewölle wieder aus.

In Europa sind viele Eulen selten geworden. Die *Schleiereule* ist noch einigermaßen häufig. Weitere noch regelmäßig zu beobachtende Eulen sind die *Waldohreule*↑ und der *Waldkauz*↑. Sehr selten dagegen sind *Steinkauz* (Kauz↑), *Habichtskauz*, *Rauhfußkauz* und *Sperlingskauz*. Die kleinste europäische Eule ist mit nur 17 cm Länge der Sperlingskauz, die größte ist der rund 70 cm lange *Uhu*↑. Um zumindest einigen Arten von Eulen zu helfen, kann man für sie Nistkästen aufhängen. Die Schleiereule beispielsweise nimmt große Kästen an, die man im Inneren von Gebäuden hinter einem passenden Einflugloch anbringt. Steinkauz und Waldkauz brüten ebenfalls regelmäßig in Nistkästen. Zum Schutz der Eulen trägt aber auch bei, alte, hohle Bäume zu erhalten. Und auf manchem Dachboden könnte eine Eule ihre Jungen aufziehen, wenn ein Zugang geschaffen würde.

Schleiereule

Größe 34 cm lang, Flügelspannweite 95 cm; 300 g schwer
Merkmale Oberseite gelbbraun und grau gefärbt und fein dunkel gesprenkelt; Unterseite weiß bis gelbbraun
Ernährung Jagt Kleinsäuger, vor allem Feldmäuse, und daneben Kriechtiere und Vögel
Fortpflanzung Brütet in dunklen Nischen in Scheunen, Ruinen und auf Kirchtürmen; 4 bis 7 weiße Eier; Gelege ab März; 1 Brut im Jahr, in guten Jahren 2 bis 3 Bruten
Vorkommen Nistet in Dörfern und Städten, braucht aber offene Flächen zum Jagen; Jahresvogel; über Mittel- und Südeuropa, Arabien und Indien, weite Teile Afrikas und Amerikas und über Australien verbreitet

Fleckenuhu, Berguhu

Größe 50 cm lang, Gewicht rund 700 g
Merkmale Gefieder auf der Oberseite graubraun mit grauweißen Flecken, auf der Unterseite weißlich mit braunen Querstreifen und braunen Flecken; am Kopf aufrecht stehende Federbüschel, gelbe Augen, schwarzer Schnabel
Ernährung Frißt vorwiegend Gliederfüßer, aber auch Kriechtiere, Vögel und kleine Säugetiere; jagt nachts
Fortpflanzung Nistet in Fels- oder Baumhöhlen; 2 bis 4 weiße Eier; brütet meist zwischen August und Oktober
Vorkommen Bewohnt bewaldete Schluchten und Berghänge, offene Savannen und Halbwüsten; über Afrika südlich der Sahara verbreitet, auch im südlichen Arabien

Fleckenuhu

Falke

Turmfalke, Männchen

Turmfalke

Größe 34 cm lang

Merkmale Männchen oben rotbraun, unten rahmfarben; dunkel gefleckt; Kopf und Schwanz grau; Weibchen: Rücken dunkel gebändert, Kopf und Schwanz braun

Ernährung Jagt Mäuse und andere Kleinsäuger, Vögel, Kriechtiere, Insekten

Fortpflanzung Brütet in alten Krähennestern und Greifvogelhorsten, in Felsspalten und in Gebäuden; 4 bis 6 gelblichweiße, kräftig rotbraun gefleckte Eier; Gelege ab April

Vorkommen In der offenen Landschaft, in Dörfern und Städten; Jahresvogel; über große Teile Europas, Afrikas und Asiens verbreitet

---

Falken sind schlanke, schnittige Jäger. Sie haben schmale, zugespitzte Flügel und einen langen, schmalen Schwanz. Besonders gut erkennt man dies, wenn die Vögel fliegen. Man unterscheidet Flugjäger, die sich im Sturzflug auf fliegende Vögel stürzen, und Rütteljäger, die ihre Beute im Flug am Boden fangen. Es gibt rund 50 Arten von Falken auf der Erde, aber nur der *Turmfalke* ist in Mitteleuropa regelmäßig zu beobachten. Wesentlich seltener ist der *Wanderfalke*↑.

Fasan

Eigentlich ist der Fasan gar kein mitteleuropäischer Vogel. Er wurde bereits vor 2 000 Jahren als Ziervogel gehalten, und zwar zunächst in Griechenland. Von dort gelangte er über Italien und Frankreich auch nach Deutschland. Berichten und Urkunden aus dem 13. und 14. Jahrhundert kann man entnehmen, daß der Fasan bereits zu dieser Zeit ein sehr häufiger Vogel war. 1460 wurde die erste Fasanenzucht in Deutschland eingerichtet, und aus dieser Zucht und vielen weiteren wurden immer wieder Vögel in die freie Natur entlassen. Wie andere Hühnervögel ist auch der Fasan ein begehrtes Flugwild. Deshalb wird er von den Jägern gehegt. Verwandt mit ihm sind Auerhuhn↑, Birkhuhn↑, Rebhuhn↑, Schneehuhn↑ und Wachtel↑.

Fasan, Jagdfasan

Größe Hähne 75 bis 90 cm, Hennen 50 bis 65 cm lang

Merkmale Auffällig langer Schwanz; Hahn mit rotbraunem, schillerndem Gefieder; Kopf grün, mit kleinen Federohren und (oft) weißem Halsring; um die Augen herum rote Haut; Gefieder der Henne hellbraun, dunkel gefleckt und gestreift

Ernährung Frißt vor allem Pflanzenteile und Samen, auch Kleintiere

Fortpflanzung Nestmulde am Boden, oft unter niedrigen Büschen versteckt; 8 bis 15 braungraue bis olivfarbene Eier; Brutdauer 3 bis 4 Wochen; Gelege ab April; 1 Brut im Jahr

Vorkommen Offene Landschaft mit Hecken und Feldgehölzen; Jahresvogel; ursprünglich in Asien beheimatet, heute weltweit eingebürgert

---

Fasanenhahn

Faultier

Das Zweifinger-Faultier hängt ruhig in einer Baumkrone des südamerikanischen Tropenwaldes.

Zweifinger-Faultier, Unau

Größe Körper 60 bis 85 cm, Schwanz 1,5 bis 3,5 cm lang; Gewicht 4 bis 8 kg

Merkmale Die Ohren sind 2 bis 3,5 cm lang und kaum zu sehen; kurzer Schwanz; Vorder- und Hinterbeine sind etwa gleich lang, mit je 2 Zehen mit langen Sichelkrallen; das Fell ist einheitlich dunkelbraun, mit grünlichem Schimmer; hängt in Ruhestellung mit dem Kopf nach unten an Ästen oder Zweigen

Ernährung Frißt Blätter, Früchte und Wurzelknollen, auch Kleintiere

Fortpflanzung Tragzeit 8 bis 9 Monate; 1 Junges in einem Wurf; Gewicht bei der Geburt 300 bis 400 g; Junge im Alter von etwa 1 Jahr geschlechtsreif

Vorkommen Bewohnt Tropenwälder; über den Norden Südamerikas verbreitet

Ihren Namen haben die Faultiere wegen ihrer zeitlupenartig langsamen Bewegungen bekommen. Es gibt 5 Arten von Faultieren, die alle in Mittelamerika und im nördlichen Südamerika vorkommen. Ihr Lebensraum sind die tropischen Wälder. Hier hängen die Tiere hoch oben in den Baumkronen an den Ästen und Zweigen; auf dem Boden sieht man sie fast nie. Im Fell der Faultiere wachsen blaugrüne Algen. Dadurch bekommt das Haarkleid einen grünen Schimmer, und die Tiere sind in ihrer Umgebung, dem Laubwerk der Bäume, gut getarnt. Ihre einzigen Feinde sind große Greifvögel (Adler), Schlangen und Raubkatzen. Die Tiere können 30 bis 40 Jahre alt werden.

Felchen

Felchen – auch Renken oder Maränen genannt – bilden eine eigene Fischfamilie. Die einzelnen Arten sind einander sehr ähnlich. Diejenigen, die im freien Wasser leben, ernähren sich hauptsächlich vom Zooplankton. Felchen, die sich am Grund von Gewässern aufhalten, fressen vor allem Kleintiere. Einige Arten legen ihre Eier im freien Wasser ab, andere in Ufernähe über Sand- oder Kiesgrund. Wann die Larven schlüpfen, ist von der Temperatur des Gewässers abhängig, in der Regel aber nach etwa 100 Tagen.

In den Küstengebieten der Nord- und Ostsee gibt es Arten, die zum Laichen in die Flüsse aufsteigen. Daneben leben Felchen aber auch in größeren und tiefen Seen. Sie sind durch die Verschmutzung der Gewässer und durch Überfischung teilweise im Bestand gefährdet.

Felchen sind wichtige und beliebte Speisefische und werden in vielen Gegenden von Berufsfischern gefangen. In großen, nahrungsreichen Seen wachsen sie zu beträchtlicher Größe heran. Für manchen Fischer bildet der Fang von Felchen die Haupteinnahmequelle.

Blaufelchen

Blaufelchen, Große Schwebrenke	
Größe	15 bis 40 cm lang, Höchstwert: 60 bis 70 cm
Merkmale	Langgestreckter, seitlich abgeflachter Körper, recht spitzer Kopf; Fettflosse zwischen Rücken- und Schwanzflosse, Schwanzflosse tief eingebuchtet
Ernährung	Frißt hauptsächlich im Wasser schwebende Kleinkrebse, daneben am Boden lebende Kleintiere
Fortpflanzung	Laichzeit im Spätherbst und Winter; Eier im freien Wasser abgelegt; Larven schlüpfen nach etwa 100 Tagen; Fische mit 3 bis 4 Jahren geschlechtsreif
Vorkommen	Lebt in Seen des Voralpen- und Alpengebietes, in Norddeutschland und im nördlichen Europa

Feldlerche

Feldlerche

Feldlerche	
Größe	18 cm lang
Merkmale	Gefieder bräunlich, am Kopf und auf der Brust dunkel gefleckt; undeutliche Haube am Kopf; ziemlich langer Schwanz mit weißen Kanten; zu Beginn der Brutzeit Singflüge der Männchen
Ernährung	Frißt Sämereien, grüne Blättchen und Kleintiere; Nahrungssuche am Boden
Fortpflanzung	Nest in einer Vertiefung am Boden; 3 bis 5 Eier, auf weißlichem Grund mit braunen Flecken übersät; erste Gelege Mitte April; Brutdauer 2 Wochen; Junge verlassen das Nest nach weiteren 8 bis 10 Tagen; 2 Bruten jährlich
Vorkommen	Auf Ackerland, in Wiesengelände und auf Brachland; Sommervogel, kehrt Ende Februar/Anfang März aus dem Winterquartier zurück; über fast ganz Europa und Mittelasien verbreitet

Die Feldlerche ist zwar unscheinbar gefärbt, aber ihr Gesang ist sehr auffällig. Bei einem Spaziergang über Felder und Wiesen sieht man immer wieder Lerchen zu ihrem Singflug aufsteigen. Nach dem Aufstieg bleiben die Vögel eine Zeitlang in der Luft, um dann herabzuflattern. Der wirbelnde, trillernde Gesang beginnt, wenn die Vögel aufsteigen, und bricht erst kurz vor der Landung wieder ab.

Einen schönen Gesang haben auch die beiden anderen in Mitteleuropa vorkommenden Lerchenarten. Die *Heidelerche* kann man in Heidegebieten, an Waldrändern und auf Bergwiesen beobachten. Der Lebensraum der *Haubenlerche* sind trockene Ödlandflächen, Bahndämme und Dünen. Beide Arten sind selten geworden.

Feldmaus

Überall auf Wiesen und Feldern kann man die dicht unter der Erdoberfläche verlaufenden Gänge von Feldmäusen sehen. In ihren unterirdischen Behausungen bekommen die Tiere drei- bis siebenmal im Jahr bis zu 13 Junge. Weibliche Feldmäuse werden bereits mit 11 Tagen, männliche mit 28 Tagen geschlechtsreif. Bei günstiger Witterung und ausreichender Nahrung vermehren sich Feldmäuse rasch. Die kleinen Nagetiere treten immer wieder in Massen auf. Dann allerdings wird ihre Nahrung schnell knapp. Den Tieren aber, die sich von Mäusen ernähren, steht ein erhöhtes Nahrungsangebot zur Verfügung. In „fetten" Mäusejahren ziehen beispielsweise Greifvögel und Eulen mehr Junge auf als in mäusearmen Jahren.

Feldmaus

Größe Rumpf 9 bis 13 cm, Schwanz 4,5 cm lang; 14 bis 50 g schwer

Merkmale Gedrungener Körper; kleine Ohren; das Fell ist kurzhaarig, oben bräunlich oder grau, unten gelblich oder silbergrau

Ernährung Frißt Wurzeln und Triebe, Knollen und Samen von Pflanzen; legt in den Kammern ihres Baues Vorratslager an

Fortpflanzung Drei- bis siebenmal im Jahr werden jeweils 4 bis 13 nackte, blinde Junge geboren, die im Alter von 21 Tagen selbständig werden; bei günstigen Lebensbedingungen sehr schnelle Vermehrung

Vorkommen Überall auf Feldern, Wiesen und Weiden vorkommend; bis in etwa 2 000 m Höhe zu beobachten; über weite Teile Europas und bis Mittelasien verbreitet

---

Feldmaus

Fennek

Der Fennek hat auffallend große Ohren.

Fennek, Wüstenfuchs

Größe Rumpf 37 bis 41 cm, Schwanz weitere 19 bis 21 cm lang; Gewicht rund 1 kg

Merkmale Sehr große Ohren, große Augen, feine und spitze Schnauze; Fell hell sandfarben

Ernährung Jagt Kleintiere, Eidechsen, Kleinsäuger und Vögel, frißt daneben Früchte

Fortpflanzung Paarung Januar bis März; Tragzeit 49 bis 52 Tage; 1 bis 5 Junge in einem Wurf; Gewicht bei der Geburt unter 50 g; mit 1 Jahr geschlechtsreif

Vorkommen Halbwüsten und Wüsten; über Nordafrika und die nördliche Arabische Halbinsel verbreitet

---

Sieht man den Fennek zum ersten Mal, fallen vor allem die übergroßen Ohren auf. Über ihre Oberfläche kann sehr viel Körperwärme abgeführt werden. Dennoch meidet der kleine Wüstenfuchs die Hitze des Tages. Er ruht tagsüber in seinem unterirdischen Bau und geht erst in der Nacht auf Jagd. Dabei orientiert er sich zwar mit den sehr großen Augen und der feinen Nase, vor allem aber setzt er sein gutes Gehör ein. Die großen Ohren wirken wie Schalltrichter und helfen ihm, die Beute anhand ihrer Geräusche zu orten.

Fischadler

Ein Fischadler fliegt seinen Horst an. Der Brutpartner wartet schon.

Weltweit gesehen ist der Fischadler noch häufig; in Europa sind seine Bestände aber leider stark zurückgegangen. Weil der große Greifvogel Fische jagt, wurde er unablässig verfolgt. Die Verschmutzung der Gewässer trägt außerdem dazu bei, daß dem Adler heute weniger Nahrung zur Verfügung steht als früher. Weil er ein regelrechter Nahrungsspezialist ist, kann er sich auch nicht auf andere Nahrungsquellen umstellen. Er fängt nur Fische, die nahe der Wasseroberfläche stehen.

Seltene Vögel locken auch Eiersammler an, und so manches Fischadlergelege wurde schon ausgehoben. Dadurch werden die Bestände der Fischadler bedroht. Deshalb machen sich Vogelschützer um die letzten mitteleuropäischen Fischadler große Sorgen. Gute Chancen, die Vögel zu sehen, hat man noch in Skandinavien. Und in Schottland sind Fischadler nach langer Abwesenheit in ehemalige Brutreviere zurückgekehrt. Damit die Adler dort ihre Jungen ungestört aufziehen können, hat man die Horstbäume mit Stacheldraht gesichert, und elektronische Warnanlagen zeigen jede Störung in der

Nähe an. In weiterem Abstand von den Horsten aber wurden getarnte Unterstände gebaut, von wo aus man die Vögel mit dem Fernglas gut beobachten kann. Viele Menschen haben so den seltenen Adlern schon direkt ins Nest sehen und sie bei der Aufzucht ihrer Jungen beobachten können.

Fischadler

Größe 51 bis 58 cm lang; Flügelspannweite 1,50 bis 1,80 m; 1,1 bis 2 kg schwer

Merkmale Dunkelbrauner Rücken, weiße Unterseite; Kopf oben weiß mit dunkelbraunem Wangenstreifen; Schwanz braun mit dunkler Bänderung; Schnabel schwarz; Beine blaugrau; Männchen und Weibchen gleich gefärbt

Ernährung Frißt fast ausschließlich Fische, die an der Wasseroberfläche ergriffen werden

Fortpflanzung In hohen Bäumen in der Nähe von Gewässern großer Horst aus Ästen und Zweigen; meist 3 weiße, bräunlich gefleckte Eier; Eiablage ab April; Brutdauer etwa 37 bis 41 Tage; 1 Brut im Jahr

Vorkommen In großen Seengebieten, auch entlang der Meeresküsten vorkommend; in Europa Sommervogel (lebt dort von April bis September/Oktober); über die ganze Erde mit Ausnahme der Polarzonen verbreitet

Fischotter

Fischotter sind in Europa aus vielen Gebieten nahezu verschwunden. Die Tiere wurden wegen ihres kostbaren Fells lange Zeit übermäßig bejagt. Gewässerverschmutzung und Uferverbauung haben ihnen außerdem ihren Lebensraum genommen. Heute werden Fischotter in einigen Wildparks unter annähernd natürlichen Bedingungen gehalten. Man vermehrt sie in Gefangenschaft und versucht, sie an besonders geeigneten Stellen wieder anzusiedeln. Die „Wassermarder", wie sie auch genannt werden, sind vorwiegend Nachttiere, doch in ruhigen Gebieten sind sie auch tagsüber tätig. Hauptsächlich schwimmen sie mit dem Schwanz, unterstützt durch die Hinterfüße. Wenn es schnell gehen muß, benutzen Otter nur den Schwanz. Die Tiere halten sich aber nicht ständig im Wasser auf, sondern unternehmen auch Streifzüge an Land.

Oft laufen sie morgens – und manchmal auch tagsüber – bachabwärts. In der Abenddämmerung und nachts legen sie den gleichen Weg in umgekehrter Richtung zurück. Dieser Lebensweise entspricht, daß die Otter verschiedene Baue entlang ihres Gewässerabschnitts anlegen, die sie unterschiedlich oft besuchen.

Die Baue haben einen Zugang, der etwa einen halben Meter unter der Wasseroberfläche liegt, und einen Luftschacht. Der Wohnkessel liegt gewöhnlich über der Hochwassergrenze. Daneben benutzen die Otter aber auch Unterschlupfe in hohlen Bäumen und natürlichen Uferhöhlen.

Fischotter

Größe Bis 80 cm lang und bis zu 15 kg schwer

Merkmale Fell auf der Oberseite dunkelbraun bis schwarzbraun, auf der Unterseite heller; Schwimmhäute zwischen Vorder- und Hinterzehen

Ernährung Frißt vor allem Fische

Fortpflanzung Keine fest begrenzte Paarungszeit; Tragzeit rund 60 Tage; 2 bis 4 Junge in einem Wurf, die mit 6 bis 9 Monaten selbständig werden, aber danach noch längere Zeit mit der Mutter zusammenbleiben

Vorkommen Er lebt in sauberen Bächen und Flüssen, deren Ufer Deckung und Unterschlupf bieten; bis in 2 500 m Höhe anzutreffen; mit Ausnahme vieler Mittelmeerinseln und Islands über ganz Europa, über Nordafrika und Teile Asiens verbreitet

---

Der Fischotter lebt an Bächen und Flüssen. Er ist in Europa nur noch selten zu beobachten.

Flamingo

Flamingos haben ein schönes, schwarz und rot gefärbtes Gefieder.

Flamingo

Größe 1,40 cm lang; Gewicht 2 bis 4 kg, Männchen schwerer
als Weibchen

Merkmale Gefieder rötlich; Flügel oben schwarzrot, unten
schwarzweiß gemustert; roter Schnabel mit abwärts
gebogener schwarzer Spitze

Ernährung Filtriert Kleinlebewesen aus dem Wasser

Fortpflanzung Brütet in Kolonien; baut Hügelnester aus
Schlamm, oben mit Nestmulde; 1 blaßblaues Ei, 4 Wochen
lang bebrütet; Bruten zu jeder Jahreszeit, je nach Wasserstand und Nahrungsangebot

Vorkommen Ausgedehnte Flachwasserseen und Lagunen
am Meer; Brutplätze in Europa nur im Süden Frankreichs
und Spaniens, darüber hinaus in Afrika, Südasien und
Mittelamerika

So frißt der Flamingo.

Flamingos haben lange Stelzbeine mit Schwimmhäuten zwischen den Zehen und einen ausgesprochen langen Hals. Sie ernähren sich trotz ihrer
Größe von winzig kleinen Pflanzen und Tieren, die
im Wasser von Flachseen schweben. Mit ihrem langen Hals reichen die Vögel zur Wasseroberfläche
hinab. Der Schnabel hat eine Vielzahl feiner Lamellen, und in diesen Lamellen bleiben die Kleinlebewesen hängen, wenn die Vögel das Wasser mit der
fleischigen Zunge wieder herausdrücken.

Vom Nahrungsangebot hängt es ab, wann und wo
die Flamingos brüten. Deshalb weiß niemand im
voraus, ob bekannte Brutplätze zu einem bestimmten Zeitpunkt auch wirklich besetzt sind. Wenn die
Jungen etwa 5 Tage alt sind, verlassen sie die
hügelförmigen Schlammnester und schließen sich
„Kindergärten" an. Diese Gruppen können Hunderte von Jungvögeln umfassen und bieten den Jungen in erster Linie Schutz gegen Feinde. Es ist aber
nicht so, daß die Altvögel die Jungen wahllos
füttern. Vielmehr füttern sie stets nur ihr eigenes
Junges, das sie an der Stimme und am Verhalten
erkennen.

Neben dem „eigentlichen" Flamingo, der auch in
Südeuropa einige Brutplätze hat, lebt in Afrika
noch der *Zwergflamingo*. Die übrigen drei Fla-
mingoarten sind in Amerika verbreitet: der *Chile-
flamingo*, der *Gelbfuß-* oder *Andenflamingo* und
der *Kurzschnabelflamingo*. Die insgesamt 5 Fla-
mingoarten bilden eine eigene Vogelordnung.

Fledermaus

Fledermäuse sind beeindruckende Tiere. Sie sind die einzigen Säugetiere, die richtig fliegen können. Zwischen den Armen, den Beinen und dem Schwanz spannen sich Flughäute. Gewandt und sicher umfliegen die Tiere Straßenlaternen, um die vom Licht angezogenen Insekten zu fangen. Selbst in völliger Dunkelheit können sich Fledermäuse noch ohne Schwierigkeiten orientieren. Dazu stoßen sie für den Menschen unhörbare Ultraschalltöne aus. Die Töne werden von Hindernissen zurückgeworfen, und die Fledermäuse können rechtzeitig ausweichen. Anders geartete Echos kommen von den Beutetieren zurück, und die Fledermäuse wissen, daß es etwas zu fangen gibt.

Übrigens: Für die blutsaugenden Vampire aus den Gruselfilmen gibt es ein Vorbild in der Natur, die *Vampir-Fledermäuse*. Die mittelgroßen, 30 bis 35 g schweren Tiere leben ausschließlich in den warmen Gegenden Amerikas, und sie saugen tatsächlich Blut. Allerdings verschonen sie den Menschen; sie saugen vielmehr an Rindern und anderem Vieh. Dazu beißen sie eine Wunde in die Haut.

Bechstein-Fledermaus

Überwinternde Kleine Hufeisennase

Bechstein-Fledermaus

Größe Körper 4,5 bis 5,5 cm, Schwanz 3,5 bis 4,5 cm lang; Flügelspannweite 25 bis 28 cm; Gewicht 7 bis 14 g

Merkmale Auffällig große Ohren, überragen die Schnauzenspitze weit, etwas nach vorne umgelegt, tütenförmig; Fell auf dem Rücken hellbraun bis rötlichbraun, auf dem Bauch weißlich

Ernährung Erbeutet kleine Insekten im Flug

Fortpflanzung Tragzeit 50 bis 60 Tage; meist 1 Junges in einem Wurf; im Alter von 1 Jahr geschlechtsreif

Vorkommen Besiedelt naturnahe, feuchte Laub- und Mischwälder, Feldgehölze und Parks mit Gewässern in der Nähe; über das mittlere und südöstliche Europa verbreitet

---

Kleine Hufeisennase, Kleinhufeisennase

Größe Körper 4 bis 4,5 cm, Schwanz 2,5 bis 3 cm lang; Flügelspannweite 19 bis 25 cm; Gewicht 3,5 bis 10 g; die kleinste Hufeisennase

Merkmale Große, spitz ausgezogene Ohren; hufeisenförmiger Nasenaufsatz (Name!), hell fleischfarben; Fell auf dem Rücken graubraun, auf dem Bauch grauweiß

Ernährung Jagt kleine Insekten, im Flug erbeutet

Fortpflanzung Tragzeit etwa 75 Tage; meist 1 Junges in einem Wurf; Geburtsgewicht 2 bis 3 g

Vorkommen Besiedelt hügelige, buschreiche und locker bewaldete Landschaften; über das mittlere, südliche und südöstliche Europa verbreitet

Fliege

Sie ist wohl das häufigste Insekt der Erde, die Stubenfliege – auch wenn sie in unseren gepflegten Wohnungen viel weniger Lebensmöglichkeiten findet, als es früher der Fall war. Fliegen setzen sich immer wieder auf Speisen, um dort zu saugen. Finden sie feste Nahrung schmackhaft, verflüssigen sie sie zuvor. Besonders gern haben Fliegen Stoffe, die Zucker enthalten. Die Insekten können beim Saugen auch Krankheiten übertragen, und deshalb werden Fliegen bekämpft. Daß sie zur Plage werden können, liegt an ihrer schnellen Entwicklung. Vom Ei bis zum fertigen Insekt benötigt eine Stubenfliege nur 10 Tage. Die Fliege kann in Mitteleuropa bis zu fünf Generationen im Jahr hervorbringen. Verwandte der Stubenfliege sind die Schmeißfliegen und die Bremsen, aber auch die Mücken↑. Alle diese Insekten haben nur zwei Flügel. Die hinteren beiden Flügel sind zu den Schwingkölbchen umgebildet, die den Tieren als Gleichgewichtsorgane dienen. Wegen dieser Besonderheit faßt man die Fliegen und Mücken zu einer eigenen Gruppe zusammen, den Zweiflüglern. Diese Gruppe umfaßt etwa 85 000 Arten.

Stubenfliege

Gemeine Stubenfliege, Große Stubenfliege

Größe Knapp 1 cm lang

Merkmale Nur 2 häutige, durchsichtige Flügel; Brust grau mit schwarzen Längsstreifen; Hinterleib vorn gelblich, sonst grau; Augen rotbraun

Ernährung Saugt flüssige Stoffe auf

Fortpflanzung Nach der Paarung legen die Weibchen jeweils bis zu 2 000 Eier an verfaulendem Material und Müll ab; innerhalb von 10 Tagen entwickelt sich das fertige Insekt über Made und Puppe

Vorkommen Überall in der Umgebung des Menschen; weltweit verbreitet

Fliegenschnäpper

Ein Grauschnäpper füttert seine Jungen.

Grauschnäpper

Größe 14 cm lang

Merkmale Dunkel graubrauner Rücken, weißliche Unterseite; Kehle fein dunkel gestrichelt, Brust mit dunklen Fleckenstreifen; zuckt häufig mit Schwanz und Flügeln

Ernährung Jagt Insekten im Flug

Fortpflanzung Brütet in Baumhöhlen, Mauerlöchern, unter Dachvorsprüngen; 4 bis 6 weißliche, braungefleckte Eier; Gelege ab Mai; 1 Brut im Jahr

Vorkommen Gärten, Parks, Feldgehölze und lichte Laubwälder; Sommervogel; über fast ganz Europa und bis nach Mittelasien hinein verbreitet

Fliegenschnäpper ernähren sich von fliegenden Insekten. Bei der Jagd sitzen sie aufrecht auf einer hohen Warte. Von dort aus starten sie ihre wendigen Flatterflüge, um Beute zu machen. Die beiden häufigsten Arten in Europa sind der *Grauschnäpper* und der *Trauerschnäpper*. Der Grauschnäpper ist unscheinbar graubraun gefärbt. Beim Trauerschnäpper hat das Männchen eine schwarze Oberseite und eine weißliche Unterseite. Die Fliegenschnäpper sind im Bestand stark zurückgegangen, weil ihre Beutetiere abnehmen.

Floh

Über 1000 Arten von Flöhen gibt es auf der Erde. Aber davon hat sich nur eine einzige Art auf den Menschen als Wirt spezialisiert. Die anderen Flöhe leben auf Hunden und Katzen, Schafen und Kaninchen, Hühner und vielen anderen Tieren. Da Flöhe Blut saugen, übertragen sie auch Krankheiten. In die winzigen Wunden, aus denen das Blut austritt, können Bakterien und andere Krankheitserreger eindringen.

Flöhe können im Verhältnis zu ihrer Größe unglaublich weit springen. *Menschenflöhe* etwa werden 2 bis 3 mm lang und können 35 cm weit und 20 cm hoch springen. Sollte ein 1,80 m großer Mensch die gleiche Leistung erbringen, so müßte er rund 180 m weit oder hoch springen!

Hundefloh

Größe 2 bis 3 mm lang

Merkmale Der Körper ist seitlich stark zusammengedrückt; der Floh hat wie alle Insekten 6 Beine, das hintere Paar ist zu langen Sprungbeinen umgewandelt; Flügel fehlen; borstenartige Stachelkämme an Kopf, Brust und Hinterleib, mit denen der Floh im Fell oder Gefieder seines Wirtes haftet; der Hundefloh ist bräunlich gefärbt

Ernährung Erwachsene Flöhe saugen Blut; die Larven ernähren sich von toten organischen Stoffen

Fortpflanzung Das Weibchen legt bis zu 400 Eier, die sich über Larven und Puppen zu erwachsenen Flöhen entwickeln; unter günstigen Bedingungen mehrere Generationen im Jahr

Vorkommen Überwiegend auf Hunden lebend, kann aber auf andere Säugetiere, auch auf den Menschen übergehen; weltweit verbreitet

---

Hundefloh (Aufnahme mit Mikroskop, stark vergrößert)

Florfliege

Immer wieder ist man erstaunt, wenn man im Winter oder im zeitigen Frühjahr ein grünlich gefärbtes Insekt im Haus entdeckt. Die Flügel sind durchsichtig und liegen dachartig über dem schlanken Hinterleib. Bei näherem Hinsehen erkennt man eine dichte Aderung in den Flügeln. Das Tierchen ist eine Florfliege. Wegen der netzartigen Flügeladerung ordnen sie die Insektenforscher bei den Netzflüglern (→ Seite 331) ein.

Man sollte Florfliegen unbedingt in Ruhe lassen, denn es sind ausgesprochen nützliche Tiere. Sowohl die erwachsenen Insekten als auch die Larven ernähren sich nämlich fast ausschließlich von Blattläusen. So helfen sie dem Gartenfreund bei der Bekämpfung der Schädlinge.

Florfliege

Florfliege, Goldauge

Größe 1 cm lang, Flügelspannweite 3 cm

Merkmale Grün oder gelblich gefärbt; lange, feine Fühler, nach vorn gerichtet; Flügel durchsichtig, mit netzartiger Aderung, dachartig über dem Hinterleib zusammengelegt

Ernährung Sowohl Larven als auch erwachsene Insekten fressen fast ausschließlich Blattläuse; Florfliegen sind deshalb sehr nützliche Insekten

Fortpflanzung Das Weibchen legt nach der Begattung eine Reihe auf Stielen sitzender Eier ab, oft in der Nähe von Blattlauskolonien; Entwicklung über Larve und Puppe zum fertigen Insekt; 1 Generation im Jahr, auch 2 Generationen möglich, letzte Generation überwintert

Vorkommen Lebt im Wald, in Parks und Gärten; kommt auch in Häuser, überwintert dort oft in großer Zahl; über ganz Europa verbreitet

---

Flughuhn

Namaflughuhn, Männchen an einer Tränke

Namaflughuhn

Größe 24 bis 28 cm lang

Merkmale Männchen mit gelblich-braunem Gefieder und weiß-schwarzem Brustband; Weibchen bräunlich, mit schwarzen Flecken und Querstreifen; Schwanz am Ende zugespitzt

Ernährung Frißt Samen verschiedener Pflanzen; trinkt an oft weit entfernten Wasserstellen und bringt von dort Wasser zu den Jugen am Brutplatz; das Wasser wird im Brustgefieder gespeichert

Fortpflanzung Nest am Boden; flache Mulde von 10 bis 12 cm Durchmesser, mit kleinen Steinchen oder Pflanzenteilen umlegt; meist 3 blaßgrüne, braun und grau gefleckte Eier; Brutdauer 21 bis 23 Tage; Gelege zwischen April und September, abhängig vom Niederschlag

Vorkommen Wüsten und Halbwüsten; über das südwestliche Afrika verbreitet

---

Flughühner sind ausdauernde, schnelle und wendige Flieger. Sie erreichen Geschwindigkeiten von 60 bis 70 km/h. Es gibt 16 Arten, die über Europa, Asien und Afrika verbreitet sind. Ihr Lebensraum sind Steppen und Wüsten. Bei der Aufzucht der Jungen übernehmen die Männchen die Aufgabe, die Jungen mit Wasser zu versorgen. Dazu fliegen sie in den frühen Morgenstunden in großen Trupps zu Wasserlöchern, die bis zu 60 km vom Brutplatz entfernt liegen. Nachdem die Vögel gelandet sind, waten sie ins flache Wasser hinein, um zu trinken. Gleichzeitig saugt sich ihr Brustgefieder wie ein Schwamm voll. Mit ihrer wertvollen Fracht fliegen die Vögel dann zu den durstigen Jungen zurück, um sie zu tränken.

Flunder

Die Flunder gehört zu den Plattfischen, die sich wiederum in Butte, Schollen und Seezungen gliedern. In diesen Familien sind Fische zusammengefaßt, die platt auf dem Meeresboden liegen. Die Tiere werden aber nicht als „platte" Fische geboren, sondern entwickeln sich dazu erst im Lauf ihres Lebens. Was zunächst rechte oder linke Seite ist, wird später Ober- oder Unterseite. Die Augen wandern natürlich stets auf die Seite, die zur Oberseite wird. Plattfische können ihre Oberseite oft farblich an den Untergrund anpassen. Bisweilen graben sie sich auch in die obersten Schichten des Meeresbodens ein. Sie sind also gut getarnt und von oben nur schwer zu entdecken.

Mit höchstens 50 cm Länge ist die Flunder eine recht kleine Art. Verglichen damit ist der *Heilbutt* ein Riese. Er kann 3 bis 4 m lang und 300 kg schwer werden. Wegen ihres wohlschmeckenden Fleisches werden Plattfische in großen Mengen gefangen.

Flunder, Graubutt, Rauhbutt

Größe Meist 25 bis 30 cm, höchstens 50 cm lang

Merkmale Körper plattgedrückt; oben dunkelbraun mit rötlichen Flecken, unten hell; Hautwarzen entlang der Flossensäume, am Kopf und entlang der Seitenlinie; Schwanz abgestutzt

Ernährung Frißt Kleintiere, die am Meeresboden leben: Weichtiere, Borstenwürmer, Krebstiere und Stachelhäuter

Fortpflanzung Weibchen legt bis zu 2 Millionen Eier ins freie Wasser ab; Laichzeit je nach Gebiet zwischen Januar und Mai

Vorkommen Besiedelt küstennahe Flachwassergebiete; auch in Brackwasser vorkommend, wandert gelegentlich die Flüsse hinauf; an den Küsten Europas, Nordafrikas und Vorderasiens

---

Flunder

Flußpferd

An vielen afrikanischen Flüssen leben Flußpferde.

Großflußpferd, Flußpferd, Nilpferd

Größe Männliche Tiere 3,20 bis 4,20 m lang und 1 500 bis 3 200 kg schwer; weibliche Tiere 2,80 bis 3,70 m lang und 1 350 bis 2 500 kg schwer; Schwanz 35 bis 50 cm lang

Merkmale Plump und stämmig gebaut; großes, tief gespaltenes Maul; Haut bei Geburt rosa, später graubraun, nackt; die meiste Zeit halten sich die Tiere im Wasser auf

Ernährung Frißt saftige Gräser und Kräuter, abgefallene Baumfrüchte und Wasserpflanzen

Fortpflanzung Paarungszeiten je nach Gebiet unterschiedlich; Tragzeit 225 bis 257 Tage; meist nur 1 Junges in einem Wurf, selten Zwillinge; Geburtsgewicht der Jungen 35 bis 55 kg

Vorkommen Bewohnt kleine bis große Gewässer mit flachen Uferstellen und Sandbänken und geeigneten Nahrungsflächen in der Nähe; über fast ganz Afrika südlich der Sahara verbreitet, Ausnahme: der äußerste Süden

---

Flußpferde leben nur in Afrika. Neben dem bekannteren, gesellig lebenden *Großflußpferd*, meist *Nilpferd* genannt, gibt es noch das wesentlich kleinere *Klein-* oder *Zwergflußpferd*. Dieses Tier wird nur 1,70 bis 1,95 m lang und 200 bis 275 kg schwer. Es lebt als Einzelgänger in den Küstenregionen West-

afrikas und ist im Bestand stark bedroht. Großflußpferde werden 40 bis 45 Jahre, in Zoos auch bis zu 50 Jahre alt. Zwergflußpferde sind in Zoos schon 30 Jahre alt geworden.

Da sich Flußpferde überwiegend im Wasser aufhalten, sind sie an diesen Lebensraum angepaßt: Wenn die Tiere träge an der Wasseroberfläche treiben, liegen Ohren, Augen und Nasenlöcher in einer Linie oberhalb des Wassers. Die Ohren und die Nasenlöcher sind verschließbar, so daß beim Tauchen kein Wasser eindringen kann. Großflußpferde tauchen 1 bis 5 Minuten, können aber bis zu 15 Minuten lang unter Wasser bleiben. Auch wenn sich Flußpferde überwiegend im Wasser aufhalten, so sind sie doch keine schlechten Fußgänger. Die Tiere gehen meist an Land, um Nahrung zu suchen. Vom Ufer aus führen ausgetretene Pfade zu den Weidegründen. Bei einer Mahlzeit nimmt ein Großflußpferd etwa 40 bis 60 kg Pflanzen auf. An Land kann ein Flußpferd schnell angreifen. Vor allem wenn es sich vermeintlich bedroht sieht, entwickelt es ein überraschendes Tempo.

Forelle

Fregattvogel

Bachforellen leben in sauberen, kalten Bächen und kleinen Flüssen. Ältere Fische besetzen Reviere, die gegen Eindringlinge verteidigt werden. Zur Laichzeit im Spätherbst und Winter schlagen die Weibchen an flachen Stellen mit dem Schwanz Laichgruben in den Kiesgrund. Dort legen sie die Eier ab. Die Männchen schwimmen über die abgelegten Eier und besamen sie. Danach decken die Weibchen die Eier wieder mit Kies ab.

Wegen ihres wohlschmeckenden Fleisches werden Bachforellen in Teichen gehalten, oft zusammen mit den weniger empfindlichen *Regenbogenforellen*. Diese Forellen stammen aus Nordamerika und wurden Ende des vorigen Jahrhunderts in Europa eingeführt.

Balzendes Männchen des Bindenfregattvogels

Bachforelle

Größe Bis 50 cm lang

Merkmale Spindelförmiger Körper; Oberseite grünlich bis bräunlich, Bauch weißlich gefärbt; auf dem Rücken runde, schwarze Flecken; darunter rote, hell umrandete Flecken; Fettflosse zwischen Rücken- und Schwanzflosse

Ernährung Frißt Wasserinsekten und deren Larven, Kleinkrebse und ähnliche Tiere; größere Forellen stellen auch kleinen Fischen nach

Fortpflanzung Laicht im Spätherbst und Winter; jedes Weibchen legt etwa 1000 Eier im Kiesbett des Baches ab; die Jungen schlüpfen bei 10 Grad Celsius nach etwa 40 Tagen; sie sind mit 2 bis 3 Jahren geschlechtsreif

Vorkommen Kalte, sauerstoffreiche Bäche und Flüsse mit Kies- und Geröllgrund; über ganz Europa bis zum Ural, nach Kleinasien und südlich des Schwarzen und des Kaspischen Meeres verbreitet

---

Bindenfregattvogel

Größe 0,85 bis 1 m lang, Flügelspannweite 2,30 m; 1,3 bis 1,5 kg schwer

Merkmale Gefieder schwarz; langer, gegabelter Schwanz; Männchen mit leuchtendrotem Kehlsack, Schnabel blauschwarz, Füße schwarz; Weibchen mit weißer Unterseite, Schnabel hornfarbig, Füße rötlich oder bläulich; Junge mit bräunlicher Oberseite und weißlich-rostfarbener Unterseite

Ernährung Frißt Meerestiere, junge Seevögel und junge Meeresschildkröten; jagt anderen Seevögeln Nahrung ab; Nahrungsaufnahme im Flug

Fortpflanzung Brütet kolonieweise auf Inseln im Meer; Nest in Büschen oder niedrigen Bäumen; 1 weißes Ei, 7 Wochen lang bebrütet; Junge mit 4 bis 5 Monaten flügge

Vorkommen Offenes Meer, Inseln, Küsten; tropischer Indischer Ozean und Pazifik

---

Bachforelle

Fregattvögel sind darauf spezialisiert, anderen Seevögeln die Beute abzujagen. Dabei greifen sie ihre Opfer zwar auch direkt an, meist aber belästigen sie sie nur durch akrobatische Flugmanöver. Die Opfer lassen dann ihre Beute fallen oder würgen sie aus, um selbst leichter und wendiger zu werden. Noch in der Luft schnappen die Fregattvögel dann die herabfallenden Brocken. Die Balz der Vögel beginnt damit, daß das Männchen einen Platz für das Nest aussucht. Sobald ein Weibchen auftaucht, bläst das Männchen seinen roten Kehlsack auf und läßt seine Rufe hören. Gefällt der Partner dem Weibchen, landet es neben ihm. Kurze Zeit später beginnen der Nestbau und die lange Zeit der Bebrütung des Eies.

Frosch

Frösche gehören zu den Lurchen oder Amphibien. Sie sind wechselwarme Tiere, und ihre Körpertemperatur richtet sich nach der Temperatur der Umgebung. Alle Lurche haben eine nackte Haut, in der zahlreiche Drüsen liegen, die Schleim absondern und die Haut feucht halten. Trotzdem sind Lurche an eine feuchte Umgebung gebunden. Allerdings sieht man die Tiere nicht nur in und an Gewässern. Der häufigste europäische Frosch beispielsweise, der *Grasfrosch*, ist – wie die Erdkröte ↑ – nur zur Laichzeit auf ein Gewässer angewiesen. In dieser Zeit lassen die Männchen ein lautes, dumpfes Knurren hören, das mit Hilfe von Schallblasen an der Kehle erzeugt wird. Auch die anderen Frösche, wie etwa der *Wasserfrosch* ↑, machen zur Laichzeit mehr oder weniger laute „Musik".

Frösche legen ihre Eier im Wasser ab. Der Laich bildet große Klumpen, die beim Gras- und Wasserfrosch jeweils einige hundert Eier enthalten. Vom Ei zum erwachsenen Tier machen Frösche eine Verwandlung durch: Die Eier entwickeln sich zu Kaulquappen, die einen Ruderschwanz haben und mit Kiemen atmen. Nach und nach entwickeln sich zuerst die Hinterbeine, dann die Vorderbeine. Schließlich bildet sich der Ruderschwanz zurück, und der junge Frosch kann das Wasser verlassen. An Land atmen Frösche mit Hilfe von Lungen. Sie nehmen Sauerstoff aber auch durch die Haut auf. Frösche sind weltweit verbreitet und nah verwandt mit Kröten ↑ und Unken ↑. Sie alle bilden die Gruppe der Froschlurche, denen als zweite große Gruppe die Schwanzlurche (Molche ↑ und Salamander ↑) gegenüberstehen. Während die in Europa lebenden Frösche 10 cm Länge kaum überschreiten, gibt es in Nordamerika einen Frosch, der mit 20 cm Länge deutlich größer wird: den *Ochsenfrosch*. Der Rekordhalter unter den Fröschen ist aber der in Afrika lebende *Goliathfrosch*. Er kann 40 cm lang werden. Alle diese Arten gehören zur Familie der „Echten Frösche". Weiter zählen dazu Tiere mit so abenteuerlich klingenden Namen wie Langfingerfrösche, Baumsteigerfrösche, Ferkelfrösche, Goldfröschchen, Engmundfrösche, Kurzkopffrösche und Wendehalsfrösche. Die meisten dieser Tiere kommen in Afrika vor.

Moorfrosch zur Laichzeit

Grasfroschpaar auf der Laichwanderung

Grasfrosch

Größe Bis zu 10 cm lang

Merkmale Braune, dunkel gefleckte Oberseite; dunkler Schläfenfleck

Ernährung Frißt vorwiegend Insekten, Schnecken und Regenwürmer

Fortpflanzung Laicht von Ende Februar bis April; Weibchen legt 2 000 bis 4 000 Eier in großen Klumpen in Gräben, Tümpeln und Weihern ab; 2 bis 4 Monate nach der Eiablage verlassen die fertigen Jungfrösche das Wasser

Vorkommen Nur im Winter und Frühjahr in und an kleinen Tümpeln und Weihern vorkommend; in der übrigen Zeit des Jahres in Sumpfgebieten, auf feuchten Wiesen, auf Feldern und in Parks – oft in beträchtlicher Entfernung von Gewässern; im Gebirge bis in 2 500 m Höhe anzutreffen; über das gesamte nördliche und gemäßigte Europa und Asien verbreitet

Fuchs

Fuchs

Der *Rotfuchs*, das wohl bekannteste europäische Säugetier, hat sich aller Verfolgung zum Trotz bis heute in guten Beständen halten können. Er stellt aber auch keine hohen Ansprüche an seinen Lebensraum und wird mit veränderten Umweltbedingungen gut fertig. So tauchen Füchse heute selbst in den Außenbezirken von Städten auf. Manche Füchse haben sich sogar darauf spezialisiert, Mülltonnen nach Freßbarem zu durchsuchen. Da Füchse die Tollwut übertragen, werden sie nach wie vor stark bekämpft. Neben dem Rotfuchs gibt es noch viele andere Arten von Füchsen. Im hohen Norden lebt der *Eisfuchs*↑, in den Wüsten Nordafrikas und Kleinasiens der *Fennek*↑, und im südlichen Nordamerika leben *Kitfuchs* und *Graufuchs*.

Der Kleine Fuchs ist einer unserer häufigsten Tagfalter.

Rotfuchs

Größe Rumpf 50 bis 90 cm, Schwanz weitere 33 bis 60 cm lang; Gewicht 2,2 bis 10 kg

Merkmale Fell auf der Oberseite meist rotbraun, aber auch Tiere mit dunkler Rücken- und Schulterzeichnung („Kreuzfuchs"); Fell auf der Unterseite weiß oder hellgrau; spitze Schnauze; langer, buschiger Schwanz

Ernährung Jagt vor allem kleine Nagetiere (Feldmäuse); frißt daneben Vögel, Insekten, Regenwürmer, Obst, Beeren und Samen

Fortpflanzung Tragzeit 49 bis 58 Tage; 4 bis 6 Junge in einem Wurf, mit 2 Monaten selbständig und mit 9 Monaten geschlechtsreif

Vorkommen Bewohnt vor allem Waldränder; auch auf Feldern und selbst in Stadtparks anzutreffen; über fast ganz Europa, große Teile Asiens und Nordamerikas verbreitet; in Australien eingeführt

---

Kleiner Fuchs

Größe Flügelspannweite 4 bis 5 cm

Merkmale In der Grundfärbung kräftig rotbraun; an den Seiten- und Hinterrändern der Flügel blaue, schwarz eingefaßte Flecken; am Vorderrand der Vorderflügel je eine Reihe aus schwarzen und orangegelben Flecken; Raupen schwarz gefärbt, mit 2 gelben Längsstreifen und schwarzen und gelblichen Dornen auf dem Rücken und an den Seiten; Länge der Raupen 2,2 cm

Ernährung Erwachsene Schmetterlinge saugen Nektar, Raupen fressen an Brennesseln

Fortpflanzung Eier werden in Gruppen auf die Unterseite junger Brennesselblätter abgelegt; Larven schlüpfen nach etwa 10 Tagen; Verpuppung nach rund 4 Wochen; Falter schlüpfen nach etwa 2 Wochen; 2 Generationen im Jahr

Vorkommen Besiedelt offenes Gelände von der Ebene bis ins Hochgebirge; über ganz Europa verbreitet

---

Rotfuchs im dichten Winterfell

Der *Kleine Fuchs* ist ein Tagfalter, der auch im dicht besiedelten Mitteleuropa noch recht häufig zu sehen ist. Der Falter fliegt als einer der ersten schon zeitig im Frühjahr. Die Raupen leben an Brennesseln. Sie sind schwarz gefärbt und tragen verästelte Dornen; auffällig sind die gelben Längsstreifen.

Ähnlich gefärbt wie der Kleine Fuchs ist der *Große Fuchs*, der von Nordafrika über Süd- und Mitteleuropa bis Westasien verbreitet ist. Er fliegt in baum- und buschbestandenem Gelände bis in etwa 1500 m Höhe. Die Raupen entwickeln sich auf Weiden, Ulmen und anderen Laubbäumen. Der Falter ist in den letzten Jahren ziemlich selten geworden, wie viele andere Schmetterlinge auch.

Gabelbock

Der Gabelbock kommt ausschließlich in Nordamerika vor, und nahe Verwandte gibt es nicht. Sowohl männliche als auch weibliche Tiere tragen Hörner. Die Hörner bestehen wie bei den Antilopen oder den Ziegen aus Horn. Bei diesen Tieren wachsen die Hörner das ganze Leben lang. Beim Gabelbock dagegen werden die Hörner jedes Jahr nach der Brunft im Herbst abgeworfen, wie es bei Geweihträgern wie Reh oder Rothirsch der Fall ist. Nach dem Abwerfen der Hörner sieht man nur noch kleine, mit Haut überzogene Knochenzapfen. Auf deren Spitzen wachsen während des kommenden Winters die neuen Hörner. Im Frühjahr erreichen die neuen Hörner ihre endgültige Größe. Die Größe nimmt mit dem Alter etwas zu.

Männlicher Gabelbock

Gabelböcke kann man den ganzen Tag über beobachten. Hauptsächlich sind sie jedoch am Morgen und am späten Nachmittag aktiv. Gewöhnlich sieht man die Tiere in kleinen Gruppen, aber manche streifen auch einzeln umher. Die neugeborenen Kitze brauchen einige Tage, bis sie kräftig genug sind, um ihren Müttern folgen zu können. In der ersten Zeit lassen die Mütter sie fast die ganze Zeit allein. Nur zum Säugen sind Mütter und Kitze zusammen.

Fühlen sich Gabelböcke gestört, flüchten sie. Die „normale" Laufgeschwindigkeit liegt bei ungefähr 40 km/h. Als Höchstwert wurden jedoch 95 km/h gemessen! Diese Geschwindigkeit können Gabelböcke immerhin über eine Strecke von mehr als 1 km halten. Sie können sich also einem Angreifer mit Leichtigkeit entziehen. Dennoch wäre es beinahe dazu gekommen, daß überhaupt kein Gabelbock mehr über die Prärien im Westen Nordamerikas zieht. Noch im vorigen Jahrhundert gab es die Tiere zu Millionen, aber dann wurden sie – ähnlich wie die Bisons↑ – wahllos niedergemetzelt. Innerhalb kurzer Zeit waren die Bestände auf geringe Reste zusammengeschmolzen; um die Jahrhundertwende waren lediglich noch knapp 20 000 Tiere übriggeblieben. Dieser letzten Gabelböcke nahmen sich nun die Naturschützer an. Im Jahr 1924 hatten sie es geschafft, den Bestand auf 30 000 Tiere zu erhöhen. Heute leben in den nordamerikanischen Prärien wieder rund 600 000 Gabelböcke.

Gabelbock-Kitze

Gabelbock, Gabelhornantilope

Größe   Körper bis 1,50 m groß, Schwanz bis 10 cm lang; Schulterhöhe 90 cm; Gewicht 34 bis 59 kg

Merkmale   Das Fell ist sandbraun; 2 weiße Querbinden an der Kehle, weißer Bauch und weißes Feld um den Schwanz herum; männliche und weibliche Tiere haben Hörner, die nach der Brunft abgeworfen werden; die gegabelten Hörner des Männchens werden etwa 30 cm lang, das Gehörn des Weibchens ist kleiner

Ernährung   Frißt Gräser, Kräuter und Blätter, auch Kakteen

Fortpflanzung   Brunftzeit August bis Oktober; Tragzeit 230 bis 240 Tage; Setzzeit im Süden April/Mai, im Norden dagegen im Mai/Juni; gewöhnlich 2 Kitze in einem Wurf, Gewicht bei der Geburt 2,3 bis 3,2 kg; Junge werden mit 16 Monaten geschlechtsreif

Vorkommen   Bewohnt die offene Prärie; über den Westen Nordamerikas verbreitet

Gans

Auf ihrem Weg zu den Winterquartieren rasten Wildgänse auf Wiesen und Feldern.

Gänse sind mit Enten↑ und Schwänen↑ nah verwandt. Sie haben einen Seihschnabel, Schwimmhäute zwischen den Zehen und können gut schwimmen. Zwar sind sie Wasservögel, aber man sieht sie viel häufiger an Land als Enten.

Auf Grund ihrer Lebensweise kann man zwei Gruppen von Gänsen unterscheiden, die Feldgänse und die Meergänse. Zu den Feldgänsen gehören *Graugans*↑, *Bläßgans* und *Zwerggans*, *Saatgans* und *Kurzschnabelgans*. Dies sind Gänse, deren Gefieder überwiegend grau oder bräunlich gefärbt ist. Die einzige in Mitteleuropa brütende Feldgans ist die Graugans; sie ist auch die Stammform der Hausgans. Zu den Meergänsen zählen *Ringelgans*, *Nonnen-* oder *Weißwangengans* und *Kanadagans*. Diese Gänse haben Schwarz im Gefieder. Unter ihnen brütet nur die Kanadagans in Mitteleuropa. Diese Gans wurde aber aus Nordamerika eingeführt und ist stellenweise verwildert.

Mit Ausnahme von Grau- und Kanadagans brüten alle europäischen Gänse im hohen Norden. Sie kommen nur auf ihrem Zug nach Süden nach Mitteleuropa. Während die Feldgänse vorwiegend auf Wiesen im Binnenland rasten oder überwintern, halten sich die Meergänse an den Küsten, vor allem im Wattenmeer, auf. Gänse in den mitteleuropäischen Überwinterungsgebieten zu beobachten, ist ein großartiges Erlebnis. Oft sieht man Hunderte oder sogar Tausende von Gänsen auf einer Wiese versammelt. Von den Flächen, auf denen die Vögel übernachtet haben, starten sie bald einzeln, bald in Trupps, um Nahrung zu suchen. Da die Gebiete, in denen die Gänse Futter finden, oft Kilometer voneinander entfernt liegen, müssen sie vor allem morgens und abends weite Strecken fliegen. Es sind aber auch tagsüber ständig größere und kleinere Trupps in der Luft.

So aufregend die „Gänse-Zeit" für den Vogelbeobachter ist, so schwer haben es die Vögel jetzt. Ihr Lebensraum ist begrenzt, und sie müssen sehr viel Zeit auf die Nahrungssuche verwenden, um zu überleben. Deshalb wurden Schutzgebiete eingerichtet, in denen die Vögel ungestört ihrem Tageslauf nachgehen können.

Gans

Bläßgans

Größe Länge 68 bis 76 cm, Gewicht 2,4 bis 3,2 kg

Merkmale Graubraunes Gefieder mit schwarzen Flecken am Bauch; weißer Bürzel, schwarze Endbinde am Schwanz, weißer Unterschwanz; um die Schnabelwurzel herum weiß; Schnabel rötlich oder gelb; gelbe Beine; Rufe meist zweisilbig und hoch „kou-ljau", auch rasch schnatternd

Ernährung Frißt hauptsächlich Gras, aber auch verschiedene Strandpflanzen und Samen

Fortpflanzung Nest zwischen Pflanzen, Mulde mit wenig Pflanzenmaterial ausgelegt; meist 5 bis 6 gelblichweiße Eier; Brutdauer 27 bis 28 Tage; erste Gelege im Mai, 1 Brut im Jahr

Vorkommen Tundra, im Winter auf Wiesen; über das nördliche Eurasien und Nordamerika und über West-Grönland verbreitet

Bläßgans

Saatgans

Größe 70 bis 90 cm lang, Gewicht 3,5 bis 4 kg

Merkmale Gefieder graubraun; Kopf, Hals und Vorderflügel dunkel graubraun; weißer Bürzel, schwarze Endbinde am Schwanz, weißer Unterschwanz; Schnabel orange mit schwarzen Flecken; Beine orangegelb; ruft seltener als andere graue Gänse; meist zweisilbig „kajak"

Ernährung Frißt Gräser, Klee und andere Pflanzen, auch Samen

Fortpflanzung Nest in Sümpfen unter Bäumen, in der Tundra an felsigen Hängen; 4 bis 6 weiße Eier; Gelege ab Mai/Juni; die Jungen schlüpfen nach 27 bis 29 Tagen Brutdauer; 1 Brut im Jahr

Vorkommen In Sumpfgebieten an Seen und langsam fließenden Flüssen in der Taiga und in der Tundra; über den Norden Eurasiens verbreitet, brütet auch an der Ostküste Grönlands

Saatgans △   ▽ *Kanadagans*

Kanadagans

Größe 0,90 bis 1 m lang, 4 bis 5 kg schwer

Merkmale Oberseite graubraun, auf dem Bauch heller braun; Hals schwarz mit weißem Kehlfleck; weißer Bürzel, schwarze Endbinde am Schwanz, weißer Unterschwanz; Schnabel und Füße schwarz; trompetende, doppelsilbige Rufe

Ernährung Frißt Gräser, Klee und andere Landpflanzen, auch Wasserpflanzen und Samen

Fortpflanzung Nester auf buschbestandenen Inseln in Seen; 5 bis 6 gelblichweiße Eier; Gelege ab März/April, 1 Brut im Jahr

Vorkommen Nistet an Binnenseen, Nahrungssuche auf Grünflächen; Brutvogel in Nordamerika, in Europa gebietsweise eingeführt und verwildert (vor allem in Großbritannien und Schweden); in Neuseeland eingebürgert und vielerorts als Ziervogel auf Parkteichen gehalten

Gazelle

Im allgemeinen versteht man unter Gazellen kleine, wendige Antilopen↑, die schnell laufen und gut springen können. Tatsächlich sind die Gazellen für die Tierforscher die „eigentlichen" Antilopen. Es gibt 16 Arten. Sie leben ausschließlich in Afrika und in Asien.

Im Süden Afrikas kann man den *Springbock* beobachten. Diese Gazelle wird dort „Trekbok", das bedeutet „Wanderbock", genannt. Springböcke ziehen nämlich, wahrscheinlich wegen Nahrungsmangels, in unregelmäßigen Abständen durchs Land. Früher, als es viel mehr Springböcke gab als heute, kamen dabei Züge von Tausenden, ja Millionen von Tieren zustande. Der letzte große Zug („Trek") fand 1896 statt. Damals war eine Fläche von 220 km mal 25 km mit Springböcken gefüllt!

In den ostafrikanischen Steppen und Savannen sind *Thomsongazelle* und *Grantgazelle* die am häufigsten zu beobachtenden Arten. Allein im Serengeti-Nationalpark in Tansania gibt es schätzungsweise 275 000 Thomsongazellen und 30 000 Grantgazellen. Andere Gazellen sind aber längst nicht so häufig.

Einige sind im Bestand stark zurückgegangen. Unkontrollierte Jagd und fehlende Schutzgebiete sind die Ursachen dafür, daß einige Gazellenarten heute gefährdet sind. So gab es in Indien von der *Hirschziegenantilope* vor 100 Jahren etwa 4 Millionen Tiere, heute dagegen nur noch 10 000 Tiere.

Springbock

Größe Männchen: 1,25 bis 1,50 m lang, Schwanz 25 bis 32 cm lang, Gewicht 25 bis 45 kg; Weibchen: 1,20 bis 1,45 m lang, Schwanz 20 bis 27 cm lang, Gewicht 20 bis 30 kg

Merkmale Oberseite hell rotbraun, Unterseite weiß; Fell kurzhaarig, glatt; Hörner leierförmig, beim Männchen 28 bis 48 cm, beim Weibchen 16 bis 28 cm lang

Ernährung Nahrung wechselt mit Jahreszeit: Gräser und Kräuter, auch Laub von Sträuchern

Fortpflanzung Tragzeit 167 bis 171 Tage; Setzzeit August bis Januar, regional und von Jahr zu Jahr unterschiedlich; 1 Junges, selten 2 Junge in einem Wurf; männliche Tiere mit 1 Jahr, weibliche Tiere mit 6 bis 7 Monaten geschlechtsreif

Vorkommen Offenes Gelände, mit kurzem Gras und wenigen Büschen bestandene Ebenen; dichtes Buschland wird gemieden; im südlichen und südwestlichen Afrika verbreitet

---

Springböcke an einem Wasserloch im Etoscha-Nationalpark (Namibia)

Gecko

Der Mauergecko hat Haftscheiben an den Füßen und kann gut klettern.

Mauergecko

Größe Insgesamt bis zu 16 cm lang, wovon der Schwanz die Hälfte ausmacht

Merkmale Kopf und Rumpf abgeplattet, Schwanz rund; Körper mit höckrigen und stachligen Schuppen besetzt; Kopf im Umriß beinahe dreieckig, Augen groß, mit senkrechtstehender Pupille; Oberseite grau oder bräunlich mit dunkleren Flecken, auf dem Schwanz dunkle Querbinden, Unterseite weißlich oder gelblich; Farbe je nach Tageszeit und Untergrund wechselnd

Ernährung Frißt Insekten, Spinnen und andere Gliedertiere; jagt auch kleine Kriechtiere; Beutefang überwiegend in der Dämmerung und nachts; jagt gern in der Umgebung von Lichtquellen: der Gecko schleicht die Beute an und beißt dann blitzschnell zu

Fortpflanzung Eiablage gegen Ende des Frühjahrs oder im Sommer; Gelege aus 2 hartschaligen Eiern von 15 mm Durchmesser, meist mehrere Gelege im Jahr; Junge schlüpfen nach 2 bis 4 Monaten; Länge der Jungen beim Schlüpfen 3 bis 4 cm

Vorkommen An Felswänden und Mauern mit vielen Hohlräumen, auf Ziegeldächern und im Inneren von Gebäuden; sowohl im küstennahen Flachland wie im Gebirge, in Europa bis in 750 m, in Nordwestafrika bis in 2 500 m Höhe; über Italien, Südfrankreich, Spanien und Portugal verbreitet; darüber hinaus in Nordafrika und auf den Kanarischen Inseln

Wenn in den südlichen Ländern die Lichter angehen, kommen die *Mauergeckos* aus ihren Verstekken heraus, wo sie tagsüber geruht haben. Das Licht zieht nämlich Insekten an, und wo Insekten sind, haben die Geckos etwas zu fressen. Dabei macht es ihnen nichts aus, auch an glatten, senkrechten Wänden oder sogar an Fensterscheiben herumzuklettern. Sie haben aber auch ganz besondere Füße. An der Unterseite der Zehen befinden sich Haftscheiben, mit denen sich Geckos selbst auf ganz glatten Flächen festheften können. Die Haftscheiben bestehen aus feinen Lamellen, die zusätzlich mit Hafthaaren besetzt sind.

Wenn der Morgen graut, wärmen sich die Geckos zunächst in den ersten Sonnenstrahlen auf. Dann verschwinden sie nach und nach in Mauerspalten und Hohlräumen. In ihren Verstecken ruhen sich die Tiere dann von den Anstrengungen der nächtlichen Jagd aus.

Weltweit gesehen umfaßt die Familie der Geckos etwa 700 Arten. Geckos sind auf allen Kontinenten vertreten.

Geier

Geier sehen zwar nicht sehr sympathisch aus, aber sie übernehmen eine wichtige Rolle im Haushalt der Natur. Sie beseitigen nämlich Aas. Im „aufgeräumten" Europa bleiben verendete Tiere kaum noch in der freien Landschaft liegen, und deshalb kann man Geier hier auch nur selten beobachten. Auf den anderen Kontinenten sind Geier häufiger anzutreffen.

Die Vogelforscher unterscheiden „Altweltgeier" und „Neuweltgeier". Erstere leben, wie ihr Name sagt, in der Alten Welt, also in Europa, Asien und Afrika. Die Neuweltgeier leben in Amerika. Die Altweltgeier zählen zu den Greifvögeln; zu ihnen gehören der *Gänsegeier*, der *Mönchsgeier* und der *Lämmer-* oder *Bartgeier*. Die Neuweltgeier dagegen sind trotz ihrer Ähnlichkeit mit den Altweltgeiern keine Greifvögel. Sie sind vielmehr verwandt mit Störchen und Ibissen. Häufige Neuweltgeier sind der *Rabengeier* und der *Truthahngeier*. Der bekannteste Neuweltgeier ist der *Kondor* ↑.

Die Geier haben Gemeinsamkeiten: Sie sind hervorragende Segelflieger, und sie haben so scharfe Augen, daß sie verendete Tiere aus großen Höhen ausmachen können. Sie „schrauben" sich herab und beginnen, das tote Tier zu fressen. In der Nähe kreisende Geier beobachten diesen „Beuteflug", und bald ist eine große Menge Vögel an einem Kadaver versammelt. Damit sie sich beim Fressen nicht beschmutzen, haben Geier am Kopf meist keine Federn.

Ruhende Rabengeier

Rabengeier

Größe 64 cm lang, Flügelspannweite 1,45 m

Merkmale Gefieder schwarz; im Flug helle Felder in den Unterflügeln sichtbar; grauer Kopf ohne Federn, grauer Schnabel, graue Beine; kurzer, breiter Schwanz

Ernährung Frißt Aas, aber bisweilen auch unbewachte junge Vögel und kleine Säugetiere; sucht gern an Müllplätzen Nahrung

Fortpflanzung Nistet auf Felsbändern und in Felshöhlen, aber auch auf dem Boden in dichtem Pflanzenbewuchs; 1 bis 3 bläuliche, dicht braun gefleckte Eier; Gelege in Mittelamerika von Januar bis Mai

Vorkommen In der offenen Landschaft und um Dörfer und Städte herum bis in Höhen um 3 000 m anzutreffen; über den Süden Nordamerikas, Mexiko, Mittelamerika und in fast ganz Südamerika bis nach Argentinien und Chile verbreitet

---

Gänsegeier

Gänsegeier

Größe Rund 1 m lang, Flügelspannweite 2,40 m; 6 bis 8 kg schwer

Merkmale Sandfarbenes Gefieder, Flügel und Schwanz dunkelbraun; weißliche Daunen am Kopf und am Hals, weißliche oder gelbliche Halskrause; sehr lange, breite Flügel; kurzer Schwanz

Ernährung Frißt ausschließlich tote Tiere, vor allem große Säugetiere; das Aas wird aus dem Segelflug in großer Höhe heraus gesucht

Fortpflanzung Nistet gesellig in Felsnischen; großer Horst aus Ästen und Zweigen (Durchmesser 0,60 bis 1 m, Höhe 20 bis 30 cm); 1 weißes Ei, selten auch 2 Eier; Brutdauer 48 bis 54 Tage; 1 Brut im Jahr; Vögel mit 4 bis 5 Jahren geschlechtsreif

Vorkommen Hauptsächlich in felsigem Gebirge, aber auch in Trockengebieten; über Südeuropa, Nordafrika und das südliche Asien verbreitet

Gelbrandkäfer

Der Gelbrandkäfer hat wie andere Wasserkäfer einen ovalen, flachen Körper. Seine Hinterbeine sind mit Reihen von Borsten besetzt und so zu Schwimmbeinen umgewandelt. Damit kann sich der Käfer unter Wasser schnell und gewandt bewegen. Er kann aber auch gut fliegen. Wenn sein Wohngewässer austrocknet, fliegt er einfach zu einem anderen Weiher oder Tümpel weiter.

Männchen und Weibchen kann man gut unterscheiden. Das Männchen hat glatte, das Weibchen gefurchte Flügeldecken. Das Männchen erkennt man außerdem an den Haftscheiben an den Vorderbeinen. Mit diesen Haftscheiben hält sich das Männchen bei der Paarung an der Vorderbrust des Weibchens fest. Zur Ablage der Eier bohrt das Weibchen

mit seinem Legestachel Froschlöffel, Rohrkolben und andere Wasserpflanzen an. Aus den Eiern schlüpfen Larven, die etwa sechs Wochen brauchen, um sich zum erwachsenen Käfer zu entwickeln. In dieser Zeit häuten sie sich dreimal. Um sich zu verpuppen, kriechen die Larven an Land. Dort graben sie sich in den Boden ein, um ihn nach rund zwei Wochen als fertige Käfer wieder zu verlassen.

Beide, Käfer und Larve, benötigen zum Leben im Wasser Sauerstoff. Deshalb sieht man die Käfer immer wieder an die Wasseroberfläche steigen, einen Luftvorrat unter die Flügeldecken aufnehmen und wieder abtauchen. Die Larven müssen ebenfalls in Abständen auftauchen, um die Atemröhren in ihrem Körper über eine Öffnung am Körperende zu füllen.

Larve und Käfer sind gefräßige Räuber. Sie fressen alle möglichen Wassertiere, die sie überwältigen können. Selbst vor kleinen Fischen machen sie nicht halt. Erwachsene Käfer packen und zerkleinern die Beute mit den Mundwerkzeugen. Die Larven dagegen ergreifen die Beute mit großen Oberkieferzangen. Damit durchbohren sie die Beute und spritzen dann ein Verdauungssekret ein, das die Beute zersetzt. Die verflüssigte Nahrung saugen die Larven auf.

Man hat berechnet, daß eine Gelbrand-Larve während ihrer sechswöchigen Entwicklungszeit rund 700 Kaulquappen fressen kann. So richtet der Gelbrand, vor allem in Fischteichen, großen Schaden an.

Der Gelbrandkäfer holt an der Wasseroberfläche Luft.

Die Larve des Gelbrandkäfers ist ein großer Räuber.

Gelbrandkäfer, Gelbrand

Größe   Käfer 3 bis 4 cm lang, Larven 6 cm lang

Merkmale   Körper oval, flach; Oberseite dunkel olivgrün, von breiten, gelben Streifen eingefaßt (Name!); Unterseite gelbrot gefärbt; Larve langgestreckt, graubraun gefärbt, mit großen Oberkieferzangen am Kopf

Ernährung   Käfer und Larven fressen kleine Wassertiere bis hin zu Kaulquappen, Molchen und kleinen Fischen; Käfer zerkleinern die Beute, die Larven saugen sie aus

Fortpflanzung   Paarung im Herbst, Eiablage im kommenden Frühjahr; Weibchen legt Eier in Pflanzen ab; Larven entwickeln sich über Puppen zu erwachsenen Käfern (Dauer etwa 6 Wochen)

Vorkommen   In Teichen und Tümpeln, meist in der mit Pflanzen bewachsenen Uferzone; über fast ganz Europa, darüber hinaus durch Mittelasien bis nach Japan und auch in Nordamerika verbreitet

Gemse

Die Gemse lebt in den Hochlagen der europäischen Gebirge.

Die Gemse ist ein typisches Tier der Alpen. Darüber hinaus kommt sie auch in anderen Gebirgszügen in Europa vor, beispielsweise in den Abruzzen und in den Pyrenäen. Daneben hat man Gemsen auch in Mittelgebirgen angesiedelt, so im Schwarzwald, auf der Schwäbischen Alb, in den Vogesen und im Elbsandsteingebirge.

Gemsen leben fast immer in kleineren Gruppen zusammen. Die Rudel bestehen außerhalb der Brunftzeit einerseits aus den Geißen mit ihren Kitzen, andererseits aus den jungen Böcken. Alte Böcke sind oft Einzelgänger. Zur Brunftzeit im November/Dezember stoßen die Böcke zu den Rudeln aus Geißen und Kitzen.

Bei Gefahr stoßen Gemsen langgezogene Pfiffe aus. Aber welche Gefahren drohen den Tieren? Früher fielen Gemsen ihren natürlichen Feinden Luchs, Wolf, Braunbär, Steinadler oder Bartgeier zum Opfer. Seit diese Tiere selten geworden sind, haben die Gemsen kaum mehr natürliche Feinde, und Seuchen wie die Gamsräude konnten sich ausbreiten. Daneben trat eine andere Gefahr: der Mensch.

Gemse, Gams, Gamswild
Größe 1,10 bis 1,30 m lang; Geißen wiegen 30 bis 40 kg, Böcke 35 bis 50 kg
Merkmale Im Sommer rötlichbraunes Fell; auf dem Rücken vom Nacken bis zum Ansatz des kurzen Schwanzes schwarzbrauner Aalstrich; nach dem Haarwechsel braunschwarzes, dichtes Winterfell; schwarzweiße Gesichtszeichnung; Hörner dünn, an der Spitze nach hinten umgebogen
Ernährung Frißt im Sommer Gräser und Kräuter, im Winter Blätter und Zweige von Sträuchern und Bäumen
Fortpflanzung Brunft im November/Dezember; Tragzeit 6 Monate; Setzzeit Mai/Juni; 1 Kitz; Gewicht bei der Geburt 3 bis 6 kg
Vorkommen Hochgebirge mit Schwerpunkt im Waldgürtel zwischen 800 m und 2 300 m, aber auch in ungleich höheren Lagen der Mattenregion; über Mittel- und Südeuropa verbreitet

Heute werden Gemsen praktisch das ganze Jahr über gestört. Wanderer und Skifahrer, aber auch Bergbahnen, Lifte und Flugzeuge machen den Tieren das Leben schwer. Sie finden in den Bergen nur noch wenige ruhige Gebiete. Und Ruhe brauchen die Tiere vor allem im Winter.

Gepard

Der Gepard ist das schnellste Säugetier, das heute auf der Erde lebt. Man sieht der schlanken, langbeinigen Großkatze schon an, auf welche Weise sie ihre Beute jagt: im Spurt.

Wenn ein Gepard hungrig ist, hält er zunächst von einem erhöhten Punkt im Gelände, etwa einem Termitenhügel, Ausschau nach möglicher Beute. Hat er eine Gazelle oder ein Warzenschwein entdeckt, pirscht er sich langsam und vorsichtig heran. Bei einem Abstand von etwa 100 m spurtet der Gepard plötzlich los. Dabei kann er über eine Strecke von etwa 500 m hinweg eine Geschwindigkeit von 80 km/h halten, und 7 m lange Sprünge sind keine Ausnahme. Seine Spitzengeschwindigkeit liegt sogar noch höher: bei 110 km/h.

Sein enormes Tempo kann der Gepard nur auf kurzen Strecken durchhalten. Entweder ist er erfolgreich und reißt die Beute zu Boden, oder er gibt auf. Aber selbst wenn der Gepard die angepeilte Beute erwischt hat, braucht er einige Zeit, um zu verschnaufen. Erst wenn er sich beruhigt hat, beginnt er zu fressen.

Andere gefleckte Großkatzen sind der Leopard↑ und der Jaguar↑. Der Leopard kommt ebenfalls in Afrika vor, hat aber eine andere Jagdweise als der Gepard. Er ist folglich nicht so hochbeinig gebaut. Das gleiche gilt für den Jaguar, der in Amerika verbreitet ist. Alle Großkatzen sind in den letzten Jahrzehnten stark bejagt worden. So wurden ihre Bestände immer kleiner.

Kopf eines Gepards

Gepard

Größe 1,10 bis 1,40 m, Schwanz weitere 65 bis 80 cm lang; Gewicht 40 bis 60 kg, Weibchen etwas größer und schwerer als Männchen

Merkmale Gestalt erinnert an Windhunde: schlank, lange Beine; Fell oben gelbgrau, unten weißlich, schwarze Flecken

Ernährung Jagt verschiedene Arten von Gazellen und junge Antilopen, Warzenschweine, Perlhühner und Trappen

Fortpflanzung Weibchen alle 7 bis 10 Tage für 2 Wochen paarungsbereit; Tragzeit 91 bis 95 Tage; 1 bis 6 Junge in einem Wurf

Vorkommen Bewohnt offenes Buschland, Savannen und Halbwüsten; über einen Gürtel südlich der Sahara und das südliche Afrika verbreitet

Die beiden Geparden ruhen sich aus. Bald werden sie auf die Jagd gehen.

Giraffe

Giraffen sind in ihrer Verbreitung auf Afrika beschränkt. Hier nutzen sie eine Nahrungsquelle, die anderen großen Pflanzenfressern verschlossen ist: das Laub der Bäume. Mit Hilfe ihres langen Halses können sie immerhin noch in 4 bis 6 m Höhe an Bäumen fressen. Der lange Hals der Giraffen ist aber nicht anders gebaut als der anderer Säugetiere. Er enthält 7 Halswirbel, von denen aber jeder einzelne stark verlängert ist.

So leicht Giraffen hoch in Büschen und Bäumen fressen, so schwer haben sie es beim Trinken. Kommen Giraffen zur Tränke, spreizen sie die Vorderbeine weit auseinander, um dann den langen Hals herabzubeugen. In genau diesem Moment sind die Tiere aber sehr leicht angreifbar. Wenn sie flüchten wollen, müssen sie sich nämlich zuerst aufrichten; erst dann können sie weglaufen. Deshalb sichern Giraffen sehr lange, wenn sie an ein Wasserloch kommen. Und nur wenn sie ganz sicher sind, daß kein Raubtier in der Nähe ist, wagen sie sich heran. Im übrigen haben ausgewachsene Giraffen kaum Feinde, zumal sie sich mit ihren Hufen auch sehr gut gegen Löwen verteidigen können. Löwen können aber durchaus junge Giraffen reißen. Nur müssen sie damit rechnen, daß die Mutter angreift. So mancher Löwe wurde schon von seiner vermeintlichen Beute vertrieben oder hat zumindest den kräftigen Tritt einer Giraffe zu spüren bekommen.

Giraffe, Steppengiraffe

Größe 3 bis 4 m lang, Schwanz 0,90 bis 1,10 m lang; Scheitel in der Höhe von 4,50 bis 5,80 m über dem Boden; Gewicht 500 bis 800 kg

Merkmale Lange Beine, langer Hals; auf dem Kopf 2 bis 5 mit Haut überzogene „Hörner" (= Zapfen aus Knochen); Fell weißgelb bis braun gefärbt, mit hellen und dunklen Flecken oder auch mit einem Netz feiner, weißer Linien (Massai- und Uganda- oder Rothschildgiraffe oder Netzgiraffe)

Ernährung Knospen, Blätter, Triebe und Früchte von Sträuchern und Bäumen; gelegentlich Gräser und Kräuter

Fortpflanzung Tragzeit 400 bis 470 Tage; 1 Junges, selten 2 Junge; Gewicht bei der Geburt 95 bis 100 kg; mit 3,5 bis 5 Jahren geschlechtsreif

Vorkommen Busch- und Baumsavanne; in einem Gürtel südlich der Sahara von West- bis Ostafrika, daneben im südlichen Afrika verbreitet

---

Giraffen flüchten bei der geringsten Störung.

Giraffengazelle

Giraffengazelle, fressender Bock

Giraffengazelle, Gerenuk

Größe Bock bis 1,60 m, Weibchen bis 1,55 m lang;
Schwanz bis 35 cm lang; Gewicht bis 105 kg

Merkmale Auffällig langer Hals, große Ohren; Fell oben
rotbraun, unten weißlich; Hörner leierförmig, nur beim
Bock vorhanden

Ernährung Laub, Knospen, Blüten und Früchte von Sträuchern und Bäumen

Fortpflanzung Tragzeit rund 7 Monate; Geburten das ganze
Jahr über; 1 Junges

Vorkommen Buschsteppe, bis in 1800 m Höhe; nur im
äußersten Osten Afrikas verbreitet

„Normale" Antilopen äsen auf dem Boden, oder sie
fressen die unteren Schichten des Blattwerks von
Sträuchern und Bäumen ab. Gegenüber den anderen im gleichen Lebensraum vorkommenden Antilopen hat die Giraffengazelle einen erheblichen
Vorteil: Mit ihrem langen Hals erreicht sie auch
Blätter und Zweige, die in großer Höhe wachsen.
Oft stellen sich die Tiere beim Fressen zusätzlich
auf die Hinterbeine. Damit reichen sie noch höher
hinauf. Die obersten Blätter sind dann den Giraffen ↑ mit ihren überlangen Hälsen vorbehalten.

Gnu

Gnus gehören zu den Antilopen ↑ und kommen ausschließlich in Afrika vor. Wenn genügend Futter und
Wasser vorhanden sind, bleiben die Tiere in einem
begrenzten Gebiet. Bei Einsetzen der Trockenzeit
und dem damit verbundenen Nahrungs- und Wassermangel schließen sich die Gnus zu großen Herden zusammen und beginnen zu wandern. Allein in
der Serengeti-Steppe in Ostafrika setzen sich dann
rund 400 000 Gnus in Bewegung. Gnus ziehen im
Lauf des Jahres den Regenfällen nach. Denn wo
Regen fällt, wächst bald kurzes Gras, die Hauptnah-
rung der Tiere. Jetzt ist auch die richtige Zeit, Junge
zu bekommen. Denn bald nach der Entwöhnung von
der Muttermilch finden auch die Jungtiere in der
Steppe etwas zu fressen.

Ein Weißbartgnu döst in der Hitze.

Weißbartgnu, Streifengnu

Größe Männliche Tiere 1,80 bis 2,40 m, weibliche Tiere
1,70 bis 2,30 m lang; Schwanz 0,60 bis 1 m lang;
männliche Tiere 165 bis 290 kg, weibliche Tiere
140 bis 260 kg schwer

Merkmale Rücken abfallend, Halsmähne und „Bart"; Fell
dunkelgrau bis dunkelbraun, mit dunklen Streifen im vorderen Teil des Körpers; Jungtiere mit braungelbem Fell;
Hörner kräftig, erst waagerecht, dann aufwärts und ein-
wärts gebogen, bei männlichen und weiblichen Tieren
vorhanden

Ernährung Weidet kurze (bis 10 cm hohe) Gräser ab

Fortpflanzung Tragzeit rund 8 Monate; 1 Junges, je nach
Gebiet zwischen September und März geboren; Gewicht
bei der Geburt 14 bis 18 kg; mit 1,5 bis 4 Jahren
geschlechtsreif

Vorkommen Offene Gras- und Buschsteppe; über das östliche und südliche Afrika verbreitet

Goldfisch

In so manchem Aquarium, aber auch in vielen Garten- und Parkteichen, kann man den beliebten Goldfisch bewundern. Neben den rotgoldenen Formen gibt es auch Goldfische, die schwarze oder weiße Felder im Schuppenkleid haben. Unter der Bezeichnung *Kometenschweif* läuft eine Zuchtform mit einem verlängerten, tief eingekerbten Schwanz. Der *Löwenkopf* hat keine Rückenflosse mehr, dafür aber zwei Schwanzflossen und einen dicken Kopf. Zwei Schwanzflossen haben auch *Blasenauge* und *Himmelsgucker*, deren Augen in ballonartigen Ausstülpungen am Kopf liegen. Halbwegs normal sieht noch der *Fächerschwanz* aus, der aber auch zwei Schwanzflossen hat. Ihm ähnlich ist der *Schleierschwanz* – er ist sowohl in rotgold als auch in silbrig-weiß zu sehen. Bei ihm sind die beiden Schwanzflossen enorm verlängert, ebenso die Bauch- und Brustflossen. Der *Moor-Goldfisch* schließlich ist ein schwarzgefärbter Schleierschwanz mit Kugelaugen.

Alle diese Zuchtformen – und viele mehr – wurden aus dem *Giebel* herausgezüchtet, einem Fisch, der mit der Karausche nah verwandt ist und häufig auch als *Silberkarausche* bezeichnet wird. Der Goldfisch stammt von einer in Ostasien lebenden Unterart des Giebels ab, den die Chinesen „Chi" nennen. Zunächst bevölkerte er nur Teiche am Hof des Kaisers. Heute werden Goldfische weltweit gehalten.

Goldfisch

Größe 15 bis 25 cm (höchstens 45 cm) lang

Merkmale Körper gestreckt, Rücken nicht sehr hoch, Rückenflosse leicht eingebuchtet, Schwanzflosse eingekerbt, Schuppenkleid rotgolden; neben der normalen Form gibt es auch verschiedene Zuchtformen, teilweise mit schwarzen und weißen Flecken, teilweise mit verlängerten Flossen, auch mit 2 Schwanzflossen

Ernährung Frißt Kleintiere, die im Wasser leben, auch Pflanzenkost (im Aquarium Lebend- und Trockenfutter)

Fortpflanzung Laichzeit April/Mai; nach 5 bis 7 Tagen schlüpfen fast durchsichtige Larven aus den Eiern, die sich in Ruhezeiten an Wasserpflanzen festheften

Vorkommen Als Wildform (Giebel, Silberkarausche) in stehenden und langsam fließenden Gewässern, auch in Gewässern von schlechter Qualität; Wildform über Mittel- und Osteuropa bis weit nach Asien hinein, als Aquarien- und Teichfisch heute weltweit verbreitet

---

Goldfische gehören zu den beliebtesten Aquarienbewohnern.

Goldhähnchen

Das Wintergoldhähnchen ist der kleinste Vogel Europas.

Wintergoldhähnchen

Größe Länge 9 cm

Merkmale Oberseite olivgrün, Unterseite weißlich-grünlich; im Flügel 2 weiße Binden und 1 schwarzes Band; leuchtend gelber Scheitel mit schwarzer Begrenzung, beim Männchen mit orangefarbenem Mittelstreifen, beim Weibchen mit gelblichem Mittelstreifen; bei den Jungen fehlt die Kopfzeichnung

Ernährung Fängt kleine Spinnen und Insekten sowie deren Larven

Fortpflanzung Nest aus Moos, mit tiefer Mulde, wird unter den Spitzen der Zweige von Nadelbäumen oder in Astgabeln aufgehängt; 8 bis 10 weiße Eier mit feiner brauner Fleckung; Gelege ab Mai, 2 Bruten im Jahr

Vorkommen Hauptsächlich in Nadelwäldern, aber auch in Mischwäldern und in Parks zu beobachten; Teilzieher; über weite Teile Europas und Mittelasiens verbreitet

---

Die rundlichen Goldhähnchen sind die kleinsten Vögel Europas. Es gibt zwei Arten in Europa, das *Wintergoldhähnchen* und das *Sommergoldhähnchen*. Beide werden gleich groß.

Das wichtigste Unterscheidungsmerkmal ist die Kopfzeichnung. Beide Arten haben einen gelben oder orangefarbenen, schwarz eingefaßten Scheitel. Während aber beim Wintergoldhähnchen der Augenstreif fehlt, hat das Sommergoldhähnchen einen schwarzen Augenstreif und einen weißen Überaugenstreif. Bei jungen Goldhähnchen fehlt die Kopfzeichnung noch, so daß man nicht sagen kann, um welche Art es sich handelt. Vogelfreunde bestimmen die beiden Arten oft nach ihren unterschiedlichen Gesängen.

Goldhamster

Der Goldhamster ist eines der beliebtesten Haustiere der Welt. Seine Lebensweise und sein Verhalten sind gut untersucht, über seine wildlebenden Vorfahren dagegen weiß man nicht viel. Immerhin ist bekannt, daß *Syrische Goldhamster* vorwiegend nachtaktiv sind und tagsüber in Bauen ruhen, die sie selbst in die Erde graben. Sie kommen nur in der Umgebung von Aleppo, einer Stadt in Syrien, vor. Ihr Verbreitungsgebiet ist also sehr klein, und bei Veränderungen im Lebensraum ist es um die Bewohner schlecht bestellt. So ist der Goldhamster heute eine im Freiland bedrohte Tierart. Seine nächsten Verwandten sind der *Türkische Goldhamster* und der *Rumänische Goldhamster*. Die Namen dieser Tiere weisen darauf hin, wo sie leben.

Wer einen Goldhamster hält, sollte ihn auch richtig pflegen. Im Zoo-Fachgeschäft wird man richtig über Ernährung und Haltung beraten. Das Heimtier kann 2 bis 4 Jahre alt werden.

Goldhamster, Syrischer Goldhamster

Größe 11 bis 13 cm lang; Schwanz 1,5 cm lang; Gewicht 100 bis 120 g

Merkmale Das Fell ist auf der Oberseite rötlichbraun, auf der Unterseite weißlich; es gibt andere Zuchtformen mit weiteren Fellfarben (beige, weiß, gescheckt)

Ernährung Frißt Samen, aber auch Insekten

Fortpflanzung Tragzeit 16 Tage; 2 bis 16 Junge in einem Wurf; Gewicht bei der Geburt 2 g

Vorkommen Lebt in der Steppe; als Wildtier nur aus einem kleinen Gebiet in Syrien bekannt; als Heim- und Labortier heute weltweit gehalten

---

Goldhamster sind beliebte Haustiere.

Gorilla

Der Gorilla gehört zu den am stärksten gefährdeten Tieren der Erde.

Gorillas, besonders die alten Männchen, flößen jedem Beobachter Respekt ein. Aber trotz ihrer Größe und Kraft sind sie friedliche Waldbewohner, die sich ausschließlich von Pflanzen ernähren. Die Tiere leben in Familiengruppen zusammen, die von einem alten Männchen, einem „Silberrückenmännchen", angeführt werden.

Der Tageslauf der Gorillas beginnt damit, daß sie morgens nach dem Aufwachen zunächst einmal zwei bis drei Stunden lang fressen. Vom späten Vormittag bis in den Nachmittag hinein ist Ruhezeit, in der die Tiere schlafen, hin und wieder aber auch etwas fressen. Am späten Nachmittag gehen die Gorillas noch einmal auf Nahrungssuche. Bei Einbruch der Dämmerung beginnt zunächst das ranghöchste Tier der Gruppe sein Schlafnest für die Nacht zu bauen. Diesem Beispiel folgen dann die anderen Tiere. Gorillas gehören zu den Menschenaffen (Affe ↑) und sind mit Schimpanse ↑ und Orang-Utan ↑ nah verwandt. Sie werden in freier Natur 25 bis 30 Jahre alt. In Zoos werden Gorillas auch älter (bis etwa 50 Jahre).

Gorilla

Größe Männchen erreicht – aufrecht stehend – 1,70 bis 1,80 m Länge, Weibchen 1,40 bis 1,50 m; Männchen (freie Natur) 140 bis 200 kg, Weibchen 70 bis 100 kg schwer

Merkmale Kräftige, gedrungene Gestalt; Arme länger als Beine; massiger Kopf mit niedriger Stirn, starken Augenbrauenwülsten und breiter, flacher Nase; Fell braungrau bis schwarz, bei alten Männchen auf dem Rücken hellgrau

Ernährung Rein pflanzliche Nahrung: frißt Wurzeln, Knollen, Knospen, Blätter, Triebe und Früchte von mehr als 100 unterschiedlichen Pflanzenarten

Fortpflanzung Keine feste Fortpflanzungszeit; Weibchen mit Zyklus von 25 bis 38 Tagen; Tragzeit 236 bis 296 Tage; 1 Junges, sehr selten 2 Junge; Gewicht bei der Geburt etwa 2 kg

Vorkommen Lebt im Nebel- und Regenwald mit dichtem Unterwuchs, bis in 4 000 m Höhe; am Golf von Guinea und in den Bergen von Ruanda, Uganda und Zaire

Leider sieht es um die Zukunft des großen Affen düster aus. Wie viele Gorillas noch in freier Natur leben, weiß man nicht genau. Die Schätzungen schwanken zwischen einigen hundert und wenigen tausend Tieren. Einige Forscher befürchten, daß der Gorilla bald ausstirbt.

Gottesanbeterin

Diese langgestreckte Fangheuschrecke hält sich bereit zum Beutefang. Die Vorderbeine sehen aus wie betende Hände. Daher stammt der Name der Gottesanbeterin. Der Beute wird oft vom Ansitz aus aufgelauert; die Gottesanbeterin geht aber auch auf die Pirsch und schleicht sich langsam an. Durch ihre Färbung ist sie gut getarnt. Ist ein Beutetier in der Nähe, werden die mit Haken besetzten Fangbeine blitzschnell ausgefahren. Die Gottesanbeterin betreibt auch „Kannibalismus". Manchmal frißt das Weibchen während der Paarung das Männchen auf.

Gottesanbeterin

Größe 4 bis 6 cm lang; Weibchen deutlich größer als Männchen

Merkmale Schmaler, langgestreckter Körper; erstes Beinpaar zu Fangbeinen umgewandelt, angewinkelt gehalten; kleiner, beweglicher Kopf mit großen Augen; Körper grün oder braun gefärbt

Ernährung Fängt andere Insekten, auch kleine Eidechsen

Fortpflanzung Eier in gekammerten Kapseln an Zweigen abgelegt; etwa 100 Eier je Kapsel

Vorkommen Warme Trockenrasen mit Buschwerk; in Mitteleuropa nur an besonders warmen Stellen, sonst im Mittelmeerraum verbreitet

---

Gottesanbeterin

Grasmücke

Paar der Mönchsgrasmücke, rechts das Männchen

Mönchsgrasmücke

Größe 14 cm lang

Merkmale Oberseite grünlich-bräunlich, Unterseite aschgrau, Bauch weißlich; die Männchen haben eine glänzend schwarze, die Weibchen eine rotbraune Kopfplatte, die jeweils bis zum Auge reicht; dünner spitzer Schnabel

Ernährung Frißt Insekten und deren Larven, Spinnen, im Herbst auch Beeren und Früchte

Fortpflanzung Das Männchen baut mehrere Nester; eines der Nester wird vom Weibchen angenommen und von beiden fertiggebaut; Nest im dichten Bewuchs nahe am Boden, auch in Büschen; 4 bis 6 Eier, die auf weißlichem, grauem oder bräunlichem Grund aschgrau und dunkelbraun gefleckt sind; Gelege ab Mai, 1 Brut im Jahr

Vorkommen Bewohnt Wälder mit reichlichem Unterwuchs, Parks und Gärten; Sommervogel; über weite Teile Europas, über Nordwestafrika und Teile Asiens verbreitet

---

Grasmücken sind gute Sänger. Man kann sie in unterschiedlichen Lebensräumen beobachten. Recht leicht zu erkennen ist die *Mönchsgrasmücke*. Das Männchen hat eine schwarze Kopfplatte, das Weibchen eine braune. Die unscheinbar bräunlich-grün gefärbte *Gartengrasmücke* ist dagegen sehr viel schwieriger zu erkennen. Beide Arten leben in Wäldern, aber auch in Feldgehölzen und in größeren Parks. Da Grasmücken Insektenfresser sind, verbringen sie den Winter im Süden.

Mitte September bis Mitte Oktober verlassen die Vögel ihre mitteleuropäischen Brutgebiete, um in Südeuropa oder Nordafrika zu überwintern. Mitte April treffen sie wieder in Mitteleuropa ein, um zu brüten und ihre Jungen aufzuziehen.

Graugans

Die *Graugans* ist die Stammform der *Hausgans*. Dies wird schnell deutlich, wenn man die Stimmen beider Vögel vergleicht. Das Schnattern beider Gänse klingt etwas nasal „gagagag". Die Graugans läßt daneben – wie die Hausgans – auch ein kurzes „ik" oder „äk" hören. Und wenn sich ein Feind dem Nest nähert, wird er mit kräftigem Zischen empfangen.

In der Färbung können sich die Graugans und Hausgans allerdings stark unterscheiden. Zwar gibt es Hausgänse, die den Graugänsen täuschend ähnlich sehen. Es gibt aber auch bräunlich gefärbte, gescheckte und ganz weiße Hausgänse. Sie werden auf allen Kontinenten gehalten. Genutzt werden hauptsächlich das Fleisch, das Fett und die Federn. Graugänse streifen außerhalb der Brutzeit in Trupps umher, oft in Gesellschaft anderer grauer Gänse. Sehr ähnlich ist die *Saatgans* (Gans↑) mit dem orange-schwarzen Schnabel. Die *Bläßgans* (Gans↑) wiederum hat einen dunkel gefleckten Bauch und eine weiße Blesse um den Schnabel herum. Man kann diese beiden Arten also leicht von der Graugans unterscheiden. Sie brüten außerdem im hohen Norden und tauchen nur zur Zugzeit in Mitteleuropa auf.

Graugans

Größe Zwischen 76 und 89 cm lang

Merkmale Männchen und Weibchen gleich gefärbt: durchgehend grau im Gefieder, helle Federsäume, weiße Linie an der Seite; im Flug werden die hellen Vorderflügel sichtbar; weißer Bürzel, weißer Unterschwanz; je nach Rasse mit fleischfarbenem oder orangegelbem Schnabel; Beine stets fleischfarben; nasales „gagagag"-Schnattern

Ernährung Frißt Pflanzensamen, grüne Triebe, Beeren, Wurzeln

Fortpflanzung Nistet im Röhricht oder in anderem dichtem Pflanzenbewuchs; Nest aus Schilfhalmen und anderem Pflanzenmaterial zusammengebaut; Mulde mit Daunen ausgepolstert, die beim Verlassen des Nestes auch zum Abdecken der Eier benutzt werden; 4 bis 9 weißlich gefärbte Eier; Gelege ab Ende März, 1 Brut im Jahr

Vorkommen Brütet an größeren Weihern und Seen und in Sumpfgebieten, Nahrungssuche auf Wiesen; außerhalb der Brutzeit weit umherstreifend, dann auch an der Küste, vor allem auf Wiesen an Binnendeichen; über Teile Mitteleuropas und Mittelasiens verbreitet

---

An der Graugans haben Tierforscher viel über das Verhalten von Vögeln gelernt.

Grille   Grünfink

Auf die Feldgrille wird man meist durch ihr Zirpen aufmerksam. Nähert man sich dem Tierchen unvorsichtig, findet man nur ein Loch im Boden. In den daumendicken, etwa 30 cm langen Gang hat sich die Grille zurückgezogen. Nach einer Weile geduldigen Wartens wird sie jedoch vorsichtig wieder hervorkommen und nach kurzer Zeit erneut mit dem Zirpen beginnen. Jetzt kann man sehen, daß die Grille dabei ihre Vorderflügel gegeneinander reibt. Nur die Männchen zirpen. Die „Musik" dient dazu, ein Weibchen anzulocken. Feldgrillenweibchen kann man an ihrem langen Legestachel am Ende des Hinterleibs vom Männchen unterscheiden. Bei näherem Hinsehen fällt auch auf, daß die Hinterbeine der Grille sehr kräftig ausgebildet sind. Dies ist ein Kennzeichen aller Grillen und Heuschrecken↑. Manche Heuschrecken können mit Hilfe dieser Sprungbeine weite Sätze machen.

Nah verwandt mit der Feldgrille sind das *Heimchen*, das in Häusern lebt, und die *Maulwurfsgrille*↑. Beide kommen auch in Mitteleuropa vor. Zur weiteren Verwandtschaft der Grillen zählen die Laub- und die Feldheuschrecken (→ Seite 331).

Grünfink

Feldgrille

Größe   Etwa 2,5 cm lang

Merkmale   Körper dunkelbraun und schwarz gefärbt; dicker Kopf mit langen Fühlern; Flügel überdecken den Hinterleib; Hinterbeine sehr kräftig ausgebildet

Ernährung   Frißt hauptsächlich Pflanzen

Fortpflanzung   Weibchen legt mit Legestachel bis 300 Eier am Grund der Wohnröhre ab; Larven schlüpfen im Frühsommer

Vorkommen   Wiesen, Feldraine und Wegränder; über weite Teile Mittel- und Südeuropas verbreitet, darüber hinaus in Kleinasien und Nordafrika

---

Grünfink, Grünling

Größe   Knapp 15 cm lang

Merkmale   Gefieder olivgrün mit gelbem Flügelfeld und gelbgrünem Bürzel; ruft klingelnd „gigigig"

Ernährung   Frißt Knospen, Blüten, Samen und Kleintiere

Fortpflanzung   Nest in Büschen; 4 bis 6 Eier mit weißlichem Grund und dunklen Flecken; Gelege ab April; regelmäßig 2 Bruten im Jahr

Vorkommen   Gärten und Parks, Obstbaumbestände, Feldgehölze, auch lichte Wälder; Teilzieher; über fast ganz Europa und bis zum Ural verbreitet, im Süden bis nach Nordwestafrika

---

Paar der Feldgrille

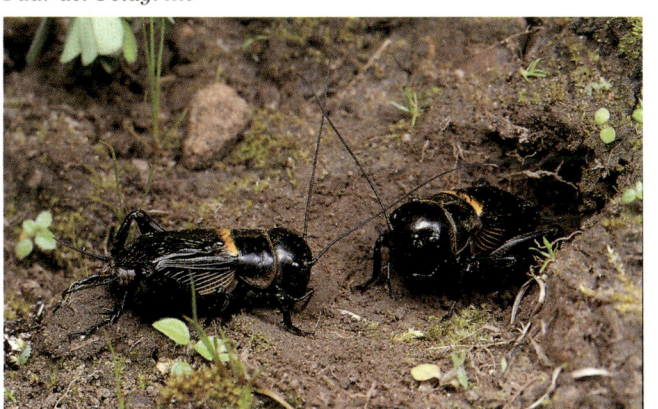

Der kräftige, kegelförmige, weißlich gefärbte Schnabel weist den Grünfink als Körnerfresser aus. Er brütet wie der nah verwandte Buchfink↑ auch innerhalb von Städten in Gärten und Parks. Den Grünfink kann man daneben in Feldgehölzen, an Waldrändern und in offenem Gelände beobachten. Viele der Vögel bleiben den Winter über im Brutgebiet. Sie tauchen dann auch regelmäßig an Futterstellen in den Gärten auf. Finden sie in einem Gebiet nicht mehr genügend Nahrung, streifen sie ein wenig umher.

Guanako

Guanakos gehören zu den Kamelen und leben in Südamerika.

Das Guanako ist mit dem Dromedar↑ und mit dem Trampeltier verwandt. Diese beiden Kamel-Arten↑ kommen in Afrika und in Asien vor. In Südamerika leben zwei andere Arten von Kamelen wild: Neben dem kräftigen Guanako gibt es das zierlichere Vikunja. Beide Arten haben keine Höcker.

Guanakos sind die größten wildlebenden Säugetiere Südamerikas. Man kann die Tiere sowohl in Meereshöhe beobachten als auch noch in Hochlagen um 4000 bis 5000 m. Entsprechend unterschiedlich sind die Lebensräume, in denen Guanakos vorkommen. Sie bevorzugen offenes Grasland und Gelände, das locker mit Büschen und Bäumen bestanden ist. Da die Tiere längere Zeit ohne Trinkwasser auskommen können, besiedeln sie auch trockene Gebiete.

Die Tiere leben in offenen Familienverbänden zusammen. Daneben schließen sich männliche Tiere zu Gruppen zusammen; sie ziehen aber auch bisweilen als Einzelgänger umher. Auf der Flucht vor Gefahren und Feinden erweisen sich Guanakos als schnelle und ausdauernde Läufer. Außer dem Puma

---

Guanako

Größe 1,50 bis 2 m lang; Schwanz 20 bis 25 cm lang; Schulterhöhe 0,90 bis 1,25 m; Gewicht 80 bis 120 kg

Merkmale Schlank, langer Hals, lange Beine; Fell oben hellbraun bis rotbraun, unten grauweiß

Ernährung Frißt hauptsächlich Gras, aber auch Laub

Fortpflanzung Tragzeit 345 bis 360 Tage; 1 Junges je Wurf, das bei der Geburt 8 bis 15 kg wiegt, mit 1 bis 2 Jahren geschlechtsreif

Vorkommen Bewohnt Halbwüsten, Pampa und Buschland; über die Anden von Ecuador bis Südchile und Südargentinien verbreitet

---

haben die Tiere aber kaum natürliche Feinde. In freier Natur werden sie 15 bis 20 Jahre alt.

Guanakos haben für die südamerikanischen Indios große Bedeutung. Aus ihnen wurden nämlich Haustiere gezüchtet: das *Lama*↑ und das *Alpaka*. Dies geschah vor etwa 4000 bis 5000 Jahren. Lamas dienen vor allem als Tragtiere, während Alpakas wegen ihres Fells gehalten werden. Das Alpaka ist kleiner als das Lama. Bei einer Schur liefert ein Alpaka 2 bis 5 kg Wolle.

Gürteltier

Die Spanier nennen die Gürteltiere „Armadillos".
Das bedeutet so viel wie „Bewaffnete" oder „Gepanzerte". Ein treffender Name! Denn die Gürteltiere
sind die einzigen Säugetiere, die einen Panzer aus
Hautknochen haben. Der Panzer ist aber nicht starr,
sondern besteht aus mehreren beweglich verbundenen Ringen und Platten. Er bietet vor allem Schutz
gegen Feinde. Wenn sich die Tiere zudem noch
einrollen, kann sie kein Raubtier „knacken". Die
am weitesten verbreitete und häufigste Art ist
das *Neunbinden-Gürteltier*. Es bekommt immer
4 Junge. Sie gehen aus einer einzigen befruchteten
Eizelle hervor. Die Jungen sind also immer Vier-
linge mit gleichem Geschlecht. Insgesamt gibt es
rund 20 verschiedene Arten von Gürteltieren.

Neunbinden-Gürteltier

Größe Rumpf 36 bis 57 cm, Schwanz 25 bis 45 cm lang;
Gewicht 2,7 bis 6,3 kg

Merkmale Körperoberseite von Panzer aus Knochenplatten
bedeckt, der sich am Rumpf aus gürtelartigen Bändern
oder Ringen zusammensetzt; Schuppen in der Mitte des
Rückens schwärzlich, an den Seiten und am Schwanz gelbbraun; meist 8 vollbewegliche Bänder, 9. Band nur an den
Seiten beweglich; die ungeschützte Unterseite ist behaart;
der Kopf ist zugespitzt

Ernährung Frißt Insekten und deren Larven, Schnecken und
Würmer, Pilze und Früchte

Fortpflanzung Tragzeit etwa 140 Tage; 4 Junge in einem
Wurf; Junge mit 6 bis 12 Monaten geschlechtsreif

Vorkommen Lebt in Sumpfgebieten, in Regenwäldern,
in Steppen und in der Kulturlandschaft; über den Süden
Nordamerikas, Mittelamerika und weite Teile Südamerikas
(Ausnahme: Anden) verbreitet

Neunbinden-Gürteltier

Guppy

Guppy-Männchen

Guppy

Größe Männchen 2,8 bis 3,2 cm, Weibchen 6,5 cm lang

Merkmale Männchen mit unterschiedlicher, teilweise präch-
tiger Färbung und mit unterschiedlicher Form und Größe
von Schwanz- und Rückenflosse; Weibchen viel größer als
Männchen, aber meist einheitlich gelbgrau gefärbt

Ernährung Allesfresser; da die Fische sehr häufig sind,
spielen sie bei der Bekämpfung der Moskitos eine große
Rolle: die Fische fressen die Larven und Puppen der
Mücken in großen Mengen

Fortpflanzung Sehr fruchtbar: Weibchen bringt etwa alle
4 Wochen lebende Junge zur Welt; 10 bis 100 Junge in
einem Wurf

Vorkommen Besiedelt unterschiedliche Binnengewässer;
überwiegend im Süßwasser, nur selten im Brackwasser;
Heimat: Venezuela, Barbados, Trinidad und weitere mit-
telamerikanische Inseln; heute weltweit als Aquarienfisch
gehalten

Guppys gehören zur Familie der Lebendgebären-
den Zahnkarpfen. Sie legen also keine Eier, wie die
meisten anderen Fische, sondern bringen ihre Jungen lebend zur Welt. Guppys sind die wohl bekanntesten Bewohner von Warmwasseraquarien. In
ihrer mittelamerikanischen Heimat ist es warm, und
so brauchen Guppys eine Wassertemperatur von
24 Grad Celsius. Da die Fische leicht zu halten
sind und sich im Becken ohne Schwierigkeiten fortpflanzen, haben die Aquarienfreunde Guppys in
unzähligen Farben und Formen gezüchtet. Ein Tip:
Wer Guppys hält, sollte die trächtigen Weibchen in
ein eigenes, gut bepflanztes Becken umsetzen. So
verhindert man, daß andere Fische die Jungen
fressen.

Habicht

Habicht, Altvogel

Der Habicht hatte lange Zeit stark unter der Verfolgung durch den Menschen zu leiden. Er wurde früher „Hühnerhabicht" genannt, weil er Vögel jagt. Darunter sind neben Drosseln und Eichelhähern auch Tauben, Rebhühner und Fasane. Diese Vögel hatte der Mensch als Jäger aber gern für sich. Gleiches gilt für die Säugetiere, die der Habicht jagt. Es sind nicht nur Eichhörnchen, sondern auch Kaninchen und Hasen, also jagdbares Wild. Kurz: Der Habicht galt als „Schädling" und wurde abgeschossen, wo man ihn antraf.

Dabei hat man aber übersehen, daß Tauben, Rebhühner oder Fasane nicht nur seltener werden, weil ihnen zu viele Habichte nachstellen, sondern weil der Mensch ihre Lebensräume zerstört. Heute läßt man den Habicht – und andere Greifvögel – leben. Die Bestände des Habichts sind in Mitteleuropa derzeit gesichert, auch wenn man den Vogel viel seltener zu Gesicht bekommt als etwa den Mäusebussard (Bussard↑). Beide Arten kann man kaum miteinander verwechseln. Beim Habicht haben Männchen und Weibchen eine schwarzbraune Oberseite und eine helle Unterseite; die Unterseite ist eng schwarzbraun quergebändert. Junge Habichte dagegen sind bräunlich im Gefieder und auf der Brust kräftig gefleckt; sie sehen Mäusebussarden durchaus ähnlich. Auch die kurzen Rufe des Habichts erinnern an das „hiäh" des Mäusebussards. Fliegende Habichte und Bussarde wiederum kann man gut auseinanderhalten: Beim Habicht fallen die kurzen, rundlichen Flügel und der recht lange Schwanz sofort auf.

Ein Vogel, der dem Habicht ähnlich sieht, ist der Sperber. Dieser nahverwandte Greifvogel bleibt aber mit 28 bis 38 cm Länge und 75 cm Flügelspannweite deutlich kleiner als der Habicht. Sperber sind ausgesprochen wendige Flieger. Im Überraschungsangriff schlagen sie vor allem Kleinvögel bis Drosselgröße; daneben jagen sie hin und wieder Kleinsäuger. Kein Wunder, daß Kleinvögel laut warnen, wenn irgendwo in der Nähe ein Sperber auftaucht. Vor allem im Winter kommen Sperber vermehrt in Parks und Gärten, um dort Kleinvögel zu jagen. Und die wiederum werden von den gut gefüllten Futterhäusern angelockt. Sperber sind selten, und deshalb sollte man ihnen ihre Beute gönnen.

Habicht

Größe 47 bis 61 cm lang; Flügelspannweite bis 1,20 m; Weibchen viel größer als Männchen

Merkmale Männchen und Weibchen mit schwarzbrauner Oberseite und heller, eng schwarzbraun quergebänderter Unterseite, hellem Überaugenstreif und gelben Beinen; kurze, runde Flügel, langer Schwanz; lange, spitze Krallen

Ernährung Jagt Vögel (bis etwa Fasanengröße) und Säugetiere (bis etwa Hasengröße)

Fortpflanzung Großer Horst in den Kronen hoher Bäume; 2 bis 5 weißlich-bräunliche Eier; Gelege ab März/April, 1 Brut im Jahr

Vorkommen Wälder, oft in der Nachbarschaft zu offenem Gelände; Jahresvogel; über weite Teile Europas, Mittel- und Nordasiens und des mittleren und nördlichen Nordamerikas verbreitet

Hai

Haie geben immer wieder Anlaß zu gruseligen Geschichten und Filmen. Da wird von Haien berichtet, die Badegäste an tropischen Küsten angegriffen und getötet haben. In anderen Meldungen ist von regelrechten „Menschenfressern" die Rede. Zu all diesen Geschichten ist zu sagen, daß es insgesamt etwa 250 Arten von Haien gibt. Davon können einige wenige – etwa der *Weiß*- oder *Menschenhai* und der *Blauhai* – für den Menschen durchaus gefährlich werden, die Mehrzahl der Haie ist aber nicht angriffslustig.

Haubenhai, Schaufelkopfhai

Größe 1,50 bis 1,80 m lang

Merkmale Körper mit typischer Haiform, Kopf schaufelförmig verbreitert, Haut grau

Ernährung Jagt vor allem Fische

Fortpflanzung Bringt lebende Junge zur Welt; 5 bis 7 Junge in einem Wurf

Vorkommen Lebt bevorzugt im Flachwasserbereich unweit der Meeresküsten; im Atlantik vor der Küste Amerikas (von Massachusetts bis nach Brasilien), auch im Pazifik

---

Dennoch: Haie sind langgestreckte, schnittige und schnelle Raubfische. Sie ernähren sich von anderen Fischen, von Tintenfischen und weiteren Meerestieren bis zur Größe von Walen. Die kleinsten Haie erreichen eine Länge von 1 m. Der *Riesenhai* dagegen wird 12 m lang und 3500 bis 4000 kg schwer. Noch größer wird der *Walhai*; er errreicht eine Länge von bis zu 18 m. Diese beiden Riesen sind allerdings harmlose Planktonfresser und für den Menschen völlig ungefährlich.

Als gemeinsames Kennzeichen haben alle Haie ein knorpeliges Skelett; sie haben also keine richtigen Knochen. Zusammen mit den Rochen ↑ bilden sie die Gruppe der Knorpelfische. Die Zähne der Haie sind spitz und scharf. Sie sitzen im Zahnfleisch und werden ständig erneuert. Die Fische haben 5 bis 7 Kiemenspalten auf jeder Kopfseite. Das Atemwasser strömt durch das Maul ein und durch die Kiemenspalten wieder aus. Dabei geht Sauerstoff aus dem Wasser in den Blutkreislauf über. Einige Haiarten legen Eier, die meisten bringen jedoch lebende Junge zur Welt.

Der Haubenhai ist eine der kleinen Haiarten. Andere Haie werden weitaus größer.

Hamster

Ursprünglich waren die Feldhamster Bewohner der trockenen Steppen Osteuropas und Mittelasiens. Sie sind aber sehr anpassungsfähige Tiere und besiedeln mittlerweile auch die Kulturlandschaft. Den Bauern ist das gar nicht recht, denn Hamster richten manchmal große Schäden an. Sie fressen Getreidekörner und Möhren, Erbsen und Kartoffeln, eigentlich alles, was die Bauern auf den Feldern anbauen. Besonders groß werden die Schäden in ausgesprochenen Hamsterjahren, wenn die Tiere sehr viel zahlreicher sind als sonst. Hamster zeigen ähnlich wie andere Nagetiere größere Schwankungen ihrer Bestände. Wenn reichlich Nahrung vorhanden und die Witterung günstig ist, vermehren sich die Tiere

Feldhamster

recht schnell. Sie bekommen zweimal im Jahr Junge, in günstigen Jahren bis zu 12 in einem Wurf. Die Jungen wiederum werden schon im Alter von 3 Monaten geschlechtsreif und können dann ihrerseits Junge bekommen.

In Hamsterjahren sieht man die Tiere häufiger als in anderen Jahren. Dennoch sind Hamster auch dann nicht einfach zu beobachten. Die Tiere sind nämlich kaum tagsüber tätig, vielmehr meist erst in der Dämmerung und in der Nacht. Im Herbst gelingt es noch am ehesten, die Tiere zu Gesicht zu bekommen, denn dann müssen sie Vorräte für die Überwinterungszeit sammeln und in die unterirdischen Baue eintragen. Und da die Zeit drängt, müssen sie auch die Tagesstunden ausnutzen.

Jetzt sieht man, daß die Hamster Backentaschen haben. In diese Taschen stopfen sich die Tiere Getreidekörner und andere Pflanzenteile. Voll beladen laufen sie dann zu ihren Bauen zurück, um dort alles in den Vorratskammern zu speichern.

Die Baue haben einen Wohnkessel, einen oder mehrere Zugänge und eine Fallröhre für die rasche Flucht vor einem Verfolger. Vor allem stellen Greifvögel und Eulen, aber auch Iltis und Hermelin den Hamstern nach. Hamster können 4 Jahre alt werden.

Ein naher Verwandter des Feldhamsters ist der Goldhamster↑. Dieser Hamster ist kleiner als der Feldhamster, besiedelt einen ganz anderen Lebensraum und ist nur in einem ganz eng begrenzten Gebiet in Syrien zu Hause.

Feldhamster, Hamster

Größe Rumpf 20 bis 30 cm lang, Schwanz 5 bis 7 cm lang; bis 500 g schwer

Merkmale Großes, gedrungen wirkendes Nagetier mit kurzem Schwanz; Fell auf der Oberseite bräunlich-gelblich gefärbt, auf der Unterseite schwarz; an den Seiten große weiße Flecken

Ernährung Frißt Knollen, Blätter und Samen verschiedener Pflanzen, daneben auch Kleintiere

Fortpflanzung Tragzeit 17 bis 20 Tage; bis zu 12 Junge in einem Wurf, die bei der Geburt 4 bis 6 g wiegen; 2 Würfe im Jahr

Vorkommen Lebensraum des Hamsters sind die Steppengebiete und heute auch die Kulturlandschaft im Flach- und Hügelland; braucht Lehm- oder Lößboden; von Mitteleuropa über die Steppengebiete auf dem Balkan und in Rußland bis weit nach Asien hinein verbreitet

Hase

Feldhase

Europäischer Feldhase

Größe Rumpf 50 bis 70 cm, Schwanz 7 bis 12 cm lang; 2,5 bis
  7 kg schwer

Merkmale Lange Ohren mit schwarzer Spitze, lange Hinterbeine; Fell gelblich-braun, rotbraun getönt; Schwanz oben
  schwarz, unten weiß gefärbt

Ernährung Frißt Gräser und Kräuter, daneben Rinde,
  Knospen und Zweige von Büschen und Bäumen

Fortpflanzung Tragzeit 42 bis 43 Tage; 2 bis 4 Junge in
  einem Wurf, Geburtsgewicht 90 bis 150 g; 3 bis 4 Würfe
  im Jahr; Junghasen im Alter von 5 bis 8 Monaten
  geschlechtsreif

Vorkommen Bewohnt vor allem Wiesen und Felder; mit
  Ausnahme Islands, großer Teile Irlands und Skandinaviens
  über ganz Europa und große Teile Asiens verbreitet;
  durch Einbürgerung mittlerweile auch in Nord- und
  Mittelamerika sowie in Australien

Feldhasen sind typische Tiere der offenen Kulturlandschaft. Am liebsten haben sie eine abwechslungsreiche Landschaft mit Wiesen, Feldern, Hekken und Feldgehölzen. Leider sieht man die Tiere
heute in vielen Gebieten immer seltener. Dies ist
sicher auf die Veränderungen in ihrem Lebensraum
zurückzuführen.

In manchen Jahren sind Hasen aber wieder häufiger zu sehen. Diese Veränderungen von Jahr zu
Jahr liegen darin begründet, daß Hasen mehrmals
im Jahr Junge bekommen. Und es ist entscheidend
für die Entwicklung des Hasenbestandes in dem
betreffenden Jahr, wie die Witterung zur Setzzeit
jeweils ist. Vor allem der erste Wurf im Jahr („März-
hasen") ist gefährdet. Wenn zur Setzzeit die Witte-

rung ungünstig ist, kommen die Junghasen kaum
durch. Ein warmer, trockener Frühling dagegen ist
ideal für die jungen Tiere. Gewöhnlich bringt eine
Häsin dreimal, mitunter auch viermal Junge zur
Welt.

Die Junghasen werden ihrerseits im Alter von 5 bis
8 Monaten geschlechtsreif. Und wenn sie ihre ersten
Jungen bei guter Witterung aufziehen können, vermehren sich die Hasen schnell. Insgesamt führen
also gute Witterungsbedingungen zu einem raschen
Anwachsen des Hasenbestandes. Regen und Kälte
dagegen reißen starke Lücken in die Bestände.

Der Feldhase ist nah verwandt mit dem *Schneehase* ↑. Dieses Tier hat im Sommer eine graubraun
gefärbte Oberseite und eine weißlichgrau gefärbte
Unterseite. Im Winter dagegen ist der Schneehase
fast völlig weiß gefärbt. Da er in kalten Gegenden
lebt, hat er kleinere Ohren als der Feldhase. In den
nordamerikanischen Wüsten wiederum lebt der
Antilopenhase. Er hat die längsten Ohren von allen
Hasen; sie werden 17 cm lang. Über die Ohren
geht den Tieren Körperwärme verloren. In kalten
Gegenden muß der Wärmeverlust klein gehalten
werden, während er in der Wüste nicht groß genug
sein kann. Ein weiterer Verwandter des Feldhasen
ist das *Wildkaninchen* (Kaninchen↑). Es hat ein
graubraunes Fell, und die gegenüber dem Feldhasen kürzeren Ohren haben keine schwarzen
Spitzen.

Den Europäischen Feldhasen und alle seine Verwandten fassen Tierforscher in der Gruppe der
Hasentiere zusammen. Weltweit gesehen umfaßt
die Gruppe 58 verschiedene Arten. Hasentiere gibt
es in allen Erdteilen.

Zur Paarungszeit streiten sich die männlichen Hasen.

Haubenmeise

Haubenmeise

Haubenmeise

Größe 12 cm lang

Merkmale Oberseite graubraun, Unterseite weißlich mit rahmfarbenen Seiten; helle, schwarz eingefaßte Kopfseiten mit schwarzem Streifen; schwarzweiß gesprenkelte Haube; schwarzer Kehlfleck

Ernährung Frißt Insekten und deren Larven und Puppen, Samen (hauptsächlich von Nadelbäumen)

Fortpflanzung Nest in hohlen Bäumen, ausgefaulten Astlöchern oder vermodernden Baumstümpfen; 5 bis 9 weiße Eier, fein rotbraun gefleckt, am stumpfen Pol oft etwas dichter gefleckt; Gelege ab April, 2 Bruten im Jahr

Vorkommen Überwiegend in Nadelwäldern, aber auch in Mischwäldern mit entsprechendem Anteil an Nadelholz und in Parks mit vielen Nadelbäumen; vom Tiefland bis an die Baumgrenze im Hochgebirge; Jahresvogel; über weite Teile Europas verbreitet

---

Bei einer Wanderung im Nadelwald hört man immer wieder die Stimme der Haubenmeise. Ihre Rufe klingen wie „zizi-gürr" oder auch nur schnurrend „gürr-r". Der lebhafte Gesang des Vogels ist nichts anderes als eine Folge dieser Rufe. Die Haubenmeise brütet wie die meisten der anderen Meisen↑ in Höhlen. Sie nimmt vorhandene Baumhöhlen und Nistkästen an, kann sich aber auch selbst eine Höhle in einem ausgefaulten Astloch bauen. Im Winter streifen Haubenmeisen umher. Dann tauchen sie auch in Gärten auf und suchen an den Futterhäusern Nahrung. Sie fressen dort Samen und Talg. Geschickt turnen sie am Futterhaus oder an Futterglocken und in den Zweigen der umstehenden Büsche und Bäume herum.

Haubentaucher

Haubentaucher liegen beim Schwimmen tief im Wasser und tauchen, wenn sie Nahrung suchen oder sich in Sicherheit bringen wollen. Die Vögel haben an den Zehen aber keine Schwimmhäute wie die Enten, sondern Schwimmlappen. Die Vogelfamilie, zu der der Haubentaucher gehört, nennt man deshalb „Lappentaucher". Als Nester bauen die Vögel schwimmende Plattformen aus Wasserpflanzen. Wenn die Altvögel das Nest verlassen, decken sie die Eier mit Nistmaterial ab. Die Jungen können sofort nach dem Schlüpfen schwimmen, werden aber noch eine Zeitlang von den Eltern im Rückengefieder herumgetragen. Nah verwandt mit dem Haubentaucher sind der Schwarzhalstaucher, der Rothalstaucher und der Zwergtaucher↑.

Haubentaucher

Haubentaucher

Größe 48 cm lang

Merkmale Im Brutkleid auf der Oberseite graubraun, an den Flanken heller, am Bauch weiß; Hals auf der Rückseite dunkel, auf der Vorderseite weiß; schwarze und rostrote Kopfhaube (Name!); Junge mit schwarzweiß gestreiftem Kopf

Ernährung Frißt überwiegend kleine Fische, daneben Kaulquappen, Wasserinsekten, Schnecken, Krebse und andere Kleintiere

Fortpflanzung Schwimmnest in der Pflanzenzone am Rand stehender Gewässer; 2 bis 6 zunächst weiße, später bräunliche Eier; erste Gelege Ende April, 1 Brut, bisweilen auch 2 Bruten im Jahr

Vorkommen Besiedelt größere Weiher, Teiche und vor allem Seen; Teilzieher; über weite Teile Europas, Mittelasiens und kleine Gebiete in Afrika und Australien verbreitet

Hawaiigans

Die Hawaiigans war schon einmal fast ausgestorben. In den vierziger Jahren dieses Jahrhunderts gab es noch 50 Vögel, 1952 nur noch 30. Dann allerdings nahmen sich Vogelforscher des Vogels an. Im englischen Slimbridge gibt es ein Zentrum für die Erforschung von Wasservögeln, und dort gelang es, die Hawaiigans in Gefangenschaft zu züchten. Nach und nach bekam man wieder eine stattliche Anzahl der Gänse zusammen. Schließlich waren es genug, um einen Teil auf ihren Heimatinseln auszusetzen. Mittlerweile haben sich die Gänse dort gut eingelebt; sie brüten und ziehen Junge auf. Der Weltbestand liegt heute bei 2 000 bis 3 000 Vögeln. Bei diesem Vogel ist es also gelungen, ihn vor dem endgültigen Verschwinden von der Erde zu bewahren.

Hawaiigans, Néné

Größe 56 bis 71 cm lang; rund 2 kg schwer

Merkmale Gefieder graubraun mit hellen Federsäumen, am Hals lehmbraun und mit „Rillen", auf Kopf und Hals schwarz; Schnabel und Füße schwarz; Zehen nur zum Teil durch Schwimmhäute verbunden

Ernährung Frißt Gras und Kräuter; trinkt den Tau auf den Pflanzen

Fortpflanzung Mit Daunen ausgepolstertes Nest in Flächen mit sparsamer Pflanzendecke auf alten Lavaströmen; 2 bis 8 cremefarbene Eier; Eier werden 29 Tage lang bebrütet; brütende Vögel trifft man zwischen November und Februar an; die Jungen sind mit 8 bis 12 Wochen flügge; 1 Brut im Jahr

Vorkommen Besiedelt Vulkanhänge und Lavaströme mit spärlicher Pflanzendecke; in Höhen zwischen 1500 und 2400 m zu beobachten; Jahresvogel; nur auf Hawaii und den Nachbarinseln vorkommend

---

Hawaiigans

Hecht

Hechte kommen in unterschiedlichen Gewässern vor. Besonders liebt der Hecht die flachen Uferzonen von Weihern und Seen, wo viele Wasserpflanzen wachsen. Dort kann der Raubfisch hervorragend jagen. Gut getarnt durch die Streifen und Flecken auf Rücken und Flanken, lauert er bewegungslos in Deckung, bis ein Beutetier in die Nähe kommt. Dann schießt der Hecht plötzlich hervor und packt die Beute mit seinen scharfen Zähnen.

Junge Hechte ernähren sich zunächst von Kleinkrebsen. Nach und nach wagen sie sich aber auch an größere Beute heran. Die Jungfische wachsen schon im ersten Jahr auf eine Länge von 15 bis 30 cm heran und werden erst im zweiten Jahr geschlechtsreif.

Hecht

Hecht

Größe 40 bis 60 cm lang (höchste Werte: Männchen 0,90 m, Weibchen 1,50 m)

Merkmale Langgestreckter, walzenförmiger, seitlich etwas zusammengedrückter Körper; Kopf abgeflacht, mit „Entenschnabel" und stark bezahntem Maul; Färbung wechselnd, gestreift und gefleckt

Ernährung Jagt vor allem Fische, aber auch Wirbellose, Lurche und sogar Wasservögel

Fortpflanzung Laichzeit zwischen Februar und Mai; Eiablage im Flachwasser mit viel Pflanzenwuchs, oft auch auf Überschwemmungsflächen der Frühjahrshochwässer; Eier an Pflanzen angeheftet; Junge schlüpfen nach 2 bis 3 Wochen

Vorkommen Lebt in fließenden und stehenden Gewässern; über fast ganz Europa und ansonsten über die gemäßigte Zone der gesamten Nordhalbkugel verbreitet

Hermelin

Hermelin im weißen Winterfell

Das Hermelin gehört zu den wenigen europäischen Tieren, die im Winter weiß gefärbt sind. Nur die Schwanzspitze ist dann noch schwarz – wie im Sommer, wenn das Hermelin ein braun-weißes Fell trägt. So ist das Hermelin gut im Schnee getarnt, und Beutetiere können es nur schwer ausmachen.

Die dunkle Schwanzspitze ist – neben der Größe – auch das wichtigste Unterscheidungsmerkmal zum nahverwandten *Mauswiesel* (Wiesel↑), das im gleichen Lebensraum vorkommen kann wie das Hermelin. Beim Mauswiesel ist außerdem die Trennlinie zwischen Braun und Weiß nicht gerade, sondern eher unregelmäßig. Dieses Tierchen legt aber im Winter nur in einigen Gebieten (nur im Norden und im Hochgebirge) ein weiß-braun-gescheckes oder ein ganz weißes Fell an.

Hermelin und Mauswiesel sind Raubtiere und gehören zur Familie der Marderartigen. Zu dieser Familie zählen auch Dachs↑, Baum- und Steinmarder (Marder↑), Iltis↑ und Fischotter↑. Fast alle diese Tiere sind dämmerungs- und nachtaktiv. Man wird sie also nur recht selten zu Gesicht bekommen. Das Hermelin geht aber auch tagsüber auf Jagd, und man kann es von allen in Europa lebenden Marderartigen am leichtesten beobachten.

Es ist ein recht anpassungsfähiges Tier und lebt in unterschiedlichen Lebensräumen. Deshalb hat es auch ein so großes Verbreitungsgebiet und kommt in vielen Gegenden noch sehr häufig vor. Das Hermelin ist ein schneller und wendiger kleiner Jäger.

Es kann gut klettern, hält sich aber überwiegend am Boden auf. Auf seinen Streifzügen dringt es ohne Zögern in die Gänge von Mäusen und Hamstern ein, um dort Beute zu machen. Durch einen Biß in den Nacken werden die Beutetiere rasch getötet. In die Gänge der kleinen Wühlmäuse jedoch paßt das Hermelin wegen seiner Größe nicht hinein. Diesen Nagern stellt aber das deutlich kleinere Mauswiesel nach.

Die Winterfelle der Hermeline stehen beim Menschen hoch im Kurs. Es war früher ein Vorrecht der Fürsten, als Zeichen ihrer Macht weiße Hermelinmäntel, die mit den aufgenähten schwarzen Schwanzenden verziert waren, bei feierlichen Anlässen zu tragen.

Hermelin, Großwiesel

Größe Rumpf 20 bis 30 cm lang; der Schwanz mißt weitere 8 bis 12 cm; Weibchen: 110 bis 235 g, Männchen: 140 bis 350 g

Merkmale Fell im Sommer auf der Oberseite kastanien- bis zimtbraun, am Bauch weiß; im Winter durchgehend weißes Fell; Schwanz das ganze Jahr über mit schwarzer Spitze

Ernährung Jagt vor allem Mäuse, daneben Spitzmäuse und Vögel, selten auch Frösche, Eidechsen und Insekten

Fortpflanzung Paarungszeit zwischen Februar und August; Junge stets erst im darauffolgenden Jahr geboren, und zwar zwischen Mai und Juli (Tragzeit insgesamt also 9 bis 10 Monate); 4 bis 7 Junge in einem Wurf, Geburtsgewicht 2,5 bis 4 g; Junge werden 5 bis 7 Wochen lang gesäugt

Vorkommen Bewohnt Wiesen und Felder, aber auch felsiges Gelände und Feuchtbiotope, Gärten und Parks; fehlt in Europa nur im Süden; darüber hinaus über weite Teile Asiens und Nordamerikas verbreitet

---

Hermelin im braunen Sommerfell

Heuschrecke

Grünes Heupferd, Männchen

Grünes Heupferd, Großes Heupferd

Größe 3 bis 4 cm lang

Merkmale Ganzer Körper leuchtend grün gefärbt; Vorderflügel überragen Hinterleib sehr weit; lange, feine Fühler, überragen die Spitze des Hinterleibes; Weibchen mit langem Legesäbel am Hinterende; ihr „Gesang" ertönt vorwiegend nachts aus Buschwerk und Bäumen

Ernährung Frißt andere Insekten, aber auch saftige Pflanzenteile; junge Larven fressen gern Blattläuse

Fortpflanzung Das Weibchen legt mit seinem Legesäbel etwa 100 Eier einzeln in lockere Erde; im darauffolgenden Frühjahr schlüpfen die Larven; die Larven häuten sich mehrmals, während sie heranwachsen (keine Puppe)

Vorkommen Lebt in Hecken und Büschen und in höherer Vegetation, weniger auf Wiesen; auch in Parks und Gärten anzutreffen; über ganz Europa, Nordafrika und Kleinasien verbreitet

---

Die unter dem Stichwort „Heuschrecken" zusammengefaßten Insekten werden in drei Gruppen unterteilt: die Laubheuschrecken, die Grillen und die Feldheuschrecken. Ihr wichtigstes gemeinsames Kennzeichen sind die zu Sprungbeinen umgewandelten Hinterbeine.

Männchen und Weibchen kann man bei allen Heuschrecken gut unterscheiden: Die Weibchen haben am Hinterende einen Legestachel oder Legesäbel. Damit legen sie ihre Eier in die lockere Erde ab. Alle Heuschrecken haben eine unvollständige Entwicklung: Aus den abgelegten Eiern schlüpfen Larven, und diese wachsen zur Endgröße heran, ohne sich zu verpuppen.

Die meisten Heuschrecken können Töne erzeugen.

Damit versuchen die Männchen die Weibchen anzulocken. Die „Musikinstrumente" sind bei den einzelnen Gruppen der Heuschrecken unterschiedlich. Laubheuschrecken und Grillen erzeugen die Töne durch Reiben der Vorderflügel. Wenn Feldheuschrecken „Musik machen", ziehen sie die Kanten der Vorderflügel über eine Reihe feiner Zähne an den Hinterbeinen. Die Gehörorgane liegen bei den Laubheuschrecken und den Grillen in den Vorderbeinen, bei den Feldheuschrecken liegen sie am Hinterleib.

Laubheuschrecken haben sehr lange Fühler und sitzen meist im Gebüsch. Die bekannteste Art ist das *Grüne Heupferd*. Nah verwandt mit den Laubheuschrecken sind die Grillen↑, zu denen beispielsweise Feldgrille und Maulwurfsgrille↑ gehören. Feldheuschrecken haben kurze Fühler. Sie leben am Boden und sind hauptsächlich am Tag aktiv. Eine der häufigsten Feldheuschrecken Mitteleuropas ist der 2 bis 3 cm lange *Gemeine Grashüpfer*. Man findet ihn von Juni bis Oktober überall auf Wiesen, Weiden, Äckern und Ödland. Zu den Feldheuschrekken gehören auch die gefürchteten *Wanderheuschrecken*. Diese Heuschrecken leben in Afrika. Sie ziehen in oft riesigen Schwärmen über Land und fressen die Felder kahl. Da oft Hunderttausende von Heuschrecken gleichzeitig irgendwo einfallen, ist eine Ernte in Minutenschnelle vernichtet. In früheren Jahrhunderten gelangten die Wanderheuschrecken auch bis nach Europa.

Wanderheuschrecke

Hirsch

Der Rothirsch ist fast ausschließlich in der Dämmerung und in der Nacht aktiv; tagsüber zieht er sich in das Dickicht zurück. Außerhalb der Brunftzeit halten sich die Geschlechter voneinander getrennt. Erst im Frühherbst kommen die Brunftrudel zusammen. Während der Brunft muß der Platzhirsch öfter mit einem Herausforderer um die Vorherrschaft im Rudel kämpfen. Das Geweih wird im Winter abgeworfen, und in den darauffolgenden Monaten bildet sich ein neues. Beim Rothirsch tragen immer nur die männlichen Tiere ein Geweih.

Rothirsch, Rotwild

Größe 1,65 bis 2,50 m lang; Schulterhöhe 1,20 bis 1,50 m; Gewicht bis 220 kg

Merkmale Fell im Sommer rotbraun, im Winter dunkel graubraun; männliche Tiere mit Geweih

Ernährung Frißt Gräser und Kräuter und daneben Knospen, Triebe und Rinde von Gehölzen

Fortpflanzung Brunft Ende September/Anfang Oktober; die weiblichen Tiere setzen im Mai/Juni je 1 Kitz, das 9 Monate lang gesäugt wird

Vorkommen Lebt in großen Waldgebieten; über weite Teile Europas, Asiens und Nordamerikas verbreitet; in Südamerika, Australien und Neuseeland eingeführt

---

Rothirsch, männliches Tier

Hirschkäfer

Kämpfende Hirschkäfer (Männchen)

Hirschkäfer

Größe Männchen einschließlich des „Geweihs" 3,5 bis 8 cm lang; Weibchen mit 2,5 bis 5 cm Länge deutlich kleiner

Merkmale Auffällige Größe; schwarzes Bruststück und dunkelbraune Deckflügel; Männchen mit großen Zangen („Geweih") am Kopf

Ernährung Saugt Pflanzensäfte; Larven fressen Holz

Fortpflanzung Weibchen legt Eier in morschen Eichenstumpf ab; Larven bis 10 cm lang; Entwicklung zum fertigen Insekt dauert 3 bis 5 Jahre

Vorkommen An Bestände von alten Eichen gebunden; über weite Teile Europas verbreitet, aber nirgends mehr häufig

---

Die Männchen der Hirschkäfer tragen große „Geweihe" am Kopf. Die Geweihe sind die umgewandelten Oberkiefer. Diese Mundwerkzeuge sind also nicht mehr zum Zerkleinern von Nahrung einzusetzen, sie dienen nur noch der Auseinandersetzung mit anderen Männchen. Es kann zu regelrechten Ringkämpfen kommen, bei denen sich zwei Männchen gegenseitig von einem Baumstumpf zu werfen versuchen. Die Hirschkäferweibchen haben wesentlich kleinere Oberkiefer und können mit diesen auch noch zubeißen. Im wesentlichen ernähren sich Hirschkäfer aber, indem sie mit der Unterlippe Pflanzensäfte (vor allem von Eichen) aufsaugen. Hirschkäfer können trotz ihrer Größe gut fliegen. Nach der Begattung legen die Weibchen ihre Eier in morschen Eichenstümpfen ab. In den europäischen Wäldern fehlen aber alte Eichen weitgehend, und deshalb sieht man die großen Käfer leider nur noch sehr selten.

Hornisse

Was für Schauergeschichten ranken sich um die Hornissen! Immer wieder hört man, daß sich Hornissen auf Tiere und Menschen stürzen, um sie mit ihren Stichen zu töten. Wahr an diesen Geschichten ist wenig. Natürlich können Hornissen stechen, aber kommt es einmal zu einem Stich, dann ist das meist einfach nur schmerzhaft – es sei denn, der Körper reagiert besonders empfindlich. Die Zahl der Todesfälle bei Menschen und Tieren, die auf das Konto der Hornissen gehen, ist verschwindend gering. Man sollte also schleunigst umdenken und die Tiere schonen. Immerhin können sie dabei helfen, Schadinsekten zu bekämpfen. Ein Hornissenvolk baut sich in jedem Jahr wieder neu auf. Am Ende des Sommers ist das Volk auf etwa 5 000 Tiere angewachsen. Beim ersten Frost sterben dann alle Arbeiterinnen, die Männchen und die alte Königin. Die begatteten Weibchen dagegen ziehen sich in frostgeschützte Winterquartiere zurück.

Hornisse

Größe 2 bis 3,5 cm lang
Merkmale Sehr große Wespe; Kopf und Augen sind rotbraun; der Hinterleib ist braunschwarz und gelb gezeichnet
Ernährung Frißt vor allem andere Insekten
Fortpflanzung Paarung im Herbst; im folgenden Frühsommer Bau der Waben und Anwachsen des Volkes (ein Volk umfaßt etwa 5 000 Tiere)
Vorkommen Bewohnt Laub- und Mischwälder, Parks und Gärten; über ganz Europa, Nordafrika und die gemäßigte Zone Asiens und Nordamerikas verbreitet

---

Eine Hornisse frißt an einem Apfel.

Huhn

Krähender Hahn

3000 Jahre ist es her, daß die ersten Haushähne krähten. Um diese Zeit wurde aus dem *Bankivahuhn* das Haushuhn. Die wilden Vorfahren des Haushuhns leben in Hinterindien. Die Vögel kommen in ganz unterschiedlichen Lebensräumen vor, vom trockenen Buschland bis zum Regenwald. Sie sind recht scheu und flüchten bei Gefahr sofort in Deckung. Bankivahähne werden 800 bis 1300 g schwer, die Hennen bleiben mit 500 bis 740 g Gewicht deutlich kleiner. Haushühner wurden zunächst nach China gebracht. Heute werden sie auf der ganzen Welt gehalten. Im Lauf der Zeit wurden zahlreiche Rassen gezüchtet. Das Gewicht eines Haushuhns kann zwischen 500 g und 6 kg betragen. Bestimmte Rassen wurden wegen der Eier gezüchtet, andere wegen ihres Fleisches und wieder andere als Ziervögel. Bekannte Legerassen sind *Leghorns*, *Italiener* und *Rhodeländer*. Bekannte Mastrassen sind *Cochins* und *Brahma*. Kreuzt man die verschiedenen Rassen, so kommt es zu sogenannten Hybrid-Hühnern, die mehr als 300 Eier im Jahr legen können.

Hummel

Dunkle Erdhummel

Dunkle Erdhummel

Größe Arbeiterin 11 bis 17 mm, Drohne 14 bis 16 mm,
Königin 20 bis 23 mm lang

Merkmale Grundfarbe schwarz, auf Brust und Hinterleib je eine braungelbe Querbinde, Ende des
Hinterleibs weiß

Ernährung Nimmt Blütenstaub von Wicken, Flocken-
blumen, Lerchensporn, Fingerhut, Goldregen und
Weiden auf

Fortpflanzung Nest meist in verlassenen Bauen von kleinen
Säugetieren (Mäusen); Begattung der jungen Königinnen
im Herbst, im darauffolgenden Frühjahr Aufbau eines
neuen Hummelvolkes

Vorkommen Bevorzugt offenes Gelände und kommt auf
Wiesen und Feldern, aber auch in Wäldern regelmäßig
und häufig vor; vom Flachland bis in etwa 1 400 m Höhe;
über ganz Europa verbreitet

Nest der Wiesenhummel

Hummeln sind mit den Bienen↑ nah verwandt und fallen durch ihre Größe und vor allem ihr dichtes Haarkleid auf. Bei der *Erdhummel* ist es schwarz; hinzu kommen zwei gelbe Binden auf Brust und Hinterleib und das grauweiße Hinterleibsende. Bei anderen Hummelarten sehen Färbung und Muster anders aus. In Europa leben etwa 50 verschiedene Hummelarten, weltweit gibt es einige hundert. Die größte Art lebt in Mittelamerika. Deren Königin wird 25 bis 32 mm lang und hat eine Flügelspannweite von rund 50 mm. Die kleinste Art ist die *Veränderliche Hummel*, die in Mitteleuropa vorkommt. Deren Königin wird nur 16 bis 18 mm lang und hat eine Flügelspannweite von rund 30 mm.

Hummeln sind eifrige Blütenbesucher. Wie die Bienen sammeln sie Pollen und bestäuben dabei die Blüten. Biologen haben einmal gezählt, daß eine *Ackerhummel* während eines Sammelfluges von 100 Minuten Dauer 2634 Blüten besucht hat. Hummeln haben also eine große Bedeutung für den Gartenbau und für die Landwirtschaft. Wegen ihres dichten Haarkleides können sie auch dann noch fliegen und Blüten besuchen, wenn es für die Bienen zu kalt ist. Hummeln sollte man daher schützen, wo man sie antrifft. Außerdem sind die Tiere harmlos! Sie haben zwar einen Stachel wie Bienen und Wespen, aber sie stechen nur selten, und die Stiche sind nicht gefährlich.

Wie viele verwandte Insekten leben Hummeln in Gemeinschaft mit Artgenossen zusammen. Ein Volk der *Dunklen Erdhummel* beispielsweise besteht aus 100 bis 600 Tieren, im Süden auch aus 800 bis 1000 Tieren. Die Nester werden oft in verlassenen Erdbauen von Kleinsäugern angelegt. Man erkennt einen Nistplatz daran, daß eine mit Pollen beladene Hummel in einem Mauseloch verschwindet. Hummeln legen ihre Nester aber auch in Baumhöhlen und Felsspalten, in Vogelnistkästen und in anderen geschützten und trockenen Hohlräumen an. Die Standorte für die Nester werden von der Königin im Frühjahr ausgesucht und bezogen.

Im Herbst stirbt das Volk ab, und ausschließlich die begattete Königin überwintert. So manches Hummelvolk geht jedoch schon vorher verloren, beispielsweise wenn Bauern ihre Felder pflügen oder wenn im Straßenbau größere Erdbewegungen vorgenommen werden.

Hummer

Hummer machen den Fischern und den Meeresbiologen in vielen Gebieten Kummer. Ihre Bestände gehen nämlich zurück oder sind in den letzten Jahrzehnten bereits erloschen. Schuld an dem Rückgang der großen Krebse ist zum einen die Verschmutzung der Meere und zum anderen die Überfischung der Bestände. Hummer sind wegen ihres Fleisches sehr beliebte Speisetiere. Sie werden in Körben gefangen, die die Fischer auf den Meeresboden hinablassen. Wo der große Krebs lebt, muß der Meeresboden steinig sein. Tagsüber hält er sich in Höhlen und Spalten verborgen.

Nachts geht er auf Nahrungssuche. Mit der größeren, kräftigen Knackschere knackt der Hummer ohne Schwierigkeiten die Schalen von Muscheln oder Schnecken auf. Mit der kleineren, beweglichen Greifschere reißt er dann den Weichkörper heraus und frißt ihn.

Auch wenn der Hummer gut gepanzert ist und als ausgewachsenes Tier außer dem Menschen kaum Feinden zum Opfer fällt, muß er während seiner Entwicklung doch immer wieder schwierige Zeiten überstehen. In Abständen wird ihm nämlich sein Panzer zu klein. Irgendwann reißt der Panzer auf, und heraus schlüpft ein Hummer mit einem neuen, noch weichem Panzer. Innerhalb von ein paar Stunden strafft sich die neue Haut, aber erst nach 3 bis 4 Wochen ist der neue Panzer durch die Einlagerung von Kalk so hart wie zuvor. Hat ein Hummer etwa 25 Häutungen hinter sich, wird er geschlechtsreif. Er ist dann etwa 25 cm lang und hat ein Gewicht von ungefähr 500 g.

Europäischer Hummer

Größe Meist 35 bis 45 cm lang; aber auch Tiere von über 70 cm Länge

Merkmale Körper blauschwarz, gefleckt und gepunktet; riesige, unterschiedlich große Scheren; lange Fühler, breiter Schwanzfächer

Ernährung Frißt hauptsächlich Muscheln und Schnecken, daneben auch kleine Krebse, Würmer und Aas

Fortpflanzung Eiablage in der Zeit von Juli bis September; das Weibchen legt bis zu 30 000 Eier ab; die jungen Hummer wachsen über verschiedene Larvenstadien heran

Vorkommen Im Meer ab 25 m Tiefe auf Felsgrund; in der Nordsee, im Atlantik und im Mittelmeer verbreitet

---

Der Europäische Hummer ist fast überall selten geworden.

Hund

Ruhender Schäferhund △

Siberian Huskies ▽

Vor etwa 15000 Jahren wurde aus dem *Wolf* ein Haustier, der Hund. Irgendwann haben die Menschen damit begonnen, junge Wölfe aufzuziehen und zu zähmen. Wölfe gehörten etwa seit dem Ende der letzten Eiszeit zu den ständigen Begleitern des Menschen. Später konnten die neuen Haustiere verschiedene Aufgaben für den Menschen wahrnehmen, etwa die Bewachung des Lagers, das Aufspüren von Wild oder den Schutz der Herden. Nach und nach wurden dann verschiedene Hunderassen herausgezüchtet. Die meisten von ihnen sollten bestimmte Leistungen erbringen. Die einen wurden als Hirtenhunde oder als Jagdhunde verwendet. Die anderen waren als Blindenhunde, als Polizeihunde oder als Lawinensuchhunde geeignet. Wieder andere wurden lediglich im Haus als Gesellschaftshunde gehalten. Eine andere Einteilung der Hunderassen ist folgende: Schäferhunde, Wach- und Schutzhunde, Terrier, Laufhunde, Vorstehhunde und Spaniels, Gesellschaftshunde, Windhunde und Tekkel. Heute gibt es etwa 400 verschiedene Hunderassen.

Hund

Zu den Schäferhunden gehören als bekannteste Rassen der *Deutsche Schäferhund*, der *Schottische Schäferhund* oder *Collie*, der *Bobtail* und der *Sheltie*. Sie wurden gezüchtet, um den Hirten zu helfen, ihre Herden zusammenzuhalten und zu verteidigen. Zu den Wach- und Schutzhunden gehören *Bernhardiner*, *Berner Sennhund*, *Boxer*, *Bulldogge*, *Deutsche Dogge*, *Dobermann*, *Hovawart*, *Leonberger*, *Neufundländer*, *Pinscher*, *Riesenschnauzer* und *Rottweiler*. Mit einer Schulterhöhe von über 80 cm ist die *Deutsche Dogge* die größte Hunderasse überhaupt.

Die *Terrier* wurden gezüchtet, um Dachse und Füchse aus ihren unterirdischen Bauen zu treiben. Es sind recht kleine, aber scharfe und mutige Jagdhunde. Bekannte Rassen sind der *Airedaleterrier* und der *Foxterrier*. Laufhunde und Windhunde wurden ebenfalls für die Jagd gezüchtet. Die Hunde verfolgen das fliehende Wild und stellen oder überwältigen es. Zu diesen Hunden gehören *Basset*, *Beagle*, *Bracke*, *Griffon*, *Afghane*, *Barsoi*, *Greyhound* und *Whippet*.

Für eine andere Art der Jagd wurden Vorstehhunde und Spaniels gezüchtet. Die Hunde spüren das Wild auf und bleiben so lange davor stehen, bis der Jäger herangekommen ist. Nach dem Schuß holen die Hunde dann die Beute und bringen sie dem Jäger. Zu dieser Gruppe von Hunden gehören beispielsweise *Münsterländer*, *Pointer*, *Retriever*, *Setter*, *Spaniel* und *Weimaraner*.

Münsterländer

Collies

Hunde sind aber auch als Zugtiere einzusetzen, und ohne die Schlittenhunde hätten die Inuit den hohen Norden kaum besiedeln können. Sie waren weitgehend auf ihre Hunde als Zugtiere angewiesen, wenn es darum ging, den Wohnplatz zu verlegen oder Beute – Robben, Eisbären, Rentiere, Fische – fortzubringen. Dies ist heute noch so; Hundeschlittengespanne sind nach wie vor ein wichtiges Verkehrsmittel in der Arktis.

Die Gesellschaftshunde haben den Zweck, den Menschen zu begleiten. Man unterscheidet große und kleine Rassen. Die bekanntesten sind *Pudel*, *Chow-Chow*, *Dalmatiner*, *Pekinese*, *Chihuahua* und *Mops*. Die meisten von ihnen werden heute als Gesellschaftshunde im Haus gehalten. Was die Haltung der Hunde angeht, werden die meisten Fehler gemacht. Hunde brauchen eine ausgewogene Nahrung. Dazu gehören Fleisch und Knochen, aber auch pflanzliche Bestandteile wie Haferflocken und Gemüse, auf keinen Fall jedoch Kekse oder Schokolade. Hunde dürfen auch nicht überfüttert werden, und sie brauchen täglich Bewegung. Auf einem Spaziergang müssen Hunde Zeit haben, ihre neuesten „Nachrichten" zu lesen. Hunde haben ja eine sehr feine Nase und schnüffeln überall herum. Wenn sie andere Hunde treffen, wollen sie sie meist kennenlernen; man muß ihnen also etwas Zeit lassen. Hunde brauchen viel Zuwendung und Pflege, und wer keine Zeit für seinen Hund hat, sollte besser auf den vierbeinigen Hausgenossen verzichten.

Hyäne

Tüpfelhyäne

Tüpfelhyäne, Fleckenhyäne

Größe Körper 1,20 bis 1,80 m lang; Schwanz 25 bis 30 cm lang; Gewicht 55 bis 85 kg

Merkmale Kräftiger Kopf; Rücken nach hinten abfallend; Nacken und Schultern mit kurzer Mähne; Fell weißgrau bis gelbrot mit runden dunkelbraunen bis schwarzbraunen Flecken

Ernährung Sehr gefräßiges Raubtier, frißt hauptsächlich Aas; übernimmt Risse anderer Raubtiere, jagt aber auch selbst (im Rudel)

Fortpflanzung Tragzeit 99 bis 130 Tage; Junge kommen in allen Monaten zur Welt; 1 bis 2, selten auch 3 Junge in einem Wurf

Vorkommen Bewohnt unterschiedliche Lebensräume, von der Halbwüste bis hin zur feuchten Savanne; mit Ausnahme der Regenwaldgebiete über fast ganz Afrika südlich der Sahara verbreitet

Hyänen sind typische afrikanische Raubtiere. Die *Tüpfelhyäne* lebt meist in Rudeln von 10 bis 30 Tieren. Jedes Rudel hat ein eigenes Revier, in dem es jagt und seine Jungen aufzieht. Die Tiere jagen vorwiegend in der Dämmerung und nachts. Bei der Jagd arbeiten sie gut zusammen. Gemeinsam können Hyänen sogar Löwen, Leoparden oder Geparden die Beute abnehmen. Sie jagen aber auch selbst Beutetiere wie Antilopen und Zebras.

Neben der Tüpfelhyäne gibt es noch die *Streifenhyäne* und die *Braune Hyäne* oder *Schabrackenhyäne*. Beide Arten leben in Afrika. Die Streifenhyäne hat schwarze Querstreifen im Fell und eine lange Rückenmähne. Die Braune Hyäne ist einfarbig dunkelbraun gefärbt und hat ein strähniges Fell.

Hyänenhund

Hyänenhunde sind die einzigen Wildhunde Afrikas. Die Tiere leben in Rudeln von 4 bis 6 und mehr, im Höchstfall 20 bis 40 Mitgliedern zusammen. Das Jagdgebiet eines Rudels umfaßt eine große Fläche, innerhalb derer das Rudel umherstreift. Nur wenn die Hyänenhunde Junge haben, sind sie eine Zeitlang seßhaft.

Auf die Jagd gehen die Tiere am frühen Morgen und am späten Nachmittag. Bei Mondschein dehnen sie die Jagdzüge auch bis in die Nacht aus. Haben die Wildhunde ein Beutetier ausgemacht, nähern sie sich langsam. Wenn sie nahe genug herangekommen sind, laufen sie los, um die Beute 5 bis 10 Minuten lang zu hetzen. Bei dieser Hetzjagd arbeiten die Rudelmitglieder zusammen. Fällt eines zurück, nimmt ein anderes seine Position ein. Während die einen dem Beutetier nachlaufen, schneiden ihm die anderen schon mögliche Auswege ab. Hyänenhunde jagen vor allem mittelgroße Antilopen und Jungtiere.

Hyänenhunde können 10 bis 12 Jahre alt werden. In freier Natur werden die Tiere immer seltener. Man sieht sie fast nur noch in Nationalparks.

Hyänenhund, Afrikanischer Wildhund

Größe 0,80 bis 1 m lang; Schwanz 30 bis 40 cm lang; 18 bis 28 kg schwer

Merkmale Hochbeinig, Ohren groß und rundlich, buschiger Schwanz; Fell mit unregelmäßigen braungelben und schwarzbraunen Flecken

Ernährung Jagt Antilopen und Gazellen, Hasen und Zebras; täglicher Nahrungsbedarf 3 bis 6 kg

Fortpflanzung Tragzeit rund 70 Tage; 2 bis 16 Welpen in einem Wurf; Junge werden 10 bis 12 Wochen lang gesäugt

Vorkommen Offene Savanne, Steppe, Halbwüste; mit Ausnahme der Regenwaldgebiete über fast ganz Afrika südlich der Sahara verbreitet

Hyänenhunde haben ein kräftiges Gebiß.

Ibis

Ein Schwarm Schneesichler fliegt auf.

Ibisse haben einen langen, nach unten gebogenen Schnabel und lange Stelzbeine. Mit den langen Beinen können sie im flachen Wasser herumspazieren und Nahrung suchen. Der Schnabel ist ein Werkzeug, um im Schlamm zu stochern und vergrabene Tiere aufzuspüren. Im Flug halten Ibisse den Hals und den Schnabel lang ausgestreckt, wie es auch die nahverwandten Löffler↑ und Störche↑ tun. Sie ziehen ihn also nicht S-förmig ein wie die ebenfalls verwandten Reiher↑.

Neben dem amerikanischen *Schneesichler* gibt es noch eine Reihe weiterer Ibisarten. Der *Heilige Ibis* etwa lebt in Afrika und Kleinasien, der *Molukkenibis* in Australien, Neuguinea und auf den Molukkeninseln. Der einzige „Europäer" ist der *Braunsichler*; diese Art brütet in Süd- und Südosteuropa, kommt darüber hinaus aber auch in Asien, Australien und Nordamerika vor. Der farbenprächtigste Ibis ist der *Scharlachsichler* oder *Rotibis* aus dem nördlichen Südamerika. Er hat ein rotes Gefieder, schwarze Flügelspitzen, rote Beine und einen grauen Schnabel.

Schneesichler, Weißibis

Größe 60 cm lang, Flügelspannweite 91 cm

Merkmale Gefieder weiß, schwarze Flügelspitzen; rotes Gesicht, roter Schnabel, rote Beine

Ernährung Krebse, Muscheln und Schnecken

Fortpflanzung Nest aus Zweigen in Büschen und niedrigen Bäumen; Koloniebrüter; gewöhnlich 2 Eier; Brutzeit: Juni bis Oktober

Vorkommen Salz- und Süßwassersümpfe; südliches Nordamerika bis nördliches Südamerika

---

Molukkenibis

Igel

Nicht nur aus dem Märchen vom Wettlauf zwischen dem Hasen und dem Igel ist das Stacheltier jedem bekannt. Das zur Ordnung der Insektenfresser (→ Seite 338) gehörende kleine Säugetier fällt durch sein Stachelkleid auf. Nahe Verwandte des europäischen Igels leben in Afrika und in Asien. Übrigens haben auch die jungen Igel schon Stacheln. Sie sind aber noch weich und erhärten erst später. Igel werden 8 bis 10 Jahre alt.

Die Tiere verschlafen den Tag und werden erst in der Dämmerung und in der Nacht aktiv. Auf ihren Streifzügen geraten Igel auch auf Wege und Straßen. Hören sie ein Auto kommen, rollen sie sich zu einer stacheligen Kugel zusammen. Gegen Autoreifen hilft dieser gegen natürliche Feinde sehr wirksame Schutz aber nicht, und Jahr für Jahr fallen zahllose Igel dem Straßenverkehr zum Opfer. Es ist deshalb kein Wunder, daß man heute weniger Igel sieht als früher!

Igeln fehlt es aber auch an Unterschlupfen, um den Winter zu verschlafen. Um Igeln zu helfen, sollte man deshalb dafür sorgen, daß im Garten ein Hau-fen aus Reisig und Laub liegenbleibt. Darin kann der Igel sein Winterquartier bauen. Sieht man dennoch zu Beginn des Winters einen mageren Igel umherirren, muß man ihm helfen, damit er nicht verhungert. Über die Pflege von Igeln erhält man bei Umweltschutzverbänden verläßliche Informationen.

Igel, Westigel, Braunbrustigel

Größe 20 bis 30 cm lang, 400 bis 1 100 g schwer

Merkmale Stachelkleid, Stacheln hell und dunkel geringelt; spitze Schnauze und rundliche, kurze Ohren; Färbung graubraun

Ernährung Frißt Insekten, wirbellose Tiere, Vogeleier, Früchte und kleine Wirbeltiere

Fortpflanzung Tragzeit 5 bis 6 Wochen; Junge im Mai/Juni geboren; 2 bis 10 Junge in einem Wurf; Geburtsgewicht 12 bis 25 g; Junge bei Geburt blind, mit noch weichem Stachelkeid

Vorkommen Bevorzugt abwechslungsreichen Lebensraum mit genügend Nahrung und Deckung: lichte Laub- und Mischwälder, Hecken, Parks und Gärten; mit Ausnahme von Island und dem Norden Skandinaviens über ganz Europa verbreitet, darüber hinaus bis weit nach Asien hinein

---

Junge Igel machen sich mit 45 Tagen selbständig.

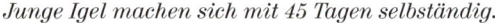

Iltis

Den Iltis erkennt man an seiner Gesichtszeichnung.

Iltis, Waldiltis

Größe Körper 31 bis 46 cm lang, Schwanz 11 bis 18 cm lang; Weibchen wiegen mit 650 bis 800 g deutlich weniger als die Männchen, die 1 bis 1,5 kg schwer werden

Merkmale Rumpf schwarzbraun gefärbt, gelbliche Unterwolle aber deutlich sichtbar; Kopf mit auffälliger Zeichnung: an der Schnauzenspitze und um die Augen und die Ohren herum weiß

Ernährung Jagt Spitzmäuse, kleine Nagetiere, Frösche und Vögel

Fortpflanzung Paarungszeit im März/April; Tragzeit rund 7 Wochen; 3 bis 7 Junge in einem Wurf; Junge im Alter von rund 3 Monaten selbständig

Vorkommen Bewohnt sumpfig-moorige Gebiete ebenso wie Wiesen und Felder mit eingestreuten Gehölzen; auch innerhalb von Städten und Dörfern; über weite Teile Europas bis hin zum Ural verbreitet

---

Der Iltis ist – wie die meisten Säugetiere – nicht eindeutig an einen Lebensraum gebunden. Er jagt innerhalb eines eigenen Reviers, das er mit einem übelriechenden Sekret aus den Duftdrüsen am After markiert. Der mit den Mardern↑ verwandte kleine Räuber ist überwiegend nachtaktiv. Eine für die Rattenbekämpfung und die Kaninchenjagd gezüchtete Form des Iltisses ist das *Frettchen*. Bei der Jagd auf Kaninchen deckt man zunächst die Ausgänge des Kaninchenbaus mit Netzen ab. Dann läßt man das Frettchen in den Bau hineinschlüpfen, und die flüchtenden Kaninchen bleiben zappelnd in den Netzen hängen. Bei dieser Art der Jagd geht immer wieder einmal ein Frettchen verloren, und in verschiedenen Gebieten Europas sind Frettchen heute verwildert. Nah verwandt ist der *Steppeniltis*. Er lebt in Steppen, auf Brachland und Feldern und ist von Südosteuropa bis weit nach Asien hinein verbreitet.

Impala

Die Impala gehört zu den Antilopen↑ und lebt meist in Rudeln mit einem oder zwei Dutzend Artgenossen zusammen. Ein Rudel hält sich dauernd in einem begrenzten Gebiet auf. Nur bei Nahrungs-und Wassermangel wandern die Tiere in andere Gebiete ab. Auf der Flucht vor Raubtieren können Impalas Geschwindigkeiten von 60 km/h erreichen und Hindernisse von 2,50 m Höhe überspringen. Um sich zu orientieren, machen sie auch immer wieder einmal Hochsprünge. Diese Sprünge können bis zu 3 m hoch und 10 m weit sein.

Impala, Schwarzfersen-Antilope

Größe Körper 1,20 bis 1,60 m lang; Schwanz 30 bis 45 cm lang; Gewicht 40 bis 80 kg

Merkmale Fell braungelb bis rotbraun; Hörner nur beim männlichen Tier, leierförmig

Ernährung Frißt kurze Gräser, daneben auch Laub von Sträuchern und Bäumen

Fortpflanzung Tragzeit 6 bis 7 Monate; 1 Junges je Wurf; Wurfzeit nach Gebiet unterschiedlich; Junge mit 1 bis 1,5 Jahren geschlechtsreif

Vorkommen Trockensavanne und lichter Buschwald; über Ost- und Südafrika verbreitet

---

Impala aus Namibia

Jaguar

Jaguare sind die größten Raubkatzen Amerikas. Die Tiere leben meist einzeln, zuweilen auch paarweise oder in kleinen Familiengruppen. Sie durchstreifen ein Revier von 8 bis 30 km² Größe. Die Tiere brauchen also recht große Flächen zum Leben. Die Großkatzen werden mit 2 bis 3 Jahren geschlechtsreif und können in Zoos 22 Jahre alt werden. Verwandte des Jaguars sind Leopard↑ und Gepard↑. Diese beiden Großkatzen leben in Afrika und Asien. Auch wenn der Jaguar ein großes Verbreitungsgebiet hat, ist er sehr selten geworden. Der wesentliche Grund dafür war und ist die Jagd. Jaguarfelle sind begehrt und teuer, und so wurden die Tiere erlegt, wo man sie antraf. Auch heute noch werden Jaguare gejagt, obwohl der Handel mit den Fellen weitgehend verboten ist. Aber Wilderer mißachten die Schutzgesetze, und der Schmuggel und der Schwarzmarkt mit den begehrten Fellen blühen weiter. Die Bestände des Jaguars nehmen auch ab, weil sein Lebensraum heute immer mehr beschnitten wird. Das Abholzen der südamerikanischen Wälder hat mittlerweile erschreckende Ausmaße angenommen. Jeden Tag werden große Flächen in Weide- und Ackerland umgewandelt. Damit verschwinden viele Pflanzen und Tiere, unter ihnen auch der Jaguar. Deshalb müssen wir alle uns dafür einsetzen, daß die Tropenwälder in Zukunft besser geschützt werden als bisher.

Jaguar

Größe Rumpf 1 m bis 1,80 m lang, Schwanz 40 bis 70 cm lang; Schulterhöhe 55 bis 76 cm; Gewicht 30 bis 150 kg

Merkmale Breiter, kurzer Kopf; goldbraunes Fell mit schwarzen Flecken, Flecken von schwarzen Ringen eingerahmt; Unterseite weiß

Ernährung Jagt Säugetiere von Mäusen bis zu Pekaris und Tapiren, daneben auch Schildkröten und Fische

Fortpflanzung Paarungszeit im Januar; Tragzeit 93 bis 105 Tage; 2 bis 4 Junge in einem Wurf; Gewicht der Jungen bei der Geburt 700 bis 900 g; im Alter von 2 bis 3 Jahren geschlechtsreif

Vorkommen Lebt in Nordamerika in offenen Wäldern im niedrigen Bergland, in Südamerika auch im Regenwald; über den Südwesten Nordamerikas (dort sehr selten), Mittelamerika und das nördliche und mittlere Südamerika verbreitet

Der Jaguar ist die größte Raubkatze Amerikas. Er ist im Bestand bedroht.

Käfer

Moschusbock

Moschusbock

Größe Körper über 3 cm lang, Fühler ebenso lang

Merkmale Nach hinten schmaler werdender Hinterleib, sehr lange Fühler; Färbung schwarzblau, von metallischem, blaugrünem oder goldenem Glanz überlagert

Ernährung Käfer saugen Saft von Weiden, Ahorn und Birke; Larven fressen Holz von Weiden und Pappeln

Fortpflanzung Eiablage an Bäumen; die Entwicklung der Larven dauert über Puppen zu ausgewachsenen Käfern mehrere Jahre

Vorkommen Bevorzugt Auwälder, Bach- und Flußufer; lebt an Erlen, Pappeln und vor allem Weiden; über große Teile Europas verbreitet

---

350 000 von den insgesamt 760 000 Insekten-Arten der Erde sind Käfer. Sie sind damit die artenreichste Insektengruppe überhaupt. Wie bei allen Insekten ist der Körper der Käfer in Kopf, Brust und Hinterleib gegliedert. Ein typisches Merkmal der Käfer sind die meist sehr harten Vorderflügel. Hier ist besonders viel Chitin, der Baustoff der Insektenpanzer, eingelagert. Die Vorderflügel werden beim Fliegen aber nur abgespreizt, der Antrieb erfolgt mit den häutigen Hinterflügeln. Gut sieht man dies, wenn ein Maikäfer oder ein Marienkäfer zum Flug startet: Vorderflügel hoch, Ausklappen der häutigen Hinterflügel, Abflug.

Die Entwicklung der Käfer verläuft über die Stadien Ei – Larve – Puppe – Käfer. Bei ihnen liegt also eine vollständige Entwicklung vor. Manche Käfer treiben Brutpflege. Dazu gehören beispielsweise *Mistkäfer*, *Pillendreher* und *Totengräber*↑. Pillen-

dreher legen ihre Eier in eine selbstgebaute Mistkugel, die sie im Boden vergraben. Die Larven haben dann gleich nach dem Schlüpfen etwas zu fressen.

Käfer besiedeln ganz unterschiedliche Lebensräume. *Sandlaufkäfern* begegnet man in wenig bewachsenem, trockenem und besonntem Gelände. Andere Käfer leben auf Wiesen oder im Wald. Die *Taumelkäfer* besiedeln die Oberfläche von Bächen und Flüssen. Einige Käfer leben auch ganz im Wasser, etwa der *Gelbrandkäfer*↑ und der *Furchenschwimmer*. Verschiedene Käfer können Schäden an Pflanzen anrichten. Beispiele sind *Kartoffelkäfer*↑, *Borkenkäfer*↑ und *Rüsselkäfer*. Bei Blattlausplagen wiederum helfen *Marienkäfer*↑, die Schädlinge zu bekämpfen.

Entsprechend der großen Artenzahl und der ganz unterschiedlichen Lebensweise gibt es Käfer in vielen Formen und Größen. Es gibt langgestreckte und kurze, schlanke und breite, abgeflachte und rundliche Käfer. Die Größen reichen von nur wenigen Millimetern bis zu mehreren Zentimetern. Der größte Käfer ist ein in Südamerika lebender *Bockkäfer*, der 16 cm lang werden kann. Weitere „Riesen" sind der *Goliathkäfer* und der *Herkuleskäfer*. Der Goliathkäfer lebt in Afrika und wird fast 10 cm lang. Der Herkuleskäfer kommt im tropischen Amerika vor und erreicht eine Länge von 9 cm. Der größte europäische Käfer ist der *Hirschkäfer*↑. Das Männchen wird einschließlich „Geweih" 8 cm lang.

Pillendreher mit ihrer Mistkugel

Känguruh

In Australien leben nur wenige Säugetiere, die nicht zu den Beuteltieren (→ Seite 338) gehören. Auf diesem Kontinent entwickelten sich in der Erdgeschichte Tiere, die an anderen Orten wieder verschwanden. Unter den Beuteltieren gibt es deshalb in Australien Formen mit ganz unterschiedlicher Lebensweise. Bestimmte Beuteltiere leben räuberisch wie die Marder in Europa oder Asien. Andere leben in den weiten, offenen Steppengebieten und grasen dort. Wieder andere klettern auf Bäumen herum und ernähren sich von Früchten, wie es in Europa der Siebenschläfer tut. Für alle australischen Beuteltiere gibt es auf den übrigen Kontinenten Gegenstücke aus anderen Säugetiergruppen.

Rotes Riesenkänguruh
Größe Rumpf bis 1,65 m, Schwanz bis 1,05 m lang; Gewicht Männchen: bis 85 kg, Gewicht Weibchen: bis 35 kg
Merkmale Groß, kräftige Hinterbeine, lange Ohren; Fell beim Männchen oben rotbraun, unten grau; Fell beim Weibchen oben graublau oder ebenfalls rotbraun, unten weiß; Augen dunkelbraun
Ernährung Frißt Gräser und Kräuter
Fortpflanzung Das Junge kriecht nach der Geburt in die Bauchtasche der Mutter; meist nur 1 Junges, manchmal Zwillingsgeburten; das Junge verläßt den Beutel nach etwa 235 Tagen
Vorkommen Bewohnt offenes Buschland und Grasland; über große Teile Australiens verbreitet

Das Rote Riesenkänguruh ist die größte Känguruhart (Weibchen mit seinem Jungen).

Känguruh

Schwarzflanken-Felsenkänguruh

Schwarzflanken-Felsenkänguruh

Größe Rumpf 45 bis 53 cm, Schwanz 50 bis 60 cm lang; Gewicht 4,25 kg

Merkmale Fell auf der Oberseite rotbraun oder graubraun, auf der Unterseite gelbbraun; dunkle Streifen am Kopf und an den Flanken; Schwanz braun, zur Spitze hin schwarz

Ernährung Frißt Gräser und Kräuter und daneben Laub von Sträuchern

Fortpflanzung 1 Junges, kriecht nach der Geburt in den Beutel der Mutter

Vorkommen Besiedelt felsiges Gelände; über Zentralaustralien verbreitet

---

Die bekanntesten Beuteltiere sind die Känguruhs. Meist versteht man darunter die großen Arten, die mit ihren langen Hinterbeinen durch die Gegend hüpfen und sich im Sitzen auf den kräftigen Schwanz stützen. Tatsächlich umfaßt die Gruppe der Känguruhs aber etwa 60 verschiedene Arten. Sie bewohnen ganz unterschiedliche Lebensräume, und entsprechend verschieden ist auch ihre Lebensweise. Während sich die meisten Arten am Boden aufhalten, leben die Baumkänguruhs im Geäst von Bäumen.

Die kleinsten Känguruhs sind die Ratten- und Kaninchenkänguruhs. Zu ihnen gehört das *Moschus-Rattenkänguruh*, das nur 25 cm lang und 650 g schwer wird. Das größte Känguruh ist das *Rote Riesenkänguruh*; es wird bis 1,65 m lang, sein Schwanz mißt noch einmal bis zu 1,05 m. Diese Art ist auch sonst der Rekordhalter unter den Känguruhs: Es erreicht auf der Flucht vor Verfolgern eine Geschwindigkeit von fast 90 km/h und kann bis zu 10 m weit und 3 m hoch springen.

Das wichtigste Merkmal der Beuteltiere ist der Beutel am Bauch der weiblichen Tiere. In diesem Beutel wachsen die Jungen heran. Meist bekommen Känguruhs nur ein Junges. Selten werden auch Zwillinge geboren, und nur das Moschus-Rattenkänguruh bringt Mehrlinge zur Welt. Beim Roten Riesenkänguruh haben Tierforscher genau beobachtet, was bei der Geburt eines kleinen Känguruhs geschieht. Bevor das Junge geboren wird, leckt das Weibchen den Beutel aus, um ihn zu säubern. Nach der Geburt kriecht das Junge nach oben in den Beutel hinein. Dort saugt es sich an einer Zitze fest. Das Junge ist bei der Geburt nur wenige Zentimeter groß, nackt, blind und taub. Es findet den Beutel mit Hilfe seines Geruchs- und seines Schweresinnes. Es braucht nur entgegen der Schwerkraft nach oben zu klettern, um den Beutel zu finden.

Je nach Art bleibt das Känguruh 3 bis 9 Monate ganz im Beutel. Danach folgt es der Mutter zu Fuß, kehrt aber bei Gefahr in den Beutel zurück. Es klettert mit dem Kopf voran hinein, dreht sich um und schaut dann heraus. Schließlich ist das Junge so groß, daß es nicht mehr in den Beutel hineinpaßt. Es kommt aber auch dann noch zur Mutter, um an den Zitzen im Beutel zu trinken. Känguruhs können recht alt werden. Die kleineren Arten werden 5 bis 10 Jahre alt, das Rote Riesenkänguruh kann ein Alter von 20 Jahren erreichen.

Schwarzgesichtkänguruhs

Kaffernbüffel

Kaffernbüffel durchstreifen in Herden die Steppen und Savannen in Afrika.

Büffel sind mit dem Hausrind (Rind↑) nah verwandt, und auch der Kaffernbüffel sieht ähnlich aus. Er ist aber kräftiger gebaut, und vor allem hat er große, aufwärts gebogene Hörner. Man unterscheidet bei diesem afrikanischen Wildrind drei Unterarten. Der *Wald-, Rot-* oder *Zwergbüffel* lebt in den Waldgebieten des westlichen und mittleren Afrikas und ist vergleichsweise klein. Der größere *Gras-* oder *Sudanbüffel* lebt in den Savannen des westlichen und mittleren Afrikas. Der größte ist der *Schwarz-* oder *Kaffernbüffel.* Er kommt im wesentlichen in den offenen Landschaften im Süden Afrikas vor.

Die Büffel leben in Herden zusammen. Beim Waldbüffel umfassen diese 3 bis 12 Tiere, bei den in der Savanne und der Steppe lebenden Büffeln 20 bis 2 000 Tiere. Jede Herde bewohnt ein bestimmtes Gebiet. Innerhalb der Grenzen wandern die Tiere umher, um Nahrung und Wasser zu finden. Ihr Hauptfeind ist der Löwe. Jüngere Tiere werden auch von Hyänen angegriffen, und am Wasser können Krokodile den Büffeln gefährlich werden. Die

---

Kaffernbüffel, Afrikanischer Büffel

Größe Körper 1,70 bis 2,65 m lang, Schulterhöhe 1,05 bis 1,65 m, Schwanz 50 bis 80 cm lang; Gewicht 250 bis 800 kg

Merkmale Rinderartiger Körper; große Ohren, stämmige Beine, Schwanz mit großer Quaste am Ende; kurze Behaarung; Fell rotbraun, dunkelbraun oder schwarz; Bulle und Kuh mit Hörnern; Wurzeln der Hörner stoßen aneinander

Ernährung Frißt Gräser, Kräuter und Laub; Anteil je nach Jahreszeit wechselnd

Fortpflanzung Tragzeit 330 bis 345 Tage; 1 Kalb, sehr selten Zwillingsgeburten; Gewicht bei der Geburt 25 bis 40 kg

Vorkommen Grassteppe, Trocken- und Feuchtsavanne, Sumpfgebiete, Wald; über weite Teile Afrikas südlich der Sahara verbreitet

---

Büffel greifen ihrerseits jeden Feind mutig an, und ebenso mutig verteidigen die Eltern ihre Jungen. Es kommt immer wieder vor, daß Löwen beim Angriff auf einen Kaffernbüffel verletzt oder sogar getötet werden. Alte Büffel können ausgesprochen mißmutig werden und auch Menschen aus dem Hinterhalt angreifen. Im Büffelland muß man also stets seine Augen offenhalten.

Kaiman

Kaimane gehören zu den Krokodilen↑. Wie die nahe verwandten Alligatoren↑ kommen sie nur in Amerika vor. Man unterscheidet mehrere Arten: zwei Arten von *Brillenkaimanen*, den *Mohrenkaiman* und zwei Arten von *Glattstirnkaimanen*. Während die Brillenkaimane 2,50 m bzw. 2,70 m und die Glattstirnkaimane 1,25 m bzw. 1,45 m lang werden, erreicht der Mohrenkaiman eine Länge von 4,70 m. Diese Echse ist sehr groß und kann deshalb auch große Beutetiere, z. B. Rinder, packen. Dies ist ein Grund für die Bewohner Mittel- und Südamerikas, Kaimane zu jagen.

Ein weiterer Grund, den Kaimanen nachzustellen, sind ihre Häute. Krokodilleder ist ein begehrter Artikel, und viele große Echsen mußten für Schuhe oder Handtaschen ihr Leben lassen. Durch die starke Bejagung und das rücksichtslose Vorgehen der Wilderer geht die Zahl der Tiere ständig mehr zurück. Manche Krokodilarten wurden gebietsweise bereits ausgerottet. Dies konnte auch durch strenge Schutzgesetze bisher noch nicht verhindert werden.

Brillenkaiman

Größe Bis 2,70 m lang

Merkmale Langgestreckte Schnauze; Querleiste zwischen den Augen; Haut dunkeloliv; Jungtiere mit schwarzen Flecken und Querstreifen; Augen grünlich

Ernährung Frißt Fische, aber auch andere Wirbeltiere, die sich ins Wasser wagen; daneben große Wasserschnecken

Fortpflanzung Gelege aus bis zu 60 weißen, hartschaligen Eiern; im Sand abgelegt und mit Pflanzenmaterial abgedeckt; die Jungen suchen gleich nach dem Schlüpfen das Wasser auf

Vorkommen Bewohnt Flußgebiete und Sümpfe mit schlammigem Grund und weichen Sandbänken; über Mittelamerika und Südamerika verbreitet

---

Brillenkaiman

Kakadu

Kakadus gehören zu den Papageien↑ und kommen in Australien, Neuguinea, Indonesien und auf den Philippinen vor. Neben dem weißen *Gelbhaubenkakadu* gibt es auch rosa und grau gefärbte und ganz schwarze Kakadus. Insgesamt umfaßt die Vogelfamilie 18 Arten. Alle haben eine mehr oder weniger ausgeprägte Federhaube auf dem Kopf. Ihr Name leitet sich vom malaiischen Wort „kakatua" ab, was so viel wie „Kneifzange" bedeutet. Es bezieht sich auf den kräftigen Schnabel der Vögel, mit dem sie selbst ganz harte Nüsse knacken.

Gelbhaubenkakadu mit aufgerichteter Haube

Gelbhaubenkakadu

Größe 45 bis 51 cm lang

Merkmale Gefieder weiß, Haube gelb; Schnabel und Beine dunkelgrau, Augen dunkelbraun; tritt oft in großen Schwärmen auf; ruft häufig und laut

Ernährung Frißt Samen und Früchte verschiedener Pflanzen; Nahrungssuche meist am Boden

Fortpflanzung Nest in hohlen Bäumen; 2 bis 3 weiße Eier; Brutdauer rund 1 Monat

Vorkommen Waldbewohner, besiedelt aber auch offenes Buschland und Farmland; über den Osten Australiens und Neuguinea verbreitet

---

Kamel

Das *Trampeltier* hat im Gegensatz zum *Dromedar*↑ zwei Höcker auf dem Rücken. Daran kann man die beiden Arten einfach unterscheiden. Außerdem kommt das Dromedar nur in Nordafrika und Kleinasien vor, während das Trampeltier in Innerasien lebt. In der Mongolei und in China gibt es noch einen kleinen Bestand an wildlebenden Trampeltieren. Die meisten heute lebenden Trampeltiere dagegen sind Haustiere. Ihr Bestand wird auf etwa 2 Millionen geschätzt. Die Tiere werden vor allem als Lasttiere gebraucht. Sie liefern aber auch Milch, Fleisch und Felle. Außerdem nutzt man ihren Mist als Brennmaterial.

Zu den Verwandten von Trampeltier und Dromedar zählen das Guanako↑, das Lama↑, das Alpaka und das Vikunja. Alle diese Tiere leben in Südamerika. Lama und Alpaka sind Haustiere, die aus dem Guanako herausgezüchtet wurden. Vom Vikunja gibt es lediglich die Wildform.

Trampeltier, Zweihöckriges Kamel

Größe Rumpf bis 3 m, Schwanz 50 cm lang; Schulterhöhe 1,80 bis 2,30 m; Gewicht 600 bis 1 000 kg

Merkmale Gedrungener Körper, recht kurze Beine, 2 Rückenhöcker; lange Behaarung; Fell dunkelbraun; es kommen auch hellbraune Tiere vor

Ernährung Frißt Blätter von Sträuchern und Bäumen, Kräuter und Gras

Fortpflanzung Tragzeit 12 bis 14 Monate; 1 Junges, selten 2 Junge; Gewicht der Jungen bei der Geburt 35 kg

Vorkommen Bewohner von Steppen- und Wüstengebieten; über Zentralasien verbreitet

---

Trampeltiere haben zwei Höcker auf dem Rücken.

Kanarienvogel

Kanarienvögel

Kanarienvogel, Kanarengirlitz

Größe 12 bis 13 cm lang

Merkmale In der Wildform Gefieder oben grau bis graugrün und gestreift, unten gelb; Zuchtformen mit gelbem, rosa, rotem oder sogar zimtbraunem Gefieder, teils mit schwarzen Flecken oder auch Federhauben

Ernährung Frißt Samen und Früchte, daneben kleine Insekten und Spinnen

Fortpflanzung Nest in Büschen und auf Bäumen; 3 bis 5 Eier; Eier blaßgrün mit rötlichbraunen Flecken; Brutdauer 13 Tage; Eiablage in den Küstengebieten im März, in den Bergen erst im Juni/Juli; die Vögel ziehen 3 bis 4 Bruten im Jahr auf

Vorkommen Obstpflanzungen, Gärten und Wälder; Wildform auf den Kanarischen Inseln, auf Madeira und auf den Azoren; als Zimmergenossen werden Kanarienvögel heute in allen Erdteilen gehalten

---

Um 1500 haben die Spanier die ersten Kanarienvögel nach Europa gebracht. Weil sie leicht zu halten sind und sich in Gefangenschaft gut fortpflanzen, wurden sie sehr schnell zu beliebten Stubenvögeln. Heute werden Kanarienvögel in den unterschiedlichsten Farben von Millionen Vogelfreunden in aller Welt gehalten und weitergezüchtet. Die Vögel sind vor allem wegen ihres Gesangs beliebt, und der berühmteste unter ihnen ist der *Harzer Roller*. Es gibt auch eine Wildform des Kanarienvogels. Und wie der Name schon sagt: Der Vogel lebt tatsächlich auf den Kanarischen Inseln und auf einigen anderen Inseln im Atlantik vor der afrikanischen Küste. Er besiedelt Gärten, Obsthaine und Wälder.

Kaninchen

Wildkaninchen

Europäisches Wildkaninchen

Größe 35 bis 45 cm lang und 1,5 bis 2 kg schwer
Merkmale Graubraunes Fell; im Vergleich mit dem Feldhasen deutlich kürzere Ohren, die keine schwarzen
Spitzen aufweisen; Schwanz auf der Oberseite schwarz,
auf der Unterseite weiß
Ernährung Frißt Gräser und Kräuter, Wurzeln und Rinde
Fortpflanzung Sehr fruchtbar: 4 bis 7 Würfe pro Jahr,
bis zu 6 Junge in einem Wurf; die Jungen zeigen sich
nach 3 Wochen erstmals am Baueingang; sie sind mit
5 bis 8 Monaten geschlechtsreif
Vorkommen Besiedelt trockene Heideflächen mit warmem,
sandigem Boden, aber auch die Ränder von Kiefern-
wäldern auf Sandboden, Brach- und Kulturland; von der
Ebene bis in 2 000 m Höhe; ursprünglich nur auf der Iberischen Halbinsel, heute über große Teile Mittel- und Südeuropas verbreitet; in Teilen Südamerikas, Nordafrikas,
Australiens und Neuseelands eingeführt

Kaninchen sind nahe verwandt mit den Hasen↑.
Beide gehören zur Ordnung der Hasentiere. Das
Europäische Wildkaninchen stammt von der Iberischen Halbinsel und wurde in vielen Teilen Europas, aber auch in Nordafrika, Südamerika, Australien und Neuseeland eingeführt. Überall, wo die
Tiere lockeren Boden vorfanden, haben sie sich
angesiedelt. Denn nur dort können sie ihre tief in
die Erde reichenden Baue graben. In den Bauen
schlafen die Kaninchen, dort bringen sie sich in
Sicherheit und ziehen ihre Jungen groß.
Kaninchen leben stets gesellig. Wenn die Bestände
zu groß werden, breiten sich oft Seuchen unter den
Tieren aus. Eine tückische Krankheit ist die Myxo-
matose. Sie wird durch ein Virus hervorgerufen, das

direkt von Kaninchen zu Kaninchen, aber auch
durch Mücken und Flöhe übertragen wird. Im Ver-
lauf einer Erkrankung schwellen den Kaninchen die
Augenlider, die Nasenschleimhäute und andere
Körperstellen an. Die Tiere nehmen bald keine
Nahrung mehr auf und verenden schließlich. Da
Kaninchen bei massenhaftem Auftreten Schäden an
Kulturpflanzen anrichten können, wurde die in Süd-
amerika entdeckte Krankheit gezielt auf andere
Bestände übertragen.

Vom Europäischen Wildkaninchen stammen unsere
Hauskaninchen ab. Schon die Römer haben Kaninchen gehalten. Die Tiere liefern wohlschmeckendes
Fleisch, und dies war auch der Grund, die Tiere in
anderen Gebieten heimisch zu machen. In Deutschland wurden die ersten Wildkaninchen um 1300
ausgesetzt, und zwar auf der Insel Amrum. Ab der
Mitte des 12. Jahrhunderts wurden in Deutschland
aber bereits Hauskaninchen gehalten. Heute gibt es
etwa 80 Rassen von „Stallhasen", und ungefähr 200
Farbenschläge sind bekannt. Das Gewicht liegt
zwischen 1 kg und 8 kg. Die meisten Kaninchen werden wegen ihres Fleisches gehalten (z. B. *Neusee-
länder, Wiener, Widderkaninchen*). Es gibt aber
auch Rassen, die ein langhaariges Fell haben, das
zu Pelzen verarbeitet wird *(Kurzhaar-/Rexkanin-
chen, Fuchskaninchen)*. Aus dem Fell der *Angora-
kaninchen* kann man weiche und warme Wolle her-
stellen. Viele Kaninchen werden als Hausgenossen
gehalten, aber leider nicht immer artgerecht.

Widderkaninchen mit Hängeohren

Karpfen

Der Karpfen ist der wichtigste Süßwasser-Speisefisch in Europa. Der Mensch hat schon im 13. bis 15. Jahrhundert mit der Zucht begonnen, und heute wird der Karpfen in vielen Teichen gehalten. Die ursprüngliche Form des Karpfens, der *Wildkarpfen*, hat ein vollständiges Schuppenkleid. Aus diesem Fisch wurden mehrere Formen herausgezüchtet, die einen höheren Rücken haben und sich in der Beschuppung unterscheiden. Der *Schuppenkarpfen* hat zwar den hohen Rücken, aber noch ein vollständiges Schuppenkleid. Schuppen sind jedoch bei der Zubereitung eines Fisches lästig, und so ging man daran, sie wegzuzüchten. Es entstanden *Zeilkarpfen*, *Spiegelkarpfen* und *Nacktkarpfen*. Alle diese Formen haben nur noch wenige vergrößerte Schuppen auf dem Rücken, hinter den Kiemendeckeln oder vor der Schwanzflosse. Sie werden unter dem Begriff „Lederkarpfen" zusammengefaßt.

Auch bei der Fortpflanzung greifen die Fischzüchter heute ein. Unter natürlichen Verhältnissen liegen die Verluste bei Fischeiern nämlich sehr hoch.

Daher müssen die Weibchen ungeheure Mengen an Eiern hervorbringen, um den Bestand zu sichern. In Fischzuchtanstalten werden die Verluste klein gehalten, indem man die Fische künstlich zur Laichreife bringt. Unter besten Bedingungen werden die Eier dann erbrütet und die Jungen aufgezogen.

Karpfen

Größe 30 bis 40 cm lang (Höchstwert: 1,20 m)

Merkmale Wildkarpfen gestreckt, seitlich nur wenig abgeflacht; Zuchtformen hochrückig und seitlich zusammengedrückt; 2 lange und 2 kurze Barten am Maul; Wildkarpfen sind vollständig beschuppt, Zuchtformen haben nur wenige, große Schuppen

Ernährung Frißt Kleintiere, die am Boden leben; große Karpfen stellen auch Molchen und kleinen Fischen nach; Nahrungssuche überwiegend nachts

Fortpflanzung Laichzeit zwischen Mai und Juli; das Weibchen legt an flachen Stellen am Ufer zahlreiche Eier ab; Durchmesser der Eier 1,5 mm

Vorkommen Bevorzugt tiefere, stehende und langsam fließende Gewässer mit Schlamm- oder Sandgrund und reichem Pflanzenwuchs; ursprünglich nur im Gebiet des Schwarzen und Kaspischen Meeres, heute über ganz Europa verbreitet

---

Der Karpfen gehört zu den Weißfischen und ist ein wichtiger Speisefisch.

Kartoffelkäfer

Der Kartoffelkäfer schädigt eine der wichtigsten Nutzpflanzen, die Kartoffel. Seine Heimat ist Nordamerika, und von dort gelangten 1874 die ersten Tiere nach Europa. Die Käfer können sich schnell vermehren. Ein einziges Weibchen kann 2 400 Eier legen. Innerhalb von 5 bis 8 Wochen entwickeln sich daraus neue Käfer. Früher gab es nur die Möglichkeit, die Schädlinge von Hand einzusammeln, und ganze Schulklassen wurden dazu auf die Felder geschickt. Heute bekämpft man die Käfer mit chemischen Mitteln.

Kartoffelkäfer

Größe   Etwa 1 cm lang

Merkmale   Gelbe Flügeldecken mit je 5 schwarzen Längsstreifen; gelbroter Halsschild mit unregelmäßigen schwarzen Flecken

Ernährung   Frißt die Blätter von Kartoffeln und anderen Nachtschattengewächsen

Fortpflanzung   Eier werden vom Weibchen in Paketen von je 20 bis 30 an Blättern von Nachtschattengewächsen abgelegt; in warmen Jahren 2 Generationen

Vorkommen   Kartoffelfelder, Gärten; ursprünglich nur in Nordamerika, heute weltweit verbreitet

---

Kartoffelkäfer △   ▽ Larve des Kartoffelkäfers

Kasuar

Helmkasuar

Helmkasuar

Größe   1,20 bis 1,50 m lang; Rückenhöhe 90 cm

Merkmale   Gefieder schwarz; im Gesicht und am Hals nackte blaue und rote Hautstellen und -lappen; helmförmiger Hornaufsatz auf der Stirn

Ernährung   Frißt Früchte von Bäumen

Fortpflanzung   Nest aus zusammengekratztem Pflanzenmaterial am Boden; 3 bis 5 blaßgrüne Eier, die das Männchen ausbrütet

Vorkommen   Lebt im Regenwald; im äußersten Nordosten Australiens, sonst in Neuguinea und auf einigen benachbarten Inseln

---

Kasuare sind mit Emus↑, Nandus↑ und Straußen↑ verwandt. Alle diese Vögel sind so groß und schwer, daß sie nicht mehr fliegen können. Es gibt 3 Arten von Kasuaren. Kasuare leben nicht wie die anderen Verwandten in offenen Landschaften, sondern in Gebieten mit dichtem Pflanzenwuchs. Man nimmt an, daß sie deshalb den helmförmigen Stirnaufsatz aus Horn haben. Wenn die Vögel durch das Pflanzendickicht laufen, biegt der Helm die Zweige zurück. Die empfindlichen Augen des Vogels sind so vor Verletzungen geschützt.

Katze

Die Katze ist in einen Baum geklettert.

Katzen sind als Haus- und Heimtiere sehr beliebt. Über ihre Herkunft haben sich die Tierforscher viele Gedanken gemacht. Manche Hauskatzen sehen nämlich ganz ähnlich aus wie die europäische *Wildkatze*↑. Wenn Hauskatzen in einem Gebiet herumstreifen, wo Wildkatzen vorkommen, kann es zu Paarungen von Haus- und Wildkatzen kommen. Die kleinen Katzen haben dann oft die Färbung und Zeichnung von Wildkatzen. Vor allem

Schlafende Katzen

aber zeigt sich in ihrem Verhalten, daß ein Elternteil eine Wildkatze gewesen ist. Die Tiere sind scheu und kratzbürstig, verhalten sich also ganz anders als Hauskatzen. Aber auch wenn sich Haus- und Wildkatzen miteinander paaren und Junge haben können, so geht man doch davon aus, daß die Wildkatze nicht die Stammform der Hauskatze ist.

Die Stammform ist vielmehr im östlichen Mittelmeerraum zu suchen. Aus dem alten Ägypten sind uns die ältesten Darstellungen von offensichtlich zahmen Katzen bekannt; die Bilder sind ungefähr 5 000 Jahre alt. In diesem Gebiet kommt nicht die Wildkatze vor, sondern die *Falbkatze*. Diese Katzenart bewohnt die Busch- und Steppengebiete Kleinasiens und fast ganz Afrikas. Aus ihr hat sich offenbar die Hauskatze entwickelt.

Den Weg von der Falbkatze zur Hauskatze stellt man sich so vor: Die alten Ägypter haben Getreide angebaut, und nach der Ernte haben sie das Korn in Speichern gelagert. Die Speicher lockten Mäuse und Ratten an, und denen folgten ihre natürlichen Feinde, die Falbkatzen. Die Menschen haben schnell

Katze

erkannt, daß die wilden Katzen die Vorratsschädlinge zu bekämpfen halfen. So haben sie die Katzen zunächst geduldet und später regelrecht gehegt und gepflegt. Die Beziehung zwischen Falbkatze und Mensch wurde immer enger, aus dem Wildtier wurde ein Haustier.

Von Ägypten aus gelangten Katzen in andere Teile Europas, zunächst nach Griechenland, später nach Italien. Die Römer haben die Katzen dann bis nach Nordeuropa gebracht. Schließlich hielt man Katzen auch auf Schiffen. Auf den Schiffen gab es Mäuse und Ratten, die von den Katzen gefressen wurden. Legte das Schiff an einer fernen Küste an, verschwand manche Katze auf Nimmerwiedersehen im neuen Land; die eine oder andere mag auch ver-

Katze auf einer Gartenmauer

Gesicht einer Perserkatze

schenkt worden sein. Jedenfalls haben sich die Katzen immer mehr ausgebreitet, und heute leben sie in allen Erdteilen.

Die Jagd auf Vorratsschädlinge war also der ursprüngliche Grund, Katzen zu halten. Heute dagegen leben Katzen vielfach nur als liebenswerte Begleiter und als Spieltiere im Haus. Wenn der Mensch aber mit Tieren in seiner engsten Umgebung zusammenlebt, sollen sie ihm auch gefallen. So wurde im Lauf der Zeit eine Vielzahl von Katzenrassen gezüchtet. Einige von ihnen sind aber kaum noch in der Lage, eine Maus oder eine Ratte zu fangen. Dafür haben sie ein schön gefärbtes, langhaariges Fell oder blaue Augen.

Bekannte Katzenrassen sind die haarlos erscheinenden *Sphynx-Katzen*, die kurzhaarigen *Kartäuser-*, *Malteser-*, *Burma-* und *Siamkatzen* und die langhaarigen *Angora-* und *Perserkatzen*. Sie alle gibt es in vielen unterschiedlichen Fellfarben und -mustern.

Wer eine Katze halten möchte, sollte sich überlegen, ob er sich auch genügend um den zukünftigen Hausgenossen kümmern kann. Katzen brauchen nicht nur täglich ihr Futter, sondern auch Zuneigung und Pflege. Man muß sich mit ihnen beschäftigen, und vor allem brauchen die meisten Katzen Auslauf.

Eine Katze nur in der Wohnung zu halten, wird dem Tier nicht gerecht. Wer sich nicht um seine Katze kümmern kann, ist dafür verantwortlich, wenn sie anfängt herumzustreunen. Schließlich verwildert sie und kehrt nie mehr in die Wohnung zurück.

Junge Siamkatzen

Kauz

Der *Steinkauz* ist eine kleine und wendige Eule↑ mit breitem, flachem Kopf und kurzem Schwanz. Er hat seine Höhle in einem alten Baum. Durch den Wegfall von Bäumen mit Höhlen ist er im Bestand bedroht. Wo vor allem Kopfweiden noch vorhanden sind, sollten sie erhalten und gepflegt werden. Man kann dem Steinkauz auch helfen, indem man Nisthöhlen für ihn aufhängt; er nimmt sie gern an. Kleiner als der Steinkauz ist der *Sperlingskauz*, viel größer der *Waldkauz*↑. Der *Bartkauz* ist mit 69 cm Länge so groß wie der Uhu↑.

Steinkauz

Größe Knapp 22 cm lang

Merkmale Oberseite graubraun, weiß gefleckt und gebändert; Unterseite weißlich, dunkel graubraun gefleckt und gestreift; gelbe Augen

Nahrung Jagt Mäuse, Vögel, Kriechtiere, Lurche und Insekten

Fortpflanzung Brütet in Baum-, Fels- und Erdhöhlen; 3 bis 5 weiße Eier; Gelege ab Mitte April, 1 Brut im Jahr

Vorkommen Besiedelt offene Landschaften mit alten Bäumen; Jahresvogel; über weite Teile Europas, Mittelasiens und Nordafrikas verbreitet

---

Steinkauz im Eingang seiner Bruthöhle

Kernbeißer

Kernbeißer im Kirschbaum

Kernbeißer

Größe Knapp 18 cm lang

Merkmale Gefieder hell rötlichbraun; graues Nackenband, Flügel blauschwarz mit hellem Feld; mächtiger, graublauer, im Winter gelblicher Körnerfresserschnabel

Ernährung Frißt Knospen, Triebe und Samen, auch Steinobst (Kirschen) und daneben Insekten

Fortpflanzung Nistet hoch in Bäumen; 4 bis 6 Eier; Gelege ab Ende April, 1 Brut im Jahr

Vorkommen Bewohnt Mischwälder, Feldgehölze und größere Parks; Teilzieher; über Mittel- und Südeuropa und ganz Mittelasien verbreitet

---

Der Kernbeißer ist der größte europäische Fink. Er wird deutlich größer als der Buchfink↑. Meist hält sich der Vogel hoch oben in den Kronen der Bäume auf, und nur seine typischen „zicks"-Rufe verraten ihn. Am besten kann man den Kernbeißer im Winter beobachten. Überwinternde Vögel tauchen gern am Futterhaus auf. Aus der Nähe fällt ihr mächtiger Schnabel auf. Mit ihm können die Vögel auch die Steine von Kirschen aufknacken. Deshalb werden sie auch „Kirschkernbeißer" genannt. Schäden an Kirschbäumen richten sie jedoch nur selten an.

Kiebitz

Der schwarzweiße Kiebitz brütet am liebsten auf feuchten Wiesen, legt sein Nest aber auch auf trockenem Grasland und sogar auf Feldern inmitten der aufgehenden Saat an. Zur Balzzeit führen die Vögel auffällige Flugspiele auf. Man hört laute „kieh-witt"-Rufe, die den Vögeln auch ihren Namen eingetragen haben. Kiebitze legen stets 4 Eier. Die unregelmäßig gefleckten Jungen sind Nestflüchter, können also schon kurz nach dem Schlüpfen laufen. Die Altvögel locken sie von dem durch Räuber gefährdeten Nest weg. Außerhalb der Brutzeit sieht man Kiebitze oft in Trupps, bisweilen auch in großen Schwärmen. In milden Wintern bleiben die Vögel manchmal in Mitteleuropa. Sie streifen dann aber oft weit umher.

Ein Kiebitz in seinem Lebensraum, einer feuchten Wiese

Kiebitz

Größe 30 cm lang
Merkmale Oberseite schwarzgrün, Unterseite weiß mit breitem, schwarzem Brustband; Schwanz weiß, mit breiter schwarzer Endbinde, Unterschwanzdecken rostgelb; Federhaube am Hinterkopf; laute „kieh-witt"-Rufe (Name!); im Frühjahr auffällige Balzflüge
Ernährung Frißt am Boden lebende Insekten und deren Larven, Würmer und Schnecken; nimmt daneben auch Pflanzenteile auf
Fortpflanzung Brütet in einer ausgedrehten, mit etwas Pflanzenmaterial ausgelegten Bodenmulde; 4 olivfarbene, schwarz gefleckte Eier; erste Gelege im März, 1 Brut im Jahr
Vorkommen Bewohnt Sumpfgebiete, Moore, Wiesen und Felder; überwiegend Sommervogel; über den größten Teil Europas und Mittelasiens verbreitet

---

Klapperschlange

Klapperschlangen sind in etwa 30 Arten von Kanada bis Argentinien verbreitet. Die Klapper am Schwanzende setzt sich aus einzelnen Ringen zusammen. Diese entstehen, weil die jeweils letzte Schwanzschuppe bei der Häutung erhalten bleibt. Die Klapper dient der Warnung anderer Tiere – und auch des Menschen. Fühlt sich die Schlange ernsthaft bedroht, beißt sie zu. Klapperschlangen sind Giftschlangen, und jedes Jahr sterben Menschen an ihren Bissen. Es handelt sich aber meist um Unfälle. Blutrünstig sind Klapperschlangen nicht.

Texas-Klapperschlange

Größe Bis 2,20 m lang, meist um 1,50 m lang
Merkmale Graubraun gefärbt; braune, hell eingefaßte Sechseckflecken auf der Oberseite; Klapper aus Hornringen am Ende des Schwanzes
Ernährung Jagt vor allem Mäuse und andere kleine Säugetiere, daneben Vögel und Eidechsen; tötet die Beute mit einem Biß
Fortpflanzung Tragzeit 167 Tage; 4 bis 23 lebend geborene Junge in einem Wurf
Vorkommen Bewohnt Wüste, Prärie, Buschland; über den Südwesten der USA und Mexiko verbreitet

---

Texas-Klapperschlange in Angriffshaltung

Kleiber

Kleiber

Kleiber

Größe 14 cm lang

Merkmale Oberseite graublau, Unterseite rostgelb; deutlicher schwarzer Augenstreif, weißliche Kehle; Männchen und Weibchen gleich gefärbt; laute Pfiffe und Triller; läuft an Baumstämmen abwärts

Ernährung Frißt Kleintiere und Samen; sucht vor allem auf der Rinde von Bäumen nach Nahrung

Fortpflanzung Brütet in Baumhöhlen (Spechthöhlen) oder auch in Nistkästen; Nest aus Rindenstücken; 5 bis 9 weißliche Eier mit rötlichen und bräunlichen Flecken; Gelege ab April, 1 Brut im Jahr

Vorkommen Bewohnt Gärten und Parks, vor allem aber Laubwälder; vom Tiefland bis ins Gebirge; Jahresvogel, streift im Winter umher und kommt auch an Futterhäuser; über den gesamten Norden der Alten Welt verbreitet

---

Der Kleiber ist ein untersetzter, gedrungen gebauter Vogel mit einem kurzen Schwanz. Geschickt läuft er an Baumstämmen empor. Als einziger mitteleuropäischer Vogel kann der Kleiber aber auch mit dem Kopf voran stammabwärts laufen. Bei der Nahrungssuche hämmert er wie ein Specht mit seinem kräftigen Schnabel in der Rinde herum. Daher hat er auch den Namen „Spechtmeise" bekommen. Der Name „Kleiber" ist ebenso interessant. Warum wird der Vogel so genannt? Er hat die Angewohnheit, das zu große Eingangsloch einer Bruthöhle mit feuchtem Lehm und Speichel auf die passende Größe zu verkleinern. „Kleiber" heißt also soviel wie „Kleber". Insgesamt gibt es auf der Erde 20 verschiedene Arten von Kleibern.

Klippschliefer

Schliefer sehen ein bißchen wie große Nagetiere oder wie Kaninchen aus. Mit beiden haben sie aber nichts zu tun. Ihre nächsten Verwandten sind vielmehr die Unpaarhufer, also Pferde, Tapire und Nashörner. Wegen ihrer vielen Besonderheiten haben die Tierforscher die Schliefer in einer eigenen Ordnung zusammengefaßt. Es gibt rund zehn Arten von Schliefern, die alle in Afrika vorkommen, aber auch Gebiete in Kleinasien besiedeln. Die bekannteste unter ihnen ist der Klippschliefer. Er lebt stets mit Artgenossen zusammen. Die Kolonien umfassen bis zu 50 Tiere. Sie unterteilen sich wiederum in Familiengruppen, die aus einem alten Männchen, mehreren Weibchen und ihren Jungen bestehen. Die Tiere können 12 Jahre alt werden.

Klippschliefer, Wüstenschliefer

Größe 43 bis 57 cm lang, 2,5 bis 5 kg schwer

Merkmale Gedrungener Körper; sie haben kleine, runde Ohren; ein Schwanz fehlt; das Fell ist graubraun

Ernährung Klippschliefer sind Pflanzenfresser: Gräser, Kräuter, Laub, Beeren und Früchte zählen zu den Hauptnahrungsmitteln

Fortpflanzung Die Paarungszeit ist je nach Region unterschiedlich, Tragzeit 30 bis 32 Wochen; 1 bis 6 Junge in einem Wurf; das Gewicht der Jungen beträgt bei der Geburt 150 bis 200 g; Junge kommen sehend zur Welt; sind ausgesprochene Nestflüchter

Vorkommen Besiedelt felsiges Gelände, etwa Blockhalden und Inselberge; mit Ausnahme der Wüsten- und Regenwaldgebiete über weite Teile Afrikas verbreitet, daneben auch über Kleinasien

---

Klippschliefer

Koala

Trotz seines Aussehens ist der Koala nicht mit den Bären verwandt. Er gehört zu den Beuteltieren.

Koala

Größe 60 bis 80 cm lang, bis 16 kg schwer

Merkmale Aussehen wie Teddybär; große Ohren, Nasenrücken nackt, Schwanz fehlt; graues Fell, auf der Unterseite weißlich

Ernährung Frißt ausschließlich Eukalyptusblätter

Fortpflanzung Paarungszeit September bis Februar; Tragzeit 20 bis 35 Tage; 1 Junges, selten 2 Junge; bei der Geburt 19 mm lang; das Junge verläßt den Beutel im Alter von 6 Monaten, ab 5 Monaten aber schon kurze Ausflüge

Vorkommen Offenes Waldland; über den Osten und Südosten Australiens verbreitet

---

Kein Reiseprospekt, kein Buch über Australien, in dem nicht Abbildungen des Koalas zu finden wären. Dieses sympathisch wirkende Tier ist neben den Känguruhs ein ganz typischer Bewohner Australiens. Und weil Koalas so nett aussehen, gibt es sie in Australien auch als Koala-„Teddybären" zu kaufen. Die Tiere haben aber mit den Bären nichts gemeinsam, und deshalb sollte man auch nicht von „Koala-Bären" sprechen. Während die Bären zu den Raubtieren zählen, sind Koalas Beuteltiere (daher stammt auch der bisweilen verwendete Name „Beutelbär"!). Die Jungen werden in einem noch unfertigen Zustand geboren, kriechen der Mutter in den Beutel und wachsen dort heran. Wenn sie etwa 5 Monate alt sind, machen die Jungen ihre ersten Ausflüge. Später sieht man sie auch auf dem Rücken der Mutter reiten.

Die Nahrung der Koalas besteht ausschließlich aus Eukalyptusblättern. Aber längst nicht alle Eukalyptusarten kommen als Nahrung in Frage. Sind nicht die richtigen Bäume vorhanden, kann auch der Koala nicht leben. Weil diese Bäume nur in Australien wachsen und die Koalas täglich frische Blätter brauchen, ist es schwierig, die Tiere in Zoos zu halten. Außerhalb Australiens sieht man Koalas deshalb fast nie.

Um ein Haar hätten es die Australier in der ersten Hälfte dieses Jahrhunderts geschafft, den Koala auszurotten. Zum Vergnügen und wegen des weichen Fells wurden Millionen Tiere geschossen. Heute stehen Koalas unter strengem Schutz, und die Tiere können sich wieder ungestört vermehren.

Kobra

Kobras sind Giftschlangen und weitläufig mit den Klapperschlangen↑ verwandt. Sie haben runde Pupillen. Bei Erregung richten sie sich hoch auf und verbreitern ihren Hals zu einem Schild. Die größte Kobra ist die *Königskobra* oder *Riesenhutschlange*. Sie kann 4 m lang werden und ist damit die größte Giftschlange der Erde. Es wird sogar von einer Königskobra berichtet, die eine Länge von 5,58 m erreicht haben soll. Wenn ein Mensch von einer Kobra gebissen wird, stirbt er gewöhnlich innerhalb einer Viertelstunde. Bei der Verteidigung können manche Kobras ihr Gift dem Angreifer auch entgegenspeien. Dies tun die *Schwarzhals-* oder *Speikobra* und die *Ringhalskobra*. Beide leben in Afrika.

Brillenschlange

Brillenschlange

Größe Bis 2,20 m lang

Merkmale Färbung hellbraun, olivgrau oder auch ganz schwarz; bei Erregung spreizt die Schlange die Rippen der ersten Wirbel hinter dem Kopf zu einem Schild mit Brillenzeichnung

Ernährung Hauptbeute sind Ratten und Mäuse, aber auch Vögel und Eidechsen, Frösche und Kröten; tötet die Beute mit einem Biß und verschlingt sie dann vollständig

Fortpflanzung 60 bis 100 Tage nach der Paarung werden 12 bis 20 Eier abgelegt, meist in hohlen Bäumen oder in Termitenhügeln; Junge schlüpfen nach 50 bis 70 Tagen

Vorkommen Bewohnt die unterschiedlichsten Lebensräume: von dichtem Dschungel über Reisfelder bis hin zu Dörfern und Städten vorkommend; über das mittlere und südliche Asien verbreitet

Köderwurm

Wer einmal bei Niedrigwasser im Wattenmeer an der Nordsee gewandert ist, hat mit Sicherheit auf dem Boden kleine Häufchen aus verknäuelten Sandschnüren gesehen. Dies sind die Kothaufen des Köderwurms. Nicht weit von den Haufen entfernt sieht man einen kleinen Trichter mit einem Loch in der Mitte. Haufen und Trichter sind unterirdisch durch eine U-förmige Röhre miteinander verbunden. In dieser 20 bis 30 cm tiefen Röhre lebt der Wurm. In dem Trichter sammeln sich Sand und organische Stoffe, und durch dieses Material frißt sich der Wurm sozusagen hindurch. Dabei entnimmt er alles, was freßbar ist. Den Sand scheidet der Wurm in Form des Kothäufchens wieder aus. Der Köderwurm gehört zu den Ringelwürmern.

Köderwurm, Pierwurm, Sandpier

Größe Bis 35 cm lang

Merkmale Runder, geringelter Körper; Färbung gelblich, rotbraun oder dunkeloliv; 13 Paar rote Kiemenbüschel im mittleren Körperabschnitt; der Köderwurm ist entfernt mit dem Regenwurm verwandt; er ist eine wichtige Nahrung für verschiedene Seevögel und wird als Köder beim Angeln benutzt (Name!)

Nahrung Entnimmt organische Stoffe aus dem Boden, scheidet den Sand wieder aus

Fortpflanzung Legt Eier auf dem Meeresboden ab; Laichzeit Oktober; aus den Eiern schlüpfen schwimmende Larven

Vorkommen Gräbt seine Wohnröhren in den Sand- und Schlickboden im Flachwasserbereich; von der westlichen Ostsee über die Nordsee und den Atlantik bis zum Mittelmeer verbreitet

Kothaufen des Köderwurms auf dem Wattboden

Kohlmeise

Junge Kohlmeisen mit einem Elternvogel

Kohlmeise

Größe 14 cm lang

Merkmale Oberseite olivgrün; Kopfplatte und Hals glänzend blauschwarz, Wangen weiß; Unterseite gelb mit einem schwarzen Längsstreifen in der Mitte, Streifen beim Weibchen schmaler und kürzer als beim Männchen; spitzer Schnabel; gut kletternder Baum- und Strauchvogel

Ernährung Frißt Kleintiere (Insekten und deren Larven, Spinnen) und Samen

Fortpflanzung Nest in Baumhöhlen und Nistkästen, in Mauerspalten und anderen Hohlräumen; 6 bis 12 Eier, weißlich mit rostbraunen Flecken; Gelege ab Ende März, meist 2 Bruten im Jahr

Vorkommen In Laub- und Mischwäldern, Feldgehölzen, Gärten und Parks vorkommend; Jahresvogel; über weite Teile Europas und Asiens verbreitet

---

Die Kohlmeise ist die größte unter den europäischen Meisen↑. Da ihre Rufe teilweise ähnlich wie die des Buchfinken klingen, wird sie auch „Finkmeise" genannt. Ihr Gesang ist oft schon im ausgehenden Winter zu hören. Die Kohlmeise ist also ein richtiger Frühlingsbote.

Die Vögel sind wie alle Meisen Höhlenbrüter. Wenn es an natürlichen Bruthöhlen fehlt, beziehen sie alle möglichen künstlichen Höhlen, um zu brüten. So hat man schon Nester in Briefkästen gefunden. Der Postbote mußte dann seine Post bis zum Flüggewerden der Jungen im Haus abgeben.

Die „Wohnungsnot" der Meisen kann man lindern, indem man Nistkästen für sie aufhängt. Die Vögel wiederum helfen, Schadinsekten zu bekämpfen.

Kohlweißling

Unter den Schmetterlingen↑ gibt es nicht nur bunte Arten, die Nektar saugen und deren Raupen sich auf Wildkräutern entwickeln. Es gibt auch Schmetterlinge, die großen wirtschaftlichen Schaden anrichten können. Kein Landwirt ist beispielsweise begeistert, wenn sich auf seinen Feldern große Mengen von Kohlweißlingen zeigen. Will er Schäden an den Kohlpflanzen verhindern, muß er die Schmetterlinge bekämpfen. Greift er nicht ein, kann es passieren, daß die Raupen seine Kohlfelder völlig kahlfressen.

Allerdings haben die Raupen auch natürliche Feinde: Schlupfwespen legen ihre Eier im Körper der Raupen ab, damit sie sich dort entwickeln. Die Larven fressen die Raupen dann von innen auf.

Großer Kohlweißling

Größe Flügelspannweite 5 bis 6,5 cm

Merkmale Die Flügel sind weiß (Name!), kräftig geädert, mit schwarzen Flächen und Flecken; die Unterseiten der Flügel sind bei den Weibchen gelb. Es gibt 2 Arten von Kohlweißlingen: den Großen Kohlweißling (Spannweite 6,5 cm) und den Kleinen Kohlweißling (etwas kleiner, graue Flecken in den Flügeln)

Ernährung Der Falter ernährt sich von Pollen und Nektar; die Raupe frißt Blätter von verschiedenen Kreuzblütlern, darunter Kohlsorten

Fortpflanzung Eier in Häufchen von bis zu 140 Stück an die Unterseite von Kohlblättern abgelegt; Falter fliegen von Mai bis Oktober in 2 bis 3 Generationen; Puppen der letzten Generation überwintern

Vorkommen Offenes Gelände, Felder und Gärten; von Nordafrika über Europa bis weit nach Asien hinein verbreitet

---

Großer Kohlweißling

Kojote

Der Kojote ist das bekannteste Raubtier Amerikas. Trotz aller Nachstellungen ist es ihm gelungen, bis heute zu überleben. Mit Abschießen und Vergiften ist dem Kojoten nicht beizukommen. Daß er überhaupt so stark gejagt wird, liegt daran, daß gerissene Schafe und andere Haustiere immer wieder dem Kojoten zugeschrieben werden. In sehr vielen Fällen reißen aber verwilderte Haushunde diese Tiere. Die Farmer sollten eigentlich mehr daran denken, welchen Nutzen Kojoten haben. Kojoten jagen nämlich vor allem Nagetiere. Und die können viel größere Schäden an den angebauten Pflanzen anrichten, als der Verlust eines gerissenen Schafes ausmacht.

Kojote, Präriewolf, Heulwolf

Größe 80 bis 95 cm, Schwanz weitere 28 bis 40 cm lang; Schulterhöhe 45 bis 53 cm; Gewicht 9 bis 22 kg, meist etwa 13 kg

Merkmale Hundeartiger Körperbau; Fell auf der Oberseite braun, mit grauer und schwarzer Zeichnung; Beine und Ohren rostbraun; Bauch hellgrau bis weiß

Ernährung Jagt vor allem kleine Nagetiere und Kaninchen; greift gelegentlich Haustiere an

Fortpflanzung Paarungszeit Januar/Februar; Tragzeit 60 bis 65 Tage; 5 bis 10 Junge in einem Wurf, Geburtsgewicht etwa 350 g; Geburten im April/Mai; Junge mit 2 Jahren geschlechtsreif

Vorkommen Bewohnt die Prärie, Buschland und offenes Waldland; über weite Teile Nordamerikas und Mittelamerikas verbreitet

---

Der Kojote ist trotz aller Nachstellungen immer noch sehr häufig.

Kolibri

Kolibris sind die Winzlinge unter den Vögeln. Die größte Art, der *Riesenkolibri* aus den südamerikanischen Anden, mißt 22 cm. Die kleinste Art dagegen, die *Bienenelfe* von der Insel Kuba, wird nur 6 cm lang; sie ist der kleinste Vogel der Erde. Es gibt insgesamt rund 340 Arten von Kolibris. Sie alle leben in Amerika. Es ist aber durchaus nicht so, daß Kolibris nur in den tropischen und subtropischen Zonen zu Hause sind. Sie leben in ganz unterschiedlichen Lebensräumen, und selbst in Alaska und im nördlichen Kanada kommen noch einige wenige Arten vor.

Kolibris leben fast ausschließlich von Nektar, den sie aus Blüten holen. Dabei können sie im Schwirrflug vor den Blüten in der Luft stehen und saugen. Bis zu 78 Flügelschläge pro Sekunde machen diese kleinen „Flugmaschinen". Aber so ein Schwirrflug ist anstrengend, und er kostet „Brennstoff". Die Kolibris setzen sich deshalb auch immer wieder hin, wenn sie Nektar saugen. Im übrigen sind die Vögel in der Lage, rückwärts zu fliegen, was alle anderen Vögel nicht können.

Genau so winzig wie sie selbst, ist das Nest der Kolibris. Es ist meist ein kleiner Napf aus Gespinst von Schmetterlingsraupen und Spinnen, aus Pflanzenwolle und kleinen Rindenstücken. Es wird irgendwo in die Zweige eines Busches oder Baumes gehängt. Im Nest liegen fast stets 2 winzige Eier. Die kleinsten Kolibrieier – und damit die kleinsten Vogeleier überhaupt – haben einen Durchmesser von 12 mm und wiegen weniger als ein halbes Gramm.

Kolibris sind nicht nur interessante Vögel und schön anzusehen, sondern spielen auch eine wichtige Rolle im Haushalt der Natur: Wenn sie Nektar saugen, bestäuben sie die Blüten auch. Viele Blüten sind sogar so eingerichtet, daß sie ausschließlich von den kleinen Vögeln bestäubt werden können.

Da die Blüten unterschiedlich geformt sind, haben die verschiedenen Kolibriarten ganz unterschiedlich geformte Schnäbel. Flache Blüten können nur mit kurzen Schnäbeln ausgesaugt werden, lange, trichterförmige Blüten dagegen mit langen, schmalen Schnäbeln. Den längsten Schnabel von allen Kolibris hat der *Schwertschnabel*. Sein Schnabel wird 10 cm lang und ist damit fast so lang wie der Körper des Vogels.

Ein Cora-Kolibri aus Peru

Cora-Kolibri

Größe Männchen 13 cm, Weibchen 9,5 cm lang

Merkmale Gefieder des Männchens auf der Oberseite schillernd grün, an der Kehle schillernd violett, auf der Brust weiß, am Bauch hellgrau mit grünlichen Flecken an den Seiten; sehr langer, tief eingeschnittener Schwanz; Weibchen ähnlich Männchen, aber ganze Unterseite weißlich und Schwanz kürzer

Ernährung Saugt Nektar aus den Blüten verschiedener Pflanzen, fängt daneben auch Kleintiere, vor allem Spinnen; die Nahrung wird meist im Schwirrflug aufgenommen, nur selten im Sitzen

Fortpflanzung Brütet in Büschen auf Zweigen und kleinen Ästen; Nest aus Gespinst von Schmetterlingsraupen und Spinnen; legt meist 2 Eier

Vorkommen Bewohnt trockenes Buschland; über das westliche Peru verbreitet

Kondor

Kopf eines männlichen Anden-Kondors

Anden-Kondor, Kondor

Größe 1,30 m lang, Flügelspannweite 2,90 bis 3,20 m; Männchen 11 bis 12 kg, Weibchen 7,5 bis 10 kg schwer

Merkmale Gefieder dunkel mit weißen Feldern; weiße Halskrause, nackter, fleischfarbener Kopf und Hals; Hakenschnabel; silbergraue Armschwingen; Männchen mit fleischigem Aufsatz auf dem Kopf

Ernährung Frißt fast ausschließlich frische oder sich zersetzende Tierleichen; stiehlt aber auch Eier und greift Seevögel an ihren Höhlen

Fortpflanzung Kein Nestbau; 1 bis 2 Eier, die auf Felsbändern oder in Höhlen in Felswänden abgelegt werden; Brutdauer 54 bis 58 Tage

Vorkommen Bewohnt Hochgebirge, kommt gebietsweise auch an der Küste vor; über die gesamten Anden in Südamerika verbreitet

Kondore sehen wie Geier ↑ aus und spielen im Haushalt der Natur auch eine ähnliche Rolle: Die Vögel beseitigen die Kadaver toter Tiere. Tatsächlich sind beide Vogelgruppen aber nicht näher miteinander verwandt. Kondore gehören zu den Neuweltgeiern, die Gemeinsamkeiten mit den Störchen haben. Geier dagegen gehören zu den Greifvögeln. Der *Anden-Kondor* ist einer der größten Vögel Südamerikas und im Bestand nicht gefährdet; er wird von den Indios sehr verehrt. Von dem etwas kleineren *Kalifornischen Kondor* dagegen gibt es nur noch 30 bis 40 Tiere, die fast alle in Gefangenschaft leben. Sie werden dort gezüchtet, und erst wenn wieder genügend Kalifornische Kondore vorhanden sind, kann man sie in geeigneten Gebieten auswildern.

Koralle

Korallen sind Kolonien aus winzig kleinen Polypen. Die Polypen erreichen eine Größe von wenigen Millimetern bis zu einigen Zentimetern. In ihrem Inneren sind Kalknadeln oder Horn eingelagert. Dadurch bekommen die Kolonien eine gewisse Festigkeit; sie können mehrere Meter groß werden. Während die *Steinkorallen* Kalk einlagern und sehr feste Kolonien bilden, sind *Lederkorallen* biegsam; sie fühlen sich wie Leder an (Name!). Viele Korallen haben eine schöne Form und Färbung. Es gibt Kolonien, die die Form eines Fächers haben. Andere erinnern an ein Geweih oder eine Hand. Ihre Farbe kann weißlich, bräunlich, grau, bläulich oder rot sein. Die farbigen *Edelkorallen* werden zu Schmuck verarbeitet.

Die einzelnen Polypen sind untereinander verbunden. Sie ernähren sich hauptsächlich von Zooplankton. Das sind kleine Tierchen, die frei im Wasser schweben. Diese Kleinstlebewesen bleiben an den Fangarmen der Polypen hängen.

Korallen vermehren sich auf unterschiedliche Weise. Die Polypen können sich teilen. Es kann aber auch so sein, daß männliche Polypen Spermien ausstoßen, die von weiblichen Polypen eingestrudelt werden. Aus den befruchteten Eiern schlüpfen dann Larven, die einige Zeit im Wasser schweben. Später setzen sich die Larven am Meeresboden fest. Korallen leben nur in den obersten Wasserschichten warmer Meere. Die größten Korallenriffe liegen vor der Nordostküste Australiens und in der Südsee.

Lederkoralle

Kormoran

Während einer der Kormorane brütet, breitet sein Brutpartner die Flügel zum Trocknen aus.

Kormoran

Größe Etwas über 90 cm lang

Merkmale Gefieder schwärzlich; im Brutkleid mit weißer
Kehle und weißem Kopf; Männchen und Weibchen gleich
gefärbt; ruft rauh und tief „krah"; fliegt mit ausgestrecktem Hals, schneller Flügelschlag

Ernährung Jagt Fische unter Wasser

Fortpflanzung Brütet kolonieweise in Baumhorsten aus
Ästen und Zweigen, an der Küste auch auf Felsen;
3 bis 4 hellblaue Eier mit kalkweißem Überzug;
erste Gelege im April, 1 Brut im Jahr

Vorkommen Stehende und fließende Binnengewässer,
Meeresküsten; gebietsweise in Europa, Asien, Australien,
Afrika und Nordamerika verbreitet

Kormorane fischen oft in Gruppen, und sie brüten
auch zusammen mit Artgenossen. Bei uns sind die
Vögel leider recht selten geworden. Als Fischjäger
wurden sie stark bejagt, ihre Brutkolonien immer
wieder vernichtet. Glücklicherweise sind die Vögel
heute geschützt und deshalb wieder öfter zu beobachten als früher. Die Bewohner mancher Gebiete
in Afrika und Asien dagegen haben seit jeher ein
anderes Verhältnis zu den Vögeln. Sie setzen sie als
Helfer beim Fischfang ein. Die Fischer lassen die
Kormorane von ihren Booten aus ins Wasser, und
dann jagen die Vögel. Ein Halsring hindert sie
daran, gefangene Fische zu schlucken. Sie kommen
also zum Boot zurück und lassen sich den gefangenen Fisch auch willig abnehmen. Sie wissen genau,
daß sie am Ende der Jagd zur Belohnung gefüttert
werden.

Kormorane gehen unter Wasser auf Nahrungssuche.
Dabei treiben sie sich mit den Füßen vorwärts. Alle
vier Zehen sind durch Schwimmhäute verbunden.
Das Tauchen ist dennoch für die Vögel nicht so einfach. Vögel sind ja leichter als Wasser und schwimmen wie Korken auf der Wasseroberfläche. Kormorane werden aber beim Tauchen bis auf die Haut
naß und machen sich so schwerer. Wenn sie nach
einem Fischzug wieder an Land kommen, müssen
sie erst ihr Gefieder trocknen, bevor sie losfliegen
können. Die Vögel breiten deshalb die Flügel aus,
und Sonne und Wind trocknen die Federn. Nach
einiger Zeit putzen sie sich, dann fliegen sie zum
Brutplatz zurück.

Krabbe

Krabben gehören zu den Krebsen↑, genauer gesagt zu den Zehnfußkrebsen. Diese Krebse haben fünf Paare von Schreitbeinen. Davon ist das erste Beinpaar meist zu Scheren umgewandelt. Ihr Hinterleib ist ziemlich lang. Bei den Krabben ist er aber zurückgebildet und nach vorn unter das Kopfbruststück geklappt.

Die häufigste Art an den europäischen Meeresküsten ist die *Strandkrabbe*. Man sieht sie überall auf weichem Boden in der Gezeitenzone, die dem Wechsel von Ebbe und Flut unterliegt. Die Zeit um Niedrigwasser herum übersteht die Krabbe, indem sie sich unter angespültem Tang oder Steinen versteckt.

Im gleichen Gebiet lebt auch die *Gemeine Schwimmkrabbe*. Sie sieht der Strandkrabbe ähnlich, doch bei ihr ist das letzte Brustbeinpaar zu kleinen Paddeln umgebildet. Diese Art kann schwimmen und ernährt sich deshalb auch ganz anders als die Strandkrabbe: Sie jagt im freien Wasser – und nicht am Boden. So können beide Krabben den gleichen Lebensraum bewohnen.

Verwandt mit Strand- und Schwimmkrabbe ist die *Chinesische Wollhandkrabbe*. Ursprünglich kam diese Krabbe nur in der chinesischen Tiefebene am Gelben Meer vor. Zu Beginn dieses Jahrhunderts wurde sie jedoch in die Elbe eingeschleppt, und heute ist die Wollhandkrabbe über weite Teile Europas verbreitet. Allerdings ist sie kein gerngesehener Zuwanderer. Die Wollhandkrabbe lebt nämlich

Strandkrabbe

Die Rote Klippenkrabbe von den Galapagosinseln

in größeren Flüssen und Kanälen und gräbt sich Wohnhöhlen in Dämme und Deiche. So verursacht sie Schäden und beeinträchtigt daneben auch noch die Fischerei. Ihren Namen erhielt die Krabbe, weil ihre Scheren einen pelzigen Besatz tragen.

Zu Beginn der Fortpflanzungszeit begeben sich die geschlechtsreifen Männchen zum Meer. Dort warten sie auf die etwas später folgenden Weibchen. Diese wandern nach der Begattung ins Wattenmeer weiter. Die jungen Wollhandkrabben ziehen im Alter von zwei Jahren zurück ins Süßwasser.

Eine der schönsten Krabben der Erde ist die *Rote Klippenkrabbe*. Die Tiere haben einen leuchtend orangefarbenen oder roten Panzer, oft übersät mit blauen oder goldenen Punkten. Man kann sie auf den Galapagos-Inseln vor der Küste Ecuadors beobachten. Sie sind aber ziemlich scheu und verstecken sich bei der kleinsten Störung.

Strandkrabbe

Größe Kopfbruststück bis 6 cm lang und bis 8 cm breit

Merkmale Kopfbruststück olivbraun, vorne breit gerundet und gezähnt, nach hinten schmaler werdend, nur wenig gewölbt; 1 Paar kräftige Scheren, 4 Paar lange Laufbeine

Ernährung Frißt Muscheln, andere Krebse, Würmer und bisweilen auch kleine Fische

Fortpflanzung Weibchen werden während einer Häutung begattet; Eier werden in Form von Paketen am Hinterleib getragen; die jungen Krabben wachsen über verschiedene Larvenstadien zur Endgröße heran

Vorkommen Lebt auf sandigem Grund in der Gezeitenzone; Ostsee, Nordsee, Mittelmeer, Atlantik

Krähe

Krähen sind meist ganz schwarz gefärbt. Die in Europa häufigste Art ist die *Rabenkrähe*. Eigentlich müßte man von der „Aaskrähe" sprechen. Die Vögel, die östlich der Elbe brüten, unterscheiden sich nämlich von der Rabenkrähe durch den grauen Rücken und Bauch. Diese Vögel tragen auch den Namen *Nebelkrähe*. Es handelt sich aber um ein und dieselbe Art. Die Vögel treten meist einzeln oder paarweise auf, im Winter jedoch bisweilen auch in großen Trupps. An immer wieder aufgesuchten Schlafplätzen kommen oft Hunderte oder sogar Tausende der Vögel zusammen. Der Himmel kann schwarz werden, wenn so viele Krähen einfliegen. Von Raben- und Nebelkrähe kann man die *Saatkrähe* leicht an der weißen Schnabelwurzel unterscheiden. Sie brütet nicht einzeln, sondern nur in Kolonien zusammen mit Artgenossen. Diese Krähe war früher in Mitteleuropa ziemlich häufig. Neben den schon bestehenden Brutkolonien haben die Vögel viele neue Kolonien gegründet, teilweise auch mitten in Städten. Und wenn sie in ihren Kolonien nicht gestört werden, suchen die Vögel Jahr für Jahr die alten Brutplätze wieder auf. Sie bessern dann die während des Winters beschädigten Horste aus oder errichten neue, und so können die Kolonien im Lauf der Zeit Hunderte von Brutpaaren umfassen. Da man die Krähen aber lange Zeit als schädliche Vögel ansah, wurden viele ihrer Brutkolonien vernichtet. Außerdem finden sie heute oft nicht mehr genügend Nahrung.

Rabenkrähe

Saatkrähen an ihren Nestern in der Brutkolonie

Zu den Krähenvögeln gehören auch die Dohle ↑, der Eichelhäher ↑, die Elster ↑ und der Tannenhäher ↑. Die größte Art ist der Kolkrabe (Rabe ↑). Er wird deutlich größer als Aas- und Saatkrähe und alle anderen europäischen Krähen, hat einen keilförmigen Schwanz und eine rauhe Stimme. Insgesamt gehören die Krähen zu den Singvögeln. Dies ist auf den ersten Blick erstaunlich, aber die Krähen haben tatsächlich eine gut ausgebildete Stimme. Die Rabenkrähe läßt ein rauhes „krah" hören und wiederholt diesen Ruf meist einige Male. Ihr Gesang ist nicht sehr häufig zu hören, aber sehr abwechslungsreich. In das „Schwätzen" baut die Krähe Pfeiflaute, plärrende Töne und sogar Nachahmungen von Stimmen anderer Vögel ein. Der Kolkrabe wiederum ruft meist tief „kork", aber daneben verfügt er über eine Vielzahl anderer Rufe. Auch er kann die Stimmen anderer Vögel nachahmen.

Rabenkrähe, Aaskrähe

Größe 47 cm lang

Merkmale Ganz schwarz im Gefieder, je nach Beleuchtung leicht glänzend; schwarzer Schnabel, schwarze Schnabelwurzel; beide Geschlechter gleich gefärbt

Ernährung Frißt Kleintiere, Jungvögel, Aas, Pflanzenteile, Sämereien, auch Abfälle

Fortpflanzung Nest aus Reisig hoch in Bäumen; 4 bis 6 hellblaue oder grünliche, braun und grau gesprenkelte Eier; Legebeginn Ende März/Anfang April, 1 Brut im Jahr

Vorkommen Offene Landschaften, Wälder und Parks; Jahresvogel, außerhalb der Brutzeit umherstreifend; über fast ganz Europa und Asien verbreitet

Kranich

Ziehende Kraniche: Die Vögel fliegen immer mit ausgestrecktem Hals.

Kranich

Größe 1,15 m lang, Flügelspannweite 2,40 m

Merkmale Schiefergraues Gefieder; Kopf mit schwarzer Stirn, rotem Scheitel und schwarzem Nacken; Hals an den Seiten weiß, schwarzer Streifen vom Kopf bis zur Mitte des Halses; am Hinterende des Körpers bogenförmig fallende Schmuckfedern; Rufe laut trompetend „kru-kru"

Ernährung Frißt Pflanzensamen (Getreide), Kartoffeln, Beeren, Kleintiere (Insekten, Würmer, Schnecken), daneben auch kleine Wirbeltiere

Fortpflanzung Umfangreicher Horst aus Pflanzenmaterial; auf feuchtem Grund am Boden, meist mit freiem Ausblick nach allen Seiten; 2 Eier, oliv- oder rötlichbraun mit graubrauner Fleckung, 10 cm lang; Gelege ab April/Mai, 1 Brut im Jahr

Vorkommen Bewohnt ausgedehnte Sumpfgebiete und Moore; rastet auf dem Zug auf Wiesen und Feldern, im Winterquartier auch in flachen Lagunen; Sommervogel: in Mitteleuropa von Februar/März bis Oktober/November; Brutgebiete in Skandinavien und im nordöstlichen Mitteleuropa, daneben in Süd- und Südosteuropa und in Kleinasien; bis weit nach Sibirien hinein verbreitet

Kraniche im Frühjahr an einem Rastplatz in Schweden

Der Kranich ist einer der größten Vögel Europas. Vom Weißstorch (Storch ↑) kann man ihn an dem grauen Gefieder unterscheiden. Der Graureiher (Reiher ↑) dagegen sieht dem Kranich ähnlich; auch er ist grau gefärbt. Kraniche und Störche fliegen immer mit ausgestrecktem Hals, Reiher dagegen mit eingezogenem Hals.

Kraniche sind Zugvögel. Sie überwintern schon in Südeuropa und Nordafrika, zum Teil aber auch in Ostafrika. Ihren Zug unterbrechen die Vögel immer wieder an den gleichen Plätzen. So versammeln sie sich beispielsweise auf dem Zug im Herbst am Müritzsee in Mecklenburg-Vorpommern. Nach einiger Zeit brechen die Vögel dann gemeinsam in den Süden auf. Und wenn die in Skandinavien brütenden Kraniche im Frühjahr nach Norden ziehen, machen sie eine Pause am Hornborgasee in Mittelschweden. Dort balzen sie auch, wobei sie Luftsprünge und Verbeugungen aufführen.

Zurück in den Brutgebieten, bauen die Vögel ein großes Nest. Männchen und Weibchen brüten die Eier abwechselnd aus. Die Jungen schlüpfen nach rund 4 Wochen. Sie sind Nestflüchter und werden lange von den Altvögeln geführt. Auch später halten die Familienverbände weiter zusammen. Durch das Trockenlegen von Feuchtgebieten und durch Störungen am Brutplatz sind die Kraniche in Mitteleuropa sehr zurückgegangen. In Skandinavien gibt es dagegen noch recht große Bestände. Neben dem heimischen Kranich gibt es auf der Erde außerdem noch 13 weitere Kranicharten. Einige von ihnen sind sehr häufig. Andere – wie der amerikanische *Schrei-* oder *Schneekranich* – überleben nur mit Hilfe besonderer Schutzmaßnahmen.

Krebs

Die Mehrzahl der großen Krebse lebt im Meer. Im Süßwasser kommen nur wenige Arten vor. Die Tiere sind durch die Verschmutzung der Gewässer selten geworden. Um die Jahrhundertwende sind außerdem fast alle *Edelkrebse* der Krebspest zum Opfer gefallen. Diese Krankheit wird von einem Pilz verursacht. Die Krebsbestände haben sich seither nie wieder erholt. Nach der verheerenden Seuche hat man nordamerikanische Flußkrebse in Europa eingebürgert. Diese Krebse werden von dem Pilz nicht befallen, und so leben heute verschiedene Flußkrebsarten in den Fließgewässern Europas.

Der Edelkrebs lebt in sauberen Bächen und Flüssen, die geeignete Schlupfwinkel aufweisen. Die großen Krebse halten sich tagsüber versteckt und gehen erst in der Dämmerung und in der Nacht auf Nahrungssuche. Mit ihren großen Scheren ergreifen die Tiere ihre Beute, zerkleinern sie mit den Beinen und führen sie zum Mund.

Krebse müssen sich während ihres Lebens mehrmals häuten. Die jungen Edelkrebse bleiben bis zur ersten Häutung an die Mutter geklammert. Erst danach beginnen sie ihr selbständiges Leben. Wenn ihnen der Panzer zu eng wird, platzt er auf. Der darunterliegende neue Panzer ist aber zunächst noch weich, und der Krebs ist verwundbar. Deshalb versteckt er sich so lange, bis der neue Panzer ganz hart geworden ist.

Edelkrebs

Größe Kaum über 20 cm lang; Weibchen meist nicht länger als 12 cm, Männchen nicht länger als 16 cm

Merkmale Langgestreckter Körper; kräftige Scheren, lange Fühler; Panzer braun gefärbt, Unterseite von Scheren und Beinen rot

Ernährung Frißt Wasserinsekten, Würmer, Muscheln und Schnecken, manchmal auch Fische und Lurche; verschmäht auch tote Tiere nicht

Fortpflanzung Die Paarung erfolgt im Spätherbst, meist im November; das Weibchen trägt die Eier ein halbes Jahr am Hinterleib mit sich herum; die Jungen schlüpfen im Mai oder Juni

Vorkommen Lebt in sauberen Fließgewässern, in Schlupfwinkeln wie überhängenden Uferböschungen oder Hohlräumen zwischen Wurzelwerk oder Steinen; über Mittel-, Nord- und Südosteuropa verbreitet

---

Der Edelkrebs ist wegen der Verschmutzung von Bächen und Flüssen in Europa selten geworden.

Kreuzotter

Die Kreuzotter gehört zu den Vipern↑; sie ist also eine Giftschlange. In ihrem Oberkiefer hat sie zwei Giftzähne, die von einem Giftkanal durchzogen sind. Die Giftzähne sind beweglich. Bei geschlossenem Maul liegen sie in Falten im Gaumen verborgen. Bei geöffnetem Maul richten sich die Zähne auf. Ihr Gift benutzen Kreuzottern fast ausschließlich, wenn sie Beute fangen. Kommt beispielsweise eine Maus in die Nähe, beißt die Schlange blitzschnell zu. Nach kurzer Zeit ist die Maus verendet, und die Schlange kann ihre Mahlzeit beginnen.

Dem Menschen werden Kreuzottern selten gefährlich. Sie sind wechselwarme Tiere und deshalb nur an warmen Tagen aktiv. Zudem ziehen sich Schlangen normalerweise ohnehin schon bei Erschütterungen des Bodens zurück. Es kann aber vorkommen, daß sich die Kreuzotter auf ihre Tarnung verläßt. Dann bleibt sie liegen, wo sie gerade ist, und durch einen unglücklichen Zufall kann auch einmal ein Wanderer gebissen werden. In diesem Fall muß man schnellstens einen Arzt oder ein Krankenhaus aufsuchen.

In den kühlen Monaten und im Winter sieht man Kreuzottern fast nie. Den Winter überdauern sie in Kältestarre in einem geeigneten Versteck. Erst im darauffolgenden Frühjahr kommen sie wieder ans Tageslicht. Aber schon an einem sonnigen Februartag kann man sie draußen sehen.

Kreuzotter

Größe 70 bis 80 cm lang

Merkmale Dreieckiger Kopf; Augen rötlich, mit senkrechtstehenden Pupillen; hellgrau, Männchen mit schwarzem, Weibchen mit dunkelbraunem Zickzackband auf dem Rücken; Tiere bisweilen auch ganz braun, kupferrot oder schwarz

Ernährung Jagt Mäuse, Eidechsen und Frösche; Beutetiere werden mit einem Biß vergiftet und nach einer Weile ganz verschlungen

Fortpflanzung Eier werden im Mutterleib erbrütet; im Spätsommer bringen die Weibchen 5 bis 18 lebende Junge zur Welt

Vorkommen Bewohnt sehr unterschiedliche Lebensräume: Dünen, Heiden und Moore, aber auch steiniges Gelände; sowohl im Tiefland als auch im Mittel- und Hochgebirge und selbst in Höhen um 3 000 m noch anzutreffen; über das nördliche und mittlere Europa und Asien verbreitet

---

Kreuzottern sonnen sich, um sich nach der Winterruhe aufzuwärmen.

Kreuzschnabel

Fichtenkreuzschnabel, Männchen

Fichtenkreuzschnabel

Größe 17 cm lang

Merkmale Männchen ziegelrot gefärbt, Weibchen olivgrün; Schnabel mit gekreuzten Spitzen

Ernährung Frißt vor allem Samen von Nadelbäumen; öffnet die Zapfen mit seinem Schnabel

Fortpflanzung Stabiles Nest hoch in Bäumen; 2 bis 4 grünlich-bläuliche Eier, braun und lila gefleckt; in günstigen Jahren 2 Bruten

Vorkommen Nadelwälder, besonders Fichtenwälder; Jahresvogel; über das mittlere und nördliche Europa, Asien und Nordamerika verbreitet

---

Kreuzschnäbel ernähren sich ganz von den Samen von Nadelbäumen. Mit Hilfe ihres einzigartigen Schnabels mit den sich kreuzenden Spitzen schaffen es die Vögel, an die tief in den Zapfen liegenden Samen heranzukommen.

Wenn sie keine Nahrung mehr finden, wandern die Vögel einfach weiter. Nach dem Nahrungsangebot richtet sich auch die Fortpflanzung. Man kann Gelege das ganze Jahr über finden. Meistens ziehen die Kreuzschnäbel ihre Jungen zwischen Dezember und Mai auf.

Kreuzspinne

Spinnen ↑ sind sehr interessante Lebewesen. Zu den bekanntesten Spinnen Europas zählt die Kreuzspinne, die Netze baut, um Beutetiere zu fangen. Die Netze der Kreuzspinne sind mehr oder weniger rund. Ihr Durchmesser beträgt bei der *Gartenkreuzspinne* rund 30 cm. Beim Netzbau geht die Spinne so vor, daß sie zunächst von ihrem Sitzplatz aus einen Faden zu einem entfernten Haltepunkt schießt. Dann knüpft sie einen Rahmen, der zwischen Zweigen aufgehängt wird. Nach und nach werden die Speichen eingezogen und anschließend die Spirale aus klebrigen Fangfäden.

Die Spinne sitzt meist im Zentrum des Netzes oder lauert in der Nähe in einem Versteck. Wenn ein Beutetier im Netz zappelt, kommt sie sofort herbei. Die Erschütterungen, die die Beute im Netz verursacht, zeigen der Spinne an, wo sie ihre Beute finden kann. Die Spinne lähmt die Beute durch einen Biß und spinnt sie ein.

Gartenkreuzspinne

Größe 1,5 cm lang

Merkmale Graubraun, typische weiße Kreuzzeichnung auf dem Hinterleib (Name!)

Ernährung Erbeutet vor allem Insekten; baut Fangnetze von ungefähr 30 cm Durchmesser

Fortpflanzung Das Weibchen legt im Herbst Kokons mit je einigen hundert Eiern im Gras ab; aus den Kokons schlüpfen im darauffolgenden Frühjahr die jungen Spinnen, die sich mehrmals häuten

Vorkommen Bewohnt unterschiedliche Lebensräume; über ganz Europa verbreitet

---

Gartenkreuzspinne im Netz

Kröte

Die Wechselkröte erkennt man an ihrer Fleckung,

die Kreuzkröte an dem hellen Rückenstreifen.

Wechselkröte, Grüne Kröte

Größe 9 cm lang

Merkmale Grundfärbung hellgrau oder hellbraun, dunkelgrüne Fleckung und dazwischen rote Warzen; Männchen trillert lang „ürrr-ürrr-ürrr"

Ernährung Jagt Würmer, Schnecken und Insekten

Fortpflanzung Laichzeit zwischen Anfang April und Anfang Juni; Laich in Form langer Schnüre vom Weibchen abgelegt; ein einziges Weibchen kann 10 000 bis 12 000 Eier ablegen

Vorkommen In unterschiedlichen Lebensräumen anzutreffen, mehr in trockenen Gebieten; im Flach- und im Bergland; über Teile Süd-, Mittel- und Nordeuropas, das westliche Asien und Nordafrika verbreitet

---

Kreuzkröte

Größe Bis 8 cm lang

Merkmale Auf der Oberseite grünlich-bräunlich, mit weißlich-gelblichem Längsstreifen; auf der Unterseite hellgrau mit grauen Flecken

Nahrung Jagt Würmer, Schnecken und Insekten

Fortpflanzung Laichzeit zwischen April und Juni; Weibchen zieht kurze, einreihige Laichschnüre zwischen die Wasserpflanzen; 3 000 bis 4 000 Eier von einem Weibchen abgelegt; Eier schwarz gefärbt mit hellem Fleck

Vorkommen Bevorzugt als Lebensraum Niederungen mit sandigem Boden, aber mitunter auch im Bergland bis in etwa 1000 m Höhe vorkommend; von der Iberischen Halbinsel bis ins nordwestliche Rußland verbreitet

---

Kröten gehören zu den Froschlurchen. Von den Fröschen↑ unterscheiden sie sich vor allem durch ihre warzige Haut; die Haut der Frösche ist mehr oder weniger glatt. Außerdem haben Kröten recht kurze Beine, und sie setzen einen Fuß vor den anderen. Frösche dagegen stoßen sich mit den langen, zum Springen ausgebildeten Hinterbeinen ab und hüpfen. Die häufigste mitteleuropäische Kröte ist die einfarbig braune *Erdkröte↑*. Nah verwandt mit den Kröten sind die Unken↑.

Insgesamt sind Kröten weniger an das Wasser gebunden als Frösche. Der Erdkröte beispielsweise begegnet man oft weitab vom nächsten Gewässer. Die *Wechselkröte* erträgt ebenfalls Trockenheit. Dennoch sind Kröten natürlich bei der Fortpflanzung auf Gewässer angewiesen. Alljährlich im Frühling weisen die Schutzzäune entlang der Land-straßen auf die Krötenwanderung hin. Ihren Laich legen die Tiere in Schnüren ab. Sie ziehen diese Laichschnüre zwischen die Wasserpflanzen. Auch hier zeigt sich ein Unterschied zu den Fröschen: Frösche legen ihren Laich stets in Klumpen ab.

Verwandt mit der Erdkröte und der Wechselkröte ist die *Kreuzkröte*. Diese Kröte ist an dem grünlich-bräunlichen Rücken mit dem weißlich-gelblichen Längsstreifen zu erkennen. Eine besonders interessante Art ist die *Geburtshelferkröte*. Bei ihr trägt das Männchen die Laichschnüre um den Hinterleib gewickelt mit sich herum. Aus den 20 bis 100 Eiern schlüpfen nach 3 bis 7 Wochen die Kaulquappen. Eigentlich ist die Geburtshelferkröte aber keine „richtige" Kröte. Sie gehört zur Familie der Krötenfrösche. Erdkröte, Wechselkröte und Kreuzkröte dagegen zählen zur Familie der Echten Kröten.

Krokodil

Krokodile sind die größten Kriechtiere, die es heute auf der Erde gibt. Ihr zweiter Name „Panzerechsen" beschreibt ihr hauptsächliches Merkmal sehr gut: Die Tiere haben einen kräftigen Hautpanzer. Große, teilweise verknöcherte Hornschilder bedecken den Körper. Krokodile liegen tagsüber meist auf dem

---

Nilkrokodil

Größe Bis 7 m lang

Merkmale Große, gepanzerte Echse; auf dem Rücken kräftige Hornschilder; höckerförmig erhöhte Schnauzenspitze; Ohren mit verschließbaren Hautfalten; hochliegende Augen; durch Hautklappen verschließbare Nasenlöcher

Ernährung Ausgewachsene Krokodile töten Antilopen, aber auch Giraffen, Büffel, junge Flußpferde und andere Tiere; daneben werden Schildkröten und Fische und auch Aas gefressen.

Fortpflanzung Die Paarung erfolgt im Wasser; das Weibchen scharrt eine Nestgrube in den Sand und legt darin bis etwa 40 weiße, hartschalige Eier ab; Eiablage zwischen November und Januar, nach Gebieten unterschiedlich; die Jungen schlüpfen nach 11 bis 14 Wochen, dann 26 bis 34 cm lang

Vorkommen Fluß- und Sumpfgebiete; Afrika

Trockenen in der Sonne – wenn es sehr heiß wird, mit offenem Rachen. Die Nacht verbringen die Tiere im Wasser. Sie sind nah verwandt mit den Alligatoren↑ und den Kaimanen↑. Und wie diese hat man auch Krokodile lange Zeit unbarmherzig gejagt. Man betrachtete sie als Gefahr für den Menschen, und außerdem ließ sich ihre Haut für teure Lederprodukte verwenden. Leider stellte man vor allem den großen Tieren nach, und so sieht man wirklich große *Nilkrokodile* heute nur noch ganz selten in freier Natur. Diese Art war früher über ganz Afrika einschließlich der vorgelagerten Inseln und über Kleinasien verbreitet und ist heute aus vielen Gebieten bereits verschwunden. Insgesamt gehören zu den Krokodilen im engeren Sinn etwa 10 verschiedene Arten. Sie leben in Afrika, Asien, Australien und Amerika. Die meisten kommen in Süßwassersümpfen und Binnengewässern vor.

Das *Spitzkrokodil* und das *Leistenkrokodil* können aber auch ins offene Meer hinausschwimmen. So haben manche Krokodilarten auch landferne Inseln besiedelt.

Ein Nilkrokodil sonnt sich am Ufer eines afrikanischen Flusses.

Kuckuck

Kuckuck, Altvogel

Kuckuck

Größe 33 cm lang

Merkmale Oberseite und Kehle blaugrau; Unterseite in der
Grundfärbung weißlich, fein dunkel gebändert („gesper-
bert"); Schwanz dunkler, mit weißen Flecken und am Ende
gerundet; im Flug fallen die spitzen Flügel und der lange
Schwanz auf; Männchen und Weibchen gleich gefärbt; bisweilen kommen auch Kuckucksweibchen vor, die einen
braungefärbten, dunkel gestreiften Rücken haben, sonst
aber wie normal gefärbte Vögel aussehen; ausgesprochener Einzelgänger; Rufe zweisilbig „kuckuck" (gelegentlich
auch dreisilbig), daneben fauchende Rufe und vom Weibchen schallende „kwi-kwi-kwi"-Rufreihen

Ernährung Frißt Kleintiere, vor allem Schmetterlingsraupen, Käfer und Heuschrecken; die Weibchen fressen
regelmäßig die Eier der Wirtsvögel, in deren Nester sie
dann ihre Eier ablegen

Fortpflanzung Baut kein eigenes Nest; das Weibchen legt
seine Eier in die Nester verschiedener anderer Vogelarten
(Kleinvögel bis etwa zur Größe einer Drossel)

Vorkommen Besiedelt Parks und Wälder; kommt darüber
hinaus in der mit Buschgruppen, Hecken und Feldgehölzen durchsetzten offenen Landschaft vor; ausgesprochener
Sommervogel, in Mitteleuropa von Mitte Mai bis Mitte
August, Winterquartier im südlichen Afrika; über fast ganz
Europa, große Teile Asiens und große Teile Afrikas verbreitet

---

Den Kuckuck kennt jeder. Seine typischen Rufe zählen sicher zu den bekanntesten Vogelstimmen in
Europa und haben dem Vogel auch zu seinem
Namen verholfen. Der Kuckuck hat eine sehr interessante Lebensweise: Er ist der einzige Brutschma-
rotzer – oder Brutparasit – in der Vogelwelt Mitteleuropas. Das bedeutet, daß der Kuckuck seine
Eier von anderen Vögeln ausbrüten und die Jungen
von ihnen aufziehen läßt.

Ein Kuckucksweibchen legt in einem Frühjahr
15 bis 20 Eier jeweils in verschiedene Nester. Dabei
ist jedes einzelne Weibchen auf eine ganz bestimmte Wirtsvogelart spezialisiert. Das eine Weibchen legt seine Eier in die Nester von Bachstelzen,
das andere in die von Sumpfrohrsängern. Die Kuk-
kuckseier sehen meist denen des Wirtsvogels sehr
ähnlich, sind aber oft etwas größer. Die Wirtsvögel
erkennen das fremde Ei nicht, sondern brüten es
zusammen mit ihren eigenen Eiern aus.

Sobald der junge Kuckuck geschlüpft ist, wirft er
aus dem Nest, was noch darinliegt. Ob verbliebene
Eier oder junge Stiefgeschwister, alles wird über
den Nestrand geschoben und so hinausbefördert.
Der junge Kuckuck hat jetzt das Nest für sich und
wird von den Wirtsvögeln allein aufgezogen. Ihm
kommt die gesamte herbeigeschaffte Nahrung
zugute, und deshalb wächst er auch rasch. Oft wird
dem Jungkuckuck das Nest seiner Wirtseltern viel
zu klein, und sie können ihn nur füttern, indem sie
ihm auf den Rücken klettern.

Junger Kuckuck in einem Nest der Bachstelze

Kudu

Männliche Große Kudus haben lange, wie Schrauben gewundene Hörner.

Großer Kudu, Großkudu

Größe Männliche Tiere 2,15 bis 2,45 m lang und 225 bis
315 kg schwer; weibliche Tiere 1,85 bis 2,35 m lang und
180 bis 215 kg schwer; Schwanz 30 bis 55 cm lang

Merkmale Fell braungrau bis rötlichbraun; bei männlichen
Tieren Mähne auf dem Hals und dem Rücken, aber auch
auf der Unterseite des Halses; weibliche Tiere nur mit
Haarkamm entlang der Rückenlinie; helle Querstreifen auf
dem Rumpf; Hörner normalerweise nur bei männlichen
Tieren; Hörner bis 1,80 m lang, locker gewunden, graubraun bis dunkelbraun

Ernährung Frißt überwiegend Laub von Sträuchern und
Bäumen, daneben auch Gräser und Kräuter; stellt sich
beim Fressen bisweilen auf die Hinterbeine, um das Laub
zu erreichen

Fortpflanzung Tragzeit rund 7 Monate; 1 Junges; Setzzeit im
Norden im Mai, im Süden im September; Geburtsgewicht
15 kg; Junges wird rund ein halbes Jahr lang gesäugt;
männliche Tiere werden im Alter von 15 bis 21 Monaten,
weibliche Tiere im Alter von 21 bis 24 Monaten
geschlechtsreif

Vorkommen Bewohnt steiniges, locker bis dicht mit
Büschen bestandenes Hügel- und Bergland; kommt aber
auch im Flachland entlang trockenfallender Flüsse mit
Busch- und Baumbewuchs am Ufer vor; über das östliche
und südliche Afrika verbreitet; Verbreitungsgebiet heute
kleiner als früher

Kudus gehören zu den Antilopen↑. Es gibt zwei
Arten, den *Großen Kudu* und den *Kleinen Kudu*
oder *Kleinkudu*. Beide leben in Afrika. Der Kleine
Kudu ist in seiner Verbreitung auf das östliche
Afrika beschränkt. Er ist nicht nur kleiner als der
Große Kudu, sondern sieht auch etwas anders aus.
Er wird nur 1,10 bis 1,40 m lang und 80 bis 105 kg
schwer. Ihm fehlt die Halsmähne, dafür hat er zwei
weiße Flecken am Hals. Der Körper ist gleichfalls
gestreift, aber hier enger und auffälliger. Seine Hörner sind auch lang und gedreht, stehen aber mehr
parallel. Bei beiden Kuduarten tragen normalerweise nur die männlichen Tiere Hörner. Manchmal
haben auch weibliche Große Kudus kurze Hörner.
Die Hörner der Kudus sind eine begehrte Trophäe,
und deshalb werden die Tiere übermäßig stark
bejagt. Der Große Kudu ist deshalb mittlerweile in
manchen Teilen seines früheren Verbreitungsgebietes ausgerottet.

Nah verwandt mit den Kudus sind die Schirranti-
lope, die Nyalas, die Sumpfantilope oder Sitatunga,
der Bongo und die Elenantilope (Antilope↑).

Lachender Hans

Der Lachende Hans ist ein typischer Vogel Australiens.

Lachender Hans, Jägerliest
Größe 41 bis 47 cm lang; Schnabel 8 bis 10 cm lang; Gewicht 360 g
Merkmale Gefieder cremefarben; dunkelbraune Kopfplatte und brauner Wangenfleck; Rücken und Flügeldecken ebenfalls dunkelbraun; Schwanz rotbraun mit dunklen Querbinden
Ernährung Frißt kleine Kriechtiere (auch giftige Schlangen), Insekten, Krebse; plündert Vogelnester
Fortpflanzung Nest meist in Baumhöhlen, bis zu 20 m über dem Erdboden, gelegentlich auch in Erdhöhlen oder Termitenbauten; 2 bis 4 weiße, rundliche Eier; Brutzeit September bis Dezember
Vorkommen Bewohnt offenes Waldland, auch Kulturland mit Bäumen, Obstplantagen, Parks und Gärten; im Südwesten und Osten Australiens und in der nördlichen Hälfte Tasmaniens verbreitet

Wenn ein Vogel „Lachender Hans" heißt, dann kann sich dieser Name nur auf seine Stimme beziehen. Tatsächlich wird man durch sein „Gelächter" immer wieder auf den Vogel aufmerksam, und da er es hauptsächlich morgens und abends hören läßt, wird er in seiner Heimat Australien auch bisweilen „Buschmannsuhr" oder „Frühstücksvogel" genannt.

Lachmöwe

Die Lachmöwe lebt in größeren See- und Teichgebieten im Binnenland. Da sie in Kolonien brütet, herrscht an den Brutplätzen ständiger Lärm. Wo viele Vögel auf engem Raum zusammen sind, gibt es immer wieder lautstarke Streitereien. Manchmal fliegen zwei Vögel hoch und bearbeiten sich mit Flügeln und Schnäbeln. Bei größeren Störungen am Brutplatz steigen lärmende Vogelwolken auf. Manchmal wird das Geschrei in einer Lachmöwenkolonie direkt unerträglich. Allerdings bezieht sich der Name „Lachmöwe" nicht etwa auf eine wie Lachen klingende Stimme. Der Name hängt vielmehr mit dem Wort „Wasserlache" zusammen, bezieht sich also auf den Lebensraum des Vogels. Nach der Brutzeit streifen die Lachmöwen weit umher. Die Möwen, die im Winter an Flüssen, Seen und Parkteichen auftauchen, sind fast immer Lachmöwen. Sie lassen sich gern von Spaziergängern füttern.

Lachmöwe
Größe 38 cm lang
Merkmale Oberseite hellgrau und weiß; im Brutkleid schokoladenbrauner Kopf, im Winterkleid nur graue Flecken an den Kopfseiten; Beine und Schnabel rot
Ernährung Frißt meist Kleintiere, aber auch kleine Fische, daneben Pflanzenteile
Fortpflanzung Nest aus Stengeln, Halmen und Blättern am Boden; Koloniebrüter; meist 3 braunolive, unterschiedlich gefleckte Eier; erste Gelege im April, 1 Brut im Jahr
Vorkommen Brütet an stehenden Gewässern im Binnenland und in ähnlichen Gebieten an der Küste; über das mittlere und nördliche Europa und Asien verbreitet

Lachmöwenpaar zur Balzzeit

Lachs

In Europa gibt es nur eine einzige Lachsart, im Gebiet zwischen Asien und Nordamerika leben dagegen sechs Arten, darunter der *Blaurückenlachs.* Allen Lachsarten ist gemeinsam, daß sie lange Abschnitte ihres Lebens im Salzwasser verbringen und zum Laichen vom Meer in Flüsse und Bäche aufsteigen. Lachse sind also Wanderfische. Mit großer Genauigkeit steuern die Fische den Flußabschnitt zum Laichen an, in dem sie selbst aus dem Ei geschlüpft sind. Man weiß heute, daß sich die Lachse dabei zunächst am Sonnenstand orientieren. Den richtigen Flußabschnitt finden sie jedoch über ihren Geruchssinn.

Im flachen Wasser mit kiesigem Untergrund laichen die Fische ab. Die Weibchen formen durch Körperdrehungen und Schläge mit der Schwanzflosse Laichgruben im Bachgrund, legen die Eier hinein, und die Männchen besamen diese. Die Tiere sind dann so schwach, daß sie sterben. Während die Lachse aus dem Pazifik nur ein einziges Mal zum Laichen in die Flüsse aufsteigen, kann der europäische Lachs die Laichwanderung wiederholen.

Blaurückenlachse beim Ablaichen in einem Bach

Blaurückenlachs

Größe 40 bis 60 cm lang, 3 bis 5,5 kg schwer
Merkmale Körper langgestreckt; silbriges Schuppenkleid; zur Laichzeit bis auf den dunkelgrünen Kopf kräftig rot
Ernährung Raubfisch
Fortpflanzung Weibchen legt Eier im Kiesbett von Bächen ab; junge Fische bleiben 1 bis 3 Jahre in einem See, bevor sie ins Meer abwandern; mit 3 Jahren geschlechtsreif
Vorkommen Passende Laichgewässer sind Bäche, die mit Seen Verbindung haben; nördlicher Pazifik und angrenzende Küsten

Auf ihrer Wanderung zu den Laichplätzen müssen Lachse auch Wasserfälle überspringen.

Lama

Lamas sind typische südamerikanische Haustiere. Sie wurden aus dem *Guanako*↑ herausgezüchtet und dienen in erster Linie als Tragtiere. Sie werden mit 25 bis 35 kg Last beladen und können damit Strecken von durchschnittlich 20 km am Tag bewältigen. Lamas liefern Wolle, die sehr grob ist und dennoch versponnen wird. Viel feinere und damit wertvollere Wolle liefert das *Alpaka*, eine zweite Haustierform, die aus dem Guanako gezüchtet wurde. Beide, Lama und Alpaka, können 15 bis 20 Jahre alt werden. Nah verwandt mit Lama, Alpaka und Guanako ist das ebenfalls in Südamerika lebende Vikunja, das aber nie zum Haustier gemacht wurde.

Lama

Größe 1,50 bis 2 m lang; Schwanz 20 bis 25 cm lang; Schulterhöhe 1 bis 1,25 m; Gewicht 130 bis 155 kg

Merkmale Gestalt unterschiedlich: sowohl schlanke Formen mit relativ langen Beinen als auch massige Tiere mit kürzeren Beinen; langer Hals; vielfältige Färbungen: Fell meist braun oder weißlich, sowohl einfarbige wie gefleckte und gescheckte Tiere

Ernährung Frißt Gras und Laub

Fortpflanzung Tragzeit 348 bis 368 Tage; 1 Junges, selten 2 Junge; Geburtsgewicht 8 bis 16 kg; Jungtiere werden 5 bis 8 Monate lang gesäugt und im Alter von 1 bis 2 Jahren geschlechtsreif

Vorkommen Meist frei weidend auf Gras- und Buschland in Höhen zwischen 2 300 und 4 000 m in den Anden von Peru, Bolivien und Nordargentinien gehalten

---

Lamas stammen vom Guanako ab; sie sind die Haustiere der südamerikanischen Indios.

Laubfalter

Dieser Tagfalter ist sowohl von der Färbung wie auch von der Lebensweise her recht unauffällig. Da es verschiedene, ganz ähnlich aussehende Tagfalter gibt, kann man den Laubfalter mit anderen Arten verwechseln. Die ganze Familie heißt „Augenfalter" oder „Bräunlinge". Von März bis Mai fliegt die erste Generation, von Juli bis September die zweite Generation. Die Raupen leben an Knäuelgras, Quecke und verschiedenen anderen Gräsern. Sie sind gelblichgrün gefärbt, haben einen dunkelgrünen Rückenstreifen und helle Seitenstreifen. Die Puppen aus der zweiten Generation überwintern. Aus ihnen schlüpfen erst im kommenden Frühjahr fertige Falter. Sonst verlassen die Falter die Puppenhülle innerhalb von 4 Wochen.

Laubfalter, Waldbrettspiel

Größe 3 bis 4 cm lang

Merkmale Vorder- und Hinterflügel auf der Oberseite dunkelbraun, mit gelblich-weißlichen Flecken; daneben auffällige schwarze Augenflecken in den Flügeln

Ernährung Die Raupen fressen an verschiedenen Gräsern, die Falter saugen Nektar

Fortpflanzung Die Eier werden vom Weibchen einzeln auf Grasblätter abgelegt; die Raupen schlüpfen nach etwa 10 Tagen und entwickeln sich über Puppen zu fertigen Schmetterlingen (vollständige Entwicklung); 2 Generationen im Jahr

Vorkommen Lebt bevorzugt in lichten Laubwäldern, vor allem in Eichen- und Buchenwäldern; auch im Inneren des Baumbestandes zu beobachten; vom Tiefland bis in Höhen um 1 000 m; von Westeuropa bis Zentralasien und auch in Nordafrika verbreitet; fehlt in Europa nur im nördlichen Großbritannien und in Mittel- und Nordskandinavien

---

Laubfalter

Laubfrosch

Europäischer Laubfrosch

Europäischer Laubfrosch

Größe 5 cm lang

Merkmale Auf der Oberseite einheitlich grasgrün gefärbt, auf der Unterseite weiß; Ober- und Unterseite durch eine dunkle Linie abgegrenzt

Ernährung Fängt verschiedene Arten von Insekten; jagt sowohl tagsüber als auch nachts

Fortpflanzung Paarungszeit im April/Mai; jedes Weibchen legt 150 bis 300 Eier in Klumpen ab

Vorkommen Lebt in Laub- und Mischwäldern des Flach- und Hügellandes (bis etwa 800 m); zur Laichzeit an Gewässern; über Mittel- und Südwesteuropa, Nordafrika und Asien verbreitet

---

Weltweit gibt es mehr als 400 Laubfrosch-Arten. Davon leben in Europa allerdings nur zwei: der *Europäische Laubfrosch* und der *Mittelmeer-Laubfrosch*. Ihr wichtigstes Merkmal sind die Haftballen an den Zehen. Damit können die Frösche an Schilfhalmen und im Gebüsch gut klettern. Mit Hilfe ihrer ballonartig aufblasbaren Schallblase unter dem Kinn bringen sie ein lautes, schnelles, „gäck gäck gäck" hervor. Die Tiere sind hauptsächlich in der Dämmerung und nachts aktiv, gehen aber auch tagsüber auf Beutefang.

Laubsänger

Der Zilpzalp ist wie alle Laubsänger unscheinbar gefärbt.

Zilpzalp, Weidenlaubsänger

Größe Knapp 11 cm lang

Merkmale Oberseite olivbraun, Unterseite weißlich mit gelbem Anflug; undeutlicher, gelbgrüner Überaugenstreif; Beine schwärzlich; weiche „hüid"-Rufe, als Gesang „zilp, zalp, zalp, zilp, zilp"-Folgen (Name!)

Ernährung Frißt Kleintiere wie Insekten und Spinnen, im Spätsommer und Herbst auch Beeren

Fortpflanzung Backofennest, gut versteckt am Boden; 4 bis 6 Eier, weiß mit feinen gelblichen und bräunlichen Punkten; Gelege ab April; 1 Brut, häufig auch 2 Bruten im Jahr

Vorkommen Bewohnt Gärten und Parks, lichte Wälder und Feldgehölze; vom Tiefland bis in Berglagen; Sommervogel, in Mitteleuropa von März bis Ende Oktober; über weite Teile Europas und über Mittel- und Nordasien verbreitet

---

Laubsänger leben überwiegend im Wald. Sie sind grün gefärbt und sehen einander zum Verwechseln ähnlich. An ihren Rufen und Gesängen kann man die einzelnen Arten aber gut unterscheiden. Wenn etwa der *Zilpzalp* seinen Gesang hören läßt, erkennt man ihn sofort: Der Vogel singt so, wie er heißt. Gleich groß ist der *Fitis* oder *Fitislaubsänger*. Sein Gesang ist eine weiche Kadenz, die mit einem kleinen Schnörkel abschließt; er klingt ein wenig schwermütig. Etwas größer als Zilpzalp und Fitis wird der *Waldlaubsänger*. Sein Gesang ist ganz charakteristisch; mit „sib sib sib sirrrr" kann man ihn vielleicht am besten beschreiben. Der Vogel wird deshalb auch „Waldschwirrvogel" genannt. Alle Laubsänger sind Zugvögel.

Laufkäfer

In Mitteleuropa kommen etwa 8000 Käferarten vor, davon gehören allein rund 650 Arten zu den Laufkäfern. Tagsüber halten sich die Käfer oft versteckt, und erst in der Dämmerung gehen sie auf Jagd. Die meisten Laufkäfer sind Räuber; nur wenige fressen Pflanzen. Wie ihr Name sagt, sind diese Käfer gut zu Fuß. Oft sieht man sie flink über einen Feld- oder Waldweg laufen. Dagegen sieht man sie kaum einmal fliegen. Beim *Lederlaufkäfer* sind die Vorderflügel sogar fest miteinander verwachsen; er kann also gar nicht fliegen. Besser erkennt man diesen Käfer an seiner Größe und an den gerunzelten Flügeldecken. Mit fast 4 cm Länge ist er einer der größten europäischen Käfer überhaupt. Noch größer wird aber der ganz ähnliche *Riesenlaufkäfer*. Diese Art wird bis 6 cm lang und kommt in Südosteuropa und in Vorderasien vor. Neben den dunklen Arten gibt es auch verschiedene Laufkäfer, die grünlich gefärbte Flügeldecken haben und metallisch glänzen. Ein häufige Art aus dieser Gruppe ist der 3 cm lange *Goldschmied*.

Lederlaufkäfer

Größe Fast 4 cm lang

Merkmale Mattschwarze, lederartig gerunzelte Vorderflügel, die den gesamten Hinterleib bedecken

Ernährung Käfer und Larve jagen andere Insekten, Schnecken und Würmer, gehen aber auch an Aas

Fortpflanzung Entwicklung über Ei, Larve und Puppe; junge Käfer schlüpfen im Herbst

Vorkommen Lebt in Mischwäldern, Parks und Gärten; über fast ganz Europa verbreitet

---

Lederlaufkäfer

Leguan

Ein Landleguan sonnt sich auf der Galapagosinsel Süd-Plaza. Er frißt gern die Blätter und Früchte von Kakteen.

Landleguan, Drusenkopf

Größe Bis etwa 1 m lang und 6 kg schwer
Merkmale Langgestreckter, gedrungener Körper; bräunlich und gelblich gefärbt; Leiste von Stacheln auf der Rücken-mitte
Ernährung Frißt Blätter und Früchte von Kakteen und anderen Pflanzen, gelegentlich auch Aas
Fortpflanzung Das Weibchen legt 5 bis 15 Eier in einer Höhle im Boden ab; die Jungen schlüpfen nach 3 bis 4 Monaten.
Vorkommen Lebt in niedrigen Pflanzenbeständen und zwischen Kakteen; auf den Galapagos-Inseln vor der Küste Ecuadors verbreitet

Leguane gehören zu den Kriechtieren. Sie sind mit den Agamen, den Chamäleons↑ und mit der Meer-echse↑ nah verwandt. Die kleinsten Leguane errei-chen noch nicht einmal 10 cm Länge. Der *Land-leguan* nimmt mit rund 1 m Länge eine Mittelstel-lung ein. Der größte Leguan ist der *Grüne Leguan*. Dieses Tier kommt im nördlichen Südamerika vor und wird über 2 m lang.
Allgemein erkennt man Leguane an ihrem langge-streckten Körper. Ihr Schwanz ist meist wesentlich länger als der Körper selbst. In ihrer Lebensweise sind sie von Art zu Art an ganz unterschiedliche Lebensräume angepaßt. Es gibt Leguane, die in der Wüste und in der Steppe leben. Andere Arten leben im Regenwald der Tropen, an den Meeresküsten oder im Hochgebirge. Entsprechend unterschied-lich ist die Ernährungsweise der Tiere. Meist fres-sen die Leguane alle möglichen Kleintiere, unter ihnen gibt es aber auch reine Pflanzenfresser. Sie jagen am Boden, aber auch hoch oben in den Kro-nen von Bäumen.
Die meisten Leguane sind über Mittel- und Südame-rika verbreitet. Daneben gibt es Leguane aber auch auf der Insel Madagaskar vor der Südostküste Afri-kas und auf verschiedenen Inseln im Stillen Ozean. Die Inseln, auf denen Leguane leben, müssen die Tiere auf Treibgut erreicht haben. Die Meeresströ-mungen haben sie von den Kontinenten aus weit weggetrieben. Der *Kurzkammleguan* von den Fidschiinseln muß eine Reise von über 10 000 km hinter sich haben. Der Landleguan stammt vom über 1 000 km entfernten südamerikanischen Festland.

Leierschwanz

Leierschwänze sind die größten Singvögel der Erde. Neben dem *Graurücken-* gibt es außerdem den *Braunrücken-Leierschwanz*. Beide Arten sind ausschließlich in Australien zu Hause. Wenn Leierschwänze balzen, geraten Vogelfreunde in helle Aufregung. Die Vögel zeigen nämlich eines der schönsten Schauspiele unter allen Vögeln. Das Männchen sucht sich einen freien Platz am Waldboden, ruft dort sehr laut und stellt sich zur Schau. Dabei breitet es seinen leierförmigen Schwanz weit aus und schlägt ihn auch nach vorn über den Körper. Wenn man ein Männchen in voller Balz sieht, kann man gar nicht erkennen, wo vorn und hinten ist. Kommt ein Weibchen hinzu, balzt das Männchen noch aufgeregter als zuvor.

Graurücken-Leierschwanz, Männchen in der Balz

Graurücken-Leierschwanz, Leierschwanz

Größe Männchen einschließlich des langen Schwanzes bis 1 m, Weibchen bis 86 cm lang; Schwanz des Männchens etwa 60 cm lang

Merkmale Männchen und Weibchen mit sehr langem Schwanz, beim Männchen leierförmig (Name!); kräftige Laufbeine; Gefieder oben rotbraun, unten graubraun; Beine dunkelgrau

Ernährung Frißt Insekten, Würmer, kleine Krebse und andere Bodentiere

Fortpflanzung Großes Nest am Boden, in Felsspalten, in Baumfarnen oder auch hoch in Bäumen; 1 graubraunes, dunkel geflecktes Ei

Vorkommen Lebt in Wäldern mit mehr oder weniger dichtem Unterwuchs; von der Ebene bis in hohe Berglagen; über den Südosten Australiens verbreitet; in Tasmanien eingeführt

---

Lemming

Lemminge sind kleine Nagetiere mit einem gedrungenen Körper und ganz kurzen, kaum sichtbaren Ohren. Zwei Arten leben in Europa: der *Berglemming* und der *Waldlemming*. Beide kommen nur im Norden des Kontinents vor. Der Berglemming bewohnt die Hochlagen der Gebirge, der Waldlemming dagegen die feuchten Nadelwälder des Nordens. Um den Berglemming ranken sich merkwürdige Geschichten: Die Tiere sollen sich zu großen Zügen zusammenschließen und gemeinsam ins Meer stürzen. Hintergrund solcher Geschichten ist, daß die Tiere bei massenhafter Vermehrung und knapper Nahrung Wanderungen in günstigere Gebiete unternehmen. Sie überqueren dabei auch Flüsse oder Seen. Dabei kommen viele Tiere um.

Berglemming

Größe Rumpf 13 bis 15 cm lang, Schwanz 1 bis 2 cm lang; Gewicht 45 bis 130 g

Merkmale Gedrungener, walzenförmiger Körper; kleine Ohren, kurzer Stummelschwanz; Fell auf der Oberseite schwarz und rotbraun, auf der Unterseite gelblichbraun gefärbt

Ernährung Frißt Moose und Gräser

Fortpflanzung Tragzeit 20 bis 21 Tage; 1 bis 13 (meist 6) Junge in einem Wurf; 3 Würfe pro Jahr; Gewicht bei der Geburt 2,5 bis 4,5 g; oft Massenvermehrung in der warmen Jahreszeit

Vorkommen Lebt auf Bergheiden in den Hochlagen der Gebirge (600 bis 1 700 m); nur über Skandinavien verbreitet, wo sie die Wintermonate unter der Schneedecke verbringen. Sie halten aber keinen Winterschlaf.

Berglemming

Leopard

Der Leopard ist zum Ausruhen auf einen Baum geklettert.

Leopard

Größe Männchen bis 1,90 m lang, mit bis zu 1 m langem Schwanz; Weibchen bis 1,40 m lang; Männchen 45 bis 85 kg, Weibchen 35 bis 50 kg schwer

Merkmale Fell auf der Oberseite gelbbraun, auf der Unterseite weißlich; schwarze Flecken und Rosetten, schwarze Schwanzspitze

Ernährung Jagt Säugetiere bis Antilopengröße, daneben Vögel, Schlangen und Schildkröten

Fortpflanzung Weibchen alle 20 bis 50 Tage bereit zur Begattung; Tragzeit 90 bis 112 Tage; 1 bis 6 Junge in einem Wurf, meist 2 bis 3 Junge

Vorkommen Bewohnt alle Lebensräume von der Wüste bis zum Regenwald, von der Ebene bis ins Hochgebirge; über große Teile Afrikas und Mittel- und Südasiens verbreitet, aber nirgends mehr häufig

---

Der Leopard ist eine Großkatze, die man nur selten zu Gesicht bekommt. Er ist ein Einzelgänger und jagt aus dem Hinterhalt heraus. Damit seine Beute nicht von Löwen oder Hyänen gefressen wird, zerrt er sie oft auf einen Baum. Wo Leoparden ungestört jagen können, sind sie sowohl tagsüber als auch nachts aktiv. Werden sie verfolgt, jagen sie nur noch nachts. Nah verwandt sind der *Schneeleopard*, der Gepard↑ und der Jaguar↑. Alle diese gefleckten Großkatzen sind wegen ihres Fells in weiten Teilen ihres Verbreitungsgebietes bereits ausgerottet. Die noch vorhandenen Bestände der Tiere müssen wirksam geschützt werden. Vor allem muß der Handel mit den Fellen verboten werden.

Libelle

Blaugrüne Mosaikjungfer, Männchen

Blaugrüne Mosaikjungfer

Größe Länge 8 cm, Flügelspannweite 11 cm

Merkmale Je 2 grüne Flecken auf den Hinterleibsringen; Männchen mit 2 ovalen gelbgrünen Flecken auf der Brust und blauen Flecken am Hinterleib

Ernährung Beutetiere sind vor allem andere Insekten und deren Larven; die erwachsenen Libellen jagen im Flug, wobei die Beine einen regelrechten Fangkorb bilden; die Beute wird im Flug verzehrt oder nach der Landung im Ansitz; die Larven leben im Wasser und ergreifen die Beute (Insektenlarven, Würmer, Kaulquappen) mit ihrer Fangmaske am Kopf

Fortpflanzung Larven schlüpfen Ende April/Anfang Mai aus den überwinterten Eiern; Entwicklungszeit bis zum erwachsenen Tier meist 2 Jahre

Vorkommen Überall an Gräben, Weihern und Seen, aber auch weitab von Gewässern anzutreffen; über Europa, Kleinasien und Nordafrika verbreitet

Azurjungfern bei der Paarung (Paarungsrad) ▽

Larve einer Kleinlibelle (Prachtlibelle) ▽

Libellen haben vier durchsichtige Flügel und einen sehr langen, schmalen Hinterleib. Die Zeichnung des Hinterleibs ist ein wichtiges Bestimmungsmerkmal. Man unterscheidet *Kleinlibellen* und *Großlibellen.* Die Kleinlibellen legen ihre Flügel in Ruhestellung senkrecht über dem Hinterleib zusammen. Ihre Augen sind knopfförmig und liegen seitlich am Kopf. Kleinlibellen sind langsam und flattern, und meist setzen sie sich auf Uferpflanzen, um vom Ansitz aus auf Beutefang zu gehen. Sie jagen vor allem Fliegen und Mücken.

Die Großlibellen tragen ihre Flügel in Ruhestellung flach ausgebreitet. Ihre Augen sind sehr groß. Die meiste Zeit sind diese Libellen in der Luft. Sie jagen ihre Beute in reißendem Flug. Entweder wird das gefangene Insekt bereits im Flug verzehrt, oder die Libelle kehrt mit ihrer Beute zum Ansitz zurück, um sie dort zu fressen.

Libellen haben eine unvollständige Entwicklung: Die letzte Larve wandelt sich in die erwachsene Libelle um, ohne sich vorher zu verpuppen. Die Larven leben immer im Wasser. Sie sind Räuber.

Löffelhund

Löffelhunde ruhen sich aus.

Löffelhund, Löffelfuchs
Größe Körper 60 bis 70 cm, Schwanz 23 bis 35 cm lang; Gewicht 2,5 bis 5 kg
Merkmale Sehr große Ohren; kurze, spitze Schnauze; Fell dunkelgrau, Unterseite heller; Schwanz auf der Oberseite und am Ende schwarz
Ernährung Beute vielfältig: Würmer, Skorpione, Insekten, Eidechsen, Schlangen, Kleinsäuger, Vögel; frißt auch Knollen, Wurzeln und Früchte; geht in der Dämmerung und nachts auf Nahrungssuche
Fortpflanzung Tragzeit 2 Monate; 2 bis 6 Junge in einem Wurf; die Jungen verlassen den Bau zum ersten Mal im Alter von 2 bis 3 Wochen; sie werden 4 bis 5 Wochen lang gesäugt, und mit etwa 9 Monaten sind sie geschlechtsreif
Vorkommen Bewohnt sandiges Gelände, Buschsteppen und Savannen; über das östliche und südwestliche Afrika verbreitet

Mit seinen 10 cm langen Ohren erinnert der Löffelhund an den Fennek↑. Wie jener kleine Fuchs, der in den nordafrikanischen und vorderasiatischen Wüsten lebt, ist auch der Löffelhund hauptsächlich in der Dämmerung und nachts aktiv. Beide Tiere müssen sich also mit Hilfe ihres Geruchsinns und vor allem mit dem Gehör orientieren. Die großen Ohrmuscheln dienen dabei als Schalltrichter. Bei der Nahrungssuche hält der Löffelhund immer wieder den Kopf schief und die Ohren gegen den Boden ausgerichtet. Auf diese Weise nimmt er die Geräusche wahr, die kleine Tiere verursachen, die im Boden leben. Hat der Löffelhund Beute geortet, gräbt er sie aus. Löffelhunde leben paarweise, aber auch in Familientrupps.

Löffler

Löffler sind an dem breiten, abgeplatteten und zur Spitze hin löffelartig verbreiterten Schnabel zu erkennen (Name!). Mit dem Löffelschnabel seihen die Vögel ihre Nahrung aus dem flachen Wasser. Dabei fahren sie im Bogen nach links, dann nach rechts, dann wieder nach links, und so geht es fort. Die Vögel treten meist gesellig auf, und sie brüten auch zusammen mit Artgenossen. Am Horst hört man oft grunzende Laute. Löffler klappern aber auch mit den Schnäbeln. Im Gegensatz zu den Reihern↑ fliegen Löffler mit ausgestrecktem Hals. Neben dem *Rosalöffler* gibt es noch 5 weitere Arten von Löfflern. Sie leben in Australien, Asien und Europa. Der europäische *Löffler* hat ein weißes Gefieder und einen schwarzen Schnabel.

Rosalöffler
Größe 80 cm lang
Merkmale Gefieder rosa bis rot; Hals, Vorderrücken und Brust weiß; Männchen und Weibchen gleich gefärbt; breiter, abgeplatteter und zur Spitze hin verbreiterter grünlichgelber Schnabel; fliegt immer mit ausgestrecktem Hals
Ernährung Fängt kleine Fische, Krebse, Muscheln, Schnecken, Wasserinsekten und deren Larven
Fortpflanzung Horst aus Zweigen und Blättern in Mangrovengebüsch oder Bäumen, 1 bis 5 m über dem Boden; 2 bis 4 weiße, rötlichbraun gefleckte Eier; der Beginn des Brutgeschäfts fällt meist mit dem Beginn der Trockenzeit zusammen; Koloniebrüter
Vorkommen Lagunen, Mangrovenwälder, Sumpfgebiete mit viel offener Wasserfläche; über das südliche Nordamerika, Mittel- und Südamerika verbreitet

Rosalöffler

Löwe

Löwen haben ein mächtiges Fleischfressergebiß.

In vielen Märchen und Fabeln wird der Löwe als der „König der Tiere" beschrieben, aber „königlich" ist an der großen Raubkatze wenig. Natürlich sind Löwen kräftige Tiere, aber so mancher Löwe mußte sich schon von seiner Beute zurückziehen und sie einem Rudel Hyänen oder Hyänenhunden überlassen. Im übrigen sind Löwen ausgesprochen träge. Von den 24 Stunden eines Tages ruhen sie 20 Stunden. Die meiste Zeit dösen oder schlafen sie. Um den Sonnenstrahlen zu entgehen, halten sie sich meist im Schatten eines Baumes oder Busches auf. Wandert die Sonne weiter, räkeln sich die Löwen, stehen kurz auf, suchen sich erneut ein schattiges Plätzchen und schlafen weiter.

Löwen werden eigentlich nur dann aktiv, wenn sie auf die Jagd gehen. Die Katzen jagen einzeln oder gemeinsam. Die Gemeinschaftsjagd wird überwiegend von den Weibchen erledigt. Die Tiere schleichen sich bis auf kurze Entfernung an die Beute heran. Dann preschen sie los, werden bis zu 65 km/h schnell, springen die Beute an und reißen sie zu Boden. Durch einen Biß ins Genick oder in die

Kehle töten sie die Beute. Dann versammeln sich die Rudelmitglieder und fressen gemeinsam. Ist die Nahrung insgesamt knapp, fressen sich zuerst die Männchen satt, dann die Weibchen und zuletzt kommen die Jungen an die Reihe. So ist es kein Wunder, daß etliche Löwenjunge verhungern. Junge Löwen können aber auch Hyänen, Leoparden und großen Schlangen zum Opfer fallen.

Da die anderen Tiere im Lebensraum des Löwen einschätzen können, wann die Katzen ruhen und wann sie jagen wollen, halten sie unterschiedlich viel Abstand. An ruhende Löwen gehen Antilopen und Zebras oft recht nah heran. Machen die Löwen aber Anzeichen, zur Jagd aufzubrechen, ziehen sich die anderen Tiere weit zurück.

Löwe

Größe Körper 1,45 bis 2 m lang, Schwanz 0,70 bis 1 m lang; Gewicht 120 bis 200 kg; männliche Tiere größer und schwerer als weibliche

Merkmale Stämmig, mit langem Schwanz; Fell fahl graugelb bis dunkel rötlichbraun; Unterseite heller; Männchen mit hellbrauner bis fast schwarzer Mähne

Ernährung Jagt mittelgroße bis große Säugetiere (Zebras, Antilopen, Giraffen)

Fortpflanzung Weibchen alle 3 bis 4 Monate für 4 bis 8 Tage paarungsbereit; Tragzeit 102 bis 113 Tage; 1 bis 6 (meist 2 bis 3) Junge in einem Wurf; Gewicht bei der Geburt 1300 g; mit 3 bis 6 Jahren geschlechtsreif

Vorkommen Bewohnt Halbwüsten, Trocken- und Feuchtsavannen; mit Ausnahme der Waldgebiete über weite Teile Afrikas südlich der Sahara verbreitet; auch in Nordindien; früher viel weiter verbreitet

---

Löwinnen ruhen im Schatten eines dürren Baumes.

Luchs

Der Luchs ist ein sehr heimliches Raubtier.

Luchs, Nordluchs, Eurasischer Luchs

Größe 0,80 bis 1,30 m lang, 18 bis 45 kg (in Europa 14 bis 26 kg) schwer

Merkmale Fell rotbraun oder graubraun, mit schwacher oder kräftiger erscheinender, dunkler Fleckung; Backenbart; Ohren mit bis zu 4 cm langen, pinselartigen Haarbüscheln an der Spitze; kurzer Stummelschwanz mit schwarzer Spitze

Ernährung Jagt Hasen, Rehe, kleine Nagetiere und Vögel; pirscht die Beute vorsichtig an und springt dann aus kurzer Entfernung auf sie zu

Fortpflanzung Tragzeit rund 70 Tage; Wurfzeit im April/Mai; 2 bis 4 Junge in einem Wurf, die 5 Monate lang gesäugt werden; Junge sind bei der Geburt 200 bis 300 g schwer; mit 1,5 bis 2,5 Jahren geschlechtsreif

Vorkommen Ursprünglich über alle großen Waldgebiete Europas, Mittelasiens und Nordamerikas verbreitet; heute in Europa nur noch in kleinen Gebieten

---

Der Luchs gehört zu den Raubtieren, genauer gesagt zur Familie der Katzen. Er ist ein Einzelgänger und vorwiegend in der Dämmerung und nachts aktiv. Geschickt pirscht er sich an seine Beute heran. Aus passender Entfernung springt er auf die Beute zu und reißt sie zu Boden. Ursprünglich war der Luchs über alle großen Waldgebiete auf der Nordhalbkugel verbreitet. Aber als gefährliches Raubtier wurde er unbarmherzig verfolgt. Heute gibt es Luchse nur noch in Skandinavien, in einigen Gebieten der Iberischen Halbinsel, auf dem Balkan und in den Karpaten. Im Bayerischen Wald und in der Schweiz wurden in jüngster Zeit wieder einige Tiere ausgesetzt. Sie haben sich gut eingelebt und bekommen auch Nachwuchs.

Lumme

Lummen sind Meeresvögel, die nur zur Brutzeit an die Küsten kommen. In großen Kolonien legen sie auf Felsbändern ihre Eier ab. Die Altvögel kümmern sich ausschließlich um ihren eigenen Nachwuchs: Ihr eigenes Ei erkennen sie an der Farbe und dem Muster, ihr Junges an der Stimme. Wie alle Alken ↑ gehen Lummen unter Wasser auf Nahrungssuche. Sie jagen Fische, können 2 Minuten unter Wasser bleiben und 20 m tief tauchen. Sie fangen immer nur einen Fisch, kommen damit an die Oberfläche und fliegen zu ihrem Jungen.

Trottellumme

Größe 42 cm lang

Merkmale Oberseite, Kopf und Hals dunkelbraun bis schwarz; Unterseite weiß; gerader Schnabel; sitzt aufrecht; schneller Flügelschlag

Ernährung Fängt fast ausschließlich Fische; jagt die Beute unter Wasser

Fortpflanzung 1 birnenförmiges Ei, auf blankem Fels abgelegt, Farbe und Zeichnung sehr unterschiedlich; Eiablage im Mai, 1 Brut im Jahr

Vorkommen Meeresvogel, nur zur Brutzeit an Land (Felsküsten); brütet an den Küsten Mittel- und Nordeuropas, Asiens und Nordamerikas

---

Trottellumme mit ihrem Jungen

Madenhacker

Madenhacker ernähren sich von Fliegen und Zecken, die an Großwild Blut saugen. Gern sitzen Trupps der Vögel auf Kaffernbüffeln, Nashörnern, Giraffen, Antilopen und Hausrindern. Bei der Nahrungssuche lassen sie auch die Ohren und die Nasenlöcher nicht aus, und das ist den Wirten lästig. Sie schütteln sich und versuchen die Madenhacker loszuwerden – meist ohne Erfolg. Erst gegen Abend werden sie erlöst. Dann fliegen die Madenhacker zu ihren Schlafplätzen auf abgestorbenen Bäumen. Am nächsten Morgen suchen sich die Madenhacker dann neue Tiere. Neben dem *Gelbschnabel-Madenhacker* gibt es noch eine weitere Art, den *Rotschnabel-Madenhacker*. Dieser sieht ganz ähnlich aus, hat aber einen durchgehend roten Schnabel.

Gelbschnabel-Madenhacker

Größe 22 cm lang

Merkmale Gefieder bräunlich-oliv; Unterseite deutlich heller als Oberseite; Augen rot mit gelbem Ring; Schnabel gelb, an der Spitze rot

Ernährung Pickt Fliegen und Zecken aus dem Fell von großen Säugetieren heraus; zieht auch Fleisch und Körpersäfte aus offenen Wunden

Fortpflanzung Nest aus Gras, Federn und Haaren in Baumhöhlen, in Steinwällen und sogar unter Hausdächern; 2 bis 3 Eier; weiß bis blaßblau, grau und braun gefleckt; Brutdauer etwa 13 Tage; die Jungen verlassen das Nest im Alter von 28 bis 29 Tagen

Vorkommen Steppe und Savanne mit lockerem Baumbestand; mit Ausnahme der Regenwaldgebiete über große Teile Afrikas südlich der Sahara verbreitet

Kaffernbüffel mit Madenhackern auf dem Rücken

Maikäfer

Feldmaikäfer

Feldmaikäfer

Größe 2 bis 3 cm lang

Merkmale Kopf und Brust glänzend schwarz; Deckflügel und Beine glänzend mittelbraun; Hinterleib spitz auslaufend; Fühler beim Männchen mit 7 langen, beim Weibchen mit 6 kurzen Blättchen

Ernährung Die Käfer fressen Blätter verschiedener Bäume (und Sträucher), ihre Larven die Wurzeln verschiedener Pflanzen; bei massenhafter Vermehrung können Wälder geschädigt werden

Fortpflanzung Eiablage in der Erde, Ende Mai/Anfang Juni, pro Weibchen 70 Eier; 3- bis 4jährige Entwicklung vom Ei über Larve (Engerling genannt) und Puppe zum fertigen Insekt

Vorkommen In Wäldern und Gebüschgruppen bis in etwa 1 000 m Höhe anzutreffen; über Mitteleuropa und den Süden Nordeuropas verbreitet

Maikäfer sucht man heute oft vergeblich. Da die Käfer bei Massenvermehrung Wälder auf großen Flächen schädigen, hat man sie mit chemischen Mitteln stark bekämpft. Die Käfer machen eine sehr lange Entwicklung durch: Im ersten Jahr graben sich die begatteten Weibchen in die Erde ein und legen dort ihre Eier ab. Aus den Eiern schlüpfen Engerlinge, die die Wurzeln verschiedener Pflanzen abfressen und – wie die Käfer – enorme Schäden anrichten können. Erst im Sommer des dritten Jahres verpuppen sich die Larven. Im Herbst des gleichen Jahres schlüpfen dann die fertigen Tiere. Sie überdauern aber noch den Winter im Boden und kriechen erst im darauffolgenden Frühjahr an die Erdoberfläche.

Mandarinente

Die bunte Mandarinente ist als Wildvogel über Südostasien verbreitet. Weil sie so schön aussieht, hat man sie in der ersten Hälfte des 18. Jahrhunderts in Europa als Parkvogel eingeführt. Die Ente ist heute teilweise verwildert, man sieht sie also auch frei brüten. Das Besondere an dem Vogel ist, daß er in Baumhöhlen brütet. Man sieht die Mandarinente deshalb bisweilen in Bäumen herumklettern. Die Eier werden im April und Mai gelegt, und die Brut dauert 31 Tage.

Eine ähnlich bunte Schwimmente unserer Parks, die bisweilen verwildert, ist die Brautente↑ aus Nordamerika. Auch sie brütet in Baumhöhlen, was ungewöhnlich für Enten ist. Die meisten Entenarten brüten am Boden.

Mandarinente

Größe 43 cm lang

Merkmale Männchen bunt gefärbt: orangefarbener Kopf mit breitem, weißem Überaugenstreif; kastanienbrauner Bug, dahinter schwarzweiße Bänderung und an den Flanken graubraun; aufgestellte, dreieckige, orangefarbene Federsegel auf den Flügeln; Beine gelborange; Weibchen unscheinbar: Gefieder graubraun gefärbt, weißliche Flecken an den Flanken; weißer Ring um das Auge herum

Ernährung Frißt Wasserpflanzen, Sämereien und im Wasser lebende Kleintiere

Fortpflanzung Brütet in Baumhöhlen, hohlen Baumstümpfen und Steinhaufen, Nester auch in dichter Vegetation; 7 bis 12 weiße Eier; 1 Brut im Jahr

Vorkommen Bewohnt stehende und langsam fließende, mit Bäumen bestandene Gewässer; als Wildvogel in Südostasien; in Europa eingeführt und teilweise verwildert, hier Jahresvogel

---

Schwimmender Mandarinenten-Erpel

Mandrill

Das Mandrillmännchen hat ein buntes Gesicht.

Mandrill

Größe Männchen 70 bis 95 cm lang und 20 bis 30 kg schwer; Weibchen 55 bis 70 cm lang und 10 bis 15 kg schwer

Merkmale Fell olivbraun; Männchen mit gelblicher Vorderbrust, roter Nase und blauen Streifen auf den Backen; Weibchen mit schwärzlichem Gesicht und blasser Zeichnung

Ernährung Frißt Kleintiere (Spinnen, Schnecken, Würmer, Insekten) und Gräser, Kräuter, Wurzeln und Früchte

Fortpflanzung Tragzeit rund 30 Wochen; 1 Junges; Geburten zu allen Jahreszeiten

Vorkommen Lebt vorwiegend im dichten Regen- und Bergwald; über Teile Westafrikas verbreitet

---

Der Mandrill gehört zu den Hundsaffen und ist mit den Pavianen↑ verwandt. Er lebt in dichten Wäldern und streift dort in Gruppen umher. Eine Mandrillgruppe besteht aus einem alten Männchen und mehreren Weibchen mit ihren Jungen. Die Gruppe kann 20 Tiere umfassen.

Das Mandrillmännchen hat im Gesicht eine auffällige, rote und blaue Zeichnung. Ein so buntes Gesicht ist im dichten Baumbestand gut zu sehen. Und das ist wichtig für den Zusammenhalt der ganzen Gruppe.

Marabu

Wo immer in Afrika ein Tier von Raubtieren gerissen wird, stellen sich bald Marabus ein. Geduldig warten die Vögel, bis die anderen Tiere gefressen haben und die Reste ihrer Beute zurücklassen. Jetzt ist ihre Zeit gekommen. Oft sieht man die Vögel zusammen mit Geiern an einem Kadaver versammelt. Die Marabus suchen aber auch regelmäßig Müllplätze nach Freßbarem ab. In ihrem 30 cm langen Kehlsack können die Vögel eine große Menge an Nahrung fortschleppen.

Die Vögel übernehmen in ihrer Lebensgemeinschaft die „Abfallbeseitigung". Dies ist zwar eine Tätigkeit, die auf uns Menschen nicht gerade sympathisch wirkt, aber sie ist wichtig. Wenn die Überreste von Tieren bei den hohen Temperaturen in Afrika rasch beseitigt werden, können sich Krankheiten nicht so leicht ausbreiten. Der Marabu stellt also auch so etwas wie die „Gesundheitspolizei" in seiner Lebensgemeinschaft dar.

Der Vogel gehört zu den Schreitvögeln und ist mit dem europäischen Weißstorch (Storch↑) nah verwandt.

Wie beim Storch sieht man auch beim Marabu bisweilen, daß sie weiß bekalkte Beine haben. Die Erklärung dafür: Wenn es sehr heiß ist, spritzen die Vögel ihren Kot an die Beine, um sie abzukühlen.

Marabu

Größe 1,50 m lang; Flügelspannweite des Männchens bis 2,87 m, des Weibchens bis 2,47 m

Merkmale Storchengestalt, mächtiger Schnabel; Gefieder oben schwarz, unten weiß; weiße Halskrause am Ansatz des fleischfarbenen, locker schwarz gefleckten Halses; ausgewachsene Vögel mit Hautsack, der von der Vorderseite des Halses herabhängt; gibt Zisch- und Grunzlaute von sich und klappert manchmal mit dem Schnabel

Ernährung Überwiegend Aasfresser, jagt aber auch Heuschrecken, Fische, junge Krokodile und junge Vögel

Fortpflanzung Baut großen Horst aus Ästen, legt die Mulde mit Zweigen und Blättern aus; Horst mit etwa 1 m Durchmesser, 20 bis 30 cm hoch; auf Bäumen oder in Felswänden, 3 bis 40 m über dem Boden; gewöhnlich 2 bis 3 kalkig-weiße Eier; Brutdauer 29 bis 31 Tage; Männchen und Weibchen brüten; Junge im Alter von 95 bis 115 Tagen flügge

Vorkommen Bewohnt offene Savannen, Buschland und Seeufer; taucht aber auch in Dörfern an Müllplätzen auf, um dort Nahrung zu suchen; in Afrika südlich der Sahara

---

Wo in der afrikanischen Steppe ein totes Tier liegt, tauchen sehr bald Marabus und Geier auf.

Marder

Den Baummarder erkennt man an der gelben Kehle.

<table>
<tr><td colspan="2" align="center">Baummarder, Edelmarder</td></tr>
</table>

Baummarder, Edelmarder

Größe Rumpf 37 bis 53 cm, Schwanz 23 bis 28 cm lang; Männchen 1,2 bis 1,6 kg, Weibchen 0,8 bis 1,3 kg schwer

Merkmale Langgestreckt, kleiner Kopf, kleine Ohren; Fell kastanienbraun bis dunkelbraun; gelber Kehlfleck; langer, buschiger Schwanz

Ernährung Jagt Eichhörnchen, Mäuse, Hasen, Kaninchen, Vögel, Kriechtiere, Lurche und Insekten; frißt im Herbst auch Beeren und Nüsse; jagt vor allem in der Dämmerung und nachts

Fortpflanzung Tragzeit etwa 9 Monate; 2 bis 5 Junge in einem Wurf; Geburtsgewicht etwa 30 g; Junge mit 4 Monaten selbständig und im Alter von rund 2 Jahren geschlechtsreif

Vorkommen Lebt in großen Waldgebieten mit geschlossenem Kronendach; mit Ausnahme der Iberischen Halbinsel über weite Teile Europas verbreitet

Marder gehören zu den Raubtieren und bilden eine eigene Familie. Die beiden häufigsten Arten in Europa sind der *Steinmarder* und der *Baummarder*. Zu ihren Verwandten gehören viele interessante Tiere: der Dachs↑, der Fischotter↑, das Hermelin↑, der Nerz↑, der Seeotter↑, der Vielfraß↑ und der Zobel. Insgesamt gibt es auf der Erde rund 60 marderartige Raubtiere. Sie besiedeln alle Kontinente mit Ausnahme der Antarktis.

Trifft man bei uns innerhalb der Städte einen Marder an, so handelt es sich um den Steinmarder. Er ist auch derjenige, der sich gelegentlich unter die Motorhaube von Autos schleicht und dort Bremsschläuche durchbeißt oder elektrische Kabel anknabbert. Warum der Marder das tut, weiß man nicht genau.

Der Baummarder weist gegenüber dem weißen, zweigeteilten Kehlfleck des Steinmarders einen geschlossenen gelben auf. Der Baummarder ist in Europa weit verbreitet, aber fast überall selten geworden. Er ist an geschlossene Misch- und Nadelwälder gebunden und kommt bis in rund 2 000 m Höhe vor.

Beide Marderarten sind überwiegend nachts tätig, nur gelegentlich sieht man sie tagsüber. Auch die anderen Marder sind überwiegend heimliche Jäger.

Der Steinmarder hat eine weiße Kehle.

Steinmarder, Hausmarder

Größe Rumpf 38 bis 59 cm, Schwanz 23 bis 32 cm lang; Gewicht 1,7 bis 2,1 kg (Männchen) bzw. 1,1 bis 1,5 kg (Weibchen)

Merkmale Langgestreckt, kleiner Kopf, kleine Ohren; Fell braun bis schwarzbraun; weißer, zweigeteilter Kehlfleck; langer, buschiger Schwanz

Ernährung Frißt Mäuse, Spitzmäuse, Vögel, Kriechtiere und Lurche; im Herbst auch Früchte; geht überwiegend in der Dämmerung und in der Nacht auf Nahrungssuche

Fortpflanzung Tragzeit etwa 9 Monate; 2 bis 7 Junge in einem Wurf; Geburtsgewicht etwa 30 g; Junge mit 4 Monaten selbständig und mit rund 2 Jahren geschlechtsreif

Vorkommen Lebt an Waldrändern, in Steinbrüchen und heute auch in Dörfern und Städten; über weite Teile Mittel- und Südeuropas und Asiens verbreitet

Marderhund

Die Heimat des Marderhundes ist Ostasien. Von dort aus wurde er wegen seines wertvollen Pelzes zunächst nach Rußland gebracht, um sich dann weiter auszubreiten. Er besiedelte Skandinavien, stieß aber auch über Polen nach Mitteleuropa vor. Heute ist der Marderhund über weite Teile Europas verbreitet. Man sieht das Tier allerdings nicht oft. Es lebt versteckt und ist überwiegend nachts aktiv. Dann durchstreift es sein Revier, um Nahrung zu suchen. Im Herbst frißt sich der Marderhund einen Fettvorrat an. Er steigert sein Gewicht und begibt sich dann zur Winterruhe. Die Ruhezeit dauert von November bis Februar. Daran schließt sich die Paarungszeit an. Sie dauert vom Februar bis in den April hinein.

Marderhund, Waschbärhund

Größe Rumpf 65 bis 80 cm, Schwanz 15 bis 25 cm lang; Gewicht im Sommer 4 bis 6 kg, im Winter 6 bis 10 kg

Merkmale Fuchsartige Gestalt mit relativ kleinem Kopf; Fell graubraun, im Gesicht Zeichnung wie Waschbär; buschiger Schwanz

Ernährung Frißt Pflanzen, Insekten, Fische, Lurche, Vögel und Kleinsäuger; geht überwiegend in der Dämmerung und nachts auf Nahrungssuche

Fortpflanzung Paarung von Februar bis April; Tragzeit 59 bis 63 Tage; 6 bis 8 Junge in einem Wurf; Junge mit 1 Jahr geschlechtsreif

Vorkommen Bewohnt gewässerreiche Gebiete mit feuchtem Laub- und Mischwald und dichtem Unterholz; stammt aus Ostasien, heute über weite Teile Asiens und Europas verbreitet; hat sich auch in Mitteleuropa angesiedelt und breitet sich weiter aus

---

Der Marderhund ist neu in Europas Wäldern.

Marienkäfer

Marienkäfer sind eifrige Blattlausjäger.

Siebenpunkt-Marienkäfer

Größe 5 bis 8 mm lang

Merkmale Halbkugeliger Körper; rote Vorderflügel mit insgesamt 7 schwarzen Punkten; Kopf, Brust und Unterseite schwarz gefärbt; kurze Fühler mit keulenartigem Ende

Ernährung Käfer und Larven fressen vor allem Blattläuse.

Fortpflanzung Weibchen legt im Frühjahr bis zu 400 Eier an Pflanzen ab; Larven schlüpfen nach 1 Woche; Dauer der Entwicklung vom Schlüpfen bis zum erwachsenen Käfer 30 bis 60 Tage; 2 Generationen im Jahr

Vorkommen Besiedelt unterschiedliche Lebensräume; auf Wiesen, in Wäldern, in Gärten und Parks, oft auch in Häusern; über ganz Europa verbreitet

---

Marienkäfer kennt jeder als Glückskäfer. Es gibt in Europa fast 100 Arten, die sich in Färbung und Fleckung unterscheiden. Man trifft die Käfer in unterschiedlichen Lebensräumen an. Marienkäfer sind ideale Helfer des Gartenfreundes, wenn es um die Bekämpfung von Blattlausplagen geht. Sowohl die erwachsenen Käfer als auch die länglichen grau gefärbten Larven verzehren große Mengen dieser schädlichen Pflanzensaftsauger. Marienkäfer spielen also in der biologischen Schädlingsbekämpfung eine große Rolle. Natürlich kann man gegen Blattläuse auch chemische Mittel (Insektizide) einsetzen. Diese Mittel sind sogar sehr wirksam, aber mit ihnen tötet man nicht nur die Blattläuse, sondern ungewollt auch Marienkäfer und viele andere, teilweise sehr nützliche Insekten. Im übrigen ist der Einsatz von chemischen Bekämpfungsmitteln in Gärten heute stark beschränkt oder schon ganz verboten.

Mauersegler

Mauersegler kann man leicht mit Schwalben↑ verwechseln. Ein gutes Unterscheidungsmerkmal sind die langen, sichelförmigen Flügel. Die Flügel ermöglichen den Mauerseglern einen reißenden Flug. Man hat Geschwindigkeiten von bis zu 180 km/h gemessen! Wie gut die Mauersegler fliegen können, kann man sogar in unserer nächsten Umgebung beobachten. Denn die Vögel brüten mitten in Städten, und abends jagen sie oft in Trupps um die Häuser herum. Die Vögel haben einen ganz kurzen Schnabel, aber eine sehr breite Mundspalte. So sind sie bestens ausgerüstet, um Insekten im Flug zu fangen. Sie sperren dazu einfach den Schnabel auf. Neben dem Mauersegler brüten in Europa noch der *Alpensegler* und der *Fahlsegler*.

Mauersegler erkennt man an ihren sichelförmigen Flügeln.

Mauersegler

Größe 17 cm lang

Merkmale Rußfarbenes Gefieder mit hellem Kinn; sichelförmige Flügel; kurzer, leicht gegabelter Schwanz; fliegt sehr schnell und wendig; schrille, langgezogene „sriih"-Rufe; auch mehrsilbige Rufe; tritt stets gesellig auf

Ernährung Frißt vor allem Insekten, die im Flug gefangen werden; auch Spinnen; jagt oft in größeren Trupps um Häuser herum

Fortpflanzung Nistet an und in Gebäuden hoch über dem Boden: in Mauerspalten, unter Dachrinnen und Dachziegeln; 2 bis 3 weiße, glanzlose Eier; Gelege ab Mitte Mai, 1 Brut im Jahr

Vorkommen Typischer Bewohner kleiner und größerer Städte; Sommervogel, in Mitteleuropa von April bis August; über fast ganz Europa, Mittelasien und Nordafrika verbreitet

Maultierhirsch

Der Maultierhirsch ist eine von mehreren nordamerikanischen Hirscharten. Er lebt in den Gebieten westlich des Mississippis. Dort kann man ihn beobachten. Da der Hirsch an seinen Lebensraum keine großen Ansprüche stellt, sieht man ihn an ganz unterschiedlichen Stellen. Wo er nicht gejagt wird, geht der Hirsch auch tagsüber auf Nahrungssuche. In anderen Gebieten ist er zu einer versteckten Lebensweise übergegangen und nur in der Dämmerung zu sehen. Eine nah verwandte Art ist der *Virginia*- oder *Weißwedelhirsch*. Dieser Hirsch hat einen bis zu 27 cm langen, oben braunen und unten weißen Schwanz, den er beim Laufen hochstellt. Er besiedelt fast ganz Nordamerika mit Ausnahme des hohen Nordens Kanadas.

Maultierhirsch, Schwarzwedelhirsch

Größe Männliche Tiere bis 1,95 m, weibliche Tiere bis 1,60 m lang; Schwanz 18 cm lang; Schulterhöhe 0,90 bis 1,10 m; weibliche Tiere 45 bis 68 kg, männliche Tiere 56 bis 180 kg schwer

Merkmale Sommerfell rotbraun, Winterfell graubraun gefärbt; Schwanz mit schwarzer Spitze oder Oberseite; auffällig große Ohren

Ernährung Frißt Zweige und Blätter von Büschen und Bäumen, daneben auch Gräser und Kräuter

Fortpflanzung Tragzeit 7 Monate; gewöhnlich 2 Junge, die bei der Geburt 3,6 kg wiegen; mit 18 Monaten, in manchen Fällen auch schon mit 6 Monaten geschlechtsreif

Vorkommen Besiedelt unterschiedliche Lebensräume von der baumbestandenen Prärie bis zum Nadelwald; über das westliche Nordamerika mit Ausnahme des hohen Nordens Kanadas verbreitet

Der Maultierhirsch lebt im Westen Nordamerikas.

Maulwurf

Auf die Anwesenheit des Maulwurfs wird man meist erst aufmerksam, wenn man die kleinen Erdhügel sieht, die der Maulwurf bei seiner unterirdischen Grabtätigkeit aufwirft. Unter der Erde sind die Maulwurfshügel durch ein Netz aus Verbindungsgängen, Wohnkessel, Vorratskammer und Tränke verbunden. Der lichtscheue, samtschwarze Geselle ist an seinen Lebensraum und seine Lebensweise gut angepaßt: Die Gliedmaßen sind kurz und gedrungen gebaut, die Hände zu Grabschaufeln umgebildet. Das Fell ist kurzhaarig und hat keinen Strich. Der Maulwurf kann sich also ohne Probleme vorwärts und rückwärts durch die engen Gänge zwängen. Ohrmuscheln fehlen, und die Gehörgänge können durch Hautfalten verschlossen werden. Die Augen sind nicht sehr leistungsfähig. Sie liegen außerdem tief im Fell verborgen und sind dadurch geschützt. Die Familie der Maulwürfe umfaßt insgesamt 27 Arten.

Maulwurf

Größe Etwa 15 cm lang

Merkmale Walzenförmiger Körper; samtschwarzes Fell; Ohrmuscheln fehlen; Augen tief im Fell verborgen; Hände zu Grabschaufeln umgebildet

Ernährung Frißt Insekten und deren Larven, andere Gliederfüßer, Schnecken und Würmer

Fortpflanzung Paarung im März/April; Tragzeit rund 1 Monat; 4 bis 5 Junge in einem Wurf

Vorkommen Lebt vor allem auf Wiesen, aber auch auf Rasen (Fußballplätze, Gärten); über fast ganz Europa verbreitet

---

Maulwurf in der Öffnung seines Hügels

Maulwurfsgrille

Auffälligste Kennzeichen der Maulwurfsgrille sind die kleinen Flügel und die zu Grabschaufeln umgebildeten Vorderbeine. Dieses Beinpaar erinnert sehr an die Vorderbeine eines Maulwurfs. Das Insekt lebt ähnlich wie das Säugetier. Tatsächlich hält sich die Maulwurfsgrille in selbstgegrabenen, dicht unter der Erdoberfläche verlaufenden Gängen auf. Dort sucht sie auch ihre Nahrung. Manchmal schädigt die Maulwurfsgrille dabei die Pflanzendecke, weil sie neben Kleintieren auch Wurzeln frißt. Zur Paarungszeit kommen die Tiere häufiger an die Erdoberfläche, und dann kann man sie auch eher einmal beobachten als zu anderen Jahreszeiten. Nah verwandt mit der Maulwurfsgrille sind die Feldgrille und das Heimchen (Grille↑).

Die Maulwurfsgrille hat schaufelförmige Vorderbeine.

Maulwurfsgrille

Größe 4 bis 5 cm lang

Merkmale Körper überwiegend dunkelbraun; mächtiger Halsschild, kleine Flügel; Vorderbeine zu Grabschaufeln umgestaltet; dünne Fortsätze am Hinterende; Männchen und Weibchen sind kaum zu unterscheiden

Ernährung Jagt Regenwürmer, Insekten und andere Kleintiere; frißt daneben auch an den Wurzeln von Pflanzen; Nahrungssuche immer von unterirdischen Gängen aus

Fortpflanzung Paarungszeit im Mai/Juni; das Weibchen legt bis zu 1 000 Eier in einem Gang ab; die Larven wachsen zum erwachsenen Insekt heran, ohne sich zu verpuppen (unvollständige Entwicklung); die Entwicklung vom Ei zum fertigen Insekt dauert etwa 3 Jahre

Vorkommen Besiedelt Stellen mit lockerem Boden, vor allem Brachland und Gärten; über weite Teile Europas verbreitet

---

Maus

Für einen Biologen ist Maus nicht gleich Maus. Unter dem Begriff „Maus" faßt man nämlich eine Vielzahl von kleinen Nagetieren aus mehreren, ganz unterschiedlichen Familien zusammen.

Da ist zunächst die Familie der Echten Mäuse oder Langschwanzmäuse. Die Tiere aus dieser Familie sind schlank und haben eine langen Schwanz. Die in Europa häufigsten Echten Mäuse sind die *Hausmaus* und die *Waldmaus*. Beide sind nicht leicht zu beobachten, da sie vorwiegend in der Dämmerung und in der Nacht aktiv sind. Während die Hausmaus in irgendeinem Hohlraum haust, gräbt sich die Waldmaus Erdbaue, in denen sie tagsüber schläft und ihre Jungen großzieht. Der Waldmaus ganz ähnlich ist die *Gelbhalsmaus*, bei der die weiße Unterseite aber schärfer gegen die braune Oberseite abgesetzt ist als bei der Waldmaus. Zu den Echten Mäusen gehören weiter die Ratten↑ mit *Wander-* und *Hausratte* und die *Zwergmaus*↑.

Daneben gibt es die Familie der Wühlmäuse. Dazu zählen die eher gedrungenen Mäuse mit kurzem Schwanz. Eine in Europa häufige Wühlmaus ist die *Feldmaus*↑. Zu dieser Familie gehören aber auch die *Bisamratte*↑ und die *Lemminge*↑. Nah verwandt ist die Familie der Schläfer oder Bilche, zu denen der *Siebenschläfer*↑ und die *Haselmaus* gehören. Schließlich gibt es noch die Familien der Taschenmäuse, der Hüpfmäuse, der Springmäuse und der Blindmäuse. Die Spitzmäuse dagegen zählen trotz ihres Namens zu den Insektenfressern.

Hausmaus

Größe Rumpf 6,5 bis 10 cm, Schwanz weitere 5 bis 9,5 cm lang; meist 10 bis 25 g schwer, selten auch bis 33 g schwer

Merkmale Schlank, spitze Schnauze, große Ohren, langer, wenig behaarter Schwanz; Fell dunkelgrau; süd- und südosteuropäische Hausmäuse mit graubraunem Fell und hellem Bauch

Ernährung Allesfresser, bevorzugt Sämereien; geht hauptsächlich in der Dämmerung und nachts auf Nahrungssuche

Fortpflanzung Tragzeit 20 bis 21 Tage; im Durchschnitt 6, höchstens aber 12 Junge in einem Wurf; Geburtsgewicht 1 g; im Alter von 2 bis 3 Monaten geschlechtsreif

Vorkommen Lebt ständig innerhalb von Gebäuden (in Wohnungen, Vorratskammern, Ställen, Scheunen); mit Ausnahme des hohen Nordens von Skandinavien über ganz Europa und darüber hinaus heute weltweit verbreitet

---

Die Waldmaus lebt in Wäldern.

Die Hausmaus lebt in unserer engsten Nachbarschaft.

Waldmaus, Feld-Waldmaus

Größe Rumpf etwa 10 cm lang, Schwanz noch einmal genauso lang; Gewicht zwischen 15 und 35 g

Merkmale Große Ohren, langer Schwanz; Fell auf der Oberseite braun, in der Rückenmitte oft dunkler; Fell auf der Unterseite weißlich bis grau; Schwanz oben dunkel, unten hell, locker behaart

Ernährung Frißt hauptsächlich Samen von Gräsern und Kräutern, Eicheln und Bucheckern, daneben auch Insekten, Schnecken und Spinnen; geht hauptsächlich in der Dämmerung und nachts auf Nahrungssuche

Fortpflanzung Tragzeit 23 Tage; Würfe aus 3 bis 9 Jungen; Geburtsgewicht 2,5 g; bekommt 3 Würfe im Jahr; im Alter von 2 Monaten geschlechtsreif

Vorkommen Lebt in Feldgehölzen und an Waldrändern; mit Ausnahme fast ganz Skandinaviens über ganz Europa und das gemäßigte Asien bis nach Japan verbreitet

Meerechse

Meerechse am Strand der Galapagosinsel Isabela

Meerechse

Größe Bis 1,75 m lang, davon Rumpf etwa 50 cm

Merkmale Langgestreckter Körper, hoher Rückenkamm, langer Ruderschwanz; dunkelgrau bis schwarz gefärbt, teilweise gelblich oder rötlich gefleckt

Ernährung Weidet Algen an Felsen in der Brandungszone oder am Meeresboden ab

Fortpflanzung Weibchen legt 2 bis 4 Eier in sandigen Boden; Junge schlüpfen nach 3 bis 4 Monaten

Vorkommen Besiedelt felsige Strände, Nahrungssuche im Meer; nur auf den Galapagosinseln vor der Küste Ecuadors in Südamerika

---

Nur eine einzige Echse hat sich das Meer als Lebensraum erobert: die Meerechse. Das Tier lebt auf den Galapagosinseln im Pazifik. Dort sieht man Meerechsen überall an den Küsten auf Felsen in der Sonne liegen. Hin und wieder schwimmt eine Echse ins Meer hinaus. Mit Schlägen ihres seitlich abgeflachten Schwanzes treibt sie sich vorwärts. Dann taucht sie unter, um am Meeresboden die dort wachsenden Algen zu fressen. Die Tiere können bis zu 5 bis 10 Minuten unter Wasser bleiben und eine Tiefe von 12 m erreichen.

Meerkatze

Meerkatzen sind schlanke Affen und haben einen sehr langen Schwanz. Ihre Schnauze ist kurz und rund, die Ohren sind klein und rund. Das Fell der Meerkatzen ist dicht und glatt. Oft ist ein Backenbart oder ein Vollbart ausgebildet. Es gibt 21 Arten, die alle in Afrika vorkommen. Die *Grüne Meerkatze* ist die häufigste Art.

Meist streifen die Affen in Gruppen aus einem alten Männchen, mehreren Weibchen und deren Jungen umher. Die Gruppen von Meerkatzen umfassen meist 10 bis 40 Tiere.

Grüne Meerkatze

Größe Männchen: Rumpf bis 83 cm, Schwanz bis 1,14 m lang, Gewicht bis 7,7 kg; Weibchen: Rumpf bis 61 cm, Schwanz bis 65 cm lang, Gewicht bis 5,3 kg

Merkmale Schlank, langer Schwanz; Fell auf der Oberseite grünlich, auf der Unterseite weißlich; Gesicht schwarz, Wangen weiß, weißes Stirnband

Ernährung Frißt Früchte, Knospen, Triebe, Rinde, Grassamen, Kleintiere, Eidechsen, Vogeleier und Jungvögel

Fortpflanzung Tragzeit 175 bis 203 Tage; 1 Junges; Geburtsgewicht 300 bis 400 g

Vorkommen Bewohnt Steppen und Savannen; über fast ganz Afrika südlich der Sahara verbreitet

---

Weibchen der Grünen Meerkatze mit seinem Jungen

Meerschweinchen

Meerschweinchen sind beliebte Heimtiere.

Hausmeerschweinchen

Größe Etwa 25 cm lang, 600 bis über 1 000 g schwer

Merkmale Gedrungener Körper: der Kopf geht in den Rumpf über, kein sichtbarer Schwanz, kurze Beine; Fell unterschiedlich lang und verschieden gemustert

Ernährung Frißt Gras, Heu, Laub, Wurzeln, Samen und Früchte

Fortpflanzung Tragzeit 68 Tage; meist 1 bis 4 Junge in einem Wurf; Geburtsgewicht in der Regel 60 bis 80 g

Vorkommen Als Wildform in Südamerika; in den Anden und anderen Teilen des Kontinents, mit Ausnahme der Regenwaldgebiete; als Haustier überall in Europa und auch auf den anderen Kontinenten

Zusammen mit dem Goldhamster↑ sind Meerschweinchen die wohl beliebtesten Heimtiere der Welt. Unzählige Kinder auf allen Kontinenten haben die Tiere in ihrer Obhut. Die vierbeinigen Spielgefährten gehören zu den Nagetieren und stammen vom *Wildmeerschweinchen* ab. Dieses Tier lebt in Südamerika. Es wird 20 bis 30 cm lang und 500 bis über 600 g schwer. Sein Fell ist ziemlich langhaarig. Es ist dunkel graubraun gefärbt, kann aber auch schwarz sein.

Schon vor 3 000 bis 6 000 Jahren wurde aus dem Wildmeerschweinchen ein Haustier. Die Indios halten die Tiere auch heute noch; für sie sind Meerschweinchen wichtige Fleischlieferanten. Die ersten Tiere wurden wohl im 16. Jahrhundert nach Europa gebracht. Der Name „Meerschweinchen" erklärt sich ganz einfach so: Die Tiere kamen über das Meer nach Europa. Sie waren rundlich und quiekten wie Schweinchen.

Hausmeerschweinchen gibt es heute in ganz unterschiedlichen Farben. Auch in der Art des Haarkleides gibt es Unterschiede. So haben viele Hausmeerschweinchen ein ähnliches Haarkleid wie die wilden Vorfahren. *Angorameerschweinchen* dagegen haben sehr lange Haare. Auch die *Rosettenmeerschweinchen* haben lange Haare. Sie fallen aber nicht glatt, sondern stehen in Wirbeln.

Wer Meerschweinchen halten möchte, sollte bedenken, daß es gesellige Tiere sind. Man sollte sie deshalb nicht einzeln halten. Mehrere Männchen vertragen sich aber nicht. Der Käfig der Meerschweinchen muß alle 2 bis 3 Tage gereinigt werden.

Meise

Meisen sind lebhafte kleine Vögel. Geschickt turnen sie in den Zweigen von Büschen und Bäumen herum. Dabei sieht man sie oft kopfüber hängen. Da die Vögel vor allem Insekten und deren Larven fressen, spielen sie eine wichtige Rolle in der biologischen Schädlingsbekämpfung. Sie sind Höhlenbrüter, und wenn natürliche Höhlen fehlen, sollte man für sie Nistkästen aufhängen.

Die größte europäische Meise ist die *Kohlmeise↑*; sie wird 14 cm lang. Ähnlich sieht die *Tannenmeise* aus. Allerdings fehlt ihrem Gefieder das satte Gelb, das für die Kohlmeise typisch ist. Diese Art kommt häufig in Nadelwäldern vor; hier lebt auch die *Haubenmeise↑*. Sehr oft zu beobachten ist die *Blaumeise*. Sie brütet in Gärten und Parks und bezieht gern Nistkästen.

Alle Meisen streifen im Winter bisweilen weit umher, oft in gemischten Schwärmen. Zu dieser Jahreszeit erscheinen sie dann auch häufig am Futterhaus im Garten.

Den Meisen ähnlich ist die *Schwanzmeise↑*. Sie gehört aber zu einer anderen Vogelfamilie. Die Schwanzmeise baut kunstvolle, pantoffelförmige Nester. Dasselbe gilt auch für die *Beutelmeise*. Der Vogel lebt in Weidendickichten und gebüschartigen Beständen von Erlen und Pappeln auf feuchtem Grund. Beim Nestbau wird zunächst ein Ring aus Pflanzenfasern und Tierwolle angelegt. Nach und nach werden die Wände eingewebt, und schließlich wird die Eingangsröhre angebaut.

Blaumeise in einem Busch

Blaumeise

Größe 11,5 cm lang

Merkmale Rücken olivgrün, Unterseite gelb; Kopfplatte, Flügel und Schwanz lebhaft blau; weiße Kopfseiten, weiße Stirn, schwarzer Augenstreif, schwarzes Nackenband

Ernährung Frißt Insekten und deren Larven, Spinnen und andere Kleintiere, daneben Samen und Talg

Fortpflanzung Nistet in Höhlen; Nest aus Halmen, Moos, Haaren und Federn; 7 bis 13 Eier, weiß mit rötlichen Flecken; Gelege ab Mitte April, 2 Bruten im Jahr

Vorkommen Bewohnt Gärten und Parks, Feldgehölze, Laub- und Mischwälder; Jahresvogel; über fast ganz Europa verbreitet, daneben auch über Nordafrika und Vorderasien

---

Sumpfmeise

Größe 11,5 cm lang

Merkmale Unscheinbar graubraunes Gefieder; glänzend schwarze Kopfplatte und schwarze Kehle, Kopfseiten und Brust weißlich; Männchen und Weibchen gleich gefärbt

Ernährung Frißt Insekten, Spinnen und andere Kleintiere, auch Samen

Fortpflanzung Nistet in Baumhöhlen und Nistkästen; Nest aus Moos, Haaren und Federn; 6 bis 10 weißliche Eier mit rötlicher Fleckung; Gelege ab April, 1 Brut im Jahr

Vorkommen Bewohnt Gärten, Obstbaumbestände, Parks, Heckengelände, Feldgehölze und Laubwälder; Jahresvogel; über weite Teile Europas und Ostasien verbreitet

Die Sumpfmeise hat eine schwarze Kopfplatte.

Miesmuschel

Miesmuscheln bilden große Bänke, wo Tausende von Muscheln↑ auf engem Raum leben. Die Tiere scheiden klebrige Fäden aus, mit denen sie sich am Untergrund, aber auch aneinander festheften. Die *Echte Miesmuschel* kommt an der Nordseeküste vor, aber auch in der Ostsee, im Atlantik und im Pazifik. Im Mittelmeer lebt eine ganz ähnliche Art, die *Mittelmeer-Miesmuschel.*

Da Miesmuscheln gut schmecken, werden sie von den Muschelbänken geerntet. Sie werden aber auch regelrecht gezüchtet, ähnlich wie Austern↑. In den Muschelgärten – etwa an der französischen Küste – bereitet man feste Unterlagen vor und setzt dann etwa 2 cm lange Jungmuscheln aus, die sich bald festheften und weiterwachsen.

Echte Miesmuschel

Größe Bis 8 cm lang

Merkmale Schale bogig gerundet, an einer Seite zugespitzt; außen blau bis blauschwarz, innen hell und perlmuttern; heftet sich mit ausgeschiedenen Fäden am Untergrund fest; bildet meist größere Muschelbänke

Ernährung Frißt feine Futterteilchen (Algen), die aus dem Wasser herausgefiltert werden

Fortpflanzung Männliche Tiere geben Spermien ins Wasser ab; Spermien werden von den weiblichen Tieren eingestrudelt; jedes Weibchen kann 3mal im Jahr einige Millionen Eier abgeben; Larven leben im freien Wasser, setzen sich später fest

Vorkommen Im Einflußbereich von Ebbe und Flut und in Flachwasserzonen; an Steinen, Pfählen und Muschelschalen festgeheftet; Ostsee, Nordsee, Atlantik und Mittelmeer

---

Miesmuscheln leben auf engem Raum zusammen.

Milan

Der Rotmilan hat einen tief gegabelten Schwanz.

Rotmilan

Größe 61 cm lang

Merkmale Tief gegabelter Schwanz; Oberseite dunkel rotbraun; Kopf und Unterseite heller; Männchen und Weibchen gleich gefärbt

Ernährung Jagt kleine Säugetiere und Vögel, frißt aber auch Aas

Fortpflanzung Horst aus Zweigen auf hohen Bäumen; 2 bis 3 Eier, weißlich-grünlich mit braunen Flecken; Gelege ab April, 1 Brut im Jahr

Vorkommen Lebt vor allem in Flußtälern mit Wald und Hecken; Teilzieher; über Mittel- und Südeuropa, Kleinasien und Nordafrika verbreitet

---

Milane sind mittelgroße Greifvögel und gute Segelflieger. Wenn sie segeln, kann man den *Rotmilan* und den nah verwandten *Schwarzmilan* gut voneinander unterscheiden. Beide haben einen gegabelten Schwanz. Beim Rotmilan ist der Schwanz sehr tief gegabelt, und deshalb nennt man den Vogel auch „Gabelweihe". Beim Schwarzmilan ist der Schwanz dagegen nur wenig gegabelt. Außerdem hat er keine hellen Flügelfelder wie der Rotmilan. Der Vogel lebt in Europa, Afrika, Asien und Australien.

Möwe

Silbermöwe im Flug

Möwen und Meer – das gehört einfach zusammen. Jeder, der einmal am Meer gewesen ist, erinnert sich an die weißen Vögel mit den langen Flügeln und den auffälligen Rufen. In kaum einem Hafen fehlen sie. Fast jedem auslaufenden Schiff folgen Möwen, und jedem ankommenden Schiff fliegen sie entgegen, immer auf der Suche nach Nahrung.

Die *Silbermöwe* ist die häufigste europäische Möwe. Sie ist ein sehr robuster Vogel, dessen Schnabel vor kaum etwas halt macht. Man kann sie am Spülsaum des Meeres nach Nahrung suchen sehen, aber auch den Bauern hinter dem Pflug folgen, um nach Regenwürmern zu stochern. Eine weitere Nahrungsquelle sind die Abfallhaufen von Fischfabriken und sogar Müllhalden.

Wie eine verkleinerte Ausgabe der Silbermöwe sieht die *Sturmmöwe* aus. Bei ihr sind allerdings die Beine und der Schnabel grünlichgelb. Dem Schnabel fehlt auch der rote Fleck nahe der Spitze. Diese Möwe brütet sowohl an den Meeresküsten als auch in Feuchtgebieten im Binnenland. Im Binnenland ist aber vor allem die *Lachmöwe*↑ anzutreffen. Typische Möwen der Küste sind auch *Herings*- und *Mantelmöwe*. Im Gegensatz zu den anderen Möwen haben sie eine dunkelgraue oder schwarze Oberseite. Die Mantelmöwe ist die größte Möwenart.

Die Heringsmöwe ist auf der Oberseite dunkel.

Molch

Bergmolch zur Laichzeit

Molche gehören zu den Lurchen, genauer gesagt zu den Schwanzlurchen. Der *Bergmolch* ist die häufigste Art in Europa. Er erscheint bisweilen schon im Februar an den Gewässern. Die Laichzeit erstreckt sich aber bis in den Mai hinein. Danach führen die Bergmolche ein heimliches Landleben. Auch der *Teichmolch* laicht schon sehr zeitig im Frühjahr und ist später nur selten zu beobachten, weil auch er dann ein verborgenes nächtliches Leben an Land führt. Den *Kammolch* kann man während der Laichzeit an dem hohen, gezackten Rückenkamm (Name!) gut erkennen. Der Kamm ist durch einen tiefen Einschnitt vom Hautsaum auf dem Schwanz abgesetzt. Der *Fadenmolch* schließlich hat zur Laichzeit einen etwa 1 cm langen Schwanzfaden.

Molche sind ans Wasser gebunden, aber Gewässer brauchen sie nur zur Laichzeit. Die übrige Zeit des Jahres reicht ihnen eine feuchte Umgebung zum Leben. Da Feuchtgebiete in Europa immer seltener werden, sind Molche aus vielen Gegenden verschwunden.

Bergmolch, Alpenmolch

Größe Bis 11 cm lang

Merkmale Orangerote Unterseite, Kehle oft dunkel gefleckt; schiefergraue Oberseite; zwischen Unter- und Oberseite zahlreiche dunkle Flecken; Männchen zur Laichzeit mit niedrigem Rückenkamm

Ernährung Erwachsene Molche fressen Regenwürmer, Insektenlarven, Schnecken und Spinnen, im Laichgewässer auch Kleinkrebse und Fadenwürmer; die Larven fressen Kleinstlebewesen, Kleinkrebse, Insektenlarven und Würmer

Fortpflanzung Laichzeit von Februar bis Mai; Weibchen legt klebrige Eier an Wasserpflanzen ab; Larven schlüpfen nach etwa 2 Wochen

Vorkommen Stehende und fließende Gewässer und ihre Ufer; sowohl im Hügelland als auch im Gebirge bis in rund 3 000 m Höhe; mit Ausnahme des Nordens über weite Teile Europas verbreitet

Teichmolch

Größe Rund 10 cm lang

Merkmale Körper ziemlich schlank; Männchen zur Fortpflanzungszeit mit sehr hohem, welligem Rückenkamm; Kopf mit 5 dunklen Längsstreifen, von denen sich 2 durch die Augen ziehen; Hautsäume verschwinden nach der Laichzeit wieder

Ernährung Erwachsene Molche fressen Regenwürmer, Insektenlarven, Schnecken und Spinnen, im Laichgewässer auch Kleinkrebse und Fadenwürmer; die Larven fressen Kleinstlebewesen, Kleinkrebse, Insektenlarven

Fortpflanzung Laicht im April und Mai; Weibchen legt klebrige Eier an Wasserpflanzen ab; Larven schlüpfen nach etwa 2 Wochen

Vorkommen Stellt nur geringe Ansprüche an den Lebensraum; laicht in kleinen Pfützen, Tümpeln und Gräben; bis in etwa 1 000 m Höhe; über das gemäßigte und nördliche Europa und Asien verbreitet

Teichmolch zur Laichzeit

Monarch

In dichten Trauben hängen die Monarchen in den Bäumen ihres Winterquartiers in Mexiko.

Der Monarch ist einer der erstaunlichsten Schmetterlinge↑, die es auf der Erde gibt. Wenn man ihn im Sommer in Nordamerika fliegen sieht, erfreut man sich vielleicht an den schönen Farben, aber man muß wissen, daß dieser Schmetterling ein Rekordhalter ist. Der Monarch unternimmt nämlich große Wanderungen. Das ist an sich nichts Ungewöhnliches bei Schmetterlingen; viele Arten, beispielsweise der Distelfalter↑, wandern. Beim Monarch kommt aber hinzu, daß die meisten Falter aus den USA ihr Winterquartier in den Bergen Mexikos haben, und zwar in einem sehr kleinen Gebiet. Dorthin ziehen jeden Herbst Millionen von Schmetterlingen, um zu überwintern.

Zum einen ist es erstaunlich, daß die Falter ihr Winterquartier finden. Zum anderen müssen sie den Winter in den Bergen überstehen. Im Frühjahr kehren sie dann wieder in die USA zurück, um dort Eier zu legen und zu sterben. Aus den Eiern entwikkeln sich Raupen, Puppen und neue Monarchen. Diese Falter fliegen weiter nach Norden, legen ihrerseits Eier und sterben. So leben in den USA

Monarch, Monarchfalter

Größe Flügelspannweite 8,5 bis 9,5 cm

Merkmale Flügel auf der Oberseite kastanienbraun, auf der Unterseite blasser; mit dunkelbraunen bis schwarzen Rändern und Adern und Reihen weißer Flecken an den Flügelrändern; Raupe schwarz, gelb und weiß quergestreift, mit je 2 schwarzen Fortsätzen an Vorder- und Hinterende

Ernährung Raupen fressen an Schwalbenwurzgewächsen; Falter ernähren sich von Nektar

Fortpflanzung Eier einzeln an Futterpflanzen der Raupen abgelegt; mehrere Generationen im Jahr

Vorkommen Bewohner der offenen Landschaft; Nordamerika mit Ausnahme des hohen Nordens, Winterquartiere teilweise in Mexiko; darüber hinaus auf den Kanarischen Inseln, in Australien und Neuseeland vorkommend; immer wieder einmal auch in Europa gefangen

---

und in Kanada vom Frühling an bis zu 5 Generationen von Monarchen hintereinander. Die letzte Generation zieht im Herbst nach Mexiko. Und diese Schmetterlinge finden das kleine Überwinterungsgebiet haargenau, obwohl sie nie vorher dortgewesen sind.

Moschusochse

Moschusochsen sind Tiere des hohen Nordens. Die meisten leben in Alaska, im Norden Kanadas und in Grönland. In Norwegen hat man 1932 einige Tiere aus Grönland ausgesetzt, und bis heute hat sich dort eine kleine Herde gehalten. Einige Tiere aus dieser Herde haben sich im benachbarten Schweden ange-siedelt. Nachdem Moschusochsen zu Beginn unseres Jahrhunderts fast ausgerottet waren, gibt es heute wieder rund 15 000 Tiere auf der Erde.

Werden Moschusochsen – etwa von Wölfen – angegriffen, bilden sie einen Halbkreis oder Kreis. Die mit Hörnern bewehrten Köpfe zeigen nach außen, dem Angreifer entgegen. Die Kälber werden in die Mitte genommen und so geschützt. Aus dieser „Igelstellung" heraus unternehmen einzelne Tiere dann Ausfallangriffe. Doch gegen den Menschen half diese Art der Verteidigung nicht. Auf Forschungsreisen in den hohen Norden schoß man die Tiere, um Frischfleisch für die Teilnehmer der Expeditionen, vor allem aber für die Schlittenhunde, zu haben. Moschusochsen wurden aber auch wegen ihrer Felle gejagt. Sie haben die längsten Haare unter allen wildlebenden Säugetieren. An den Flanken und am Hinterteil werden die Haare 60 bis 90 cm lang. Die Tiere sind also ausgezeichnet gegen Kälte geschützt, und es besteht kaum die Gefahr, daß sie in ihrer rauhen arktischen Umgebung erfrieren.

Moschusochse

Größe Körper bis 2,45 m, Schwanz 10 bis 14 cm lang; Schulterhöhe bis 1,45 m; männliche Tiere bis 380 kg, weibliche Tiere bis 200 kg schwer

Merkmale Gedrungene Gestalt, massiver Kopf; Fell braun bis schwarzbraun, sehr dicht und langhaarig; männliche und weibliche Tiere mit abwärts geschwungenen Hörnern, die sich am Ansatz berühren

Ernährung Frißt Gräser und Kräuter, dazu Laub von Sträuchern

Fortpflanzung Brunft im September/Oktober; Tragzeit 34 Wochen; 1 Junges; Gewicht bei der Geburt 8 bis 15 kg; im Alter von 3 bis 6 Jahren geschlechtsreif

Vorkommen Bewohner der Tundra; über den hohen Norden der Nordhalbkugel verbreitet; in Europa nur in kleinen Gebieten in Norwegen und Schweden, dort aber aus Grönland eingeführt

---

Eine Moschusochsenherde in Alaska hat sich gegen einen Feind dicht zusammengedrängt.

Mücke

Stechmücke mit abgelegtem Eischiffchen

Stechmückenlarven atmen an der Wasseroberfläche.

Stechmücke

Größe Etwa 5 mm lang

Merkmale Schlank, 2 durchsichtige Fügel, lange Beine und lange, feine Fühler; Larven gestreckt, mit seitlich abstehenden Büscheln von Borsten; Puppen keulenförmig; Larven und Puppen bewegen sich ruckartig

Ernährung Erwachsene Weibchen saugen Blut, erwachsene Männchen Pflanzensäfte; die Larven ernähren sich von Algen und Kleinsttieren, die im Wasser schweben

Fortpflanzung Weibchen legt Eier in Paketen auf der Wasseroberfläche ab („Eischiffchen"); Larven und Puppen leben im Wasser

Vorkommen Larven in stehenden Kleingewässern (Tümpel, Gartenteiche, Regentonnen), aber auch in flachen, größeren Stillgewässern; über ganz Europa und Gebiete der angrenzenden Erdteile verbreitet

---

Mücken gehören zur Insektenordnung der Zweiflügler. Zweiflügler unterscheiden sich von den anderen geflügelten Insekten dadurch, daß sie nur ein Paar Flügel haben. Zum Fliegen werden die Vorderflügel eingesetzt. Die Hinterflügel sind zu den sogenannten „Schwingkölbchen" umgewandelt. Damit halten die Tiere das Gleichgewicht. Eine Mücke ohne Schwingkölbchen würde hilflos durch die Gegend taumeln. Mücken sind zartgliedrige Tiere und haben Fühler aus zwei Gliedern an der Ansatzstelle und einer langen Geißel. Es gibt eine Vielzahl von Arten mit sehr unterschiedlicher Lebensweise. Die Larven entwickeln sich oft in stehenden Gewässern wie Tümpeln und Weihern.

Stechmücken sind ziemlich lästige Insekten, denn die erwachsenen Weibchen saugen Blut. Sie müssen das tun, denn nur dann entwickeln sich die Eier. Die Larven der Stechmücken leben im Wasser. Um Mückenplagen einzudämmen, bekämpft man die Larven mit chemischen Mitteln. Bei solchen Maßnahmen sterben die Mückenlarven und -puppen ab, und allen möglichen Wassertieren, vor allem den Fischen, wird die Nahrung entzogen.

Nah verwandt mit den Stechmücken sind die *Malariamücken*. Sie übertragen beim Blutsaugen Krankheiten wie die berüchtigte Malaria. In Gebieten, wo es Malaria gibt, schlafen die Menschen deshalb unter Netzen aus ganz feinem Gewebe. Die gefährlichen Mücken können die Moskitonetze nicht durchdringen, und die Menschen bleiben von ihren Stichen verschont. *Kriebelmücken* und *Gnitzen* sind ebenfalls unangenehme Blutsauger. Beide können schlimme Krankheiten übertragen.

Trotz ihrer Größe sind die *Schnaken* völlig harmlos. Die größte mitteleuropäische Art, die *Riesenschnake*, wird 4 cm lang. Erwachsene Tiere saugen Nektar und leben nur wenige Tage. Die Larven der Schnaken erkennt man an dem langgestreckten Körper mit dem sternförmigen Hinterende. Sie leben in weichem Boden oder im Wasser.

Zuckmücken sind ebenfalls harmlos. Die erwachsenen Mücken bilden oft riesige Schwärme und leben nur wenige Tage. Die wurmartigen Larven werden bis 2 cm lang und sind am Boden fast jedes Gewässers zu finden. Sie spielen als Fischnahrung eine wichtige Rolle im Haushalt der Gewässer. Auch Libellen- und Käferlarven fressen sie.

Mufflon

Nach der letzten Eiszeit kam das Mufflon nur noch auf Korsika, Sardinien und Zypern vor. Es lebt dort im offenen Bergland und auf den Hochebenen im Bereich der Baumgrenze. Möglicherweise stammt das Mufflon aber nicht von diesen drei Mittelmeerinseln, sondern aus Asien.

Mufflon, Muffelwild

Größe Körper 1,10 bis 1,30 m lang; Widder 35 bis 50 kg, Schafe 25 bis 35 kg schwer

Merkmale Gestalt wie Schaf; Fell oben braun, unten weiß; Fell beim Widder auch schwarzbraun mit hellem Sattelfleck auf dem Rücken; beide Geschlechter mit Hörnern, beim Widder schneckenförmig, beim Muffelschaf sind die Hörner kurz und schmal und lediglich leicht nach rückwärts gebogen; die Schafe sind bisweilen auch ganz ohne Hörner

Ernährung Frißt Gräser und Kräuter, auch Laub

Fortpflanzung Brunftzeit im Oktober/November; Tragzeit etwa 6 Monate; im März/April Geburt von 1 oder 2 Lämmern; Lämmer im Alter von 6 Monaten selbständig

Vorkommen Bewohnt Laub- und Mischwälder der Mittelgebirgslagen; ursprünglich nur in Korsika und Sardinien, heute an verschiedenen Stellen in Mittel- und Osteuropa verbreitet

---

Weil das Mufflon ein für Jäger interessantes Jagdwild war, begann man Ende des vorigen Jahrhunderts, es in anderen Teilen Europas anzusiedeln. Begehrt war vor allem der stattliche Hauptschmuck als Trophäe. Die Einbürgerung von Tieren war um die Jahrhundertwende große Mode. Heute ist das Mufflon in den Laub- und Mischwäldern vieler europäischer Mittelgebirge heimisch geworden.

Es besteht aber die Gefahr, daß den heimischen Arten die Nahrung streitig gemacht wird und Krankheiten eingeschleppt werden. Heute ist man deshalb mit dem Ansiedeln fremder Tierarten sehr viel vorsichtiger geworden.

Mufflons sind tagsüber und nachts aktiv. Die Tiere leben gesellig. Erwachsene Widder bilden eigene Herden, ebenso die Schafe mit ihren Jungen. Nur zur Paarungszeit gesellen sich die Widder zu den Schafen. Meist halten sich dann ein bis drei Widder in den Weibchenherden auf. Nach der Brunft gehen die Widder wieder eigene Wege. Mufflons können in der freien Natur ein Alter von 12 bis 15 Jahren erreichen.

Ein Muffelwidder und zwei weibliche Tiere

Murmeltier

Das Murmeltier ist ein typischer Bewohner des Hochgebirges. Es ist ausschließlich in Europa verbreitet und besiedelt hauptsächlich das westliche Alpengebiet. Es ist außerdem in den Pyrenäen, in den östlichen Alpen und in den Karpaten eingeführt worden. Auch in der Hohen Tatra gibt es einen Murmeltierbestand. Lebensraum der Tiere sind die Matten und Almen oberhalb der Baumgrenze.

Murmeltiere graben unterirdische Baue, die oft weit verzweigt sind und eine große Nestkammer aufweisen. Sie leben fast immer kolonieweise mit Artgenossen zusammen. Bei Beunruhigung oder Gefahr stellen sich die Tiere auf die Hinterbeine, um das Gelände besser übersehen zu können. Haben sie einen Störenfried oder gar einen Räuber ausgemacht, pfeifen sie laut. Die Pfiffe sind auf weite Entfernung zu hören. Alle Murmeltiere in der Nachbarschaft werden sofort darauf aufmerksam und verschwinden schnell in ihren Bauen. Nach einiger Zeit kommen die ersten Tiere wieder zum Vorschein und prüfen vom Baueingang aus erst einmal genau, ob die Luft rein ist.

Vor Einbruch des Winters tragen Murmeltiere büschelweise abgerupfte Pflanzen in die Baue ein. Damit polstern sie ihre Lager aus, in denen sie ihren Winterschlaf halten. Danach werden die Eingänge der Baue verstopft, damit keine kalte Luft mehr eindringen kann, und die Murmeltiere rollen sich zum Schlafen zusammen. Der Winterschlaf dauert etwa von Oktober bis April. In dieser Zeit wachen die Tiere hin und wieder auf, verlassen die Baue aber nicht.

Alpenmurmeltier

Größe Körper 50 bis 60 cm, Schwanz weitere 13 bis 16 cm lang; 4 bis 8 kg schwer

Merkmale Fell braun und grau gefärbt, Schwanzspitze dunkel

Ernährung Frißt Gräser und Kräuter der Bergmatten

Fortpflanzung Paarung im Frühjahr; Tragzeit 5 Wochen; bis zu 7 Junge in einem Wurf; Junge im Alter von 4 bis 5 Wochen zum ersten Mal am Baueingang zu sehen

Vorkommen Besiedelt Matten und Almen in Höhen zwischen 1 400 und 2 700 m; über alle Hochgebirge Europas verbreitet

---

Ein Murmeltierweibchen mit seinem Jungen

Muschel

Die Teichmuschel ist eine häufige Süßwassermuschel.

Große Teichmuschel

Größe Schale 12 bis 20 cm lang (Höchstwert: 26 cm)

Merkmale Schalen im Umriß länglich-eiförmig, außen bräunlich-grünlich, innen weiß gefärbt und perlmuttern; Schloß ohne Zähne

Ernährung Filtert winzige Algen und andere Kleinstlebewesen aus dem Wasser heraus, das durch die Atemöffnung in das Innere des Körpers gepumpt wird

Fortpflanzung Die Tiere sind Zwitter; 200 000 bis 600 000 Larven je Tier; Larven entwickeln sich in den Kiemen der Muscheln, werden später ausgestoßen und setzen sich an Fischen fest; dort innerhalb von 2 bis 8 Wochen weitere Entwicklung zu Jungmuscheln, die dann zu ihrer endgültigen Größe heranwachsen

Vorkommen Lebt in stehenden und langsam fließenden Gewässern mit Schlammgrund; über weite Teile Europas und bis weit nach Asien hinein verbreitet

Eßbare Herzmuschel

Größe Schale bis 5 cm im Durchmesser

Merkmale Schale schmutzigweiß bis bräunlichgelb; mit 22 bis 28 Rippen, die vom Wirbel ausgehen; Schale innen glatt, weiß gefärbt

Ernährung Frißt winzige Algen und andere Kleinstlebewesen, die aus dem freien Wasser eingestrudelt und herausgefiltert werden

Fortpflanzung Männliche Tiere geben Spermien ins Wasser ab; die Spermien werden von den weiblichen Tieren eingestrudelt; die Larven leben zunächst im freien Wasser, setzen sich später fest und wachsen im Lauf der Zeit zu ihrer endgültigen Größe heran

Vorkommen Besiedelt Sand- und Schlammböden in der Gezeitenzone des Meeres, gräbt sich mit dem Fuß in den Boden ein; in Ost- und Nordsee, im Mittelmeer und im Atlantik

Muscheln sind Weichtiere (→ Seite 329). Sie sind mit den Schnecken und den Tintenfischen verwandt. Die Tiere haben eine Schale mit zwei Klappen und leben stets im Wasser. Die meisten Muschelarten leben im Meer. In den Binnengewässern gibt es weniger Arten.

Die häufigste europäische Süßwassermuschel ist die *Große Teichmuschel*. Ähnlich, aber mehr langgestreckt sind die *Flußmuscheln*, von denen es mehrere Arten in den Gewässern Mitteleuropas gibt. Auch die *Flußperlmuschel* sieht der Teichmuschel ähnlich, sie hat aber eine dickere, dunkelbraun bis schwarz gefärbte Schale. Innen ist die Schale mit einer Perlmutterschicht ausgekleidet, und tatsächlich bilden diese Muscheln Perlen. In unseren Binnengewässern lebende Muscheln sind außerdem die *Häubchenmuscheln*, die *Erbsenmuscheln* und die *Kugelmuscheln*. Diese Muscheln haben runde Schalen und werden nur einige Millimeter groß.

Ungleich größer als die Zahl der Süßwassermuscheln ist die Zahl der Muscheln, die im Meer leben. An den Küsten von Nord- und Ostsee sind *Sandklaffmuschel* und *Eßbare Herzmuschel* besonders häufig. Lebende Tiere sieht man allerdings nicht oft, da sie sich in den Meeresboden eingraben. Am Ufer findet man aber immer wieder die leeren Schalen. *Miesmuscheln*↑ kommen ebenfalls häufig vor, und sie werden wie die *Austern*↑ an manchen Küsten geerntet und sogar gezüchtet.

Herzmuscheln findet man am Meeresstrand.

Nachtigall

Die Nachtigall ist unscheinbar, singt aber sehr schön.

Nachtigall

Größe 16,5 cm lang

Merkmale Oberseite einfarbig braun, Unterseite heller, graubraun; Schwanz rotbraun
Männchen und Weibchen gleich gefärbt; auffälliger, schöner Gesang

Ernährung Sucht am Boden nach Insekten und deren Larven, nach Spinnen, Schnecken, Würmern und anderen Kleintieren; frißt auch Beeren

Fortpflanzung Nistet versteckt am Boden in dichtem Pflanzenwuchs; 4 bis 6 olivbraune Eier; Gelege ab Anfang Mai, 1 Brut im Jahr

Vorkommen Besiedelt verwilderte Gärten, Friedhöfe, Parks mit feuchten Dickichten, Laub- und Mischwälder mit reichem Unterwuchs; überwiegend im Tiefland; Sommervogel (April bis Oktober); über Mittel- und Südeuropa, Teile Mittelasiens und Nordafrika verbreitet

---

Die Nachtigall ist zwar nur unscheinbar bräunlich gefärbt, aber sie ist einer der besten Sänger unter den Vögeln Europas. Der Gesang beginnt mit einer ansteigenden Folge von „dü, dü, dü"-Rufen. Sie werden lauter und schneller und gehen dann in ein schluchzendes Schmettern über. Leider sieht man die Nachtigall meist nicht, wenn sie singt. Sie singt fast immer aus der Deckung eines Gebüschs heraus. Dafür singt sie sowohl bei Tag als auch in der Dämmerung und nachts.

Im Osten Europas kommt der mit der Nachtigall ganz nah verwandte Sprosser häufiger vor. Er unterscheidet sich äußerlich von der Nachtigall zwar nur wenig, singt aber etwas anders als sie.

Nandu

Nandus ziehen meist in kleinen Trupps durch ihren Lebensraum, die südamerikanische Pampa. So ein Trupp setzt sich aus einem Hahn und mehreren Hennen zusammen. Alle Hennen eines Hahnes legen ihre Eier in ein gemeinsames Nest, eine Mulde im Boden. Jedes Weibchen kann 15 bis 20 Eier legen, die etwa die Größe von 12 Hühnereiern haben, und so sind Nandugelege immer sehr umfangreich. Der Hahn brütet allein. Weil er nicht alle Eier bedecken kann, sterben viele ab. Auch die Betreuung der Jungen übernimmt der Hahn.
Von Peru über Bolivien bis nach Patagonien ist der kleinere *Darwin-Nandu* oder *Darwin-Strauß* verbreitet. Beide Nandus sind mit dem Emu↑ und dem Strauß↑ verwandt und wie diese flugunfähig.

Nandu

Größe 1,50 m lang; Kopfhöhe 1,70 m; Flügelspannweite bis 2,50 m; Gewicht 20 bis 25 kg und mehr

Merkmale Straußenähnlicher Vogel, kräftige Laufbeine, flugunfähig; langer Hals, kleiner Kopf mit großen Augen; Gefieder des Männchens graubraun, auf dem Kopf, am Ansatz des Halses und auf der Brust schwarz; Weibchen kleiner und mit weniger schwarz im Gefieder; Jungvögel zunächst gelblich mit schwarzen Längsstreifen

Ernährung Frißt Gräser und Kräuter, aber auch Insekten und andere kleine Tiere

Fortpflanzung Nestmulde am Boden; gemeinsames Gelege von allen Hennen eines Hahnes; volle Gelege mit bis zu 80 Eiern; Eier gelblich, 530 bis 680 g schwer; Brutdauer etwa 40 Tage; Brutzeit zwischen September und Dezember

Vorkommen Bewohnt die Grassteppe (Pampa); über Südamerika südlich des Amazonasbeckens verbreitet

---

Der Nandu ist der größte Vogel Südamerikas.

Nasenbär

Der Südamerikanische Nasenbär döst in einer Astgabel.

Südamerikanischer Nasenbär

Größe Körper 43 bis 66 cm, Schwanz 42 bis 68 cm lang;
 Gewicht 4,5 bis 6 kg

Merkmale Schlanker, langer Kopf mit kleinen Ohren und
 beweglicher, rüsselartiger Nase; langer, buschiger, hell-
 dunkel geringelter Schwanz, beim Gehen aufrecht gestellt;
 Fell rötlichbraun

Ernährung Frißt hauptsächlich Kleintiere, aber auch
 Frösche, Eidechsen, kleine Nagetiere, Eier und Junge von
 Schildkröten und daneben Samen und Früchte (Alles-
 fresser)

Fortpflanzung Tragzeit 70 bis 77 Tage; 2 bis 7 Junge in
 einem Wurf, Geburtsgewicht 150 g; im Alter von 2 Jahren
 geschlechtsreif

Vorkommen Lebt im Regenwald, aber auch im Buschland;
 über das nordöstliche und das nordwestliche Südamerika
 verbreitet

Nasenbären haben eine lange Nase und gehören zu den Bären. Genauer gesagt: Sie gehören sie zu den Kleinbären, zu denen auch der Waschbär↑ zählt. Es gibt vier verschiedene Arten, die vom Südwesten Nordamerikas über Mittelamerika bis zum nördlichen Südamerika verbreitet sind. Nasenbären sind tagaktive, gesellig lebende Tiere. Sie durchstreifen ihren Lebensraum in Gruppen von 20 bis 40 Tieren. Allerdings sind die Männchen außerhalb der Fortpflanzungszeit meist Einzelgänger. Ihre Nahrung suchen die Nasenbären überwiegend am Boden. Werden sie bedroht, flüchten sie in die Bäume. Dort schlafen sie auch oft. Die Tiere können ein Alter von 14 Jahren erreichen.

Nashorn

Wie lange wird es wohl noch Nashörner auf der Erde geben? Es fehlt nicht mehr viel, und auch die letzten dieser urtümlich wirkenden Tiere sind ausgerottet. Der Grund für die Nachstellungen ist immer noch die völlig falsche Vorstellung einiger Völker im Fernen Osten, daß in den Hörnern geheimnisvolle Kräfte verborgen liegen. Deshalb fallen Nashörner nach wie vor Wildererbanden zum Opfer. Die Tiere werden abgeschlachtet, die Hörner werden abgesägt, und die Kadaver bleiben einfach liegen. Dabei bestehen die Hörner aus nichts anderem als zusammengeklebten Haaren. Indem den Tieren die Hörner abgesägt werden, versucht man sie vor den Wilderern zu schützen.

Es gibt mehrere Arten von Nashörnern. Zwei davon leben in Afrika, nämlich das *Spitzmaulnashorn* und das *Breitmaulnashorn*, auch *Weißes Nashorn* genannt. Beide Arten haben zwei Hörner, aber das Breitmaulnashorn weidet Gräser ab und hat deshalb auch ein breites Maul. Es ist mit einem Höchstgewicht von 2 300 kg das größte Nashorn der Erde. In Asien kommen weitere Nashörner vor. Das bekannteste ist das *Indische Panzernashorn*. Es hat nur ein Horn. Das Tier lebt im Norden Indiens, in Pakistan und in Nepal und ist im Bestand gefährdet. In Indonesien gibt es noch das *Sumatranashorn* (zwei Hörner) und das *Javanashorn* (ein Horn). Ihre Zahl ist aber stark zurückgegangen. Vom Sumatranashorn gibt es nach Schätzungen noch etwa 300, vom Javanashorn nur 60 Tiere. Das endgültige Aussterben dieser beiden Nashörner ist kaum noch aufzuhalten.

Spitzmaulnashorn, Schwarzes Nashorn

Größe Körper 3,20 m, Schwanz 60 cm lang; Schulterhöhe 1,55 m; Gewicht 1 500 kg

Merkmale Spitzes Maul; 2 Hörner, davon das vordere meist größer als das hintere; Haut unbehaart, grau, dunkelgrau oder dunkelbraun

Ernährung Frißt Blätter, Knospen und Zweige von Sträuchern und Bäumen

Fortpflanzung Tragzeit 450 Tage; 1 Junges; Geburtsgewicht 22 bis 45 kg

Vorkommen Bewohnt Buschsteppen und Savannen; über Ostafrika und weitere kleine Gebiete in Afrika südlich der Sahara verbreitet

---

Weibliches Spitzmaulnashorn mit seinem Jungen

Nashornvogel

Hornraben sind die größten aller Nashornvögel.

Kaffern-Hornrabe

Größe Etwas über 1 m lang; 2,2 bis 6,2 kg schwer

Merkmale Sehr großer Vogel; Gefieder schwarz mit weißen Flügelspitzen, die aber nur im Flug sichtbar werden und auffallen; Wangen und Kehle nicht befiedert, dort leuchtend rote Haut; kräftiger, dunkelgrauer, leicht nach unten gebogener Schnabel; großer Aufsatz aus Horn auf dem Ansatz des Schnabels (Name!)

Ernährung Frißt alle Tiere, die er überwältigen kann: Termiten, Käfer, Heuschrecken, Frösche, Eidechsen und selbst Schildkröten, Erdhörnchen und Hasen, geht in seltenen Fällen auch an Aas

Fortpflanzung Brütet in Baumhöhlen; 1 bis 2 weiße Eier; Brutdauer rund 40 Tage; Junge mit 80 bis 90 Tagen flügge

Vorkommen Bewohner von Steppen, Savannen und lichten Wäldern; über das mittlere und östliche Afrika und bis nach Südafrika verbreitet

---

Nashornvögel haben große oder sogar riesige gebogene Schnäbel mit einem Hornaufsatz. Bei den meisten Arten mauern sich die Weibchen in ihren Bruthöhlen ein. Sie werden während der gesamten Brutzeit vom Männchen gefüttert. Es gibt 45 Arten, die alle in Afrika und Asien zu Hause sind. Zu den größten Arten gehören die *Hornraben*. Sie sind so groß, daß sie fast nur auf dem Boden auf Nahrungssuche gehen. Neben dem *Kaffern-Hornraben* gibt es den *Sudan-Hornraben*. Beiden Arten ist gemeinsam, daß sie in Afrika leben und sich die Weibchen nicht einmauern. Eine weitere Gruppe von Nashornvögeln, die in Afrika lebt, sind die *Tokos*↑. Von ihnen kann man 12 Arten auf dem schwarzen Kontinent beobachten.

Nautilus

Die Nautilusarten gehören zu den Weichtieren und sind mit den Tintenfischen verwandt. Sie sind sehr urtümliche Tiere. Ihr Weichkörper steckt in einer Kalkschale, deren Innenschicht perlmuttartig glänzt. Im Inneren sind die Schalen durch Wände in mehrere Kammern eingeteilt. Die Kammern sind mit Gas gefüllt, dessen Menge die Tiere verändern können. So können sie wie Boote auf der Meeresoberfläche treiben, und nach schweren Stürmen findet man die Tiere oft in Massen an Stränden angespült. Es gibt insgesamt nur sechs Nautilusarten auf der Erde, darunter das *Gemeine Perlboot*, das *Neukaledonische Perlboot* und das *Salomons-Perlboot*. Drei weitere Arten leben vor der Küste Australiens. Alle Arten kommen in tropisch-warmen Meeren vor.

Nautilus, Gemeines Perlboot, Schiffsboot

Größe 20 cm lang

Merkmale Schale in Form einer Spirale mit weitem letzten Umgang; weißlich bis hell bräunlich gefärbt und dunkelbraun quergestreift; Tier mit 80 bis 90 Fangarmen, die keine Saugnäpfe haben; obere Fangarme zu einem braunen, weißgefleckten Schild verwachsen; auffallend große, gestielte Augen

Ernährung Frißt vor allem Krebse und tote Tiere; jagt nachts

Fortpflanzung Das Männchen überträgt mit Hilfe der Arme ein Paket mit Spermien auf das Weibchen; aus dotterreichen Eiern schlüpfen Embryos, die nach und nach die Form der erwachsenen Tiere annehmen

Vorkommen Lebt am Meeresgrund in Tiefen zwischen 50 und 650 m; vom östlichen Indischen Ozean bis zu den Fidschi-Inseln verbreitet

---

Der Nautilus ist mit den Tintenfischen verwandt.

Nektarvogel

Männchen des Elfen-Nektarvogels

Elfen-Nektarvogel

Größe Männchen 15 cm, Weibchen 11,5 cm lang
Merkmale Gefieder grünlich, schillernd; Männchen mit
   rotem Fleck auf der Brust; gebogener Schnabel; Schwanz
   mit verlängerten mittleren Federn
Ernährung Saugt Nektar aus Blüten, frißt daneben auch
   Kleintiere
Fortpflanzung Beutelförmiges Nest, das an Zweigen in
   Bäumen hängt; meist 2 Eier; Brutdauer 2 Wochen
Vorkommen Lebt im Buschland, in der Savanne und
   in offenem Waldland; von Westafrika bis Ostafrika
   verbreitet

Die meisten Nektarvögel haben ein grünlich schillerndes Gefieder. Ihren Namen bekamen die Vögel wegen ihrer Nahrung: Sie saugen überwiegend Nektar aus Blüten, fressen aber auch Kleintiere. Ihr Schnabel ist fein und nach unten gebogen. Er paßt also sehr gut in die Kelche von Blüten hinein. Nektarvögel bestäuben beim Saugen die Blüten. Sie spielen in der Natur also eine ähnliche Rolle wie die Kolibris. Kolibris gibt es aber nur in Amerika, Nektarvögel dagegen in Afrika, Asien und auch in Australien.

Nerz

Nerze gehören zu den Mardern↑. Meist denkt man an Zuchtnerze, wenn man ihren Namen hört. Tatsächlich aber gibt es noch einen wildlebenden Nerz in Europa. Leider wurde der *Europäische Nerz* aber in Mitteleuropa zu Anfang dieses Jahrhunderts ausgerottet. Statt dessen hat sich gebietsweise der ganz ähnliche *Amerikanische Nerz* oder *Mink* angesiedelt. Dieses Tierchen wird wegen seines Felles auch in Pelztierfarmen gezüchtet. Immer wieder ist es vorgekommen, daß Farmnerze entlaufen sind und in freier Natur überlebt haben. Bisweilen hat man den Amerikanischen Nerz aber auch ganz bewußt ausgesetzt. Dieser Nerz lebt heute beispielsweise frei in Island, in England und Irland, in Skandinavien und in Osteuropa.

Europäischer Nerz, Nörz, Sumpfotter

Größe Körper 32 bis 43 cm, Schwanz 13 bis 19 cm lang;
   Gewicht 550 bis 800 g
Merkmale Schlank, kleine Ohren; Fell dunkelbraun bis
   schwarzbraun, seidig glänzend; weißes Kinn, weiße Ober-
   lippe
Ernährung Jagt am Wasser lebende Tiere wie Schermäuse,
   Ratten, Vögel, Frösche und Fische; frißt auch Krebse und
   Insekten; geht sowohl am Tag als auch in der Nacht auf
   Nahrungssuche
Fortpflanzung Tragzeit 39 bis 48 Tage; 2 bis 6 Junge in
   einem Wurf, die noch im ersten Lebensjahr geschlechtsreif
   werden; Wurfzeit im Frühjahr
Vorkommen Bewohnt Sumpfgebiete und dichtbewachsene
   Ufer von Flüssen und Seen; über einen Teil Frankreichs
   und den Osten Europas verbreitet; in Mitteleuropa seit
   Beginn des 20. Jahrhunderts ausgerottet

Europäischer Nerz

Neuntöter

Neuntöter, Männchen

Neuntöter, Rotrückenwürger

Größe Gut 17 cm lang

Merkmale Männchen mit rotbraunem Rücken, grauem Kopf und schwarzem Augenstreifen; Unterseite weißlich-rötlich; Weibchen unscheinbar

Ernährung Frißt große Insekten, junge Mäuse, kleine Vögel und kleine Kriechtiere (Eidechsen)

Fortpflanzung Nistet niedrig in Büschen; 4 bis 6 weißlich-grünliche Eier mit dunklem Fleckenkranz; Gelege ab Mai, 1 Brut im Jahr

Vorkommen Bewohnt Waldlichtungen, Waldränder, Hecken und Feldgehölze; über weite Teile Mittel- und Südeuropas und Mittelasiens verbreitet

---

Würger jagen von meist erhöhten Sitzwarten aus. Entdecken sie ein großes Insekt, eine Maus oder eine Eidechse, stoßen sie herab und packen die Beute mit ihrem Hakenschnabel. Wenn reichlich Nahrung vorhanden ist, spießt der Neuntöter einen Teil seiner Beute als Vorrat auf Dornen von Büschen oder auf Stacheldraht auf. Auf Grund dieses Verhaltens hat der Vogel seinen Namen bekommen; „Rotrückenwürger" heißt er wegen seiner Färbung. Nah verwandt ist der *Rotkopfwürger*. Er hat einen roten Kopf und cinen schwarzen Rücken.

Nutria

Nutrias haben einen sehr wertvollen Pelz. Deshalb wurden Zuchttiere aus ihren Heimatländern Argentinien und Chile nach Europa geholt und dort in Farmen gehalten. Aus diesen Farmen sind immer wieder Tiere entwichen. Heute haben sich an verschiedenen Stellen in Europa freilebende Nutriakolonien gebildet. In Mitteleuropa machen den Tieren allerdings strenge Winter sehr zu schaffen. Nutrias vertragen es nämlich nicht, wenn ihre Wohngewässer zufrieren. In Südeuropa halten sie sich besser. Die Tiere sind vorwiegend in der Dämmerung aktiv. Sie schwimmen sehr gut, sind aber nur mäßige Taucher. Ihre Wohnhöhlen graben sie in die Uferböschungen. Deren Eingänge liegen meist oberhalb des Wasserspiegels.

Nutria, Biberratte, Sumpfbiber

Größe Körper 40 bis 60 cm, Schwanz 30 bis 45 cm lang; Gewicht 7 bis 9 kg

Merkmale Gestalt plump, massig; großer Kopf, langer, runder Schwanz; Fell dunkelbraun

Ernährung Frißt Wasserpflanzen, Wurzeln, Gräser und andere pflanzliche Kost, aber auch Muscheln und Schnecken

Fortpflanzung Das ganze Jahr über fortpflanzungsfähig; Tragzeit rund 130 Tage; in der Regel 5 bis 6 Junge in einem Wurf, die mit 3 Monaten selbständig und nach weiteren 3 Monaten geschlechtsreif werden; 2 Würfe im Jahr

Vorkommen Bewohnt pflanzenreiche Gewässer im Flachland und im Mittelgebirge; Heimat Südamerika, heute an verschiedenen Stellen in Europa aus Zuchtfarmen entwichen und verwildert

---

Die Heimat der Nutrias ist Südamerika.

Okapi

Das Okapi ist mit der Giraffe verwandt.

Okapi
Größe Körper bis 2,10 m, Schwanz 30 bis 40 cm lang; Schulterhöhe 1,50 bis 1,70 m; Gewicht 210 bis 250 kg
Merkmale Lange Beine, langer Hals mit kurzer Mähne; große Ohren, dunkle Augen; männliche Tiere mit 2 kurzen, von Haut bedeckten Hörnern; Fell kurz und samtig, schwarzbraun gefärbt; auffällige weiße Streifen an den Oberschenkeln
Ernährung Frißt Blätter, Knospen und Triebe von Sträuchern und Bäumen, Gräser, Kräuter, Früchte und Pilze
Fortpflanzung Tragzeit 421 bis 457 Tage; 1 Junges; Gewicht bei der Geburt 20 bis 24 kg; weibliche Tiere werden im Alter von 2 Jahren geschlechtsreif, männliche Tiere später
Vorkommen Bewohnt den tropischen Mischwald im Tiefland, vor allem in der Nähe von Flußläufen und Lichtungen; in Afrika nur im Kongobecken vorkommend

Bis 1901 hat es gedauert, daß die Wissenschaftler mehr über das Okapi erfuhren. Der berühmte Afrikaforscher Henry Morton Stanley hatte 10 Jahre zuvor von den Pygmäen, den kleinen Eingeborenen des Kongobeckens, gehört, daß es ein Tier gibt, das sie „okapi" nannten. Zu Gesicht bekommen hat Stanley aber keines der Tiere. Immerhin war sein Bericht Anlaß genug, eine Expedition gezielt nach diesem Tier suchen zu lassen.

Tatsächlich wurden im Jahr 1900 Stücke eines Okapifelles nach London zur Untersuchung geschickt, und ein Jahr später konnten die Wissenschaftler ein vollständiges Fell und zwei Schädel untersuchen. Es war ein bis dahin völlig unbekanntes Tier gefunden worden.

Onager

Der Onager ist in europäischen Zoos häufig zu sehen. Er sieht einem Esel ↑ sehr ähnlich, ist aber nicht die Stammform des Hausesels. Der Hausesel stammt vielmehr vom afrikanischen Wildesel ab. Die in Asien wild lebenden Esel nennt man „Halbesel". Sie waren einst über weite Teile Asiens verbreitet. Die einzelnen Unterarten tragen eigene Namen. Von Westen nach Osten heißen sie: *Syrischer Halbesel, Onager, Kulan, Khur, Kiang* und *Dschiggetai.*

Der Syrische Halbesel wurde bereits Anfang dieses Jahrhunderts ausgerottet. Die anderen Halbesel wurden auf kleine Gebiete zurückgedrängt und sind heute äußerst bedroht. Wie man sie schützen kann, weiß niemand so recht. In den entlegenen Gebieten treiben Wildererbanden ihr Unwesen. Die Tierforscher hoffen, daß einige Tiere in Zoos überleben werden. Halbesel werden an vielen Orten gehalten und bekommen regelmäßig Junge.

Onager, Halbesel
Größe Körper 2,10 m, Schwanz 50 cm lang; Schulterhöhe 1,20 bis 1,40 m; Gewicht 290 kg
Merkmale Fell gelbbraun, am Bauch heller; dunkelbraune Mähne, dunkler Aalstrich in der Rückenmitte
Ernährung Frißt Gras, Baumrinde und Blätter
Fortpflanzung Tragzeit 1 Jahr; 1 Fohlen; Geburtsgewicht 25 kg; junge Onager mit 6 bis 8 Monaten entwöhnt und mit 1 Jahr geschlechtsreif
Vorkommen Bewohnt Wüsten und Halbwüsten im Iran und in angrenzenden Gebieten

Der Onager ist ein in Asien wild lebender Esel.

Orang-Utan

Alte Männchen des Orang-Utans haben eindrucksvolle Gesichter mit dicken Backenwülsten.

Orang-Utan

Größe Männchen bis 97 cm, Weibchen bis 78 cm lang;
Männchen bis 90 kg, Weibchen bis 50 kg schwer

Merkmale Kurze Beine, aber sehr lange Arme; rötlichbraunes, langhaariges Fell

Ernährung Frißt die Früchte von Bäumen, aber auch deren
Blätter und Zweige

Fortpflanzung Tragzeit 260 bis 270 Tage; 1 Junges;
Geburtsgewicht etwa 1,5 kg; Junge mit 7 bis 10 Jahren
geschlechtsreif

Vorkommen Bewohnt Tropenwälder; selten in mehr als
1 000 m Höhe; über Borneo und Sumatra (Indonesien)
verbreitet

„Orang-Utan" ist ein Wort aus der malaiischen Sprache und bedeutet „Waldmensch". Zu Anfang des 18. Jahrhunderts wurden Orang-Utans zum ersten Mal von westlichen Forschern beschrieben, und bereits 1776 gelangten Tiere nach Europa. Über die Lebensweise der Orang-Utans in freier Natur wußte man aber lange Zeit nicht sehr viel. Seit den siebziger Jahren unseres Jahrhunderts hat sich dies geändert; es laufen umfangreiche Forschungsprogramme.

Der große Menschenaffe (Affe↑) durchstreift die dichten Wälder der asiatischen Tropen und lebt im Gegensatz zu Gorilla↑ und Schimpanse↑ als Einzelgänger. Er hält sich fast nur in den Bäumen auf. Mit seinen langen Armen hangelt er sich geschickt von Ast zu Ast. In der Abenddämmerung baut sich der Orang-Utan in einer Astgabel ein großes Nest aus Laub, oft mit einem Dach als Regenschutz. So ein Schlafnest wird meist nur eine Nacht benutzt. Am nächsten Morgen steht der Orang-Utan auf und zieht langsam weiter. Hat er einen Baum mit Früchten entdeckt, klettert er hinein und frißt sich voll. Gelegentlich macht er dann ein Nickerchen in einem Nest in der Nähe.

Der Orang-Utan ist heute ernsthaft bedroht. Die indonesischen Wälder werden auf großen Flächen abgeholzt, und der „Waldmensch" verliert nach und nach seinen Lebensraum. Werden keine großen Schutzgebiete eingerichtet, wird es Orang-Utans in Zukunft nur noch in Zoos geben. Schutzgebiete im Regenwald tragen auch dazu bei, viele andere bedrohte Pflanzen und Tiere zu schützen.

Oryxantilope

Die Oryxantilope ist eine der am schönsten gezeichneten Antilopen ↑, die es gibt. Ursprünglich kam sie in ganz Afrika und in Kleinasien vor. Heute ist die Antilope in zwei Dritteln ihres ehemaligen Verbreitungsgebietes ausgerottet. Die verbliebenen Bestände leben überwiegend in Nationalparks und Wildschutzgebieten. Nicht ohne Grund heißt die Antilope auch „Spießbock". Sowohl die männlichen als auch die weiblichen Tiere tragen Hörner, die wie Spieße aussehen. Sie sind entweder ganz gerade oder leicht nach hinten gebogen und gerillt. Bei den männlichen Tieren sind die Hörner stärker als bei den weiblichen. Sie können Längen zwischen 0,50 und fast 1,30 m erreichen und sind gefährliche Waffen.

Oryxantilope, Spießbock

Größe Körper 1,60 bis 2,35 m, Schwanz 45 bis 90 cm lang; Schulterhöhe 1,15 bis 1,40 m; Gewicht 180 bis 225 kg

Merkmale Fell hellbraun, graubraun oder rötlichbraun; schwarzweiße Zeichnung an Kopf und Beinen; schwarze Zeichnung auf dem Rücken und am Bauch; beide Geschlechter mit Hörnern

Ernährung Frißt Gräser und Kräuter, daneben auch Knospen und Blätter von Sträuchern und Bäumen

Fortpflanzung Tragzeit 260 bis 300 Tage; 1 Junges in einem Wurf; Gewicht bei der Geburt 9 bis 15 kg; im Alter von 1 bis 2 Jahren geschlechtsreif

Vorkommen Bewohnt Savannen, Steppen, Halbwüsten und Wüsten; über ein beschränktes Gebiet in der Sahara, Ostafrika und Südwestafrika verbreitet; außerdem in einem kleinen Gebiet in Arabien

---

Oryxantilope

Ozelot

Der Baumozelot ist eine schlanke, gefleckte Katze aus Amerika.

Baumozelot, Langschwanzkatze, Margay

Größe Körper 53 bis 79 cm, Schwanz 33 bis 51 cm lang; Gewicht 3 bis 9 kg

Merkmale Schlank, runder Kopf, runde Ohren; langer Schwanz mit breiten, dunklen Bändern; Fell ockerfarben mit dunklen Streifen, Flecken und Rosetten

Ernährung Jagt Vögel und kleine Säugetiere

Fortpflanzung Tragzeit etwa 80 Tage; 1 bis 2 Junge in einem Wurf; Gewicht bei der Geburt 84 g

Vorkommen Waldbewohner; über das südwestliche Nordamerika, Mittelamerika und das nördliche Südamerika verbreitet

---

Es gibt wohl keine gefleckte Raubkatze auf der Erde, die so stark gejagt wird wie der Ozelot. Heute muß man bereits um ihr Überleben fürchten. Der *Baumozelot* ist schon von Natur aus selten; durch die Jagd ist er heute aber ernsthaft bedroht. Für die verwandte *Ozelotkatze* gilt dasselbe. Und auch die Bestände des *Ozelots* schrumpfen durch die rücksichtslose Jagd nach den Fellen. Alle drei eng miteinander verwandten Katzen leben im mittleren und südlichen Amerika und können nur durch strenge Schutzmaßnahmen gerettet werden.

Panda

Der Panda – genauer gesagt der *Große Panda* – ist heute weltbekannt. Das schwarzweiß gezeichnete Tier ist das Maskottchen des WWF (World Wide Fund for Nature) und dadurch zum Sinnbild des weltweiten Natur- und Tierschutzes geworden. Er selbst ist auch das Ziel umfangreicher Schutzbemühungen. Sein Bestand beträgt nämlich nur noch 1000 bis 1500 Tiere. Biologen versuchen deshalb, durch umfangreiche Untersuchungen in der freien Natur mehr über das Leben des Pandas zu erfahren. Gleichzeitig werden Tiere in Zuchtstationen gehalten. Hier werden die Pandas erforscht. Vor allem aber will man sie züchten, um wieder Tiere in der freien Natur aussetzen zu können und den Bestand zu vergrößern. Schließlich wurden Schutzgebiete eingerichtet, um dem Panda seinen Lebensraum zu erhalten. Er ist nämlich auf eine ganz bestimmte Nahrung angewiesen, auf Bambus. Und wenn die Bambuswälder im chinesischen Bergland gerodet werden, verliert der Panda seine Futterquellen. Dazu kommt, daß Bambus in Abständen von mehreren Jahren abstirbt, ohne daß man weiß warum.

Der Große Panda ist im Bestand stark bedroht.

Der Kleine Panda ist häufiger als sein Verwandter.

Mit dem Großen Panda verwandt ist der *Kleine Panda*, auch *Roter Panda* oder *Katzenbär* genannt. Er wird 50 bis 60 cm lang und hat ein rotbraunes Fell, einen rot- und hellbraun geringelten buschigen Schwanz und eine weiße Gesichtszeichnung. Als Einzelgänger lebt er in den Wäldern und Bambusdickichten an den Hängen des Himalayagebirges. Seine Nahrung besteht – wie die des Großen Pandas – aus Bambus. Daneben frißt der Kleine Panda aber auch Eicheln, Wurzeln, Beeren und gelegentlich Vogeleier und Jungvögel. Wie viele es von diesen Tieren noch gibt, weiß man nicht genau. Da der Kleine Panda aber im gleichen Lebensraum vorkommt wie der Große Panda, hat auch er von den Schutzmaßnahmen für den großen Verwandten seinen Vorteil. Daneben werden in verschiedenen Zoologischen Gärten außerdem Tiere gezüchtet, um sie später in die Natur entlassen zu können.

Großer Panda, Bambusbär

Größe Körper 1,50 bis 1,80 m, Schwanz 10 bis 15 cm lang; Schulterhöhe 70 bis 80 cm; Gewicht 75 bis 110 kg

Merkmale Plumper Körper, verhältnismäßig kurze Beine; Fell unverwechselbar schwarzweiß gemustert

Ernährung Frißt ausschließlich Blätter und Triebe von Bambus

Fortpflanzung Tragzeit 97 bis 163 Tage; 1 Junges bis 2 Junge, gelegentlich auch 3 Junge in einem Wurf; Gewicht bei der Geburt 90 bis 150 g; im Alter von 5 bis 6 Jahren geschlechtsreif

Vorkommen Lebt in Bambuswäldern im Bergland (zwischen 1200 und 3500 m); nur in China

Papagei

In jedem Zoo oder Vogelpark gehören die Papageien zu den besonders beliebten Bewohnern. Papageien sind lebhafte Vögel, und viele Arten sind bunt gefärbt. Die Vögel können sehr geschickt klettern. Ihre Füße tragen vier Zehen. Davon sind zwei nach vorn und zwei nach hinten gerichtet. Damit können sich die Vögel hervorragend an Ästen und Zweigen festklammern, aber auch Gegenstände festhalten. Wenn sie einen besseren Halt brauchen, nehmen die Vögel einfach ihren Schnabel zu Hilfe. Der Schnabel dient den Papageien oft als „dritter Fuß" beim Klettern. Aber auch für seine wichtigste Aufgabe, das Knacken von Samen und Früchten, ist der Schnabel gut zu gebrauchen. Die Vögel können ihn wie eine kräftige Kneifzange einsetzen.

Papageien leben in Amerika, Afrika, Asien und Australien. In Europa brüten mittlerweile einige entflogene Papageien in freier Natur. Die Vogelforscher teilen die Vögel in mehrere Familien ein: Kleinpapageien, Eigentliche Papageien, Edelpapageien, Prachtsittiche, Loris, Plattschweifsittiche, Wellensittiche ↑, Erdsittiche, Eulenpapageien, Kakadus ↑ und Nestorpapageien. Die größten Papageien, die heute auf der Erde leben, sind die Aras ↑. Der größte Ara, der *Hyazinthara*, wird 1 m lang. Davon entfallen allerdings 60 cm auf den Schwanz. Die kleinsten Papageien sind die *Spechtpapageien*. Diese Vögel werden nur 10 cm lang und 13 g schwer. Papageien sind beliebte Heimtiere. Immer noch werden Vögel angeboten, die in ihrer Heimat gefangen worden sind. Auf dem Transport gehen jedoch viele Vögel zugrunde, und deshalb sollte der Vogelhandel eingeschränkt werden. Der *Wellensittich* ↑ und verschiedene andere Papageienarten werden heute in Gefangenschaft gezüchtet, und diese Vögel kann man im Haus halten. Man muß sie allerdings paarweise oder in kleinen Gruppen halten und sich mit der Pflege der Vögel gut auskennen. Papageien brauchen regelmäßig Futter und Wasser. Das Futter muß den Nahrungsgewohnheiten der jeweiligen Art entsprechen. Wasser benötigen die Vögel zum Trinken und zum Baden. Der Käfig sollte geräumig sein. Er muß regelmäßig gereinigt werden. Auch sollte man regelmäßig nach den Tieren sehen, damit man rechtzeitig erkennt, wenn sie krank werden.

Keas leben in den Bergen Neuseelands.

Ein Pärchen des Schönloris, rechts das Männchen

Kea	
Größe	45 bis 50 cm lang
Merkmale	Gefieder grünlich-bräunlich; Flügelunterseite rot, nur bei fliegenden Vögeln zu sehen; Rufe klingen wie „kiiiaah"
Ernährung	Frißt Wurzeln, Blätter, Knospen, Samen und Beeren, auch Käfer und ihre Larven; geht auch an Aas, beispielsweise an tote Schafe; Papageien nähern sich auch ohne Furcht Bergwanderern und stehlen ihnen die Verpflegung
Fortpflanzung	Nistet in hohlen Bäumen, unter Baumwurzeln oder in Felsspalten; 2 bis 4, meist 3 weiße Eier; das Weibchen brütet allein, wird aber immer wieder vom Männchen besucht; Gelege von Juli bis Januar; Brutdauer 21 bis 24 Tage; Nestlingsdauer 13 Wochen
Vorkommen	Lebt in den Hochlagen der Gebirge auf Bergmatten, im Winter bisweilen Wanderungen in tiefere Lagen; nur auf der Südinsel Neuseelands

Papageitaucher

Papageitaucher mit gefangenen Fischen

Papageitaucher

Größe 30 cm lang

Merkmale Schwarze Oberseite, weiße Unterseite, orange-rote Füße; dreieckiger, zur Brutzeit rot-blau-gelb gefärbter Schnabel (Name!)

Ernährung Fängt überwiegend Fische

Fortpflanzung Brütet in selbstgegrabenen Erdhöhlen; 1 weißliches Ei mit feinen hellbraunen Flecken; Legebeginn Ende April, 1 Brut im Jahr

Vorkommen Meeresvogel, nur zur Brutzeit an Land; Brutplätze an den Küsten Mittel- und Nordeuropas, Grönlands und des östlichen Nordamerikas

---

Mit seinen roten Schwimmfüßen und dem bunten Schnabel ist der Papageitaucher der farbenfroheste Bewohner der Felsküsten im Norden. Er hat wie alle Alken↑ recht kleine Flügel. Er fliegt daher geradlinig und nicht sehr wendig, kann aber gut tauchen. Der Vogel ist ein wahrer Meister im Fisch-fang. In seinem Schnabel kann er auch noch ein Dutzend Fische sicher festhalten. Der Papageitau-cher brütet immer mit Artgenossen zusammen, oft in Kolonien mit Hunderten von Brutpaaren. Er ist ein Höhlenbrüter.

Paradiesvogel

Paradiesvögel leben in Neuguinea, einige auch auf den benachbarten Inseln und ganz wenige im tro-pischen Nordosten Australiens. Es gibt ungefähr 40 verschiedene Arten. Die Männchen haben oft unglaublich schöne Schmuckfedern am Kopf, in den Flügeln und am Schwanz. Sie spielen bei der Bil-dung der Brutpaare eine wichtige Rolle. Die Balz findet auf „Tanzplätzen" in Bäumen statt und ist ein farbenprächtiges Schauspiel. Heute droht den Vögeln Gefahr durch willkürliches Abschießen, aber auch durch das Abholzen der Regenwälder.

Großer Paradiesvogel, Göttervogel

Größe Länge 45 cm

Merkmale Männchen mit gelbem Kopf und Nacken, schwarzgrüner Kehle und rotbraunem Rücken; langer, gelblicher, zum Ende hin weißer Schwanz; Weibchen einfarbig dunkelbraun

Ernährung Frißt Früchte von verschiedenen Bäumen, daneben auch Kleintiere

Fortpflanzung Baut ein napfförmiges Nest auf Bäumen; legt 1 bis 2 Eier

Vorkommen Bewohner der Regenwälder; über Neuguinea und angrenzende Inseln verbreitet

---

Männchen des Großen Paradiesvogels

Pavian

Zu den Pavianen zählen Affen↑, die stämmige Arme und Beine haben. Wegen ihres hundeähnlichen Kopfes werden die Tiere auch „Hundsaffen" genannt. Paviane halten sich überwiegend auf dem Boden auf. Nur bei Gefahr flüchten sie auf Bäume oder in Felsen, um sich in Sicherheit zu bringen. Mit ihren kräftigen Eckzähnen können sich ausgewachsene Pavianmännchen aber auch erfolgreich gegen Räuber zur Wehr setzen. Selbst Leoparden haben Respekt vor ihnen.

Auch zum Schlafen ziehen sich die Paviane auf Bäume zurück. Bei Sonnenaufgang steigen die Affen von ihren Schlafbäumen herab, um Nahrung zu suchen. Sie durchstreifen ihr Revier und legen dabei täglich 5 bis 20 km zurück. Am späten Nachmittag endet ihr Streifzug wieder bei den Schlafbäumen. Wo Bäume fehlen, schlafen Paviane in steilen Felswänden.

Paviane leben in Gruppen zusammen, die im Durchschnitt 40 bis 80 Tiere umfassen, aber gelegentlich auch 200 Tiere stark sein können. Den Kern einer Gruppe bilden die Weibchen mit ihren Jungen. Sie werden von einem alten Männchen bewacht. Es duldet halbwüchsige Männchen in der Gruppe, verschafft sich aber immer Respekt.

Der größte Pavian ist der *Bärenpavian* oder *Tschakma*. Bei dieser Art werden die Männchen 0,70 bis 1,15 m lang und etwa 30 kg schwer. Der Bärenpavian lebt im südlichen Afrika. Nah verwandt ist der *Mantelpavian*, der in Äthiopien,

Altes Mantelpavian-Männchen mit einem Jungen

Somalia und auf der anderen Seite des Roten Meeres in Arabien lebt. Die männlichen Mantelpaviane tragen einen Backenbart und eine lange, silbergraue Hals- und Schultermähne. Es sieht aus, als trügen die Tiere einen Mantel. Daher hat das Tier seinen Namen. Zu den Pavianen zählt auch der *Mandrill*↑, eine Art, bei der das Männchen ein wunderschön blau und rot gezeichnetes Gesicht hat. Sein Lebensraum ist der Regenwald. Er kommt nur in einem kleinen Gebiet in Westafrika vor: um die Bucht von Kamerun herum. Dieser Affe ist im Bestand ernsthaft bedroht, während die anderen Pavianarten sehr robust und anpassungsfähig sind.

Anubis-Pavian

Anubis-Pavian, Grüner Pavian

Größe Männchen: Körper 70 bis 95 cm, Schwanz 45 bis 60 cm lang, Gewicht etwa 30 kg; Weibchen: Körper 50 bis 80 cm, Schwanz 38 bis 45 cm lang, Gewicht etwa 15 kg, also deutlich kleiner als das Männchen

Merkmale Verhältnismäßig lange Beine, langer Schwanz, dunkles Gesicht, lange Schnauze; Fell dunkeloliv gefärbt

Ernährung Vielseitige Nahrung: Gräser, Kräuter, Früchte und Samen, Knollen und Wurzeln, aber auch Insekten, Jungvögel und kleine Säugetiere

Fortpflanzung Tragzeit 173 bis 193 Tage; 1 Junges, selten 2 Junge bei einer Geburt; Junge werden im Alter von 8 Monaten selbständig und mit 3 bis 6 Jahren geschlechtsreif

Vorkommen Bewohnt Steppen, Grasland, Busch- und Baumsavannen; über das mittlere und östliche Afrika verbreitet

Pekari

Das Wort „Pekari" stammt aus der Sprache der Tupi-Indianer in Brasilien. Damit bezeichnen sie „ein Tier, das viele Wege durch den Wald macht". Die Indianer haben den Namen ziemlich sicher auf das *Halsbandpekari* bezogen. Das *Weißbartpekari* oder *Bisamschwein* kommt aber im gleichen Gebiet

vor. Es könnte also auch gemeint sein. Die dritte Art von Pekaris, die es auf der Erde gibt, heißt *Chaco-pekari*. Dieses Tier lebt weiter südlich in Paraguay. Die dort lebenden Indianer wiederum haben diesem Tier den Namen „Tagua" gegeben.

Nah verwandt mit den Pekaris sind die Schweine. Und auch das europäische Wildschwein ist ja eigentlich „ein Tier, das viele Wege durch den Wald macht". Pekaris leben – wie das Wildschwein – in Rotten zusammen. Beim Halsbandpekari besteht eine Rotte aus bis zu 20 Tieren; im Durchschnitt sind 8 Tiere gemeinsam unterwegs. Während der warmen Jahreszeit fressen Pekaris nur morgens und abends. Während der heißesten Stunden des Tages ruhen sie im Schatten. In der kalten Jahreszeit machen sie es umgekehrt.

Die Rotten des Weißbartpekaris können ungefähr 40 bis 300 Tiere umfassen. Dies ist eine ungewöhnlich große Zahl für ein Tier, das im dichten Wald lebt. Da so viele Tiere auf kleinem Raum große Mengen an Nahrung brauchen, streifen Weißbart-pekaris ständig weit umher.

Halsbandpekari

Größe Körper 0,80 bis 1,05 m, Schwanz 2 bis 4,5 cm lang; Schulterhöhe 30 bis 50 cm; Gewicht 14 bis 31 kg

Merkmale Gestalt ähnelt einem Schwein; Fell grau-weiß bis schwarz-grau gesprenkelt; weißes Halsband, nicht immer sehr deutlich

Ernährung Frißt Gräser, Blätter, Wurzeln, Samen und Früchte, Kleintiere, Frösche, kleine Kriechtiere und Säugetiere

Fortpflanzung Tragzeit 141 bis 151 Tage; 1 Junges bis 3 Junge, selten auch 4 Junge in einem Wurf; Gewicht bei der Geburt 320 bis 950 g; im Alter von 8 bis 14 Monaten geschlechtsreif

Vorkommen Bewohnt Lebensräume von der Halbwüste bis zum tropischen Regenwald; über das südwestliche Nordamerika, ganz Mittelamerika und Südamerika bis zum Rio de la Plata verbreitet

---

Halsbandpekaris drohen sich an.

Pelikan

Eine Gruppe von Rosapelikanen am Strand des Atlantiks

Pelikane gehören zu den schwersten flugfähigen Vögeln, die es auf der Erde gibt. Nur wenige andere Vögel erreichen ihre Spannweite. Und nur wenige haben einen so riesigen Schnabel wie die Pelikane. Den Schnabel brauchen die Vögel vor allem zum Fischen. Am Unterschnabel hängt ein weiter Hautsack; der Oberschnabel dient praktisch als Deckel für diesen Sack. Wenn Pelikane fischen, öffnen sie den Schnabel und ziehen den Hautsack durch das Wasser. Wenn sich ein Fisch darin fängt, klappen sie einfach den Deckel zu. Die Vögel heben dann den Kopf und lassen den Fisch durch die Speiseröhre in den Magen hinuntergleiten. Oftmals jagen Pelikane gemeinsam. Dann ist es leichter, einen Fischschwarm einzukreisen. Haben sie ihn zusammengetrieben, tauchen alle Vögel ihre Schnäbel ins Wasser und fangen sich die Fische heraus.

Während der *Rosapelikan* und fast alle anderen Pelikanarten schwimmend Fische fangen, hat der *Braunpelikan* als einziger eine andere Technik entwickelt. Er fliegt über ein Meeresgebiet hinweg, und wenn er Beute erspäht hat, stürzt er sich hin-

unter. Er kippt seitlich ab, geht in den Sturzflug über, und kurz über der Wasseroberfläche legt er die Flügel eng an den Körper. Wie ein Pfeil schießt der Vogel dann ins Wasser, und Sekunden später taucht er mit dem gefangenen Fisch im Schnabel wieder auf.

Rosapelikan

Größe 1,40 bis 1,80 m lang; Flügelspannweite bis fast 3 m; Gewicht 9 bis 14 kg

Merkmale Großer Vogel mit langem, fleischfarbenem Schnabel und gelbem Kehlsack; Gefieder weiß, zur Brutzeit leicht rosa; Flügel oben und unten mit schwarzen Spitzen, unterseits zusätzlich mit schwarzem Hinterrand; große Schwimmfüße

Ernährung Frißt ausschließlich Fische

Fortpflanzung Bauen Nester in Sumpfgebieten mit Schilf, aber auch auf Felsen und kahlen Inseln vor Meeresküsten; Koloniebrüter; meist 2 weiße Eier; Brutdauer etwa 30 Tage; 1 Brut im Jahr

Vorkommen Bewohnt Süß- und Brackwasserseen, Sumpfgebiete und flache Küstengewässer; von Südosteuropa bis weit nach Asien hinein verbreitet, ferner auch an verschiedenen Stellen im tropischen und südlichen Afrika vorkommend

---

Pelzrobbe

Pelzrobben haben ihren Namen bekommen, weil bei ihnen unter dem Oberhaar ein dichtes wolliges Haarkleid liegt. Die Felle werden zu teuer bezahlten Pelzen verarbeitet. Kein Wunder, daß von den einst Millionen Tiere zählenden Herden der 9 Pelzrobbenarten der Erde zu Anfang dieses Jahrhunderts nur noch geringe Bestände übrig waren. So waren 1909 von der *Pribilof-Pelzrobbe* nur noch rund 300 000 Tiere vorhanden. Dank verschiedener Schutzmaßnahmen gibt es heute wieder annähernd

---

Pribilof-Pelzrobbe, Nördlicher Seebär

Größe Bullen bis 2,10 m lang und 270 kg schwer; Weibchen mit 1,50 m Länge und 50 kg Gewicht deutlich kleiner

Merkmale Bullen tief dunkelbraun gefärbt; Weibchen graubraun auf dem Rücken, hellgrau auf der Unterseite; Junge mit schwarzem Fell

Ernährung Jagt Fische und Tintenfische

Fortpflanzung Tragzeit 51 Wochen; 1 Junges in einem Wurf; Gewicht bei der Geburt etwa 5 kg

Vorkommen Besiedelt Inseln im Bereich der Beringstraße zwischen Nordamerika und Sibirien, daneben die amerikanische Westküste bis nach Kalifornien und die sibirische Küste

---

1,7 Millionen von ihnen. Die Pribilof-Pelzrobbe ist damit die vierthäufigste Robbe↑ der Erde.

In den Kolonien sieht man den Sommer über Tausende von Tieren auf dem felsigen Strand liegen oder sich davor im Wasser tummeln. Ende Mai/Anfang Juni kommen die Bullen als erste an Land und besetzen ein bestimmtes Gebiet, das sie gegen andere Bullen verteidigen.

Mitte Juni kommen die deutlich kleineren Weibchen an Land. Jeder Bulle versammelt eine Anzahl Weibchen um sich, in der Regel etwa 50. Kurze Zeit später werden die Jungen geboren. Sie werden nur wenige Tage von ihren Müttern betreut; schon eine Woche nach der Geburt gehen die Weibchen wieder zur Nahrungssuche ins Meer. Sie kommen nur noch einmal in der Woche an Land, um ihre Jungen zu säugen. Ende Juli/Anfang August beginnen sich die Kolonien wieder aufzulösen. Nach und nach schwimmen die Tiere hinaus, um die restliche Zeit des Jahres im Meer zu verbringen. Von den Pribilofinseln aus wandern sie die amerikanische und sibirische Küste entlang nach Süden.

Ein Pelzrobbenbulle mit seinen Weibchen in einer Kolonie auf den Pribilofinseln vor der Küste Alaskas

Perlhuhn

Das *Helmperlhuhn* ist die Stammform des *Hausperlhuhns* und lebt in Afrika. Dort sieht man die Vögel in kleinen oder größeren Gruppen ihr Futter suchen. Für die alten Ägypter waren die Perlhühner heilig. Die Römer dagegen hielten die Vögel ihres Fleisches wegen. Wahrscheinlich waren es dann die Portugiesen, die die Vögel auch in anderen Teilen Europas bekannt machten. Hausperlhühner werden heute vor allem in Italien, Frankreich, Spanien und Nordafrika gehalten. In vielen weiteren Ländern gibt es ebenfalls Züchter. Die Vögel legen schmackhafte Eier und geben gute Braten ab. Eine Henne legt 100 bis 150 Eier im Jahr. Insgesamt gibt es 6 Perlhuhnarten auf der Erde. Sie leben alle in Afrika.

Helmperlhuhn

Größe 53 bis 58 cm lang, bis 1,4 kg schwer

Merkmale Kräftiger, eiförmiger Körper; hängender Schwanz; kleiner, fast nackter Kopf mit Helmaufsatz; braune Augen, gelblicher Schnabel, zwei kleine Hautlappen an der Kehle; Beine dunkelgrau, Gefieder graublau, „geperlt" (Name!)

Ernährung Frißt Samen, Beeren, Insekten, Schnecken und Tausendfüßer

Fortpflanzung Nest am Boden, Mulde mit etwas trockenem Gras ausgelegt; 6 bis 19 cremefarbene bis hellbraune Eier, die vom Weibchen allein ausgebrütet werden; Brutdauer 26 Tage; Junge im Alter von 2 bis 4 Wochen flügge

Vorkommen Bewohnt Grassteppen, Buschland und Savannen, aber auch Kulturland; über Nordwestafrika und das übrige Afrika südlich der Sahara verbreitet, auch im Südwesten Arabiens

---

Helmperlhuhn an einer Wasserstelle im Buschland

Pfau

Zur Balzzeit schlägt der Pfauenhahn mit seinen langen Schwanzfedern ein prächtiges Rad. Wenn eine Henne in der Nähe ist, streckt der Hahn die Federn stärker nach vorn und schüttelt sich. Ein eigentümliches Rascheln ertönt. Nimmt die Henne von all dieser Pracht keine Notiz, läßt der Hahn den Schwanz sinken und trägt ihn als lange Schleppe hinter sich her. Verwandt mit dem indischen *Blauen Pfau* ist der *Kongopfau* aus Zentralafrika. Der Vogel wurde erst 1913 entdeckt. Ein amerikanischer Vogelforscher fand im Kopfschmuck eines Eingeborenenhäuptlings aus dem Kongo-Urwald eine unbekannte Vogelfeder. Es hat weitere 20 Jahre gedauert, bis er klären konnte, von welchem Vogel die Feder stammte.

Ein balzender Pfauenhahn schlägt sein Rad.

Blauer Pfau

Größe Hahn: einschließlich des Schwanzes 2 bis 2,25 m lang, 4 bis 6 kg schwer; Henne: 86 cm lang, 2,75 bis 4 kg schwer

Merkmale Hahn mit prächtigem, blau und grün schillerndem Gefieder; langer Schwanz, Federn mit Augenflecken; Henne auf der Oberseite unscheinbar bräunlich, auf der Unterseite weißlich; bisweilen treten Vögel mit weißem Gefieder auf; laute Rufe, klingen wie „miauo"

Ernährung Allesfresser: Samen, junge Triebe von Pflanzen, Beeren, auch Würmer, Skorpione, Insekten, Eidechsen und junge Schlangen

Fortpflanzung Nest meist in dichtem Buschwerk; 3 bis 5 cremefarbige Eier, Brutdauer 28 Tage

Vorkommen Lebt in seiner Heimat Indien im dichten Dschungel in hügeligem Gelände nahe von Gewässern; in vielen Ländern als Ziervogel gehalten

---

Pfauenauge

Das Tagpfauenauge ist einer der schönsten Tagfalter Europas.

Tagpfauenauge

Größe Flügelspannweite 5 bis 6 cm

Merkmale Weinrot bis rotbraun in der Grundfärbung; auffällige Augenzeichnung (Name!) auf Vorder- und Hinterflügeln

Ernährung Der Falter ernährt sich von Pollen und Nektar; die Raupe frißt auf Brennesseln

Fortpflanzung Das Weibchen legt die Eier an Brennesseln ab; über Larven und Puppen entwickeln sich die Falter

Vorkommen Bewohnt unterschiedliche Lebensräume von der Küste bis in 2 500 m Höhe; tritt fast überall in Europa auf, mit Ausnahme des Nordens

---

Die auffällige Augenzeichnung auf Vorder- und Hinterflügeln machen das *Tagpfauenauge* zu dem wohl bekanntesten europäischen Schmetterling überhaupt. Er fliegt von Mai an und kommt in ganz unterschiedlichen Lebensräumen vor. Große Augenflecken auf den Flügeln hat auch das *Kleine Nachtpfauenauge*, ein Schmetterling mit 2 bis 3,5 cm langen Vorderflügeln. Dieser Falter fliegt von April bis Mai. Er lebt in Mooren und Heidegebieten und auf Waldlichtungen. Verwandt ist das *Große* oder *Wiener Nachtpfauenauge*, der größte Schmetterling Europas.

Eine Flügelzeichnung wie bei den Pfauenaugen tritt auch bei vielen anderen Schmetterlingen auf. Die Flecken dienen stets dazu, Freßfeinde, etwa Vögel, abzuschrecken. Der Schmetterling klappt die Flügel plötzlich auf, der Vogel erschrickt, und dieses kurze Zögern reicht dem Falter dann oft aus, um sich in Sicherheit zu bringen.

Pfeilschwanzkrebs

Der Pfeilschwanzkrebs ist ein sehr urtümliches Tier, ein „lebendes Fossil". Seine ältesten bekannten Vorfahren haben in den Meeren des Kambriums gelebt. Diese Zeit liegt über 500 Millionen Jahre zurück. Trotz seines Namens ist der Pfeilschwanzkrebs aber weniger mit den Krebsen als vielmehr mit den Spinnen verwandt. Von oben sieht man nur eine halbrunde Schale. Dreht man das Tier um, sieht man die fünf Paare von Schreitbeinen und dahinter die Kiemen. Insgesamt gibt es heute auf der Erde noch fünf Arten von Pfeilschwanzkrebsen oder Schwertschwänzen. Der *Atlantische Schwertschwanz* lebt an der nordamerikanischen Ostküste. Die anderen vier Arten sind vom östlichen Indischen Ozean bis in den westlichen Pazifik verbreitet.

Pfeilschwanzkrebs, Atlantischer Schwertschwanz

Größe Einschließlich des Schwanzstachels 60 cm lang, Schale 30 cm breit

Merkmale Großes, halbrundes Kopfbruststück; dreieckiger Hinterleib mit gezackten Rändern; langer, zugespitzter Schwanzstachel; 5 Paare von Schreitbeinen; Körper graugrün gefärbt

Ernährung Frißt vor allem Würmer und Weichtiere am Meeresboden

Fortpflanzung Tiere wandern im Frühling in Flachwassergebiete; Weibchen legt grünliche Eier im Sandboden ab, Durchmesser 3 mm; Entwicklung über frei schwimmende Larve zum erwachsenen Tier

Vorkommen Lebt im Meer auf Sand- und Schlammgrund, von der Gezeitenzone bis in rund 25 m Tiefe, vor allem in Buchten und Flußmündungen; über die Ostküste Nordamerikas verbreitet

---

An den Strand angeschwemmter Pfeilschwanzkrebs

Pferd

Zwei junge Islandpferdhengste tragen einen kleinen Streit aus.

Der wilde Vorfahr unseres Hauspferdes war das *Przewalski-Pferd* oder *Urwildpferd* aus den Steppen und Wüsten Zentralasiens. Es erreichte eine Länge von 2,10 m und ein Gewicht von 350 kg. Sein Fell war rötlichbraun gefärbt. Das Tier hatte eine Stehmähne und einen dunklen Aalstrich entlang der Rückenlinie. Seine Tragzeit dauerte etwa 340 Tage, das Fohlen wog bei der Geburt 30 kg. In freier Wildbahn ist das Przewalski-Pferd ausgestorben. In den Zoos gibt es aber noch rund 700 Tiere.

Ein anderes wild lebendes Pferd war der *Tarpan*, eine Unterart des Przewalski-Pferdes. Der Tarpan lebte in der russischen Steppe und wurde bald nach seiner Entdeckung ausgerottet. Durch geschickte Kreuzung hat man in Zoos Pferde rückgezüchtet, die dem Tarpan mehr oder weniger gleichen.

Die meisten Pferde werden heute als Freizeit-, Reit- oder Arbeitspferde gehalten. Aber an verschiedenen Stellen der Erde leben noch halbwilde Pferde. Die nordamerikanischen *Mustangs* etwa stammen von Pferden ab, die von den Spaniern ins Land gebracht wurden. Lange Zeit hat man die Mustangs wahllos abgeschossen. Heute gibt es eigens für sie eingerichtete Schutzgebiete. Ähnlich wie die Mustangs leben die australischen *Brumbys*. Auch sie stammen von Pferden ab, die ins Land gebracht wurden und verwilderten. Im Jahr 1912 sollen in Australien 2,5 Millionen Brumbys gelebt haben.

Pferd

In Europa gibt es ebenfalls halbwild lebende Pferde. Im Merfelder Bruch bei Dülmen im Münsterland etwa lebt seit mehr als hundert Jahren eine Herde frei in einem großen Wald- und Feuchtgebiet. Die Tiere bleiben sich selbst überlassen und werden nur einmal im Jahr zusammengetrieben, um sie zu impfen und einen Teil zu verkaufen. Ähnlich leben auch die *New-Forest-Ponys*, die *Exmoor-* und die *Dartmoor-Ponys* im Süden Englands. Und eigentlich muß man hier auch die *Islandpferde* nennen. Sie leben zwar überwiegend auf großen Koppeln, aber einen Stall kennen sie nicht, und viel Pflege bekommen sie auch nicht.

Bei Pferden unterscheidet man Kaltblut-, Warmblut- und Vollblutpferde. Diese Bezeichnungen haben aber mit der Bluttemperatur nichts zu tun. Kaltblutpferde sind schwere Arbeitspferde. Man setzt sie ein, um in der Landwirtschaft beim Pflügen zu helfen oder schwere Wagen zu ziehen. Die großen Schauwagen von Brauereien beispielsweise werden stets von Kaltblutpferden gezogen. Man unterscheidet bei diesen schweren Pferden mehrere Rassen, beispielweise das *Belgische Zugpferd*, den *Noriker* und das *Clydesdale-Pferd*. Das größte Pferd, das es gibt, das *Shire-Pferd*, ist ebenfalls ein Kaltblüter. Es erreicht eine Widerristhöhe von 1,70 m und mehr.

Zu den Warmblutpferden zählen die meisten Pferde, die als Freizeit- und Reitpferde dienen. Sie sind leicht bis mittelschwer gebaut. Zu ihnen zählen so

Im Inneren Australiens leben die halbwilden Brumbys.

bekannte Rassen wie *American Quarter Horse*, *Württemberger*, *Hannoveraner*, *Trakehner* und *Holsteiner.*

Vollblutpferde sind leicht gebaut und schnell. Sie werden fast ausschließlich im Rennsport eingesetzt. Die bekanntesten Rassen sind *Araber* und *Englisches Vollblut*.

Unter dem Begriff Pony faßt man eine Vielzahl recht kleiner Pferderassen zusammen. Neben *Shetland-Pony*, *Islandpferd*, *Exmoor-* und *Dartmoor-Pony* und *Haflinger* gehört auch das kleinste Pferd der Welt dazu, das *Falabella-Pony*. Es erreicht nur eine Widerristhöhe von 70 cm.

Der Tarpan ist ein Wildpferd aus der südrussischen Steppe.

Das Fohlen eines New-Forest-Ponys putzt sich am Schwanz.

Pinguin

Pinguine sind völlig an das Leben im Meer angepaßt. Sie haben kurze und breite Flügel, die nicht
mehr zum Fliegen taugen, aber wie Flossen eingesetzt werden können. Alle Pinguine sind flugunfähig. Geschadet hat ihnen das nicht, denn an ihren
Brutplätzen gibt es keine Raubtiere. Im Meer müssen die Vögel allerdings vor dem Seeleoparden und
anderen Robben auf der Hut sein.

Während der Jagd bleiben Pinguine meist 20 bis
30 Sekunden lang unter Wasser. Der *Kaiserpinguin*
allerdings dehnt seine Jagd auf durchschnittlich
2,5 Minuten aus. Er kann aber auch bis zu 18 Minuten unter Wasser bleiben und bis in 265 m Tiefe
abtauchen. Meist fischen Pinguine jedoch in Tiefen
von 20 bis 50 m. Die Pinguine fressen kleine, im
Wasser schwebende Garnelen (Krill) und jagen
Fische und Tintenfische.

Der schönste Pinguin ist der fast 1 m große *Königs-
pinguin*. Mit ihm nah verwandt ist der *Kaiserpinguin*. Er ist mit 1,22 m Länge und 40 kg Gewicht der
größte aller Pinguine. Da die jungen Kaiserpinguine
viel Zeit zum Wachsen brauchen, verlegen die
Vögel Brut und Aufzucht in den antarktischen Winter. Wenn die Jungen viel Futter brauchen, um zu
wachsen, ist es in der Antarktis Frühling. Am Ende
des Sommers sind die jungen Kaiserpinguine schon
so kräftig, daß sie den folgenden Winter gut überstehen können.

Königspinguinkolonie auf der Insel Südgeorgien nordwestlich der Antarktischen Halbinsel

Pinguin

Adeliepinguin, *Eselspinguin* und *Kehlstreifpinguin* sind kleinere Arten. Sie haben einen recht langen Schwanz aus steifen Federn und tragen kleine Steinchen zu einem Hügel zusammen, um darauf zu brüten.

Der kleinste unter den Pinguinen ist der *Zwergpinguin*. Er wird 40 cm lang und wiegt 2 bis 3 kg. Seine Brutplätze liegen an der Südküste Australiens und an den Küsten Neuseelands.

Der am weitesten nördlich brütende Pinguin ist der *Galapagospinguin*. Er wird 50 cm lang und lebt auf den Galapagosinseln vor der Küste Ecuadors in Südamerika. Diese Inseln liegen genau auf dem Äquator. Auf der Nordhalbkugel leben überhaupt keine Pinguine.

Ein Eselspinguin am Strand △

Königspinguin

Größe Bis 95 cm lang und 18 kg schwer

Merkmale Oberseite blaugrau, Unterseite weiß; an Kopf und Kehle schwarz und orange gezeichnet

Ernährung Jagt kleine Fische und Tintenfische

Fortpflanzung 1 Ei, auf den Füßen getragen und in einer Bauchtasche gewärmt; Brutdauer 2 Monate

Vorkommen Südliche Ozeane; brütet auf Inseln nördlich der Antarktis (z. B. Südgeorgien)

Adeliepinguin

Größe 75 cm lang; Gewicht 4 bis 6 kg

Merkmale Oberseite und Kehle schwarz, Unterseite weiß; Augen mit weißem Ring; kurzer ziegelroter Schnabel; Füße fleischfarben

Ernährung Frißt hauptsächlich Garnelen (Krill); geht im Meer unter Wasser auf Nahrungssuche

Fortpflanzung Nest aus zusammengetragenen Steinchen; 2 Eier; Brutdauer etwa 36 Tage

Vorkommen Brütet rund um die Antarktis und auf einigen Inseln nördlich davon

---

Ein Adeliepinguin füttert sein Junges. △　　　*▽ Brillenpinguine*

Brillenpinguin

Größe 65 cm lang

Merkmale Oberseite schwarz, Unterseite weiß; weißes Band vom Schnabelansatz um Wangen und Kehle herum und von dort bis zum Bauch; Schnabel mit grauem Querstrich nahe der Spitze; Füße schwarz

Ernährung Frißt kleine Fische und Tintenfische

Fortpflanzung Nest meist in Erdhöhlen, mit Zweigen, Wurzeln und Gras ausgepolstert; 2 grünliche Eier; Brutdauer 28 Tage

Vorkommen Brutplätze um die Südspitze Afrikas herum

Piranha

Pirol

Eine sehr artenreiche Fischgruppe sind die Salmler. Viele von ihnen werden bei uns in Warmwasseraquarien gehalten, aber ihre Namen kennen oft nur die Fischfreunde selbst. Den Namen einer Untergruppe der Salmler kennt aber wohl jeder: den der Piranhas. Blutrünstige Geschichten ranken sich um diese Fische. Sie sollen sich auf jedes Lebewesen stürzen, das ins Wasser fällt, und es in kürzester Zeit bis auf die Knochen auffressen. Tatsächlich sind die Fische nicht ganz ungefährlich, und sie haben wirklich messerscharfe Zähne. Aber tödliche Begegnungen zwischen Menschen und Piranhas sind nur selten bekannt geworden. Allerdings sollte man nicht mit einer Wunde ins Wasser gehen, wo Piranhas vorkommen. Blut lockt die Fische an, und rasch ist eine Menge von ihnen versammelt, um sich auf ihre „Beute" zu stürzen. Dies hängt mit ihrer natürlichen Nahrung zusammen: Piranhas fressen vor allem kranke oder verletzte Tiere.

Piranha, Karibenfisch, Sägesalmler

Größe Bis etwa 30 cm lang

Merkmale Körper seitlich stark abgeplattet, im Umriß rundlich; kräftiges Gebiß mit scharfen Zähnen; auf der Oberseite blaugrau, auf der Unterseite weißlich, gelblich oder sogar rötlich gefärbt

Ernährung Jagt vor allem andere Fische; frißt aber auch Tiere, die ins Wasser fallen, und Aas

Fortpflanzung Weibchen legt Eier an Wasserpflanzen; das Männchen bewacht die Eier; die Jungen schlüpfen nach einigen Tagen

Vorkommen Lebt in tropischen Flüssen; über den Nordosten Südamerikas verbreitet

---

Piranhas kommen in großen Flüssen vor.

Das Pirolmännchen hat ein leuchtendgelbes Gefieder.

Pirol

Größe 24 cm lang

Merkmale Männchen mit leuchtendgelbem Gefieder, Flügel und Schwanz schwarz; Weibchen oben grünlich, unten weißlich-grünlich

Ernährung Frißt Insekten und deren Larven, Früchte und Beeren

Fortpflanzung Kunstvolles Nest auf hohen Bäumen; 3 bis 4 Eier, weißlich-rosa mit feinen dunklen Flecken; Gelege ab Mitte Mai, 1 Brut im Jahr

Vorkommen Bewohnt Parks mit hohen Bäumen und Laubwälder im Tiefland; Sommervogel; über Mittel- und Südeuropa und bis nach Asien hinein verbreitet

---

Pirole halten sich hoch in den Kronen der Bäume auf. Deshalb bleiben sie unseren Blicken meist verborgen. Dabei hat das Männchen ein prächtig gelbes Gefieder, und der Vogel müßte eigentlich leicht zu entdecken sein. Tatsächlich verrät aber meist erst das laute Flöten die Anwesenheit des Pirols. Eine Eselsbrücke zum Erkennen ist der volkstümliche Name „Vogel Bülow"; so etwa klingt das Flöten. Die schöne Vogelstimme ist aber nur im Sommer zu hören. In Mitteleuropa hält sich der Pirol in der Zeit von Mai bis September auf.

Plötze

Die Plötze ist einer der häufigsten mitteleuropäischen Fische. Ihre Form ist veränderlich. Bei gutem Nahrungsangebot wachsen die Fische schnell, und dann bekommen sie einen hohen Rücken. Haben die Fische nur wenig zu fressen, wachsen sie langsamer, und sie bleiben dann insgesamt eher langgestreckt und schlank. Plötzen leben in Schwärmen mit Artgenossen zusammen und laichen auch gemeinsam ab. Die Fische suchen Flachwasserbereiche auf, wobei Plötzen in Fließgewässern auch wandern, um geeignete Stellen zu finden. Die Jungen zehren zunächst ihren Dottersack auf und ernähren sich dann von Plankton. Mit drei Jahren werden sie geschlechtsreif. Nah verwandt mit der Plötze ist die Rotfeder.

Plötze, Rotauge

Größe 20 bis 40 cm lang und bis 1 kg schwer

Merkmale Gestalt unterschiedlich: neben hochrückigen, seitlich zusammengedrückten Formen gibt es auch schlanke Formen; auf dem Rücken dunkel graugrün, am Bauch silbrigweiß gefärbt; Augen mit roter Regenbogenhaut

Ernährung Frißt Pflanzen und Kleintiere; sucht seine Nahrung sowohl in der Nähe des Ufers als auch im freien Wasser

Fortpflanzung Laichzeit im April/Mai; laicht in Flachwasserzonen; jedes Weibchen legt etwa 100 000 Eier an Wasserpflanzen ab; die Jungen schlüpfen nach wenigen Tagen

Vorkommen Überall in stehenden und langsam fließenden Gewässern; bis in etwa 1 000 m Höhe; über weite Teile Europas (Ausnahme: Iberische Halbinsel, Italien, Griechenland) und Asiens verbreitet

---

Die Plötze ist ein häufiger Weißfisch.

Posthornschnecke

Posthornschnecken sind Wasserlungenschnecken und gehören zur Familie der Tellerschnecken. Die meisten Tellerschnecken haben scheibenförmige Gehäuse, es gibt aber auch Arten mit kegel- oder napfförmigem Gehäuse. Die größte und auffälligste Art ist die Posthornschnecke. Sie kommt häufig vor und wird auch in Kaltwasseraquarien gehalten.

Die *Flache Tellerschnecke* hat ein derbschaliges Gehäuse, das aber nur 1,7 cm Durchmesser erreicht. Die Umgänge sind oben stärker gewölbt als unten und an der Unterseite scharf gekielt. Bei der nahverwandten *Gekielten Tellerschnecke* sind die Umgänge in der Mitte gekielt, so daß man beide Arten gut voneinander unterscheiden kann. Tellerschnecken können in sauerstoffarmen Gewässern leben.

Die Posthornschnecke lebt im Süßwasser.

Posthornschnecke

Größe Gehäuse mit 4 cm Durchmesser

Merkmale Derbes, dickwandiges Gehäuse; Umgänge drehrund, Gehäuse dunkelbraun oder rotbraun gefärbt; Weichkörper dunkelgrau, rotbraun oder auch ganz rot gefärbt

Ernährung Frißt lebende und abgestorbene Wasserpflanzen und Aas; vor allem die jungen Schnecken schaben den Algenbewuchs von Wasserpflanzen und Steinen ab

Fortpflanzung Legt 60 bis 70 Eier in gallertigen Ballen ab, aus denen nach einige Tagen die jungen Schnecken schlüpfen

Vorkommen Lebt in pflanzenreichen stehenden und langsam fließenden Gewässern; mit Lücken über Europa und das westliche Asien verbreitet; an viele Stellen verschleppt, an anderen Stellen ausgesetzt und künstlich angesiedelt

Präriehund

Präriehunde sind typische Bewohner der weiten, grasbewachsenen Landschaften im Westen Nordamerikas. Bevor die Weißen ins Land kamen, muß der Bestand rund 100 Millionen Tiere umfaßt haben. Dann aber wurde die Prärie in Kulturland umgewandelt, und heute sind die Präriehunde auf ein kleines Gebiet zurückgedrängt. Es gibt aber immer noch viele Tiere. Als sehr gesellige Nagetiere bilden die Präriehunde stellenweise riesige Kolonien mit einer Vielzahl von Bauen. Die Baue sind leicht zu erkennen: Die Tiere werfen sehr viel Erdreich aus dem Bau heraus, und um den Eingang herum bildet sich ein ringförmiger Wall.

Auch wenn eine Präriehundkolonie sehr groß ist, geht es darin doch geordnet zu. Innerhalb des gesamten Gebietes, in dem die Tiere ihre Baue haben, halten nämlich die einzelnen Familiengruppen in sich abgegrenzte Reviere. Die erwachsenen Männchen der Gruppe verteidigen dieses Revier gegen die Nachbarn. Innerhalb der Gruppe gibt es eine Rangordnung, die immer wieder neu festgelegt wird. Wenn die Tiere gestört werden oder ein Räuber in der Nähe auftaucht, warnen sie sich gegenseitig und verschwinden flink unter der Erde. Kurze Zeit später erscheinen die Präriehunde dann wieder einer nach dem anderen an der Erdoberfläche. Dabei bleiben die Tiere zunächst im Baueingang sitzen. Sie schauen sich um, schnuppern und versuchen herauszufinden, ob die Luft wieder rein ist. Fühlen sie sich sicher, kommen sie ganz aus dem Bau heraus. Und bald geht das Leben in der Kolonie wieder seinen gewohnten Gang.

Gewöhnlicher Präriehund, Schwarzschwanz-Präriehund

Größe Körper 28 bis 35 cm, Schwanz 8 bis 11 cm lang; Gewicht 900 bis 1 400 g

Merkmale Gedrungener, fast plumper Körper; große, schwarze Augen, kleine Ohren; Fell braun, unten heller als oben; Schwanz am Ende schwarz

Ernährung Frißt vor allem Gräser, aber auch andere Pflanzen der Prärie

Fortpflanzung Tragzeit rund 30 Tage; 2 bis 10 Junge in einem Wurf, meist 3 bis 5; Junge mit etwa 3 Jahren geschlechtsreif

Vorkommen Typischer Bewohner der Prärie; über den Südwesten Nordamerikas verbreitet

---

Der Präriehund hat sich auf die Hinterbeine gesetzt und frißt genüßlich.

Puma

Der Puma ist ein schneller Jäger.

Puma, Berglöwe, Silberlöwe, Kuguar

Größe Körper 1,05 bis 1,80 m lang, Schwanz 60 bis 90 cm
lang; Schulterhöhe 56 bis 78 cm; Gewicht 30 bis 100 kg

Merkmale Kräftiger Körper; Hinterbeine oft etwas länger
als Vorderbeine; verhältnismäßig kleiner, runder Kopf;
Fell einfarbig rotbraun bis graubraun; Junge sind stark
gefleckt

Ernährung Jagt vor allem Säugetiere bis etwa zur Größe
eines Hirsches und am Boden lebende Vögel

Fortpflanzung Tragzeit 92 bis 96 Tage; 2 bis 4 Junge
(ausnahmsweise bis 6 Junge) in einem Wurf; Gewicht bei
der Geburt 400 bis 500 g; Junge mit 1,5 bis 2 Jahren
geschlechtsreif

Vorkommen Besiedelt ganz unterschiedliche Lebensräume
von der Wüste bis zum Regenwald, vom Tiefland bis zum
Hochgebirge; über den Westen Nordamerikas und fast
ganz Südamerika verbreitet

Als die Weißen nach Nordamerika kamen, drangen sie überall in den Lebensraum der großen Raubkatze ein. Bis dahin nämlich war der Puma über fast ganz Nordamerika verbreitet. Dann aber begann der Rückzug für ihn, wie für viele andere nordamerikanische Tiere auch. Wo Farmen entstanden, wurde der Puma von den Viehzüchtern rücksichtslos verfolgt. Durch die Entstehung der Städte verlor er zusätzlich Lebensraum. Es hat nur Jahrzehnte gedauert, und der Puma war aus vielen Teilen seines früheren großen Verbreitungsgebietes verschwunden.

Auch heute nehmen seine Bestände weiter ab. Deshalb wurden in Nordamerika große Nationalparks eingerichtet, in denen die Katze ungestört leben kann. Das heißt allerdings nicht, daß man den Puma in den Schutzgebieten gut beobachten kann. Im Gegenteil! Der Puma ist ein heimlicher Einzelgänger. Jedes Tier hat ein großes Revier, in dem es jagen kann. Wie groß das Revier ist, hängt davon ab, wie groß der Bestand an Beutetieren in dem betreffenden Gebiet ist. In seinem Revier muß der Puma genügend Beute finden, um zu überleben. So wäre es eigentlich auch richtig, wenn ein Puma andere Pumas aus seinem Revier vertreiben würde. Meist gehen sich die Tiere aber einfach aus dem Weg. Zu Auseinandersetzungen oder gar Kämpfen kommt es fast nie.

Python

Pythons gehören zu den Riesenschlangen und sind mit den Boas↑ nah verwandt. Die Gruppe umfaßt mit dem *Netzpython*, auch Gitterschlange genannt, und dem *Tigerpython* zwei ausgesprochene „Riesen"; beide können 9 bis 10 m lang werden. Mittelgroße Arten sind der *Felsenpython* mit höchstens 6 bis 7 m Länge und der *Rautenpython* mit knapp 4 m Länge. Der *Zwergpython* als kleinste Art wird dagegen nur 1,25 m lang. Die meisten Pythons sind schön gemustert. Sie sind alle nicht giftig.

Königspython

Größe Bis 2 m lang

Merkmale Grundfarbe bräunlich; unregelmäßig rotbraun und schwarz gemustert

Ernährung Jagt Säugetiere und Vögel; erdrückt die Beute und verschlingt sie dann in einem Stück

Fortpflanzung Das Weibchen legt einige Dutzend Eier, rollt sich dann über dem Gelege zusammen und wärmt die Eier, bis die Jungen schlüpfen.

Vorkommen Bewohnt Busch- und Waldland; über das westliche Afrika verbreitet

---

Pythons gehören zu den Riesenschlangen. Der Königspython ist eine der schönsten Arten.

Qualle

Die Kompaßqualle erkennt man an der typischen Zeichnung.

Kompaßqualle

Größe Durchmesser des Schirmes bis 25 cm, in seltenen
  Fällen bis 35 cm; die längsten Tentakel werden etwa
  50 cm lang

Merkmale Schirm tellerförmig, flach gewölbt; weißlich
  gefärbt, mit Kranz aus braunen bis rötlichen V-förmigen
  Strahlen; Schirm mit 32 kleinen Randlappen; 24 kurze
  Fangfäden und 4 lange Mundarme mit gekrausten Rändern

Ernährung Fängt im Wasser schwebende Tiere, auch
  andere Quallen

Fortpflanzung Die Tiere sind Zwitter; die Eier entwickeln
  sich im Magenraum der Qualle, die Larven werden ausgestoßen; aus den schwimmenden Larven entwickeln sich
  Polypen; aus den Polypen entstehen durch Teilung wieder
  Quallen

Vorkommen Lebt in der Nordsee, im Atlantik und im Mittelmeer

Quallen enthalten von allen Tieren am meisten
Wasser, nämlich 98 Prozent. Zum Vergleich: Der
Körper des Menschen besteht nur zu 60 Prozent aus
Wasser. Man kann mehrere Gruppen von Quallen
unterscheiden. Die beiden bekanntesten europäischen Quallen, die *Kompaßqualle* und die *Ohrenqualle*, gehören beispielsweise zu den Fahnenqual-

len. Diese Tiere haben Schirme von der Form eines
Tellers oder Pilzes und neben den dünnen Fangarmen vier dickere Mundarme. Zu ihnen gehört auch
eine *Nesselqualle* aus dem Atlantik, deren Schirm
einen Durchmesser von 2,30 m erreichen kann; ihre
Nesselfäden erreichen eine Länge von mehr als
30 m. Quallen können also trotz ihres hohen Was-
sergehaltes riesengroß werden!

Dieser „Riese", aber auch viele andere Quallen läh-
men ihre Beutetiere mit Nesselgift in den Fangarmen. Das Gift kann auch für den Menschen sehr
schmerzhaft oder gar gefährlich sein. Eine gewisse
Vorsicht ist also geboten, wenn man beim Schwimmen im Meer auf Quallen mit langen Fangfäden
stößt. Es ist aber nicht so, daß jede Qualle bei Berührung Schmerzen verursacht.

Quallen machen eine ziemlich langwierige Entwicklung durch. Aus befruchteten Eiern entstehen
Larven, die frei im Wasser schwimmen. Diese Larven setzen sich am Meeresboden fest und wachsen
zu einem Polypen heran. Der Polyp kann durch
Querteilung kleine Quallen abschnüren. Die Quallen
wachsen zu ihrer endgültigen Größe heran und
pflanzen sich dann ihrerseits fort. Diesen Vorgang
bezeichnet man als „Generationswechsel".

Fast alle Quallen sind Meeresbewohner. Es gibt
aber auch einige wenige Arten, die im Süßwasser
leben. Unter ihnen kommt die *Süßwassermeduse*
in Europa vor. Sie lebt in Weihern und flachen Seen,
ist aber sehr selten geworden.

Süßwassermeduse

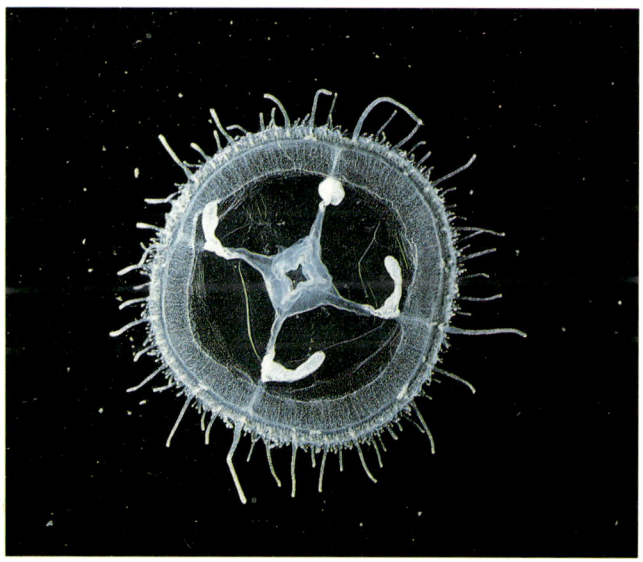

Rabe

Kolkrabe

Kolkrabe

Größe Länge 64 cm Länge, Spannweite 1,20 m

Merkmale Schwarzes, blau glänzendes Gefieder; keilför-
miger Schwanz, klotziger Schnabel; tiefe „korrrk"-Rufe,
daneben verschiedene andere Rufe

Ernährung Allesfresser; frißt vor allem Aas

Fortpflanzung Großer Horst auf hohen Bäumen oder in
Felswänden; 4 bis 6 Eier, die rund 3 Wochen lang bebrütet
werden; Gelege ab März

Vorkommen Lebt in Waldgebieten und im Hochgebirge;
über Europa, das nördliche Afrika, Asien und Nordamerika
verbreitet

Der Kolkrabe ist der größte Rabenvogel der Erde.
Er ist zwar ähnlich gefärbt wie die Rabenkrähe
(Krähe↑), aber wegen seiner Größe kaum zu verwechseln. Außerdem hat er einen keilförmigen
Schwanz, die Krähe dagegen hat einen gestutzten
Schwanz. Er ist über die gesamte Nordhalbkugel
verbreitet und vom kalten Norden bis zu den heißen
Wüsten im Süden zu beobachten. In Mitteleuropa
kommt der Vogel heute fast nur noch in den Alpen
vor. Kolkraben sind Standvögel, streichen aber nach
der Brutzeit oft weit umher.

Ratte

Ratten gehören zu den Nagetieren und sind mit
den Mäusen verwandt, die als wesentliches Kennzeichen einen sehr langen Schwanz haben. Zusammen bilden diese Tiere die Familie der Echten
Mäuse oder Langschwanzmäuse.

In den letzten 600 Jahren hat sich die *Wanderratte*
von Asien aus über die ganze Erde ausgebreitet.
Sie ist auch schuld an den großen Pestepidemien
des Mittelalters, denn die Ratten haben die Krankheitserreger übertragen. Neben der Wanderratte
gibt es in Europa noch die *Hausratte*. Dieses Tier
lebt ähnlich wie die Wanderratte und ist heute ebenfalls weltweit verbreitet. In Mitteleuropa ist sie aber
recht selten. Ihr Vorkommen beschränkt sich fast
ganz auf die Seehäfen.

Die Wanderratte ist in allen Erdteilen zu Hause.

Wanderratte

Größe Körper 18 bis 26 cm lang, Schwanz 15 bis 22 cm lang;
Gewicht 140 bis 400 g

Merkmale Plumper Körper; Schwanz etwas kürzer als der
übrige Körper; Fell graubraun, Unterseite heller als Oberseite

Ernährung Allesfresser; bevorzugt Sämereien, frißt aber
auch Früchte, Vogeleier, Abfälle und Aas; geht den ganzen
Tag über auf Nahrungssuche

Fortpflanzung Tragzeit 22 bis 24 Tage; im Durchschnitt
8 Junge in einem Wurf; Geburtsgewicht 5 g;
jedes Weibchen hat mehrere Würfe im Jahr; Junge mit
3 bis 4 Monaten geschlechtsreif

Vorkommen Lebt überwiegend in der Nähe des Menschen:
in Abwasserkanälen, auf Müllplätzen und in Lagerräumen;
ursprünglich nur in Ostasien beheimatet, heute weltweit
verbreitet

Raubmöwe

Raubmöwen verhalten sich wie gefiederte Piraten. Die überwiegend dunkelbraun gefärbten Meeresvögel verfolgen andere Vögel im Flug, um ihnen die Beute abzujagen. Wird ein Vogel von einer Raubmöwe belästigt, so versucht er sich leichter und damit wendiger zu machen. Also läßt er fallen, was er im Schnabel trägt, oder er würgt das Futter im Kropf aus. Und genau darauf haben es die Raubmöwen abgesehen.

Die größte Art ist die *Skua* oder *Große Raubmöwe*. Besonders zahlreich nistet sie auf der Insel Island. Auf den riesigen, spärlich bewachsenen Sandflächen südlich des großen Gletschers Vatnajökull brüten Tausende von Skuapaaren. Wenn jemand in eine lockere Brutkolonie hineinläuft, muß er damit rechnen, daß die Altvögel direkt auf ihn zufliegen und erst im letzten Moment abdrehen. Die Angriffe bei Störungen am Nest sind besonders heftig, wenn die Skuas Junge haben.

Im hohen Norden kann man zwei weitere Arten beobachten, die *Schmarotzerraubmöwe* und die *Falkenraubmöwe* oder *Kleine Raubmöwe*. Diese Arten brüten weitab der Küsten und müssen sich eine andere Nahrung suchen, als sie am Meer zur Verfügung steht. Die Vögel jagen deshalb kleine Nagetiere (vor allem Lemminge und Wühlmäuse), Spitzmäuse und Kleinvögel.

Die vierte Art ist die *Mittlere Raubmöwe* oder *Spatelraubmöwe*. Sie brütet im Norden Rußlands und Nordamerikas.

Die Skua ist die größte aller Raubmöwen.

Skua, Große Raubmöwe

Größe 58 cm lang

Merkmale Einfarbig dunkelbraunes Gefieder, im Flug werden auffällige helle Flügelflecken sichtbar; kräftiger, dunkelgrauer Schnabel; schwarze Füße mit Schwimmhäuten zwischen den Zehen

Ernährung Frißt Fische, Vögel, kleine Säugetiere, Aas und Fischereiabfälle

Fortpflanzung Brütet in einer mit wenig Pflanzenmaterial ausgepolsterten Bodenmulde; bildet lockere Brutkolonien; 1 bis 2 Eier, oliv mit dunkelbraunen Flecken; erste Gelege Ende April, 1 Brut im Jahr

Vorkommen Brütet auf Kies- und Sandflächen oder in niedrig bewachsenen Gebieten; außerhalb der Brutzeit auf dem offenen Meer; Nordatlantik (Brutplätze: Norwegen, Orkney- und Shetlandinseln, Färöer, Island), südliche Meere

Die Falkenraubmöwe hat sehr lange Schwanzspieße.

Falkenraubmöwe, Kleine Raubmöwe

Größe 51 bis 56 cm lang

Merkmale Gefieder auf der Oberseite dunkelbraun, auf der Unterseite hellbraun, an den Kopfseiten und auf der Vorderseite des Halses gelblich; dunkelbraune Kopfplatte; sehr lange zugespitzte mittlere Schwanzfedern, die die übrigen Federn des Schwanzes weit überragen

Ernährung Frißt Fische, Krebse und Tintenfische, auch Fischereiabfälle; jagt zur Brutzeit an Land Mäuse, Lemminge, Jungvögel und Insekten

Fortpflanzung Brütet in einer Bodenmulde im Gras; 1 bis 2 Eier, oliv mit dunkelbraunen Flecken; erste Gelege im Juni, 1 Brut im Jahr

Vorkommen Brütet auf Bergheiden (bis in 1200 m Höhe) und in der Tundra; außerhalb der Brutzeit auf dem offenen Meer; Atlantik (Brutplätze im hohen Norden der gesamten Nordhalbkugel)

Rebhuhn

Anders als der aus Asien eingeführte Fasan↑ brütet das Rebhuhn seit jeher in großen Teilen Europas. Der gedrungen wirkende Hühnervogel mit dem kurzen Schwanz ist ein typischer Kulturfolger, das heißt, er lebt auch in landwirtschaftlich genutzten Gebieten. Dennoch sieht man das tagaktive Rebhuhn heute immer seltener. Der Vogel braucht nämlich einen abwechslungsreichen Lebensraum. Wiesen, Felder, Raine und Brachflächen sollten sich abwechseln. Dazwischen sollten Gebüsche und Hekken eingestreut sein. Eine so abwechslungsreiche Kulturlandschaft ist aber in Mitteleuropa kaum noch zu finden. Die Landschaft wurde flurbereinigt, indem kleine Einzelfelder zu großen Flächen zusammengefaßt wurden. Eine „bereinigte" Landschaft ist aber kein passender Lebensraum für das Rebhuhn – und für viele andere Tiere auch nicht. So ist beispielsweise die mit dem Rebhuhn nahverwandte Wachtel↑ heute kaum mehr zu beobachten.

Rebhühner leben fast das ganze Jahr über einzeln oder zusammen mit Brutpartnern. Nach der Brutzeit sieht man Gruppen aus Altvögeln und deren Jungen auf Nahrungssuche gehen. Von Mitte November bis Mitte März dagegen sieht man bisweilen auch größere Scharen von Rebhühnern an einem Ort, die sich im Frühling wieder auflösen.

Rebhuhn

Größe 30 cm lang

Merkmale Gedrungener Hühnervogel mit kurzem Schwanz; Gefieder auf Kopf, Vorderrücken und Brust grau, auf dem Hinterrücken braun; an den Flanken kräftig rostrot gebändert; auf der Brust rotbrauner Hufeisenfleck; Fleck bei der Henne kleiner als beim Hahn, fehlt manchmal auch ganz; typische, etwas in die Länge gezogene „kirreck"-Rufe

Ernährung Frißt vor allem Pflanzenteile: Blätter, Halmspitzen, Samen, Getreide; nimmt daneben auch Insekten und deren Larven auf; Anteile pflanzlicher und tierischer Nahrung wechseln mit der Jahreszeit

Fortpflanzung Nistet am Boden in guter Deckung; Nestmulde mit Pflanzenmaterial ausgelegt; Gelege mit 10 bis 20 Eiern, blaß olivbraun bis graubraun; Brutdauer 23 bis 25 Tage; erste Gelege im April, 1 Brut im Jahr

Vorkommen Besiedelt Felder und Wiesen, Heiden und Moore, Steppen und Halbwüsten; Jahresvogel, im Winter umherstreifend; mit Ausnahme des Nordens über weite Teile Europas und bis nach Asien hinein verbreitet

---

Das Rebhuhn besiedelt Felder und Wiesen, Heiden und Moore. Der Hahn trägt einen kastanienbraunen Fleck auf der Brust.

Regenpfeifer

Sandregenpfeifer

Sandregenpfeifer

Größe 19 cm lang

Merkmale Kleiner, gedrungen wirkender Vogel; erdbrauner Rücken, weiße Unterseite, im Flug heller Streifen in den Flügeln sichtbar; schwarzweiße Kopfzeichnung: schwarzes Band mit weißem Fleck auf der Stirn und breites, schwarzes Brustband; kurzer, orangegelber Schnabel mit dunkler Spitze; Beine gelb oder orange

Ernährung Frißt hauptsächlich Insekten

Fortpflanzung Brütet in einer flachen Mulde im Boden; meist 4 Eier (auch 3 oder 5), hellbraun, mit schwarzen Flecken und Punkten; Brutdauer 23 bis 25 Tage; erste Gelege schon im März, häufig 2 Bruten im Jahr

Vorkommen Besiedelt Sand- und Kiesstrände, Dünen, kurzrasige Flächen, See- und Flußufer; über das nördliche Europa und Asien, Grönland und den Nordosten Nordamerikas verbreitet

---

Regenpfeifer bewegen sich meist rasch trippelnd. Es sieht aus, als würde eine Federkugel auf Rädern an einer Schnur über den Sand gezogen. Drei europäische Arten sind sich recht ähnlich: *Sandregenpfeifer, Seeregenpfeifer* und *Flußregenpfeifer.* Alle drei haben einen bräunlichen Rücken, unterscheiden sich aber in der Zeichnung an Kopf und Hals. Sand- und Seeregenpfeifer brüten hauptsächlich in der Nähe der Meeresküsten. Der Flußregenpfeifer dagegen brütet im Binnenland; man findet sein Nest auf Sand- und Kiesbänken an Seen und Flüssen. Viel größer als diese Arten wird der *Goldregenpfeifer.* Der Vogel brütet in Mooren und in der Tundra im Norden. In Mitteleuropa ist er auf dem Zug regelmäßig zu beobachten.

Regenwurm

Regenwürmer leben in der Erde und bohren dort ein ganzes Netz von waagrechten und senkrechten Gängen. Nachts kommen sie an die Erdoberfläche und ziehen abgefallene Blätter in ihre Röhren. Die Blätter werden von Bakterien zersetzt, und von dem zersetzten Pflanzenmaterial leben die Würmer. Was sie nicht verdauen können, scheiden sie in Form kleiner Kothaufen an der Erdoberfläche wieder aus. Durch ihre Tätigkeit helfen die Regenwürmer also, den Boden zu verbessern. Sie lockern die Erde, durchmischen und belüften sie und versorgen sie mit Nährstoffen. Pflanzen können auf einem Boden, in dem viele Regenwürmer leben, deutlich besser wachsen als auf einem Boden ohne Würmer.

Die in Europa vorkommenden Regenwürmer werden 2 bis 30 cm lang. Im australischen Busch dagegen lebt ein Verwandter, der sehr viel größer wird: Der *Riesenregenwurm* kann 3 cm dick und 3 m lang werden!

Insgesamt gehören zu den Regenwürmern viele hundert verschiedene Arten, die auf mehrere Familien verteilt sind. In Mitteleuropa kommen 40 verschiedene Arten vor.

Gemeiner Regenwurm

Größe 2 bis 30 cm lang

Merkmale Körper geringelt, mit nur wenigen Borsten; Färbung rotbraun bis braunviolett

Ernährung Lebt im wesentlichen von zersetzten Pflanzen und Pflanzenteilen

Fortpflanzung Tiere sind Zwitter; nach der Paarung wird 1 von einer festen Kapsel umgebenes Ei abgelegt; der junge Wurm schlüpft nach 3 bis 4 Wochen

Vorkommen Lebt unter der Erde in nicht zu trockenen und nicht zu feuchten Böden, bevorzugt in Lehmböden; über weite Teile Europas verbreitet

---

Regenwürmer lockern die Erde auf und durchmischen sie.

Reh

Der Rehbock trägt auf dem Kopf ein kurzes Geweih. Es wird jedes Jahr abgeworfen und bildet sich neu.

Das Reh hat sich trotz der großen Veränderungen in der Landschaft in Mitteleuropa halten können. Man kann Feldreh und Waldreh unterscheiden, je nach dem Lebensraum. Während das Feldreh in Gegenden mit niedriger Vegetation lebt, hält sich das Waldreh in aufgelockertem Wald auf. Typisch für den Rehbock ist das kurze Stangengeweih. Es wird jedes Jahr abgeworfen und wieder neu gebildet. Das Geweih hat höchstens vier oder fünf Enden je Stange; Sechserböcke mit drei Enden je Stange sind aber die Regel.

Tagsüber ist vom Reh kaum etwas zu sehen, denn dann hält es sich in Dickichten verborgen. Erst in der Dämmerung geht es auf Nahrungssuche. Anders ist das Verhalten während der Paarungszeit. Dann sind Rehe auch tagsüber sehr aktiv. Der Bock sucht weibliche Tiere und treibt sie längere Zeit, bevor es zur Begattung kommt.

Vom Herbst bis zum Frühling leben Rehe in gemischten Gruppen zusammen, die sich zur Setzzeit hin auflösen. Die Ricke – so nennt man das weibliche Tier – bringt ihre Jungen (Kitze) in Zurück-

---

Reh, Rehwild

Größe Körper 1 bis 1,40 m, Schwanz 1 bis 2 cm lang; Schulterhöhe 60 bis 90 cm; Gewicht 15 bis 50 kg

Merkmale Fell im Sommer rotbraun, im Winter graubraun; weiße Zone (sogenannter Spiegel) um den kurzen Schwanz herum; männliches Tier (Bock) mit kurzem Geweih (meist 3 Enden je Stange)

Ernährung Frißt Gräser und Kräuter, aber auch Knospen und Laub von Sträuchern und jungen Bäumen; geht vorwiegend in der Dämmerung und nachts auf Nahrungssuche

Fortpflanzung Tragzeit 273 bis 294 Tage; Setzzeit im Mai; 1 bis 3 Junge (Kitze); Geburtsgewicht 500 bis 1500 g; Kitze mit etwa 1 Jahr geschlechtsreif

Vorkommen Bewohnt Wiesen- und Feldlandschaften, Moore und Heidegebiete, Laub- und Mischwald; über Mittel- und Südeuropa und über große Teile des mittleren Asiens verbreitet

---

gezogenheit zur Welt. Die Kitze können sofort sehen und laufen und bald nach der Geburt der Ricke folgen. Sie werden drei Monate lang von der Ricke gesäugt. Danach bleiben sie mit ihr zusammen und werden erst mit etwa einem Jahr selbständig. Rehe können etwa 15 Jahre alt werden.

Reiher

Reiher sind mit den Störchen verwandt. Im Flug ziehen sie den Hals S-förmig ein – im Unterschied zu den Störchen, die mit ausgestrecktem Hals fliegen! Es gibt etwa 60 Reiherarten. Sie kommen in allen Erdteilen mit Ausnahme der Antarktis vor.

Die häufigste Art in Europa ist der *Graureiher*. Seine Bestände sind stark zurückgegangen. Früher wurden die Vögel als Fischjäger abgeschossen, und heute leiden sie unter dem Verlust von Feuchtgebieten. Damit die verbliebenen Reiher ihre Jungen ungestört aufziehen können, ist es verboten, die Brutkolonien zu betreten.

Der *Purpurreiher* unterscheidet sich vom Graureiher an der insgesamt dunkleren Färbung, und die Seiten von Hals und Kopf sind purpurrot gefärbt. Der Vogel bewohnt weite Sumpfgebiete. Der große Horst aus Schilfhalmen steht im Röhricht und enthält 4 bis 5 Eier.

Silberreiher und *Seidenreiher* haben ein weißes Gefieder. Beide wurden Anfang dieses Jahrhunderts fast ausgerottet, weil ihre Schmuckfedern als Modeartikel sehr begehrt waren. Später litten sie

Der Silberreiher hat ein reinweißes Gefieder.

dann vor allem unter der Zerstörung ihres Lebensraumes.

Der *Nachtreiher* wiederum ruht tagsüber versteckt im dichten Geäst von Busch- und Baumbeständen in Sumpfgebieten. Erst mit Einbruch der Dämmerung beginnt der Vogel aktiv zu werden (Name!).

Der Graureiher ruht auf einem Bein.

Graureiher

Größe 91 cm lang

Merkmale Oberseite grau, Unterseite und Hals weißlich-grau; am Hals kräftige, längs verlaufende schwarze Fleckenstreifen; vom Auge zum Hinterkopf breite schwarze Linie; schwarze Schmuckfedern; kräftiger, gelber Schnabel; Männchen und Weibchen gleich gefärbt; krächzende, rauhe Rufe

Ernährung Fängt Fische, Lurche und Kriechtiere, aber auch Kleinsäuger und Insekten; Lauerjäger

Fortpflanzung Horst aus Ästen und Zweigen in hohen Bäumen; Koloniebrüter; 4 bis 5 hell blaugrüne Eier; erste Gelege im März, 1 Brut im Jahr

Vorkommen Jagt in Feuchtwiesen, Sumpfgebieten und an stehenden und fließenden Binnengewässern; brütet in Baumbeständen; Jahresvogel; über weite Teile Europas und des mittleren und südlichen Asiens verbreitet

Rentier

Eine Rentierherde im Norden Norwegens

Rentiere sind über den gesamten Norden der Nordhalbkugel verbreitet; in Nordamerika nennt man sie *Karibus*. Sie bewohnen die nördlichen Waldgebiete und die Tundra. Mit ihren sehr breiten Hufen und den weit spreizbaren Zehen können sie sich sowohl in der morastigen Tundra als auch im Schnee gut fortbewegen. Außerdem kratzen die Tiere mit den Hufen die unter dem Schnee verborgene Nahrung – Gräser, Kräuter und besonders Rentierflechte – frei.

Im Gegensatz zum verwandten Rothirsch↑ tragen beim Rentier beide Geschlechter ein Geweih. Typisch für das Rentiergeweih sind die großen, nach vorn stehenden Sprossen, die oft schaufelartig verbreitert sind.

Im Lauf des Jahres machen Rentiere weite Wanderungen. Die Tiere ziehen zwischen einzelnen Weideflächen, aber auch zwischen Sommer- und Winterweide und zwischen Winterweide und Setzplätzen hin und her. Die nordamerikanischen Rentiere, die Karibus, wandern frei umher. Die europäischen Rentiere dagegen leben fast alle in der

Obhut der Lappen. Dieses im Norden Skandinaviens lebende Volk betreibt seit jeher Rentierzucht. Im Frühjahr und im Herbst ziehen die Menschen mit ihren Herden zu bestimmten Plätzen, wo die Tiere genügend Nahrung finden. Wilde Rentiere gibt es in Europa nur noch an ganz wenigen Stellen.

Rentier, Wildren, Karibu

Größe Körper 1,20 bis 2,20 m, Schwanz 7 bis 21 cm lang; Schulterhöhe 0,90 bis 1,40 m; Gewicht 60 bis 315 kg; Bullen deutlich größer als weibliche Tiere

Merkmale Fell braun mit grauer oder weißlicher Mähne; europäisches Rentier auch mit grauem Fell; beide Geschlechter mit Geweih; sehr große Hufe; Knackgeräusche beim Gehen

Ernährung Frißt Flechten und Pilze, Gräser, Kräuter und Laub

Fortpflanzung Brunftzeit im Oktober; Tragzeit 192 bis 246 Tage; Setzzeit im Mai/Juni; 1 Kalb; Geburtsgewicht 5 bis 12 kg; Kälber werden 5 bis 6 Monate lang von der Mutter gesäugt und mit etwa 2,5 Jahren geschlechtsreif

Vorkommen Bewohnt die nördlichen Waldgebiete und die Tundra; über den gesamten Norden der Nordhalbkugel verbreitet

Riesenschildkröte

Riesenschildkröten kommen nur auf den Galapagosinseln vor der Westküste Südamerikas und auf den Seychellen vor der Ostküste Afrikas (nördlich von Madagaskar) vor. Sie sind die größten Landschildkröten, die es auf der Erde gibt. Sie sind aber trotz ihres Namens nicht die größten Schildkröten↑ überhaupt.

Die *Galapagos-Riesenschildkröte* kam früher in unglaublichen Mengen auf den Inseln vor. Man schätzt, daß ursprünglich 250 000 Tiere auf den

---

Galapagos-Riesenschildkröte

Größe   Panzer bis 1,10 m lang; Gewicht bis 250 kg

Merkmale   Riesengroß; Panzer hochgewölbt, dunkelbraun gefärbt; plumpe „Elefantenfüße"

Ernährung   Frißt verschiedene Pflanzen

Fortpflanzung   Weibchen legt Eier in selbstgegrabenes Loch in weichem Boden ab; 2 bis 16 tennisballgroße Eier in einem Gelege; Eiablage zwischen Juni und Dezember; die Jungen schlüpfen nach 120 bis 140 Tagen; Geburtsgewicht 80 g

Vorkommen   Bewohnt mit Gras bewachsene, auch locker mit Büschen und Bäumen bestandene Flächen; nur auf den Galapagosinseln vor der Küste Ecuadors (Südamerika)

Inseln gelebt haben. Die Tiere wurden aber von Seeräubern und Walfängern in Massen abgeschlachtet, und heute sind nur noch etwa 15 000 übrig. Die Tiere sind zunächst am Morgen aktiv. Sie nutzen die kühlen Stunden aus, um Nahrung zu suchen. Am späten Vormittag ziehen sie sich dann in den Schatten eines Busches oder in ein Wasserloch zurück und verdösen die heißesten Stunden des Tages. Am späten Nachmittag streifen sie dann noch einmal umher, um etwas zu fressen zu finden.

Die *Seychellen-Riesenschildkröte* ist die größere der beiden Arten. Ihr Panzer kann 1,20 m lang werden. Wie ihren Verwandten von den Galapagosinseln wurde auch dieser Schildkröte stark nachgestellt. Auf vielen Inseln ihres früheren Verbreitungsgebietes ist die Seychellen-Riesenschildkröte heute ausgerottet.

Sie kommt in größerer Zahl nur noch auf der Insel Aldabra nördlich der Seychellen vor. Die Insel ist abgelegen, so daß die Tiere selten gestört werden, und außerdem wegen ihrer Pflanzen- und Tierwelt zum Naturschutzgebiet erklärt worden.

Eine Galapagos-Riesenschildkröte durchstreift die Insel Isabela.

Rind

Das Rind ist wohl das wichtigste Haus- und Nutztier der Erde. Es stammt vom Auerochsen↑ ab. Dieses Wildrind lebte in den lichten Wäldern und in den Auenlandschaften Europas und Asiens. Seit dem 17. Jahrhundert ist es allerdings ausgestorben.

Die Hausrinder kann man in zwei große Gruppen einteilen. Die einen haben einen Buckel auf dem Hals, den anderen fehlt er. Die Buckelrinder faßt man auch unter dem Begriff *Zebus↑* zusammen. Sie leben vor allem in Afrika und Asien. Auch Rinder ohne Buckel werden dort gehalten, darüber hinaus aber noch in vielen anderen Teilen der Erde.

Rinder liefern dem Menschen vor allem Fleisch und Milch. Sie dienen ihm aber auch als Arbeitstier. Weil das Rind ein wichtiges Nutztier ist, wird es gezüchtet. Einzelne Rassen liefern besonders viel Milch, andere Rassen einen hohen Fleischertrag. Verschiedene Rassen erbringen ebenso Milch wie Fleisch und lassen sich zusätzlich als Zugtiere einsetzen. Vor dem Pflug oder dem Wagen sieht man Rinder in Europa nur noch selten. In Ländern der dritten Welt ist das Rind ein wichtiges Zugtier.

Schottisches Hochlandrind

Bekannte Rinderrassen sind: *Schwarzbunte, Rotbunte, Angler, Fleckvieh* oder *Simmentaler, Braunvieh, Pinzgauer, Hinterwälder, Harzer Rotvieh, Charolais, Limousin, Hereford, Schottisches Hochlandrind* und *Texas Longhorn*. Beim Schwarzbunten Rind kann die Kuh ein Gewicht von 700 kg, der Stier 1200 kg erreichen. Die im Jahr erzeugte Milchmenge einer Schwarzbunten Kuh liegt bei rund 6 000 Litern.

Rinder auf einer Alm in den Schweizer Bergen

Ringelnatter

Die Ringelnatter trifft man eher als andere Schlangen an Gewässern an. Dennoch ist die Schlange nicht direkt vom Wasser abhängig, aber sie schwimmt und taucht ausgezeichnet. Sie ist eine völlig harmlose Schlange. Sie hat keine Giftzähne und verschlingt ihre Beute lebend. Eine Ringelnatter, die sich bedroht fühlt, zischt meist stark, bläht sich auf und stößt mit dem Kopf zu. Aber sie beißt dabei nicht. Sie versucht vielmehr, ihre Stinkdrüsen an der Schwanzwurzel zu entleeren. Sieht sie gegenüber einem Angreifer keinen anderen Ausweg, stellt sich die Natter einfach tot. Den Winter verbringt die Schlange in Kältestarre in einem Versteck. In den warmen Tagen des nächsten Frühlings kommt sie wieder hervor.

Gewöhnliche Ringelnatter

Größe Weibchen bis 1,80 m, Männchen bis 1 m lang

Merkmale Körper aschgrau, graubraun oder auch schwarz; Tiere teilweise mit schwarzer Fleckung; gelber Fleck oder Halbmond hinter dem Kopf

Ernährung Jagt Eidechsen, Molche, Frösche und Fische; die Ringelnatter schlängelt sich vorsichtig nah an die Beute heran und packt dann rasch mit den Zähnen zu

Fortpflanzung Paarung im Frühling und Frühsommer; Eiablage im Juli/August; Weibchen legt 10 bis 30 Eier unter Steinen, im Laub oder in feuchter Erde ab; Junge schlüpfen nach 7 bis 10 Wochen; rund 20 cm lang

Vorkommen Bewohnt vor allem die Ufer von stehenden oder langsam fließenden Gewässern mit reichem Pflanzenwuchs; über Europa und Nordwestafrika, über Kleinasien und Nordpersien verbreitet

---

Gewöhnliche Ringelnatter

Ringeltaube

Aufgeplusterte Ringeltaube im Winter

Ringeltaube

Größe Ungefähr 40 cm lang

Merkmale Grundfärbung des Gefieders graublau; weiße Flecken an den Kopfseiten; weiße Flügelbinden, die besonders im Flug sichtbar werden

Ernährung Frißt grüne Blätter, Beeren, Samen, Eicheln und Bucheckern; die Jungen werden von den Elternvögeln zunächst mit einer Art Milch gefüttert, die diese in ihrem Kropf bilden

Fortpflanzung Nest aus dünnen Zweigen, etwa 30 cm Durchmesser, meist auf Bäumen und Sträuchern; 2 weiße Eier; Gelege ab April, brütet mehrmals im Jahr

Vorkommen Bewohnt Wälder und Feldgehölze, Parks und Friedhöfe; mittlerweile auch mitten in Städten, brütet dort in Straßenbäumen und an Gebäuden; über fast ganz Europa, Teile Asiens und Nordwestafrika verbreitet

---

Die Ringeltaube ist die größte europäische Taube ↑. Überall in Mitteleuropa trifft man sie an, immer mehr auch mitten in Städten. Im Frühjahr hört man die Tauber gurren. Das Gurren ist eine Reihe von 5 oder 6 Tönen, von denen der zweite oder dritte betont wird. Bei seinem auffälligen Balzflug steigt der Tauber 20 bis 30 m hoch und gleitet dann mit gestreckten Flügeln und gespreiztem Schwanz abwärts. Dabei klatscht er mit den Flügeln. Außerhalb der Brutzeit sieht man Ringeltauben oft in großen Schwärmen, bisweilen zusammen mit anderen Taubenarten, vor allem aber mit Haustauben. In milden Wintern mit reichlicher Nahrung – vor allem, wenn es viele Bucheckern gibt – bleiben die Vögel in Mitteleuropa.

Robbe

Die Weddell-Robbe lebt im Eisgürtel der Antarktis. Dieses Tier hat seinen Ruheplatz auf dem warmen Kiesstrand.

Weddell-Robbe

Größe Wird bis über 3 m lang und 500 kg schwer
Merkmale Ziemlich kleiner Kopf; dunkel graubraunes Fell, oben mit schwarzen Flecken und Feldern, unten heller
Ernährung Frißt vor allem Fische
Fortpflanzung Tragzeit 11 Monate; Wurfzeit im Oktober/November; 1 Junges; Geburtsgewicht bis 25 kg; Junge mit 3 bis 6 Jahren geschlechtsreif
Vorkommen Lebt im Meer, ruht am Strand und auf Eisschollen; über die Meeresgebiete um die gesamte Antarktis herum verbreitet

Ruhende Kegelrobbe

Robben sind an das Leben im Meer angepaßte Raubtiere. Sie stammen von landlebenden Raubtieren ab und bilden auf Grund ihrer vielen Besonderheiten eine eigene Ordnung. Sie fallen vor allem dadurch auf, daß ihre Beine zu Flossen umgebildet sind. Man spricht auch von den „Flossenfüßern". Als Schutz gegen die Kälte haben die Robben unter der Haut eine dicke Speckschicht. Sie ernähren sich überwiegend von Fischen, aber auch von Tintenfischen und Krebsen. Auf der Nahrungssuche können sie bis zu 600 m tief tauchen und bis zu 73 Minuten unter Wasser bleiben. Dies sind aber Zahlen für den Rekordhalter *Weddell-Robbe*. Normalerweise tauchen Robben nicht so tief und lange.

Es gibt rund 30 verschiedene Arten von Robben auf der Erde. Sie besiedeln alle Meeresgebiete – vom hohen Norden der Arktis über die Tropen bis zur Antarktis. Man teilt sie in drei große Gruppen ein. Die erste Gruppe bilden die Hundsrobben, zu denen Weddell-Robbe, *Seehund↑*, *Kegelrobbe* und *Sattelrobbe* gehören. Zu dieser Gruppe von Robben gehören aber auch der *Nördliche* und der *Südliche See-*

Robbe

Sattelrobbe

Größe Bis zu 2 m lang und 150 kg schwer

Merkmale Fell silbergrau mit schwarzen Flecken; alte Tiere mit schwarzem Hufeisenfleck auf dem Rücken; Jungtiere ganz weiß

Ernährung Frißt Fische und Krebse

Fortpflanzung Tragzeit etwa 11 Monate; Wurfzeit im Februar/März; 1 Junges; Geburtsgewicht etwa 10 kg; Junge mit 5 bis 6 Jahren geschlechtsreif

Vorkommen Lebt im Meer und im Packeis, fast nie an Land; über die Meeresgebiete im Norden Europas und Asiens, um Grönland und Ostkanada herum verbreitet

Junge Sattelrobbe

Südafrikanischer Seebär oder Zwergseebär (Weibchen)

Nördlicher See-Elefant

Größe Bulle bis zu 4,50 m lang und 2 500 kg schwer; Weibchen bis zu 3,60 m lang und 900 kg schwer

Merkmale Sehr groß; faltiger Hals; Bulle mit Rüssel, den er aufblähen kann; Fell dunkel graubraun

Ernährung Jagt Fische und Tintenfische

Fortpflanzung Tragzeit 11,5 Monate; Wurfzeit im Januar; 1 Junges, das bei der Geburt etwas über 30 kg wiegt; Weibchen mit 2 bis 4 Jahren, Bullen mit 4 bis 5 Jahren geschlechtsreif

Vorkommen Zur Fortpflanzungszeit an Stränden; vor allem an der südlichen Westküste Nordamerikas verbreitet

Elefant, die beiden größten Robbenarten, die es gibt. Alle Hundsrobben haben einen langgestreckten Körper und können sich an Land nur unbeholfen fortbewegen. Beim Schwimmen treiben sie sich mit den Hinterflossen an. Unter den Hundsrobben finden sich auch die drei häufigsten Robben der Erde. Vom *Krabbenfresser* gibt es 50 Millionen, von der *Ringelrobbe* 6 bis 7 Millionen und von der *Sattelrobbe* 2,5 Millionen Tiere.

Weisen die Robben äußerlich sichtbare Ohrmuscheln auf, werden sie den Ohrenrobben zugeordnet. Diese Robben können ihre Hinterbeine unter den Körper klappen und recht gut laufen. Zu ihnen gehören die *Seelöwen*↑ und die *Seebären*. Die häufigste Ohrenrobbe ist der *Nördliche Seebär* (Pelzrobbe↑). Von ihm gibt es heute 1,7 Millionen Tiere auf der Erde.

Die *Walrosse*↑ bilden die dritte Gruppe der Robben. Es gibt nur eine einzige Art. Ihre Kennzeichen sind der massige Körper, die rötliche oder rotbraune Haut und die Hauer aus Elfenbein.

Bulle des Nördlichen See-Elefanten im flachen Wasser

Rochen

Marmor-Zitterrochen

Marmor-Zitterrochen

Größe Bis 70 cm lang

Merkmale Abgeplatteter, fast runder Körper mit kurzem, kräftigem Schwanzstiel; gelblich bis hellbraun gefärbt, dunkelbraun gefleckt

Ernährung Frißt Tiere, die am Meeresgrund leben: Krebse, Muscheln, Schnecken und Fische

Fortpflanzung Bringt 5 bis 32 lebende Junge zur Welt; Junge bei der Geburt 9 cm lang

Vorkommen Vom Flachwasser bis in Tiefen um 20 m; auf Schlick- und Sandböden; über den östlichen Atlantik und das Mittelmeer verbreitet

---

Rochen sind mit den Haien↑ verwandt. Sie leben am Meeresboden und wühlen sich oft in die obersten Bodenschichten ein. Einige Arten sind nicht ungefährlich. Die *Elektrischen Rochen* oder *Zitterrochen* erzeugen Strom. Damit betäuben sie Beutetiere und machen sie dadurch bewegungsunfähig. Damit wehren sie aber auch Feinde ab, und selbst dem Menschen können die Stromschläge gefährlich werden. Sehr starke Schmerzen und Vergiftungen können die *Stachel*- oder *Stechrochen* verursachen. Diese Rochen haben einen Giftstachel auf dem Schwanz. Die größten Rochen sind die *Mantas* oder *Teufelsrochen*. Der *Riesenmanta* kann 6 m Spannweite erreichen und 2 000 kg schwer werden. Trotz ihrer gewaltigen Größe sind Mantas harmlose Planktonfresser. Vor den europäischen Küsten leben *Marmor-Zitterrochen, Nagelrochen, Spiegelrochen, Glattrochen, Gemeiner Stechrochen, Adlerrochen* und *Kleiner Teufelsrochen*.

Rohrdommel

Rohrdommeln gehören zu den Reihern und sind gut an das Leben im Schilfröhricht angepaßt. Wenn sich die Vögel gestört fühlen, nehmen sie die Pfahlstellung ein: Sie recken Hals und Kopf senkrecht nach oben, damit ihre Umrisse im Gewirr der Halme verschwimmen. In dieser Stellung verharren sie, bis die Gefahr vorüber ist. In Europa leben die *Zwergrohrdommel* und die *Große Rohrdommel*, die eine Länge von 76 cm erreichen kann. Beide Arten sind in den letzten Jahrzehnten selten geworden, da viele ehemalige Brutgebiete trockengelegt wurden.

Zwergrohrdommel

Größe 36 cm lang

Merkmale Männchen auf der Oberseite schwarzgrün, Flügeldecken und Unterseite gelblich; Weibchen mit braunem Rücken und gelblicher, gestreifter Brust

Ernährung Jagt Fische und Frösche und frißt auch Kaulquappen und Wasserinsekten und deren Larven

Fortpflanzung Horst aus Schilfhalmen, versteckt im Röhricht; 5 bis 6 weiße Eier; erste Gelege im Mai, 1 Brut im Jahr

Vorkommen Lebt an Weihern, Seen und Flüssen mit dichtem Uferbewuchs; über Teile Europas, Mittelasiens, Afrikas und Australiens verbreitet

---

Zwergrohrdommel, Weibchen in Pfahlstellung

Rohrsänger

Singender Schilfrohrsänger

Der Lebensraum der Rohrsänger sind vor allem die Schilfröhrichte am Rand von Gewässern und in Feuchtgebieten. Einige Arten leben auch in Weidengebüschen und anderen Pflanzenbeständen auf feuchtem Untergrund. Die Vögel sitzen beim Singen meist frei auf der Spitze eines Schilfhalms oder eines Busches. Sie bauen ausgesprochen kunstvolle Nester, die zwischen mehrere Schilfhalme gewebt werden. Die tiefe Mulde verhindert, daß die Eier oder die Jungvögel aus dem Nest fallen, wenn ein heftiger Wind oder gar ein Sturm durch das Röhricht geht.

Der häufigste Rohrsänger Europas ist der *Teichrohrsänger*. Er wird 13 cm lang und hat eine einfarbig braune Ober- und eine weißliche Unterseite. Die am schönsten gefärbte Art ist der *Schilfrohrsänger*; er hat auch den schönsten Gesang von allen Rohrsängern. Der *Drosselrohrsänger* wiederum ist der größte Rohrsänger Europas. Der Vogel fällt aber auch durch seine Stimme auf. Er hat einen weithin hörbaren, durchdringend knarrenden Gesang mit schneidenden oder sogar schrillen Tönen.

Drosselrohrsänger am Nest

Schilfrohrsänger

Größe 13 cm

Merkmale Gefieder braun; Oberseite kräftig gestreift, rostbrauner Bürzel, Unterseite rahmfarben; weißlicher Überaugenstreif; Männchen und Weibchen gleich gefärbt; abwechslungsreicher Gesang, oft im Singflug vorgetragen

Nahrung Frißt Insekten

Fortpflanzung Nest in dichtem Pflanzenwuchs; 4 bis 6 Eier; Gelege ab Mai, 1 Brut im Jahr

Vorkommen Bewohnt Seggenwiesen mit Weidengebüschen; Sommervogel, in Mitteleuropa von April bis Oktober; über weite Teile Europas verbreitet

Drosselrohrsänger

Größe 19 cm lang

Merkmale Oberseite einfarbig braun, Unterseite weißlichgelblich; heller Überaugenstreif; Männchen und Weibchen gleich gefärbt; lauter Gesang mit schrillen und knarrenden Tönen

Ernährung Frißt vor allem Insekten

Fortpflanzung Kunstvolles Nest, zwischen Schilfhalme gehängt; 4 bis 6 helle Eier; Beginn der Eiablage im Mai, 1 Brut im Jahr

Vorkommen Lebt im Schilfgürtel größerer Weiher und Seen; Sommervogel, in Mitteleuropa von April bis September; über Mittel- und Südeuropa verbreitet

Rotkehlchen

Rotkehlchen

Rotkehlchen

Größe 14 cm lang

Merkmale Oberseite einfarbig olivbraun, Unterseite graubraun; Brust, Kopfseiten und Stirn orange gefärbt, bläulich begrenzt; Männchen und Weibchen sind gleich gefärbt; zuckt häufig mit Schwanz und Flügeln; ruft scharf „zick", oft mehrmals hintereinander gereiht; abwechslungsreicher Gesang mit flötenden und perlenden Teilen am Ende

Ernährung Frißt Insekten, Würmer, Schnecken und andere Kleintiere, daneben Beeren und Früchte

Fortpflanzung Nest aus Pflanzenteilen, gut versteckt am Boden; 5 bis 7 helle Eier mit dunkler Fleckung; Gelege ab Ende April, 2 Bruten im Jahr

Vorkommen Besiedelt Gärten, Parks, Laub-, Misch- und Nadelwälder mit Unterwuchs; viele Vögel überwintern in Mitteleuropa; über fast ganz Europa und bis nach Sibirien hinein, über Nordwestafrika und Kleinasien verbreitet

---

Ein besonders hübscher Singvogel ist das Rotkehlchen. Seine Färbung ist so auffällig, daß keine Verwechslung möglich ist. Eigentlich ist das Rotkehlchen ein Waldvogel, aber es ist mittlerweile auch in Gärten und Parks heimisch geworden. Im Herbst ziehen viele Rotkehlchen in die Mittelmeerländer ab. Manche bleiben aber auch bei uns. Sie kommen an die Futterstellen. Schon im ausgehenden Winter beginnen die Männchen zu singen. Ihr perlender, etwas schwermütig klingender Gesang ist sowohl tagsüber als auch noch in der Dämmerung zu hören. Zum Singen setzen sich die Männchen meist hoch in einen Baum. Sonst halten sich Rotkehlchen überwiegend am Boden auf. Dort suchen sie ihre Nahrung, und dort nisten sie.

Rotschenkel

Kaum ein anderer Vogel macht sich auf den Wiesen an den Meeresküsten oder in Feuchtgebieten des Binnenlandes so lautstark bemerkbar wie der Rotschenkel. Immer wieder hört man seine schönen „djüü"- oder „djü-dü-dü"-Flötenrufe. Sein Nest baut der Vogel gern in einem hohen Grasbüschel. Die Mulde polstert er mit Halmen aus, die er über dem Nest zusammenzieht. Der Vogel baut sich also eine regelrechte Laube. Stört man ihn an seinem Brutplatz, reagiert er sehr aufgeregt und lautstark. Dabei setzt er sich gern erhöht, etwa auf einen Weidepfahl, und schimpft. Früher gab es viel mehr Rotschenkel als heute. Vor allem im Binnenland sind die Vögel mit den kräftig roten Beinen sehr selten geworden.

Rotschenkel

Größe 28 cm lang

Merkmale Oberseite braun mit dunkler Zeichnung, Unterseite grauweiß mit dunkelbraunen Flecken; rote Beine; roter Schnabel mit schwarzer Spitze; Bürzel, Rücken und Hinterrand der Flügel weiß (nur bei fliegenden Vögeln zu sehen); laute Flötenrufe

Ernährung Frißt je nach Lebensraum hauptsächlich Würmer, Weichtiere und Krebse oder Insekten und deren Larven; nur wenig pflanzliche Nahrung

Fortpflanzung Nistet versteckt in Grasbüscheln; 4 Eier, auf gelbbraunem Grund dunkel gefleckt; Gelege ab Mitte April, 1 Brut im Jahr

Vorkommen Wattwiesen, Sümpfe, Moore, feuchte Wiesen, auch Rieselfelder; von Nord- und Mitteleuropa über Südosteuropa und das mittlere Asien bis zum Pazifik verbreitet

---

Rotschenkel auf einem Weidepfahl

Rotschwanz

Ein rostroter, häufig zitternder Schwanz ist das wichtigste Merkmal der Rotschwänze. Zwei Arten sind in Europa zu Hause, der *Haus-* und der *Gartenrotschwanz*. Der Hausrotschwanz ist düster grau gefärbt und singt oft schon in der ersten Morgendämmerung. In seinem kurzen Lied wechseln quietschende, scheuernde und kratzende Töne ab. Beim Gartenrotschwanz hat das Männchen eine graublaue Ober- und eine rost-orangefarbene Unterseite. Beide Rotschwänze sind Sommervögel und halten sich von März/April bis Oktober in Mitteleuropa auf. Ihr Nest bauen sie geschützt in Halbhöhlen oder geschlossenen Höhlen. Sind Nistplätze knapp, kann man den Vögeln helfen, indem man für sie Nistkästen im Garten aufhängt.

Männchen des Hausrotschwanzes

Hausrotschwanz

Größe 14 cm lang
Merkmale Beim Männchen Oberseite grauschwarz, Stirn hellgrau, Brust schwärzlich; Weibchen düster graubraun; Bürzel und Schwanz rostrot; knickst häufig, zitternder Schwanz
Ernährung Frißt Insekten und Spinnen, auch Beeren
Fortpflanzung Nest aus Pflanzenteilen in Fels- und Mauerlöchern, unter Dachvorsprüngen, auf Balken, auch in Nistkästen; 4 bis 6 weißliche Eier; Brutdauer 13 Tage; Gelege ab April, 2 Bruten im Jahr
Vorkommen Ursprünglich reiner Felsbrüter (Steinbrüche, Klippen und felsige Hänge), heute auch in Dörfern und Städten um die Häuser herum; Sommervogel; über Mittel- und Südeuropa und bis Mittelasien hinein verbreitet

Rückenschwimmer

Rückenschwimmer unterscheiden sich von anderen im Wasser lebenden Wanzen dadurch, daß sie sich normalerweise mit dem Rücken nach unten fortbewegen. Und so hängen sie sich auch an die Wasseroberfläche, um Luft zu holen. Die Luft gelangt durch Öffnungen am Hinterende in „Röhren", die sich durch den ganzen Körper ziehen. Eine Luftblase wird aber auch in den Haaren am Bauch festgehalten. Diese Luft treibt den Rückenschwimmer an die Wasseroberfläche und bewirkt seine merkwürdige Haltung. Rückenschwimmer erbeuten verschiedene Kleintiere. Sie packen die Beute mit ihren Vorderbeinen und saugen sie mit dem Rüssel aus. Den Stich eines Rückenschwimmers empfinden auch wir Menschen als schmerzhaft.

Gewöhnlicher Rückenschwimmer

Größe 14 bis 16 mm lang
Merkmale Hinterbeine zu Schwimmbeinen mit langen Schwimmborsten umgewandelt; schwimmt meist mit dem Rücken nach unten (Name!); Körper gelblichbraun bis rötlichbraun gefärbt, auf der Oberseite der Brust schwärzlich; Kopf oft graugrün; große rotbraune Augen
Nahrung Jagt verschiedene Kleintiere im Wasser (Insektenlarven, Kaulquappen, kleine Fische)
Fortpflanzung Nach der Paarung legt das Weibchen bis 200 Eier einzeln in Stengel von Wasserpflanzen; die Larven sind nach 5 Häutungen ausgewachsen
Vorkommen In kleinen und großen stehenden Gewässern das ganze Jahr über recht häufig anzutreffen, hauptsächlich in den oberflächennahen Schichten; in Mitteleuropa weit verbreitet

Der Rückenschwimmer holt an der Wasseroberfläche Luft.

Säbelschnäbler

Die schwarzweißen Säbelschnäbler suchen oft in kleinen Gruppen nach Nahrung. Ihr nach oben gebogener Schnabel ist sehr zweckmäßig für die Nahrungsaufnahme. Im flachen Wasser ziehen die Vögel den leicht geöffneten Schnabel durch die obersten Zentimeter des schlammigen Grundes. Hat sich Beute darin verfangen, packen sie zu. Manchmal gehen Säbelschnäbler so weit ins Wasser hinaus, daß sie schwimmen müssen. Weltweit gibt es 4 Arten von Säbelschnäblern. Die Vögel sind nah verwandt mit den Stelzenläufern↑.

Säbelschnäbler

Größe 43 cm lang

Merkmale Gefieder schwarzweiß gefärbt; nach oben gebogener Schnabel; lange, blaugraue Beine

Ernährung Frißt kleine Krebstiere, Würmer und Insekten

Fortpflanzung Nistet am Boden, Mulde mit ein paar Halmen aus der Umgebung ausgelegt; 4 Eier, hellbraun mit dunklen Flecken; erste Gelege im April/Mai, 1 Brut im Jahr

Vorkommen Lebt in Flachwassergebieten an den Küsten und an Binnenseen; Brutplätze an den Küsten Mittel-, West- und Südeuropas, von Kleinasien bis nach Zentralasien, in Nord-, Ost- und Südafrika

---

Säbelschnäbler

Säger

Schwimmender Mittelsäger-Erpel

Mittelsäger

Größe 58 cm lang, so groß wie eine Stockente

Merkmale Männchen mit grünlichschwarzem Kopf und Rücken; breites, weißes Halsband; braunes Brustband; Flanken und Bauch grau und weiß, Hinterende dunkelgrau; Weibchen grau, mit rotbraunem Kopf und weißlicher Kehle; Füße und Schnabel rot

Ernährung Fast ausschließlich tierische Nahrung: von Kleintieren bis zu kleinen Fischen

Fortpflanzung Nest am Boden in dichtem Pflanzenwuchs, aber auch in Höhlen zwischen Steinen; 6 bis 12 bräunliche oder grünliche Eier; Brutdauer 29 bis 35 Tage; Gelege ab Ende April, 1 Brut im Jahr

Vorkommen Zur Brutzeit an Seen und an den Meeresküsten; außerhalb der Brutzeit auf Küstengewässern, aber auch auf Seen und Flüssen; über den Norden der Nordhalbkugel verbreitet

---

Säger sind mit den Enten↑ verwandte Wasservögel. Sie haben sehr schlanke, an den Rändern gesägte Schnäbel mit einer Hakenspitze. Wie bei den Enten sind auch bei den Sägern Männchen und Weibchen sehr unterschiedlich gefärbt. In Europa kommen 3 Arten vor: *Mittelsäger, Gänsesäger* und *Zwergsäger*. Mittel- und Gänsesäger brüten in Mitteleuropa, während der Zwergsäger hier nur durchzieht. Der Gänsesäger ist mit 66 cm Länge die größte Art. Der Erpel ist heller gefärbt als der Mittelsäger-Erpel. Die Weibchen beider Arten sehen einander ähnlich. Mit 41 cm Länge ist der Zwergsäger die kleinste europäische Sägerart. Das Männchen hat ein überwiegend weißes Gefieder. Insgesamt gibt es 6 verschiedene Arten von Sägern.

Salamander

Feuersalamander

Größe Bis 28 cm lang

Merkmale Gestreckter Lurch mit dickem, rundem Schwanz; Haut schwarz, mit gelben oder orangefarbenen Flecken und Streifen

Ernährung Frißt Würmer, Schnecken und Insekten und deren Larven

Fortpflanzung Paarung im Frühjahr und Sommer; Weibchen setzt 30 bis 70 Larven in flachem Wasser ab; je nach Lebensbedingungen Entwicklung zu erwachsenen Tieren innerhalb einiger Monate oder erst nach Ablauf von 2 oder 3 Jahren

Vorkommen Lebt in feuchten Wäldern an Bächen, Quellen und Tümpeln; mit Ausnahme Großbritanniens und Skandinaviens über fast ganz Europa verbreitet, darüber hinaus in Nordwestafrika und Teilen Südwestasiens

Salamander gehören zu den Lurchen (Schwanzlurchen) und kommen in feuchten Lebensräumen vor. Die auffälligste Art in Europa ist der schwarz-gelb gefärbte *Feuersalamander*. Seine Färbung kann je nach Fundort sehr unterschiedlich sein. Größe, Form und Zahl der Flecken sind nicht immer gleich. Neben gefleckten Tieren kommen in Westeuropa auch gelb gebänderte vor, und manchmal sieht man auch ganz gelbe Tiere. Bei Feuersalamandern aus Südeuropa können die Flecken rot sein, bei anderen Salamandern ist der Bauch rot gefleckt. Einfarbig schwarz dagegen ist der nahverwandte *Alpensalamander*. Er kommt nur in den Alpen (bis in 3 000 m Höhe) und in den Berggegenden des Balkans vor.

Feuersalamander können je nach Fundort sehr unterschiedlich gefleckt und gestreift sein.

Schaf

Bereits in der frühen Steinzeit, um etwa 6 000 vor Christus, wurden Schafe zu Haustieren. Sie stammen vom *Mufflon*↑ ab, einem Wildschaf, das nach der letzten Eiszeit nur noch auf Korsika und Sardinien vorkam. Heute gibt es wie bei allen Haustieren viele unterschiedliche Rassen. Die Tiere liefern Wolle, Fleisch und Milch. Die Wolle der Schafe ist heute allerdings längst nicht mehr so begehrt wie früher, weil Kunstfasern die Schafwolle verdrängt haben. Wichtiger als die Wolle ist heute das Fleisch der Tiere, das in vielen Gegenden der Erde gern gegessen wird. Schafe liefern auch Milch, die entweder getrunken oder zu Käse und anderen Produkten verarbeitet wird.

Auf der ganzen Welt gibt es rund eine Milliarde Schafe und etwa 40 verschiedene Rassen. In Europa spielen die Tiere heute eine viel geringere Rolle als früher, und ihre Zahl ist gesunken. Bestimmte Landschaften verdanken ihr Aussehen der Haltung von Schafen. In der Lüneburger Heide in Norddeutschland zum Beispiel ziehen Herden von Heidschnucken durch die Landschaft. Die Schafe verbeißen die

Schaf auf den Färöerinseln im Nordatlantik

Heide, junge Kiefern und Birken. So bleiben die Flächen offen. Ohne die Schnucken würde sich die Heide in wenigen Jahrzehnten in eine Waldlandschaft verwandeln.

Da Schafe genügsame Tiere sind und sich mit Hilfe von Hütehunden leicht zusammenhalten lassen, ist ihre Haltung nicht sehr schwierig. Dennoch ist Schäfer ein Beruf, der eine besondere Ausbildung erfordert, wie jeder andere Beruf auch.

Nur noch wenige Schafherden ziehen unter der Aufsicht eines Schäfers und seiner Hütehunde durch die Landschaft.

Schakal

Schakale sind Raubtiere wie Wolf und Rotfuchs, mit denen sie nah verwandt sind. Ihre Verbreitung beschränkt sich auf das südöstliche Europa, Afrika und das südliche Asien.

Die am weitesten verbreitete und häufigste Art ist der *Schabrackenschakal*. Man erkennt ihn an seinem rotbraunen Fell mit dem grauschwarzen Rükken. Wo der Mensch ihnen nicht nachstellt, sieht man die Schakale sowohl tagsüber als auch nachts. Sonst sind sie nur in der Dämmerung und in der

Nacht aktiv. Die Tiere leben paarweise zusammen. Allerdings ziehen mehrere Eltern ihre Jungen gemeinsam auf. Und gemeinsam gehen die Tiere auch auf die Jagd. Dabei versammeln sie sich oft bei den gerissenen Beutetieren von Löwen und anderen Raubkatzen. Sie schaffen es immer, einen kleinen Teil der Beute abzubekommen. Die Schakale sind aber auch selbst gute Jäger.

Der *Streifenschakal* wird ebenso groß wie der Schabrackenschakal und ist in Afrika ähnlich weit verbreitet. Diese Art hat ein graues Fell mit dunklen Streifen an den Flanken und ein weißes Schwanzende.

Etwas kleiner ist der *Goldschakal*. Er lebt in trockenen Gegenden und kommt auch in Europa vor. Darüber hinaus ist er in Nordafrika und im südlichen Asien verbreitet. In seinem Verhalten ähnelt der Goldschakal dem Haushund. Deshalb vermuteten die Tierforscher lange Zeit, daß der Goldschakal ein Vorfahr des Hundes gewesen sein könnte. Inzwischen haben sie diese Ansicht jedoch wieder aufgegeben.

Schabrackenschakal

Größe Körper 0,65 bis 1 m, Schwanz 30 bis 35 cm lang; Schulterhöhe 45 bis 50 cm; Gewicht 8 bis 15 kg

Merkmale Hundeähnlicher Körper; Fell grau oder rotbraun, grauschwarzer Sattelfleck

Ernährung Jagt kleine Säugetiere und frißt auch Kleintiere, Aas und Früchte

Fortpflanzung Tragzeit 9 Wochen; 3 bis 6 Junge in einem Wurf; Gewicht bei der Geburt 200 bis 250 g; junge Schakale sind mit 21 Monaten geschlechtsreif

Vorkommen Lebt in der Savanne, im Buschland und in lichtem Wald; über das gesamte Afrika südlich der Sahara verbreitet

---

Der Schabrackenschakal ist an dem grauschwarzen Sattelfleck gut von den beiden anderen Schakalarten zu unterscheiden.

Schildkröte

Griechische Landschildkröten

Schildkröten gehören zu den Kriechtieren oder Reptilien. Ihr dicker Panzer macht sie unverwechselbar. Der Panzer ist Teil des Skeletts und wird aus Knochen gebildet. Meist ist er mit Hornschilden bedeckt, seltener mit einer lederartigen Haut. Alle Schildkröten legen ihre Eier an Land ab. Das Weibchen gräbt ein Loch in den weichen Boden, legt die Eier hinein und deckt das Loch wieder zu. Das umfangreichste Gelege, das man je gefunden hat, stammt von einer *Suppenschildkröte*: es enthielt 226 Eier. Erstaunliche Zahlen werden auch im Zusammenhang mit dem Alter von Schildkröten genannt. Sumpfschildkröten beispielsweise können 70 oder sogar 100 Jahre alt werden. Riesenschildkröten können ein noch höheres Alter erreichen, nämlich 125 Jahre. Nur wenige andere Tiere werden ähnlich alt.

Die Forscher teilen die Tiere in verschiedene Familien ein: *Alligatorschildkröten, Sumpfschildkröten, Landschildkröten, Meeresschildkröten, Lederschildkröten, Schlangenhalsschildkröten* und *Weichschildkröten.*

Griechische Landschildkröte

Größe Panzer 20 bis 25, manchmal bis 30 cm lang

Merkmale Panzer hochgewölbt, rundlich und gelblich bis grünlichgelb gefärbt, schwarz gemustert

Ernährung Frißt Triebe und Früchte von Pflanzen, gelegentlich auch Würmer, Insekten und Aas

Fortpflanzung Einige Zeit nach der Begattung scharrt das Weibchen eine Grube in die Erde und legt bis zu 10 längliche Eier mit harter, weißer Schale ab

Vorkommen Lebt in trockenen Landschaften von der Meeresküste bis in Höhen um 1 500 m; über den Süden und vor allem den Südosten Europas verbreitet

---

Zu den Sumpfschildkröten gehören die vielen Arten, die im Süßwasser leben. Die bekannteste Art in Europa ist die 30 cm lange *Europäische Sumpfschildkröte.* Sie hat Schwimmhäute zwischen den Zehen und auffällige gelbe Flecken am Kopf und an den Beinen. In Deutschland ist diese Schildkröte sehr selten und nur noch an ganz wenigen Teichen, Seen und Flußarmen zu finden. Die *Rotwangen-Schmuckschildkröte* lebt in Nordamerika und wird bei uns bisweilen ausgesetzt.

Schildkröte

In Europa leben auch 3 Arten von Landschildkröten. Die bekannteste ist die *Griechische Landschildkröte*, die eine Länge von etwa 30 cm erreichen kann. Eindrucksvoller sind da schon die *Riesenschildkröten*↑. Diese großen Tiere kommen nur auf den Galapagosinseln vor der Küste Südamerikas und auf den Seychellen vor der Ostküste Afrikas nördlich von Madagaskar vor. Sie sind die größten Landschildkröten, die es auf der Erde gibt. Sie sind aber trotz ihres Namens nicht die größten Schildkröten überhaupt.

Die wahren Riesen sind jedoch die Meeresschildkröten. Ihre Beine sind zu Paddeln umgebildet. Die *Lederschildkröte* ist die größte unter den Meeresschildkröten. Sie kann 2 m lang werden und ein Gewicht von 800 kg erreichen. Aus verschiedenen Gründen hat man den Meeresschildkröten stark nachgestellt. Aus den Hornschildern der *Unechten Karettschildkröte* werden Kämme und Brillengestelle hergestellt. Das Fleisch der Suppenschildkröte wird als Delikatesse verkauft. Leider geht die Verfolgung der Schildkröten immer noch weiter. Naturschutzverbände unternehmen seit Jahren Anstrengungen, um gerade die im Meer lebenden Schildkröten zu erhalten.

Schildkröten sind beliebte Heimtiere. Die Tiere stammen aber meist aus der freien Natur. Sie werden in anderen Erdteilen gefangen, um bei uns verkauft zu werden. Es ist deshalb besser, man verzichtet auf die Haltung von Schildkröten.

Echte Karettschildkröte

Größe Panzer 60 bis 90 cm lang

Merkmale Panzer flach; Schnauze mit „Hakenschnabel"; Beine zu flachen Paddeln für das Schwimmen im Meer umgebildet; Hornschilder des Rückenpanzers überlappen sich dachziegelartig; Panzer meist gelblichbraun und dunkelbraun gemustert

Ernährung Frißt sowohl Pflanzen als auch Tiere; verschmäht auch Seeigel und nesselnde Quallen nicht; sucht ihre Nahrung ausschließlich im Meer

Fortpflanzung Eiablage an Sandstränden; Weibchen gräbt Eigrube in den weichen Sand, legt die Eier hinein und schaufelt die Grube wieder zu; die Jungen wandern nach dem Schlüpfen zum Meer

Vorkommen Lebt im Meer, kommt nur zur Eiablage an Land; über die tropischen Meere verbreitet; gelangt nur ganz selten einmal nach Europa

Echte Karettschildkröte

Rotwangen-Schmuckschildkröten

Rotwangen-Schmuckschildkröte, Buchstaben-Schmuckschildkröte

Größe Panzer 12 bis 25 (höchstens 30) cm lang; Männchen gewöhnlich kleiner als das Weibchen

Merkmale Panzer breit und flach; Ruderbeine mit Schwimmhäuten zwischen den Zehen; gelbe Längsstreifen an Kopf und Hals und an den Beinen; längliches rotes Feld hinter dem Auge

Ernährung Überwiegend Pflanzenfresser; Junge nehmen tierische Nahrung (Würmer, Schnecken und andere Wassertiere) auf

Fortpflanzung Das Weibchen legt 5 bis 23 Eier in eine selbstgegrabene Mulde; die geschlüpften Jungen sind bereits völlig selbständig

Vorkommen Lebt in Süßwassersümpfen, Weihern und ruhigen Flußarmen mit schlammigem Untergrund; über das mittlere Nordamerika verbreitet

Schimpanse

Schimpansen

Der Schimpanse gehört zu den Menschenaffen und ist mit dem Gorilla↑ und dem Orang-Utan↑ verwandt. Wie diese beiden Arten ist auch der Schimpanse ein Waldbewohner. Er ist tagaktiv und streift in kleinen Gruppen durch seinen Lebensraum. Morgens frißt er für ein paar Stunden, ruht sich dann über Mittag aus, und am Nachmittag sucht er weitere Nahrung. Die Nacht verbringt der Schimpanse in einem selbstgebauten Schlafnest. Er gehört zu den gefährdeten Tierarten der Erde. Der etwas kleinere und schlankere *Zwergschimpanse* oder *Bonobo* ist bereits vom Aussterben bedroht. Dieser Menschenaffe lebt mehr in den Bäumen als der Schimpanse und ist nur über Zentralafrika verbreitet.

Schimpanse

Größe Körper 0,70 bis 1,70 m lang; Weibchen 33 bis 47 kg, Männchen 43 bis 60 kg schwer

Merkmale Sehr beweglich; Arme länger als Beine; schmale, lange Hände und Füße; Fell langhaarig, schütter, schwarz gefärbt

Ernährung Frißt Blätter, Rinde, Früchte und Samen, aber auch Termiten, Ameisen, Vogeleier und gelegentlich kleine Säugetiere (kleine Affen, Schweine, kleine Antilopen wie Ducker); geht ausschließlich am Tag auf Nahrungssuche; benutzt dabei Zweige als „Werkzeuge"

Fortpflanzung Tragzeit 225 Tage; 1 Junges, nur sehr selten 2 Junge; Gewicht des Jungen bei der Geburt 1,9 kg; Junges mit 6 bis 10 Jahren geschlechtsreif

Vorkommen Bewohnt Buschland, Baumsavanne und Regenwald bis in etwa 3 000 m Höhe; über das westliche und zentrale Afrika verbreitet

Schlammschnecke

In Europa gibt es mehrere Arten von Schlammschnecken. Die größte Art unter ihnen ist die *Spitzschlamm-* oder *Spitzhornschnecke*; ihr Gehäuse kann 6 cm lang werden. Man kann sie an der Wasseroberfläche entlangkriechen sehen. Auf diese Weise nimmt die Schnecke Sauerstoff aus der Luft auf. Alle Schlammschnecken atmen mit Lungen und müssen deshalb von Zeit zu Zeit an die Wasseroberfläche kommen, um zu atmen.

Die *Gewöhnliche Schlammschnecke* und die *Ohrschlammschnecke* sind mit der Spitzschlammschnecke nah verwandt. Deren Gehäuse werden 2,5 cm lang. Es hängt von der Temperatur des Wassers und vom Nahrungsangebot im Wohngewässer ab, wie die Gehäuse aussehen.

Spitzschlammschnecke, Spitzhornschnecke

Größe Gehäuse bis zu 6 cm lang

Merkmale Hornfarbenes, spitz zulaufendes Gehäuse (Name!); Gewinde fast so lang wie die Mündung; letzter Umgang bauchig aufgetrieben; Körper mit breitem Fuß, hellbraun bis dunkelbraun gefärbt; am Kopf breite Mundlappen und 2 flache, dreieckige Fühler

Ernährung Beißt Stücke von Wasserpflanzen ab und frißt die Reste von abgestorbenen Pflanzen und Tieren; weidet auch den Algenbewuchs von Steinen und Wasserpflanzen ab

Fortpflanzung Die Tiere sind Zwitter und begatten sich gegenseitig; die Eier werden in Laichschnüren an Pflanzen und Steine geklebt; Schnüre bis 6 cm lang; 10 bis 200 Eier in einer Laichschnur; die jungen Schnecken schlüpfen nach etwa 2 Wochen

Vorkommen Lebt in stehenden und fließenden Gewässern; in Europa weit verbreitet

---

Spitzschlammschnecke

Schlammspringer

Schlammspringer auf der Stelzwurzel einer Mangrove

Schlammspringer

Größe Ungefähr 10 cm lang

Merkmale Länglicher Körper; dicker Kopf mit großen, hervorstehenden Augen; große, armartig ausgebildete Brustflossen; graubraun gefärbt mit hellen Querbinden am Bauch; Augen grünlich

Ernährung Frißt Würmer und verschiedene Gliedertiere wie kleine Krebse, Insekten und Spinnen

Fortpflanzung Baut ein trichterförmiges Nest, in das die Eier abgelegt werden

Vorkommen Lebt in der Gezeitenzone tropischer Meere, besonders in Mangrovenbeständen in Flußmündungen; über den Norden Australiens verbreitet

---

In den flachen Meeresgebieten entlang der europäischen Küsten leben kleine, längliche Bodenfische mit einem dicken Kopf, die Meergrundeln. Einige von ihnen gibt es auch in Brackwasserzonen und sogar in Flüssen. Mit diesen Fischen sind die Schlammspringer verwandt, von denen es etwa 30 Arten gibt. Sie sind an den tropischen Meeresküsten Afrikas, Asiens und Australiens zu Hause. Nur wenige Arten leben im Süßwasser. Was diese kleinen Fische so interessant macht, ist ihre Lebensweise: Schlammspringer leben nämlich zeitweise auf dem Trockenen. Wenn das Wasser bei Ebbe zurückgeht, bleiben sie einfach sitzen, wo sie gerade sind. Die Fische können auch an Land atmen, da ihre Kiemen in kleinen Höhlen liegen und so vor dem Austrocknen geschützt sind. Mit ihren kräftigen Vorderflossen können sie sich gewandt und schnell fortbewegen und auch über den Schlamm hüpfen.

Schlange

Schlangen gehören zu den Kriechtieren oder Reptilien. Sie kriechen aber gar nicht, denn sie haben keine Beine. Sie haben auch keine Ohren mit einem Trommelfell und keine beweglichen Augenlider. Schlangen können also kaum hören, dafür aber gut sehen. Außerdem haben sie einen gut entwickelten Geruchssinn. Mit ihren beweglichen Kiefern können sie selbst große Beutetiere verschlingen. Etwa ein Drittel aller Schlangen verfügt über Giftzähne. Insgesamt gibt es etwa 2 500 verschiedene Arten auf der Erde. Die Tierforscher teilen sie in mehrere Familien ein. Die wichtigsten sind die Riesenschlangen, die Nattern, die Giftnattern, die Seeschlangen, die Vipern und die Grubenottern.

Unter den Riesenschlangen sind die Pythons↑ ausschließlich in der Alten Welt verbreitet. *Netzpython* und *Tigerpython* können 9 bis 10 m lang werden. Die Boas↑ sind dagegen nur in der Neuen Welt vertreten. Zu ihnen gehört die *Anakonda*. Sie kann 9 m, angeblich auch bis zu 9,60 m lang werden.

Die artenreichste Schlangenfamilie sind die Nattern. Sie sind über alle Kontinente außer der Antarktis verbreitet. Die bekannteste europäische Art ist die harmlose *Ringelnatter↑*.

Gar nicht harmlos sind dagegen die Giftnattern. Zu ihnen gehören beispielsweise die *Kobras↑*, die in Asien und Afrika verbreitet sind. Auch die *Schwarze Mamba* und die *Gewöhnliche* oder *Blattgrüne Mamba*, zwei der gefährlichsten Schlangen Afrikas, sind in diese Familie einzuordnen.

Die Gewöhnliche oder Blattgrüne Mamba ist eine Giftnatter.

Seeschlangen leben im Meer. Sie sind seitlich abgeflacht und schlängeln sich durch das Wasser. Die Tiere sind friedlich, aber sehr giftig. Sie fressen Fische.

Zu den Vipern↑ gehört die bekannteste Giftschlange Mitteleuropas, die *Kreuzotter↑*. Vipern sind über die Alte Welt verbreitet, also über Europa, Asien und Afrika.

Die bekanntesten Schlangen aus der Familie der Grubenottern sind die *Klapperschlangen↑*. Sie kommen in etwa 30 Arten in Nord- und Südamerika vor. Ihr gemeinsames Merkmal ist die Klapper am Schwanzende. Alle Klapperschlangen sind giftig.

Die Gewöhnliche Puffotter gehört zu den Vipern.

Gewöhnliche Puffotter

Größe Meist 0,60 bis 1 m lang, manchmal auch bis 1,50 m lang

Merkmale Gedrungener Körper, dreieckiger Kopf; Schuppenkleid tarnfarbig und je nach Lebensraum unterschiedlich gefärbt: Grundfarbe grau, bräunlich oder schwarz; helle Winkel auf Rücken und Schwanz

Ernährung Jagt kleine Nagetiere und Frösche, Eidechsen und Vögel; tötet ihre Beute mit einem giftigen Biß und schlingt sie dann in einem Stück hinunter

Fortpflanzung Paarungszeit von Oktober bis Dezember; das Weibchen entwickelt 20 bis 50 Eier; die Jungen schlüpfen gleich bei der Eiablage aus der Eihaut; Schlüpfzeit von Februar bis April

Vorkommen Mit Ausnahme von Wüsten und Regenwäldern in allen Lebensräumen anzutreffen; über weite Teile Afrikas südlich der Sahara verbreitet

Schlangenhalsvogel

Schlangenhalsvögel sind mit den Kormoranen↑ verwandt. Es gibt nur zwei Arten von ihnen auf der Erde: den *Schlangenhalsvogel* oder *Altwelt-Schlangenhalsvogel* und den *Amerikanischen Schlangenhalsvogel* oder *Anhinga*. Der Schlangenhalsvogel ist über ganz Afrika südlich der Sahara, über das südliche Asien und über Australien verbreitet. Der Anhinga lebt ausschließlich in Amerika. Beide haben einen langen, dünnen Hals und einen spitzen Schnabel. Wenn Schlangenhalsvögel jagen, liegen sie so tief im Wasser, daß nur der Hals herausschaut. Haben sie einen Fisch oder ein anderes Wassertier erspäht, stoßen sie mit dem dolchartigen Schnabel blitzschnell zu und spießen die Beute auf. Ist die Beute sehr groß, tauchen die Schlangenhalsvögel auf. Dann schleudern sie die Beute vom Schnabel ab und fangen sie in der Luft auf, um sie zu verschlucken.

Ist der Fischzug beendet, kommen die Vögel an Land. Da sie keine Drüsen haben, mit deren Hilfe sie ihr Gefieder einfetten können, werden sie bei der Nahrungssuche bis auf die Haut naß. Deshalb müssen sie sich nach der Unterwasserjagd erst einmal trocknen. Sie breiten die Flügel aus, damit Sonne und Wind an das Gefieder herankommen, und verdauen die gefangene Beute. Wenn die Vögel trocken und etwas leichter geworden sind, fliegen sie zu ihren Brutplätzen zurück.

Amerikanischer Schlangenhalsvogel, Anhinga

Größe 81 bis 91 cm lang, Flügelspannweite 1,14 m

Merkmale Langer, schlanker Hals; spitzer, gelblicher Schnabel; Zehen durch Schwimmhäute verbunden; Gefieder schwarz, grünlich schillernd; auf der Oberseite silbrigweiße Flecken und Streifen; Weibchen mit bräunlichem Hals

Ernährung Jagt Fische und andere Wassertiere; die Beute wird unter Wasser gefangen und dabei mit dem Schnabel regelrecht aufgespießt

Fortpflanzung Baut Nest aus Ästen, Zweigen und Laub; meist 1 bis 4 m über dem Wasser; 3 blaßblaue Eier; Gelege ab Februar/März

Vorkommen Lebt in Süß- und Brackwassersümpfen, an Flüssen und Weihern mit Büschen und Bäumen an den Ufern; über das südliche Nordamerika, Mittelamerika und das nördliche Südamerika verbreitet

---

Ein Amerikanischer Schlangenhalsvogel hat die Flügel ausgebreitet und trocknet sein Gefieder.

Schmetterling

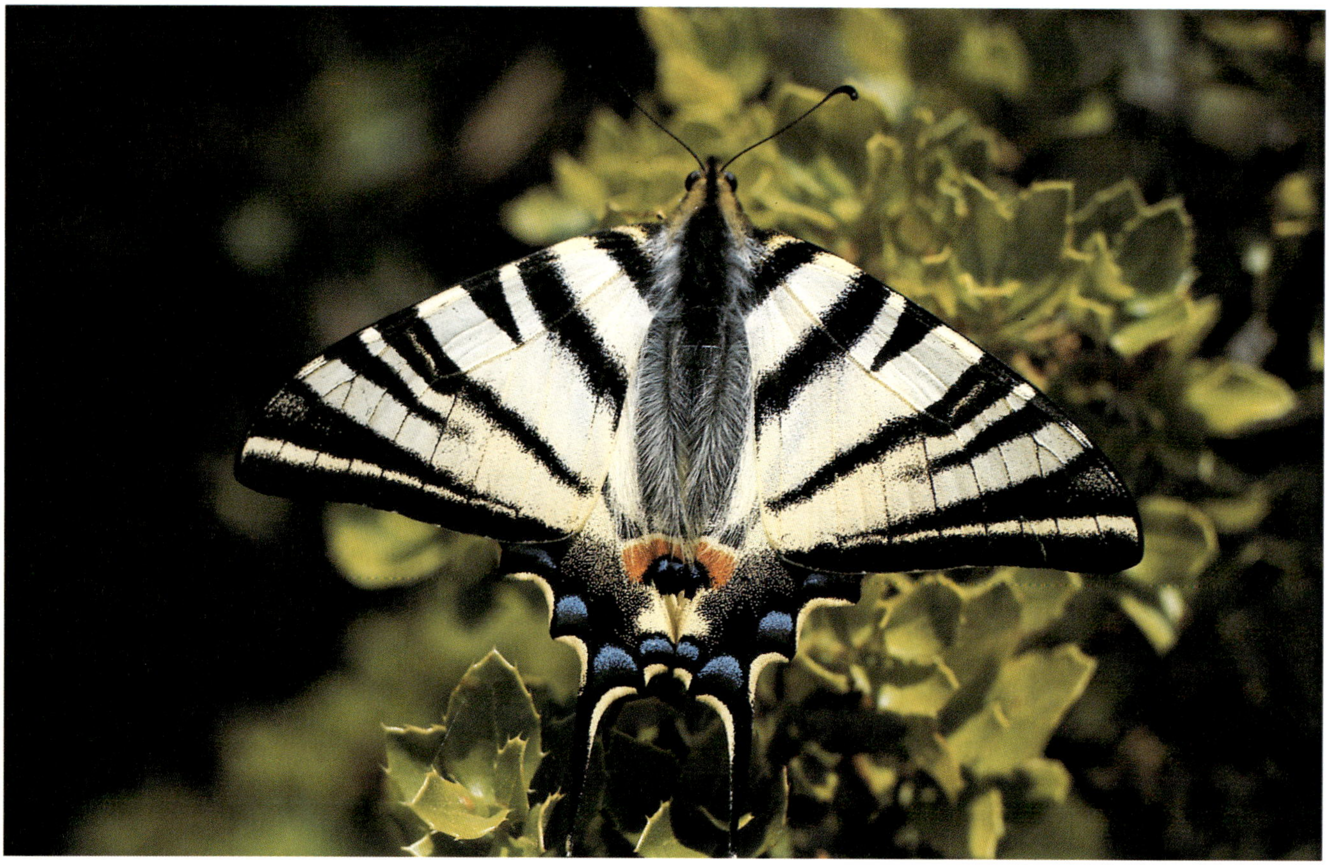

Der Segelfalter ist einer der größten und schönsten Tagfalter Europas.

Segelfalter

Größe Vorderflügel bis 4 cm lang
Merkmale Flügel weißlichgelb mit schwarzen Streifen; am Hinterrand der Hinterflügel rote und blaue Flecken
Ernährung Raupe frißt an Schlehe, Traubenkirsche und Weißdorn
Fortpflanzung Eier werden einzeln auf die Unterseite von Blättern der Futterpflanzen abgelegt
Vorkommen Lebt auf sonnigen, trockenen Hängen; über Mittel- und Südeuropa und Nordafrika verbreitet

Admiral

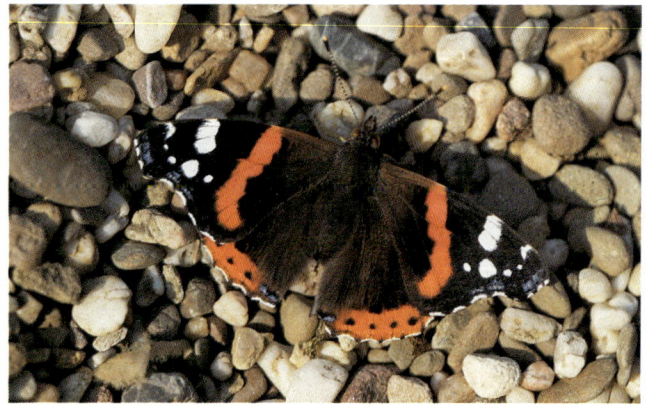

Schmetterlinge bilden innerhalb der Insekten eine eigene Ordnung. Man erkennt sie daran, daß ihre Flügel mit winzigen flachen Schuppen bedeckt sind. Außerdem haben Schmetterlinge einen langen Rüssel, der eingerollt unter dem Kopf liegt. Wenn die Schmetterlinge an Blüten Nektar saugen, rollen sie ihn aus und fahren mit ihm in die kleinsten Hohlräume hinein.

Wie alle Insekten legen auch die Schmetterlinge Eier. Aus den Eiern schlüpfen Larven, die man bei den Schmetterlingen Raupen nennt. Die Raupen fressen an ganz bestimmten Futterpflanzen und häuten sich mehrmals, während sie wachsen. Schließlich wandeln sich die Raupen in Puppen um. Viele Schmetterlinge überwintern als Puppe. Bis aus den Puppen fertige Schmetterlinge schlüpfen, vergeht einige Zeit. Im Inneren der Puppen findet eine große Verwandlung statt. Wenn die Puppenhülle aufplatzt, krabbelt der fertige Falter heraus.

Die Insektenforscher gehen davon aus, daß es rund 110 000 verschiedene Arten von Schmetterlingen auf der Erde gibt. Davon leben etwa 3 000 Arten in

Schmetterling

Deutschland. Der größte Schmetterling der Erde ist ein *Eulenfalter* aus Südamerika. Er erreicht eine Flügelspannweite von 32 cm. Die kleinsten Schmetterlinge sind die *Zwergmotten*. Ihre Flügelspannweite beträgt nur 2 mm. Die Größe der Raupen hängt in etwa von der Größe der Falter ab. Die größten Raupen, die es gibt, werden rund 15 cm lang. Die bekanntesten Schmetterlingsfamilien sind *Ritterfalter, Weißlinge, Edelfalter, Augenfalter, Bläulinge, Trägspinner, Bärenspinner, Prozessionsspinner, Widderchen↑, Schwärmer, Pfauenaugen↑, Eulenfalter, Spanner* und *Wickler*. Zu den Ritterfaltern gehören beispielsweise *Schwalbenschwanz↑, Segelfalter* und *Apollo↑*. Bekannte Weißlinge sind die *Kohlweißlinge↑* und der *Zitronenfalter↑*. Bei den Edelfaltern sind *Tagpfauenauge* (Pfauenauge↑), *Kleiner* und *Großer Fuchs* (Fuchs↑), *Admiral, Distelfalter↑, Trauer-* und *Kaisermantel* einzuordnen. Augenfalter sind *Schachbrett* und *Laubfalter↑*. Unter den Trägspinnern, Eulenfaltern, Spannern und Wicklern gibt es zahlreiche Arten, die große Schäden anrichten können.

Bläulinge bei der Paarung

Raupe des Bürstenspinners

Kiefernschwärmer oder Tannenpfeil

Bürstenspinner

Größe Vorderflügel beim Männchen 1,5 cm lang
Merkmale Flügel rötlichbraun, dunkelbraun gemustert, mit weißen Flecken; Weibchen mit winzigen Flügeln und daher flugunfähig; Raupe grau mit roten Flecken an den Seiten und mit vielen feinen Haarbüscheln besetzt
Ernährung Die Raupen fressen die Blätter von verschiedenen Laubbäumen und Sträuchern
Fortpflanzung Die Eier werden im Juli/August abgelegt; die Raupen schlüpfen im Frühjahr des folgenden Jahres; die Falter verlassen die Puppenhülle im Juli/August
Vorkommen Bewohnt Wälder, Gebüsche und Parks; über ganz Europa verbreitet

---

Kiefernschwärmer, Tannenpfeil

Größe Vorderflügel 3,5 bis 4 cm lang
Merkmale Flügel auf der Oberseite unscheinbar graubraun mit dunkelbraunen Bändern und schwarzen Streifen
Ernährung Falter saugen an den Blüten von Geißblatt und Seifenkraut; Raupen fressen an Nadelbäumen
Fortpflanzung Die Eier werden auf die Nadeln gelegt; Eiablage im Juli; Raupen fressen im August/September; Verpuppung im Herbst; Falter schlüpfen im Juni/Juli
Vorkommen Bewohnt Fichten- und Kiefernwälder; im Gebirge bis an die Obergrenze des Nadelwaldes; über ganz Europa und bis weit nach Asien hinein verbreitet

Schnabeligel

Auf den ersten Blick sehen Schnabeligel wie europäische Igel aus. Es sind aber Tiere, die Eier legen! Von solchen eierlegenden Säugetieren gibt es heute nur noch drei Arten auf der Erde: das Schnabeltier↑ und zwei Arten von Schnabel- oder Ameisenigeln. Nach der Paarung legen die Weibchen Eier. Ob die Tiere sie direkt in ihren Brutbeutel am Bauch gleiten lassen, ist nicht bekannt. Jedenfalls schlüpfen aus den Eiern Junge, die sich an den Milchfeldern im Beutel festsaugen. Nach einiger Zeit wachsen den Jungen Stacheln, und sie müssen den Beutel verlassen. Das Weibchen säugt sie aber noch weiter. Ihren zweiten Namen „Ameisenigel" haben die Tiere bekommen, weil sie sich hauptsächlich von Ameisen – und von Termiten – ernähren. Wenn sie in ihrem Revier einen Ameisen- oder Termitenbau gefunden haben, reißen sie ihn mit den scharfen Krallen auf und holen mit Hilfe der langen, klebrigen Zunge die Insekten heraus.

Von beiden Schnabeligeln ist der *Kurzschnabeligel* der bekanntere. Er lebt in Australien, in Tasmanien und im Süden Neuguineas. Der mit 45 bis 80 cm Länge größere *Langschnabeligel* ist ausschließlich über Neuguinea verbreitet. Er hat, wie sein Name sagt, eine sehr lange und leicht nach unten gebogene, röhrenförmige Schnauze. Sein Stachelkleid ist nicht sehr gut ausgebildet; in seinem dicken Fell sitzen nur kurze Stacheln.

Kurzschnabeligel

Größe 30 bis 45 cm lang, Schulterhöhe 20 cm; Gewicht 2 bis 7 kg

Merkmale Gestalt und Stachelkleid wie Igel; Fell zwischen den Stacheln dunkelbraun gefärbt; lange, röhrenförmige Schnauze; lange Krallen an den Fingern zum Graben

Ernährung Frißt Ameisen und Termiten; daneben auch andere am Boden lebende Insekten

Fortpflanzung Paarungszeit im Spätfrühling; 2 bis 3 Wochen nach der Paarung legt das Weibchen 1 Ei mit einem Durchmesser von 13 bis 16 mm; das Junge schlüpft nach etwa 10 Tagen; Junges bleibt 6 Wochen lang im Brutbeutel der Mutter, mit 1 Jahr geschlechtsreif

Vorkommen In unterschiedlichen Lebensräumen zu Hause: von Wüsten über Graslandschaften und Wälder bis in Hochlagen um 2500 m; über Australien, Tasmanien und das südliche Neuguinea verbreitet

---

Der Kurzschnabeligel kann sich einrollen – genau wie ein „normaler" Igel.

Schnabeltier

Ein Tier mit einem Schnabel wie eine Ente, einem Fell wie ein Säugetier, Schwimmhäuten zwischen den Zehen und einem breiten Schwanz wie ein Biber kann es eigentlich gar nicht geben! Genau das dachten die Forscher, die im 18. Jahrhundert die ersten Schnabeltiere sahen. Nach genauen Untersuchungen wurde dann bald klar, was für ein interessantes Tier sie entdeckt hatten. Es stellte sich heraus, daß die Tiere Eier legen wie Vögel, die Jungen aber mit Milch ernähren wie Säugetiere.

Das Schnabeltier lebt im Osten Australiens an Bächen und kleinen Flüssen. An das Leben im Wasser ist das Tier sehr gut angepaßt, da es einen stromlinienförmigen Körper, einen Steuerschwanz und Schwimmhäute zwischen den Zehen hat. Im wesentlichen paddelt es mit den Armen. Taucht es unter, verschließt es die Ohröffnungen und die Nasenlöcher. Mit einem besonderen Sinnesorgan im „Schnabel" findet das Tier unter Wasser seine Beute. Eine Wohnhöhle baut es sich am Ufer. Dort ruht es tagsüber, um erst in der Dämmerung aktiv zu werden. Das Weibchen legt seine Eier in einer Bruthöhle, die es mit Blättern und Gras auspolstert. Wie die Eiablage und das Schlüpfen der Jungen vor sich gehen, weiß man noch nicht genau. Schnabeltiere haben keinen Brutbeutel, und die Jungen suchen nach dem Schlüpfen das Milchfeld der Mutter und saugen sich dort fest.

Schnabeltier

Größe Körper 40 bis 55 cm, Schwanz bis 15 cm lang; Schulterhöhe 15 cm; Gewicht 0,7 bis 2,2 kg; Männchen deutlich größer und schwerer als Weibchen

Merkmale Stromlinienförmiger Körper; Kopf mit „Entenschnabel", kurze Beine mit Schwimmhäuten zwischen den Zehen zum Antrieb unter Wasser; breiter abgeplatteter Schwanz zum Steuern; Fell samtig, oben braun, unten eher grau bis gelblichweiß

Ernährung Frißt verschiedene Kleintiere, die im Wasser leben: Schnecken, Würmer, Insekten und deren Larven, Krebse

Fortpflanzung Weibchen legt 1 bis 3 Eier; Brutdauer etwa 10 Tage; Junge mit 1 Jahr geschlechtsreif

Vorkommen Lebt an Binnengewässern; entlang der Ostküste Australiens und über Tasmanien verbreitet

---

Das Schnabeltier ist eines der wenigen eierlegenden Säugetiere, die es auf der Erde gibt.

Schnecke

Hain-Bänderschnecke

Bei feuchtem Wetter sieht man in Gärten und Parks, auf Wiesen und in Wäldern Schnecken herumkriechen. Auch in Gartenteichen, Weihern und Seen leben Schnecken. Und man sieht sie auf Felsen am Meer sitzen oder findet am Strand ihre angeschwemmten Gehäuse. Schnecken besiedeln also ganz unterschiedliche Lebensräume. Sie gehören zusammen mit den Muscheln und den Tintenfischen – besser: Tintenschnecken – zu den Weichtieren. Weltweit gibt es 85 000 bis 100 000 Arten von Schnecken. In Deutschland kommen etwa 380 vor. Schnecken haben einen meist langgestreckten Fuß. Auf dem Fuß gleiten die Tiere langsam dahin. Unterstützt wird das Gleiten durch einen vom Fuß ausgeschiedenen Schleimfilm. Über die Sohle des

---

**Hain-Bänderschnecke,
Schwarzmündige Bänderschnecke**

Größe Durchmesser des Gehäuses bis 2,5 cm

Merkmale Gehäuse mit gelblicher oder rötlicher Grundfärbung; meist mit 1 bis 5 schwarzen oder braunen Bändern, aber auch ungebänderte Gehäuse; Mundsaum außen und innen schwarzbraun gefärbt; Fuß meist gelblich gefärbt; am Kopf 2 lange und 2 kurze Fühler

Ernährung Lebt vor allem von vermodernden Pflanzenteilen

Fortpflanzung Die Tiere sind Zwitter und befruchten sich gegenseitig; befruchtete Eier werden in kleinem Hohlraum am oder im Boden abgelegt

Vorkommen Lebt in Hecken, Feldgehölzen und lichten Wäldern; von der Ebene bis in Mittelgebirgslagen; über weite Teile Europas verbreitet

---

Rote Wegschnecke, Große Wegschnecke

Größe Erwachsene Tiere bis 15 cm lang und bis 2 cm breit

Merkmale Kein Gehäuse; langgestreckter, ziegelroter Körper, in Längsrichtung kräftig gerunzelt; im vorderen Bereich des Körpers glatter Mantelschild mit dem Atemloch, das zur Atemhöhle führt; am Kopf 2 Paar Fühler; Fußsohle hellbraun gefärbt

Ernährung Überwiegend Pflanzenfresser, frißt aber auch Aas

Fortpflanzung Tiere sind Zwitter; Ablage der befruchteten Eier in kleinem Hohlraum im Boden; Eizahl schwankt

Vorkommen Lebt in Feldgehölzen und vor allem in Wäldern (bis in 1 800 m Höhe); über Mittel- und Westeuropa verbreitet

---

Die Rote Wegschnecke ist eine Nacktschnecke, hat also kein Gehäuse.

Schnecke

Heideschnecken im Trockenschlaf

häuse findet man oft am Strand angeschwemmt. Einige Arten von Kiemenschnecken leben auch im Süßwasser (z. B. die *Gemeine Flußdeckelschnecke*), und ganz wenige leben sogar an Land (z. B. die *Schöne Landdeckelschnecke*).

Die Schnecken, denen man an Land und im Süßwasser begegnet, sind fast alle Lungenschnecken. Bei den Nacktschnecken wie der *Roten Wegschnecke* sieht man im vorderen Bereich des Körpers das Atemloch liegen, das zur Atemhöhle führt. Bei den Gehäuseschnecken liegt das Atemloch am Gehäuserand. Häufige Arten aus dieser Gruppe sind die *Posthornschnecke*↑, die *Spitzschlammschnecke* (Schlammschnecke↑), die *Weinbergschnecke*↑ und die *Hain-Bänderschnecke*.

Fußes laufen wellenartige Muskelbewegungen, die den Körper langsam vorwärts schieben.

Längst nicht alle Schnecken haben ein Gehäuse. Unter den Landschnecken haben vor allem die Wegschnecken kein Gehäuse, und auch im Meer leben viele Arten, denen es fehlt. Andere Schnecken dagegen haben Gehäuse, die eine sehr schöne Form und Färbung haben. Die Schnecken können sich bei Gefahr in die Gehäuse zurückziehen und sich so vor Feinden schützen. Da die Kalkschale der Gehäuse kaum Feuchtigkeit durchläßt, können Landschnecken darin auch Trockenheit überdauern, obwohl sie Feuchtlufttiere sind.

Auf Grund des Körperbaus teilen die Tierforscher die Schnecken in verschiedene Gruppen ein. Die wichtigsten sind die Kiemenschnecken und die Lungenschnecken. Die Kiemenschnecken leben überwiegend im Meer. Ein längliches, gedrehtes Gehäuse hat die *Gemeine Turmschnecke*. Andere häufige Meeresschnecken an den europäischen Küsten sind die *Wellhornschnecke*, die *Gemeine Strandschnecke*↑ und der *Pelikansfuß*. Ihre Ge-

---

Gemeine Turmschnecke

Größe Länge des Gehäuses bis 5 cm

Merkmale Gehäuse schlank, von der Form eines spitzen Kegels; bis zu 19 Umgänge; rötliche bis bräunliche oder auch graue Grundfärbung; manchmal mit Streifen

Ernährung Sitzt eingegraben in den obersten Schichten des Meeresbodens und strudelt Nahrungsteilchen mit dem Wasser ein

Fortpflanzung Das Männchen gibt Spermien ins Wasser ab, das Weibchen strudelt sie ein; die befruchteten Eier werden in ballonförmigen Kapseln am Meeresboden abgelegt

Vorkommen Lebt eingegraben in Schlamm- und Sandböden; in 6 bis 200 m Tiefe; über die Nordsee, die europäischen Küsten des Atlantiks und das Mittelmeer verbreitet

---

Gehäuse der Gemeinen Turmschnecke

Schneegans

Schneegänse brüten im hohen Norden Grönlands, Amerikas und Sibiriens.

Schneegänse brüten im kargen Norden von Grönland, Kanada, Alaska und Sibirien. Es dauert ziemlich lange, bis ihre Brutgebiete im Frühling eisfrei werden. Dennoch setzen sich die Gänse schon früh in Bewegung, um mit dem Brutgeschäft zu beginnen, denn der Sommer im hohen Norden ist sehr kurz. Die Vögel müssen innerhalb von rund drei Monaten ihre Eier legen, sie ausbrüten, und die Jungen müssen bereits im August so kräftig sein, daß sie nach Süden ziehen können.

Auf dem Zug benutzen die Schneegänse bestimmte Routen. Ein Teil der im Norden Amerikas brütenden Vögel zieht an der amerikanischen Ostküste entlang. Ein anderer zieht durch das Tal des Mississippis. Und ein dritter zieht an der Westküste nach Süden. Entlang ihrer Zugstraßen fallen die Gänse in geeigneten Gebieten ein, um zu rasten und Nahrung zu suchen. Diese Gebiete müssen geschützt werden, wenn man die Gänse erhalten will. Oft dienen die Schutzgebiete auch anderen Wasservögeln als Rastplätze. Schneegänse sieht man deshalb oft in Gesellschaft von Kanadagänsen↑.

Schneegans

Größe 64 bis 76 cm lang; 2,5 bis 3,3 kg schwer
Merkmale Gefieder weiß mit schwarzen Flügelspitzen; „Blaugans" mit blaugrauem Gefieder und weißem Hals und Kopf; Schnabel und Füße dunkel rötlich
Ernährung Frißt Gräser und Kräuter
Fortpflanzung Brütet in Kolonien in der Tundra; 4 bis 5 weiße Eier; Brutdauer 22 bis 23 Tage; nur das Weibchen brütet, während das Männchen in der Nähe des Nestes Wache hält; 1 Brut im Jahr
Vorkommen Nistet in der offenen Tundra oder auf Inseln in Seen; zur Zugzeit und im Winter auch auf Wiesen, abgeernteten Feldern und in Feuchtgebieten; Brutgebiete im Nordwesten Grönlands, im hohen Norden Nordamerikas und im Nordosten Sibiriens

---

Neben der Schneegans gibt es eine zweite Art, die *Zwergschneegans*. Dieser Vogel sieht wie eine verkleinerte Ausgabe der „normalen" Schneegans aus. Sie wird nur 58 cm lang und 1,2 bis 1,3 kg schwer, bleibt also kleiner. Die Gänse werden regelmäßig gezählt: Von der Schneegans gibt es heute etwa eine Million Vögel, von der Zwergschneegans etwa 70 000 Vögel.

Schneehase

Dunkel gefärbte Tiere, die in Eis und Schnee leben, sind leicht zu sehen und von Freßfeinden auszumachen. Darauf stellt sich der Schneehase in besonderer Weise ein. Im Sommer ist er graubraun gefärbt, im Winter dagegen fast völlig weiß. Lediglich die schwarzen Ohrenspitzen und die dunklen Augen fallen jetzt noch auf. Sommer- und Winterfell entsprechen in der Färbung also der Umgebung, in der der Hase lebt. Einen ähnlichen Fellwechsel machen auch der nahverwandte *Schneeschuhhase* in Nordamerika und das *Hermelin*↑ in Europa durch. Forscher haben herausgefunden, daß ein weißes Fell nicht nur eine gute Tarnung ist, sondern auch den Körper besonders gut erwärmt. Es lenkt die Sonnenwärme auf die Haut.

Schneehase, Polarhase

Größe Körper 45 bis 69 cm, Schwanz 3 bis 10 cm lang; 2,5 bis 3 kg schwer

Merkmale Im Sommerfell auf der Oberseite graubraun gefärbt, auf der Unterseite weißlichgrau, schwarze Ohrenspitzen; im Winterfell fast völlig weiß gefärbt, schwarze Ohrenspitzen; dunkle Augen

Ernährung Frißt Gräser und Kräuter, aber auch Zweige, Rinde und Knospen von Sträuchern

Fortpflanzung Tragzeit etwa 50 Tage; 2mal im Jahr werden 2 bis 4 Junge geboren; Geburtsgewicht 70 bis 130 g; die Jungen werden im Alter von etwa 1 Jahr geschlechtsreif

Vorkommen Besiedelt in den Alpen Höhen zwischen 600 und 3 700 m und lebt dort auf Grashängen, mit Alpenrosen bewachsenen Flächen und Almen, im Winter in geringerer Höhe; bewohnt im Norden die Waldzone und die Tundra; über das Alpengebiet und fast den gesamten hohen Norden der Nordhalbkugel verbreitet

---

Schneehasen im weißen Winterfell

Schneehuhn

Moorschneehuhn im Winterkleid

Moorschneehuhn im Sommerkleid

Moorschneehuhn

Größe 38 bis 40 cm lang

Merkmale Im Sommerkleid braun mit weißem Bauch, weißen Flügeln und schwarzem Schwanz; im Winterkleid weiß mit schwarzem Schwanz

Ernährung Frißt Knospen und Triebe von Büschen und Bäumen

Fortpflanzung Brütet in einer ausgepolsterten Mulde am Boden; 6 bis 11 gelblichweiße, braun gefleckte Eier; volle Gelege ab Mai

Vorkommen Besiedelt lockere Wälder an der Waldgrenze, Moore und Tundra; fast über den gesamten Norden Europas, Asiens und Nordamerikas verbreitet

---

Nur drei Arten von Schneehühnern gibt es auf der Erde: das *Alpenschneehuhn*, das *Moorschneehuhn* und das *Weißschwanz-Schneehuhn*. Sie kommen alle im Norden der Nordhalbkugel vor und mausern mehrmals im Jahr. Zu Beginn des Winters legen die Vögel ein einfarbig weißes Gefieder an. So sind sie in der verschneiten Landschaft vortrefflich getarnt. Im braunen Sommerkleid sind nur die Flügel weiß, beim Weißschwanz-Schneehuhn auch der Schwanz. In Mitteleuropa kommt als einzige Art das Alpenschneehuhn vor.

Schneeziege

Sieht man sie nur auf weite Entfernung, kann man Schneeziegen leicht mit Dallschafen↑ verwechseln, denn beide Arten sind weiß gefärbt. Doch man erkennt schnell die Unterschiede. Dallschafe haben ein kurzhaariges Fell und hellbraune, leicht geschwungene oder schneckenförmige Hörner. Schneeziegen haben dagegen ein längeres, zottiges Fell, einen Kinnbart und schwarze Hörner. Die Hörner erinnern an die Krucken der Gemsen↑ aus den Alpen. Tatsächlich sind Schneeziegen und Gemsen auch nah miteinander verwandt.

Ausgewachsene Schneeziegenböcke sieht man außerhalb der Brunftzeit meist einzeln. Die Weibchen und die Jungtiere schließen sich dagegen zu kleineren oder größeren Gruppen zusammen. Manchmal kann man Rudel von 70 bis 100 Tieren beobachten. Während der Brunft im November/Dezember suchen die Böcke die Weibchen auf. Nach einer Tragzeit von einem halben Jahr werden im Frühsommer die Kitze geboren. Die Kitze kommen also zur Welt, wenn es in den Bergen warm ist und genügend Nahrung zur Verfügung steht. Bald schon müssen sie kräftig genug sein, um den harten Winter in den amerikanischen Bergen überstehen zu können. Allerdings schützt sie dann das langhaarige weiße Fell. Es hat eine dicke Unterwolle, die die Indianer früher sogar gesponnen und zu warmen Decken verwebt haben.

Schneeziege

Größe Körper 1,40 bis 1,55 m, Schwanz 10 cm lang; Schulterhöhe 80 bis 90 cm; Gewicht zwischen 57 und 69 kg; männliche Tiere größer und schwerer als weibliche Tiere

Merkmale Ziemlich langhaariges, weißliches Fell; deutlich sichtbarer Kinnbart; schwarze Hufe und Hörner; Hörner mit nur geringem Durchmesser und leicht nach hinten gebogen

Ernährung Frißt Gräser, Kräuter und Blätter

Fortpflanzung Brunft im November/Dezember; Tragzeit rund 6 Monate; Kitze werden Ende Mai/Anfang Juni geboren; in der Regel 1 Kitz, nur ausnahmsweise 2 Kitze; Geburtsgewicht etwa 3 kg; Junge mit etwa 2,5 Jahren geschlechtsreif

Vorkommen Bewohnt hohe und höchste Berglagen (auch oberhalb der Baumgrenze); über die Hochgebirge im Nordwesten Nordamerikas verbreitet

---

Die Schneeziege ist ein typischer Bewohner der Hochgebirge im amerikanischen Nordwesten.

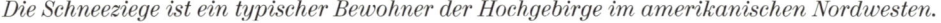

Schnepfe

Schnepfen haben meist lange Beine und einen langen Stocherschnabel. Sie brüten in feuchten Gebieten im Binnenland. Auf dem Zug begegnet man ihnen auch an den Meeresküsten. Recht selten geworden ist die *Uferschnepfe*. Viele für sie geeignete feuchte Wiesen sind in den letzten Jahrzehnten verschwunden. Die *Waldschnepfe* ist ein gedrungener Vogel mit kurzem Hals und relativ kurzen Beinen. Sie lebt in Laub- und Mischwäldern, die Lichtungen aufweisen und von Bächen durchzogen sind. Die *Bekassine* ist viel kleiner als die Waldschnepfe. Man erkennt sie an dem im Verhältnis zur Größe sehr langen, geraden Schnabel. Sie lebt in Sumpfgebieten. Zu den Schnepfen gehören auch die *Brachvögel* ↑.

Uferschnepfe

Uferschnepfe	
Größe	44 cm lang
Merkmale	Zur Brutzeit Oberseite rotbraun und dunkel gefleckt, Unterseite und Kopf rostbraun, Bauch weißlich mit seitlichen schwarzen Querbinden; weißer Längsstreifen im Flügel, Bürzel weiß, Schwanz mit schwarzer Endbinde
Ernährung	Frißt im und am Boden lebende Kleintiere; spürt die Nahrung mit dem langen Stocherschnabel auf
Fortpflanzung	Nest am Boden, Mulde in die Pflanzendecke gedreht; 4 Eier, auf olivbraunem Grund verschwommen oliv und bräunlich gefleckt; erste Gelege im April, 1 Brut im Jahr
Vorkommen	Bewohnt Feuchtwiesen, Sumpfgebiete und Moore; außerhalb der Brutzeit auch an der Küste; Sommervogel, in Mitteleuropa von März bis Oktober; über das mittlere Europa und Asien verbreitet

Schuhschnabel

Schuhschnabel

Schuhschnabel	
Größe	1,50 m lang
Merkmale	Riesiger, schuhförmiger Schnabel; kurzer Federschopf; einheitlich graues Gefieder
Ernährung	Frißt vor allem Fische, aber auch Frösche und Schnecken
Fortpflanzung	Baut großen Horst aus Halmen; 2 bis 3 bläulichweiße Eier; Männchen und Weibchen brüten abwechselnd; Brutdauer 30 Tage; Junge mit 3 bis 4 Monaten selbständig
Vorkommen	Bewohnt ausgedehnte Sümpfe; über Gebiete im tropischen Afrika verbreitet

Weil es so schwierig war, in den Lebensraum des Schuhschnabels in den Sümpfen des tropischen Afrikas vorzudringen, wußten die Vogelforscher jahrzehntelang nur sehr wenig über diesen Vogel. Sie wußten weder, wie er sein Nest baut oder wie seine Eier aussehen, noch ob Männchen oder Weibchen brüten. Unbekannt war auch, wie lange die Jungen brauchen, bis sie selbständig sind. Heute weiß man, daß der Vogel ein etwa 1 Meter hohes Nest aus Pflanzenteilen zusammenträgt. Es ist auch bekannt, wie er seine Jungen aufzieht.

Schwalbe

Singende Rauchschwalbe

Rauchschwalbe

Größe 19 cm lang

Merkmale Oberseite dunkelblau, metallisch glänzend; Unterseite rahmfarben; Stirn und Kehle rostbraun, blaues Kropfband; Schwanzfedern mit je einem weißen Fleck, außen sehr lang; ruft hell „witt-witt"; der Gesang ist ein nicht sehr lautes, plauderndes Gezwitscher

Ernährung Frißt fast ausschließlich Insekten, die im Flug erbeutet werden

Fortpflanzung Brütet stets im Inneren von Gebäuden; Nest aus Schlamm und Pflanzenteilen; 4 bis 5 weiße Eier mit feiner rötlicher Fleckung; Gelege ab Mitte Mai, 2 bis 3 Bruten im Jahr

Vorkommen Nistet in Dörfern und einzeln stehenden Bauernhöfen, Nahrungssuche auch in der weiteren Umgebung; über weite Teile Europas, Asiens und Nordamerikas und über Nordafrika verbreitet

Schwalben sind elegante und wendige Flieger. Sie sind Insektenfresser und jagen im Flug. Sie sind aber nicht mit dem Mauersegler↑ verwandt, der eine ähnliche Lebensweise hat wie die Schwalben. Unter den europäischen Arten haben sich die *Rauchschwalbe* und die *Mehlschwalbe* eng an den Menschen angeschlossen.

Die Rauchschwalbe brütet im Inneren von Gebäuden. Zielsicher fliegt sie auch durch kleine Fensteröffnungen hindurch zum Nest. Im Gegensatz dazu brütet die Mehlschwalbe immer außen an Gebäuden. Ihr Flug wirkt flatternder als bei der Rauchschwalbe, und sie gleitet mehr. Anders als die Rauchschwalbe brütet sie fast immer mit Artgenossen zusammen.

Mit 12 cm Länge ist die *Uferschwalbe* die kleinste europäische Art. Sie ist an der braunen Oberseite und der weißen Unterseite mit dem braunen Querband zu erkennen. Diese Schwalbe brütet vor allem in Sand- und Kiesgruben, stets in Gruppen oder sogar in großen Kolonien. Ihre Bruthöhlen gräbt sie selbst in die Erdwände.

Alle Schwalben haben darunter zu leiden, daß sie heute weniger Nahrung und Brutmöglichkeiten finden als früher. Deshalb sollte man für Mehl- und Rauchschwalben Lehmpfützen zum Sammeln des Nistmaterials bereitstellen und kleine Bretter oder sogar künstliche Nester am oder im Haus anbringen, um den Vögeln zu helfen. Den Uferschwalben fehlen vor allem geeignete Brutwände.

Mehlschwalbe am Nest

Mehlschwalbe

Größe Mit 13 cm Länge sichtbar kleiner als die Rauchschwalbe

Merkmale Oberseite metallisch blauschwarz, Bürzel weiß; weiße Kehle, weiße Unterseite; Schwanz nur schwach gegabelt, Schwanzspieße fehlen

Ernährung Frißt Insekten; die Nahrung wird im Flug erbeutet

Fortpflanzung Nistet an den Außenwänden von Gebäuden, meist in Gruppen; Nest aus Lehm und Pflanzenfasern, innen mit Federn und Halmen ausgepolstert; 3 bis 5 weiße, fein rötlich gepunktete Eier; Gelege ab Ende Mai, 2 bis 3 Bruten im Jahr

Vorkommen Nistet in Dörfern und Städten, auch in Steinbrüchen; Nahrungssuche in der Umgebung; Sommervogel; über weite Teile Europas, das mittlere Asien und Nordafrika verbreitet

Schwalbenschwanz

Schwalbenschwanz

Raupe des Schwalbenschwanzes

Schwalbenschwanz

Größe Flügelspannweite 5 bis 7,5 cm

Merkmale Grundfärbung gelb; dunkle Streifen und Felder; am Hinterrand der Hinterflügel schwarz eingefaßte bläuliche Flecken und je ein roter Fleck

Ernährung Falter nehmen Blütennektar und Tau auf; Raupen fressen vor allem an Doldengewächsen wie Wilder Möhre, Fenchel und Engelwurz

Fortpflanzung Eier werden vom Weibchen einzeln auf den Blättern von Doldengewächsen abgelegt; 1 bis 2 Generationen im Jahr, Eiablage im Mai bzw. im Spätsommer

Vorkommen Besiedelt offenes Gelände von der Küste bis in etwa 2 000 m Höhe; mit Vorliebe auf Hügelkuppen, Bergspitzen und an ähnlichen Stellen; fast über ganz Europa und Nordafrika verbreitet

---

Der Schwalbenschwanz ist einer der schönsten Tagfalter Europas. Aber er ist selten geworden. Im Norden Europas kann sich nur eine Generation im Jahr entwickeln. Man sieht die Falter hier von Juni bis August fliegen. In Mittel- und Südeuropa sowie in Nordafrika sind wegen der höheren Temperaturen 2 bis 3 Generationen möglich. Die Entwicklung vom Ei bis zum fertigen Falter dauert beim Schwalbenschwanz etwa 2 Monate.

Schwamm

Schwämme sitzen fest auf dem Boden. Sie können bis zu 2 m Durchmesser erreichen. Durch Öffnungen in den Wänden strömt ständig Wasser ein und aus. Im Inneren des Schwammes werden die Nahrungsteilchen aus dem Wasser herausgefiltert. Insgesamt gibt es etwa 5 000 verschiedene Arten von Schwämmen. Die meisten Schwämme leben im Meer. Der bekannteste ist der *Badeschwamm*. Löst man die weichen Teile auf und trocknet und bleicht das biegsame Horngerüst, so erhält man den Schwamm, den wir beim Baden verwenden. Sehr schöne Tiere sind die gelb gefärbten *Geweihschwämme*.

Es gibt auch Schwämme im Süßwasser. Man findet sie in stehenden und langsam fließenden Gewässern. Sie sitzen auf Steinen, auf ins Wasser ragenden Baumwurzeln oder Muschelschalen. Diese Schwämme sind aber nicht mehr als gelblichweiße oder bräunliche, krustig-ästige Überzüge auf dem festen Untergrund.

Badeschwamm

Größe Meist 8 bis 20 cm, aber auch bis 50 cm Durchmesser

Merkmale Grauvioletter bis dunkelbrauner oder bräunlichschwarzer, unregelmäßiger Klumpen; wenige große, leicht erhöhte Ausströmöffnungen

Ernährung Nahrungsteilchen (Bakterien, Algen) werden aus eingestrudeltem Wasser herausgefiltert

Fortpflanzung Aus den befruchteten Eiern entwickeln sich schwimmende Larven, die sich festsetzen und sich in einen Schwamm verwandeln.

Vorkommen Sitzt auf Steinen und Felsgrund; meist in 5 bis 50 m Tiefe, selten auch bis in 250 m Tiefe beobachtet; weltweit verbreitet

---

Badeschwamm

Schwan

Schwäne gehören zu den größten flugfähigen Vögeln überhaupt. Bei der Nahrungssuche sieht man sie wie Schwimmenten (Ente↑) gründeln: Sie tauchen ihren Hals ins Wasser, und das Hinterteil zeigt in die Höhe. Der *Höckerschwan* kann mit seinem langen Hals noch Wasserpflanzen in 1 m Tiefe erreichen. Er ist der bekannteste Schwan in Europa.

In Winter kann man in Mitteleuropa noch zwei andere große, weiße Wasservögel beobachten: den *Singschwan* und den *Zwergschwan*. Beide haben gelbe Felder am Schnabel.

Der Singschwan ist so groß wie der Höckerschwan, trägt seinen Hals aber meist gerade, nicht S-förmig. Er läßt ein lautes Trompeten hören. Der Vogel brütet an Weihern und Seen in Skandinavien und auf Island. Als Wintergast sieht man ihn in Mitteleuropa auf Weihern, Seen und großen Flüssen. Zur Nahrungssuche fliegen die Schwäne auf Wiesen und Felder. Im März ziehen sie wieder nach Norden ab. Ähnlich, aber deutlich kleiner ist der Zwergschwan, der in Mitteleuropa ebenfalls nur als Wintergast zu beobachten ist.

In Nordamerika leben zwei weitere weiße Schwäne, der *Pfeifschwan* und der *Trompeterschwan*. In Südamerika kommen der weiße *Coscorobaschwan* und der *Schwarzhalsschwan* vor. Bis auf weiße Flügelfelder ist der *Schwarzschwan* ganz schwarz. Dieser Vogel lebt in Australien und Neuseeland.

Höckerschwan

Größe Bis 1,52 m lang; Flügelspannweite bis 2,60 m; Gewicht bis 22,5 kg

Merkmale Gefieder bei Männchen und Weibchen ganz weiß; Schnabel orangerot mit schwarzer Spitze und schwarzem Grund, auffälliger schwarzer Höcker oberhalb der Schnabelwurzel; Junge im Daunenkleid graubraun, im Jugendkleid hellbraun und weiß

Ernährung Frißt Wasser- und Uferpflanzen; gründelt im Flachwasser, weidet auch Gras ab

Fortpflanzung Baut umfangreiches Nest aus Schilfhalmen und anderen Wasser- und Uferpflanzen; 5 bis 8 graugrüne Eier mit weißlichem Kalküberzug; Gelege ab April, 1 Brut im Jahr

Vorkommen Halbwilde Vögel auf größeren Weihern, Seen und langsam fließenden Flüssen anzutreffen; wilde Höckerschwäne nur noch auf wenigen Seen; Jahresvogel; über begrenzte Gebiete in Europa und Asien verbreitet

---

Höckerschwan mit Jungen

Schwanzmeise

Eine Schwanzmeise füttert ihre Jungen.

Schwanzmeise

Größe 14 cm lang, Schwanz 8 cm lang

Merkmale Rundlicher Körper; sehr langer, gestufter Schwanz; Oberseite schwarz und rötlich mit etwas Weiß; Unterseite weißlich mit rötlichem Anflug an den Flanken und am Bauch; Kopf einheitlich weiß oder weiß mit breitem schwarzem oder braunem Streifen über dem Auge

Ernährung Frißt Spinnen, Insekten und deren Larven

Fortpflanzung Baut ein pantoffelförmiges Nest aus Pflanzenteilen, Wolle und Federn; meist niedrig in Büschen oder Bäumen; 8 bis 12 weißliche Eier; Gelege ab April, 2 Bruten im Jahr

Vorkommen Besiedelt große Gärten, Parks mit gebüschreichen Waldinseln, Weidendickichte in Feuchtgebieten, Laub- und Mischwälder; Teilzieher, im Winter umherstreifend; mit Ausnahme des Nordens über ganz Europa und über das mittlere Asien verbreitet

---

Schwanzmeisen haben einen rundlichen Körper und einen sehr langen Schwanz. Im Volksmund werden sie deshalb auch „Pfannenstielchen" genannt. Bei der Nahrungssuche turnen die Vögel geschickt in den Zweigen herum. Sie bauen kunstvolle ei- oder pantoffelförmige Nester mit einem seitlichen Eingang. Die Außenwände werden aus Gespinsten von Spinnen und Schmetterlingsraupen, Moos und Pflanzenfasern geflochten und gewebt. Innen werden die Nester mit Federn ausgepolstert. Im Winter streifen Schwanzmeisen in Trupps umher, oft zusammen mit anderen Kleinvögeln, vor allem mit Meisen↑. Schwanzmeisen und Meisen gehören getrennten Vogelfamilien an. Weltweit zählen zu den Schwanzmeisen 8 verschiedene Arten.

Schwarze Witwe

Viele Menschen haben eine Abneigung gegen Spinnen↑. Sie ekeln sich vor den Tieren, und manche fürchten auch, daß Spinnen beißen oder gar giftig sind. Spinnen sind aber Tiere mit einer interessanten Lebensweise, und man sollte sie einmal genauer beobachten. Die meisten sind auch gar nicht giftig, und für den Menschen sind nur ganz wenige Arten gefährlich.

Eine Spinne, der man aber wirklich mit einer gewissen Vorsicht begegnen muß, ist die Schwarze Witwe. Ihr giftiger Biß kann tatsächlich zum Tod führen. Das Gift löst innerhalb von wenigen Stunden starke Schmerzen im ganzen Körper und Beschwerden wie Fieber, kalte Schweißausbrüche, Atembeschwerden und Gelenkstarre aus.

Schwarze Witwe

Schwarze Witwe, Malmignatte

Größe Männchen 4 bis 7 mm, Weibchen 8 bis 15 mm lang

Merkmale Schwarz gefärbt, mit 13 blutroten oder orangefarbenen Flecken auf dem Hinterleib; Zeichnung aber sehr veränderlich, auch ganz schwarze Tiere

Ernährung Fängt vor allem Heuschrecken; Fangnetz nah am Boden; fängt sich ein Insekt, wird es mit Leimtropfen aus den Spinndrüsen beworfen; die Beute zieht den Leim zu Fäden aus und spinnt sich selbst ein; erst dann beißt die Spinne zu; ihr Biß ist sehr giftig

Fortpflanzung Einige Wochen nach der Paarung legt das Weibchen Eier in einem Kokon ab; es betreut die Jungen nach dem Schlüpfen

Vorkommen Lebt auf steinigen, locker mit Büschen bestandenen Hängen und ähnlichen öden Flächen mit niedrigem Bewuchs; über die trockenen und warmen Steppengebiete der Alten Welt verbreitet

---

Schwein

Weltweit werden etwa 800 Millionen Schweine gehalten. Die meisten von ihnen leben in Europa, China und Nordamerika. Allein in Deutschland gibt es 45 Millionen Schweine. In großen Gebieten der Erde gibt es aber gar keine Hausschweine, weil aus religiösen Gründen dort kein Schweinefleisch gegessen werden darf.

Alle Hausschweine stammen vom Wildschwein↑ ab. Dieses Tier hat ein sehr großes Verbreitungsgebiet. Es erstreckt sich über große Teile Europas und das mittlere und südliche Asien. In Amerika und in Australien wurde es stellenweise als Jagdwild ausgesetzt. Lange Zeit sahen die Hausschweine kaum anders aus als Wildschweine. Erst gegen Ende des 18. Jahrhunderts fing man an, Schweine gezielt zu züchten. Dennoch gibt es heute viel weniger Rassen von Schweinen als zum Beispiel von Rindern oder Pferden.

Zunächst wurden Schweine gezüchtet, die größer und fetter waren als Wildschweine. Da aber saftiges Fleisch mit wenig Fett verlangt wurde, wurden die Schweine auf geringeren Fettansatz hin umgezüchtet. Den Züchtern gelang es sogar, daß die „neuen" Schweine ein Paar Rippen mehr bekamen. Gegenüber den früher eher dicken Rassen waren die neuen Rassen jetzt länglich und mager. Schweine werden heute bereits mit 6 Monaten geschlechtsreif. Die weiblichen Tiere, die Sauen, können zweimal im Jahr werfen, und sie bekommen 8 bis 14 Ferkel. Schweine sind also sehr fruchtbare Nutztiere.

Hausschwein (Sau) mit Ferkeln

Seeadler

Der Weißkopf-Seeadler ist der Nationalvogel der USA.

Weißkopf-Seeadler

Größe   76 bis 94 cm lang, Flügelspannweite 1,75 m bis 2,25 m; 4,1 bis 5,8 kg schwer; Weibchen deutlich größer und schwerer als Männchen

Merkmale   Dunkelbraunes Gefieder; alte Vögel mit weißem Kopf und Hals; weißer, abgerundeter Schwanz; klotziger, gelber Hakenschnabel; kräftige, gelbe Greiffüße; Jungvögel sind durchgehend dunkelbraun im Gefieder

Ernährung   Frißt vor allem Fische, jagt aber auch Wasservögel und geht an Aas

Fortpflanzung   Großer Horst auf hohen Bäumen, über 1 m im Durchmesser und 0,50 m hoch; Unterlage aus kräftigen Ästen und Zweigen, Mulde mit unterschiedlichem Material ausgelegt; meist 2 mattweiße Eier; Brutdauer etwa 35 Tage; 1 Brut im Jahr

Vorkommen   Lebt entlang der Meeresküsten und an Binnengewässern; über Teile Nordamerikas von Florida bis hinauf nach Alaska verbreitet

---

Seeadler sind sehr große Greifvögel mit Hakenschnäbeln und kräftigen Greiffüßen. Sie sind Meister des Segelfluges. Es gibt 5 Arten von ihnen. Der bekannteste ist der nordamerikanische *Weißkopf-Seeadler*. Nachdem dieser große Vogel schon sehr selten geworden war, haben sich die Bestände heute wieder erholt. Dies gilt leider nicht für den in Europa lebenden *Seeadler* (Adler↑); er ist in vielen Teilen seines Verbreitungsgebietes bedroht.

Um die verbliebenen Seeadler zu schützen, werden die Horste während der Brutzeit vor Störungen geschützt. Daneben züchtet man die Vögel in Gefangenschaft und wildert die Jungen anschließend aus. Auf diese Weise versucht man, die Bestände langsam zu vergrößern.

Seehund

An den europäischen Meeresküsten kann man nur wenige Robben↑ beobachten. Die häufigste Art ist der Seehund. In den Wattengebieten der Nordsee zum Beispiel kann man Gruppen der Tiere auf den Sandbänken liegen sehen. In anderen Ländern haben sie ihre Ruheplätze an kiesigen oder felsigen Stränden. Wie viele andere Robben, hat auch der Seehund unter der Verschmutzung der Meere zu leiden. Eine wichtige Schutzmaßnahme ist, sie an Land nicht zu stören.

Der Seehund gehört zu den Hundsrobben. Er ist eine langgestreckte Robbe und kann seine Hinterbeine nicht unter den Körper klappen. Unter Wasser treibt er sich mit den Hinterbeinen, die zu Paddeln umgewandelt sind, an.

Seehund

Seehund	
Größe	Männliche Tiere 1,30 bis 1,95 m lang und bis etwa 100 kg schwer; Weibchen 1,20 bis 1,70 m lang und 45 bis 80 kg schwer
Merkmale	Körper langgestreckt; kurzer, runder Kopf; Nasenöffnungen V-förmig angeordnet; Fell grau bis graubraun mit schwarzen Flecken
Ernährung	Jagt Fische, Tintenfische und Krebse; Nahrungssuche in Flachwassergebieten; erwachsene Tiere benötigen etwa 5 kg Nahrung am Tag
Fortpflanzung	Tragzeit 10 bis 11 Monate; 1 Junges in einem Wurf, bisweilen auch 2 Junge; Gewicht bei der Geburt etwa 10 kg; Junge mit 2 bis 6 Jahren geschlechtsreif
Vorkommen	Lebt an Sand-, Kies- und Felsstränden des Meeres und besiedelt auch Flußmündungen mit geeigneten Ruheplätzen; entlang der Küsten Europas, Grönlands und Nordamerikas verbreitet

Seeigel

Seeigel sind mit den Seesternen↑ und den Seewalzen oder Seegurken verwandt. Alle zusammen bilden die Gruppe der Stachelhäuter (→ Seite 332). Die Seeigel haben eine Kalkschale, die man aber meist vor lauter Stacheln nicht erkennt. Bei einigen Arten sind die Stacheln kurz und dick, bei anderen sind sie lang und spitz und erreichen eine Länge von bis zu 30 cm. Seeigel kriechen langsam über den Meeresgrund und suchen Nahrung. Auf ihrer Unterseite haben sie einen Kauapparat mit fünf harten Zähnen. Die Tiere kommen in allen Meeresgebieten der Erde vor. Es gibt Seeigelarten, die – wie der *Strandseeigel* – Flachwasserzonen bevorzugen. Man hat Seeigel aber auch noch in 7000 m Tiefe entdeckt.

Strandseeigel, Strandigel	
Größe	Durchmesser bis 4,5 cm, Stacheln bis 1 cm lang
Merkmale	Leicht abgeflacht; Körper in der Färbung grünlich, selten auch gelblich oder weißlich; die kräftigen Stacheln stehen sehr dicht; Stacheln grünlich gefärbt, oft mit violetten Spitzen
Ernährung	Frißt vor allem Algen; kriecht über die Nahrung und zerbeißt sie mit seinem Kauapparat
Fortpflanzung	Die Tiere stoßen Eier und Spermien aus; die Eier werden im Wasser befruchtet; die Larven schweben 4 bis 6 Wochen im freien Wasser, wandeln sich dann in kleine Seesterne um und leben zukünftig am Meeresboden
Vorkommen	Besiedelt die Flachwassergebiete des Meeres; bis in etwa 30 m Tiefe; hält sich zwischen Algen und Steinen auf; über die westliche Ostsee, die Nordsee und die europäische Seite des Atlantiks von Norwegen bis Marokko verbreitet

Strandseeigel

Seekuh

Auf den ersten Blick ähneln Seekühe Robben oder Walen. Mit beiden Gruppen sind die Tiere aber nicht näher verwandt. Vielmehr bestehen Beziehungen zwischen den Seekühen und den Elefanten. Die Tiere leben ausschließlich im Wasser, kommen also niemals an Land. Ihre Arme sind zu Paddeln umgewandelt, ihre Beine verkümmert und von außen nicht sichtbar. Dafür haben sie eine waagerecht stehende Schwanzflosse. Ihre Nahrung besteht aus Pflanzen.

Vier verschiedene Arten von Seekühen sind heute bekannt. Neben dem *Nagelmanati* gibt es noch den *Flußmanati*, der im südamerikanischen Amazonasgebiet lebt. Der *Westafrikanische Manati* ist über die Küstenzonen Westafrikas verbreitet. Der *Dugong* wiederum lebt entlang der Ostküste Afrikas und in Gebieten entlang der Südküste Asiens, den Küsten Neuguineas und der Nordküste Australiens. Alle diese Tiere sind im Bestand bedroht. Ihr Lebensraum wird verschmutzt, die Tiere bleiben in Fischernetzen hängen und ertrinken, oder sie werden durch Motorboote verletzt.

Eine fünfte Seekuhart wurde bereits im 18. Jahrhundert ausgerottet, nämlich die *Stellersche Seekuh* oder *Riesenseekuh*. Dieses Tier wurde bis etwa 8 m lang und bis 4 000 kg schwer. Nach allem, was man weiß, lebte es um die Kommandeurinseln im sibirischen Beringmeer herum.

Nagelmanati, Karibischer Manati

Größe Länge einschließlich des Schwanzes 2,50 bis 4,50 m; Gewicht 200 bis 600 kg

Merkmale Körper walzenförmig; dicker Kopf, Oberlippe mit kräftigen Borsten besetzt; zu Flossen umgewandelte Vorderbeine, runder Schwanz; dicke graue Haut ohne Haare, oft mit grünlichem Algenbewuchs

Ernährung Weidet die Pflanzen im Wohngewässer ab; braucht etwa 100 kg Nahrung am Tag

Fortpflanzung Tragzeit 12 bis 14 Monate; 1 Junges, zuweilen auch 2 Junge; Gewicht bei der Geburt etwa 20 kg; Junge mit 3 bis 5 Jahren geschlechtsreif

Vorkommen Lebt in Flüssen, Flußmündungen und küstennahen Flachwasserzonen; in subtropischen und tropischen Breiten; über die Küstengebiete des südlichen Nordamerikas, Mittelamerikas, des nördlichen Südamerikas und der Inseln der Karibik verbreitet

---

Nagelmanatis leben in Amerika.

Seelöwe

Wenn im Zirkus oder im Zoo eine Robbe Kunststücke vorführt, etwa einen Ball auf der Nase jongliert, handelt es sich immer um einen *Kalifornischen Seelöwen*. Wer eine solche Vorführung einmal gesehen hat, weiß, daß der Seelöwe trotz seiner Flossen recht gut laufen kann. Er kann die hinteren Flossen unter den Körper klappen und sich dadurch gewandt und schnell bewegen. Im Wasser treibt er sich mit den vorderen Flossen an und kann erstaunliche Geschwindigkeiten erreichen.

Neben dem Kalifornischen Seelöwen gibt es einige weitere Arten. Der *Stellersche Seelöwe* besiedelt die nördlichen Meeresgebiete. Der *Südliche Seelöwe* wird wegen seines dicken Felles auch *Mähnenrobbe* genannt. Er lebt entlang der südamerikanischen Küste. An den Küsten Australiens und Neuseelands kommen der *Australische Seelöwe* und der *Neuseeland-Seelöwe* vor. Alle Seelöwen leben gesellig und ruhen oft in großen Gruppen auf den Stränden. Die Bullen versammeln eine Anzahl Weibchen um sich, die sie als ihr Eigentum betrachten und gegen andere Bullen verteidigen. Die Tiere sind verwandt mit den Seebären (Pelzrobbe↑). Alle zusammen gehören zu den Ohrenrobben, haben also äußerlich sichtbare Ohrmuscheln (Robbe↑).

Auch wenn sie mit den Raubtieren nah verwandt sind, haben die Robben doch auch Feinde. Vor allem stellen ihnen Haie und Schwertwale nach.

Kalifornischer Seelöwe

Größe Bulle bis 2,20 m lang und 300 kg schwer; Weibchen bis 1,80 m lang und bis etwa 100 kg schwer

Merkmale Körper langgestreckt und schlank; schlanker Kopf, Bulle mit höckerartig erhöhter Stirn; Fell dunkelbraun bis schwarzbraun

Ernährung Jagt vor allem Tintenfische und verschiedene Arten von Fischen; kann bis 170 m tief tauchen und mehrere Minuten lang unter Wasser bleiben

Fortpflanzung Tragzeit rund 50 Wochen; 1 Junges in einem Wurf; Gewicht bei der Geburt etwa 6 kg; Junge werden 5 bis 12 Monate lang gesäugt

Vorkommen Entlang der Westküste Nordamerikas im Gebiet von Kalifornien und Mexiko, daneben auf den Galapagosinseln vor der Küste Ecuadors; an der japanischen Küste wahrscheinlich ausgestorben

---

Mit erhobenem Kopf macht dieser Kalifornische Seelöwenbulle deutlich, daß er Herr des Strandes ist.

Seeotter

Eine Gruppe von Seeottern läßt sich im Meer vor der kalifornischen Küste treiben.

Er ist ein ausgesprochen netter Bursche, der Seeotter. Er gehört zu den Mardern und ist mit unserem Fischotter↑ verwandt, lebt aber nicht wie dieser im Süßwasser, sondern ausschließlich im Meer. An Land geht er nur sehr selten. Seine Nahrung holt sich der Seeotter vom Meeresboden. An der Wasseroberfläche auf dem Rücken treibend, verzehrt er dann seine Beute. Wenn er Schwierigkeiten hat, seine Beute zu knacken, benutzt er einfach passendes „Werkzeug". Der Otter holt sich einen Stein vom Meeresgrund und legt ihn sich auf den Bauch. Auf diesem „Amboß" zertrümmert er dann die Schalen von Muscheln, Schnecken und Seeigeln.

Dieses interessante Tier hat ein sehr dichtes Fell und wurde deshalb früher stark gejagt. Seeotterpelze waren sehr begehrt und wurden mit Gold aufgewogen. Allein im Jahr 1820 kamen 20 000 Felle auf den Markt. Kein Wunder, daß der Seeotter gegen Ende des vorigen Jahrhunderts so gut wie ausgerottet war. Dann aber wurde die Jagd von Rußland, England, Japan und den Vereinigten Staaten verboten. Außerdem wurden besondere Schutzgebiete

---

Seeotter, Meerotter, Kalan

Größe Körper etwas über 1 m, Schwanz rund 30 cm lang; Weibchen 16 bis 30 kg, Männchen bis 40 kg schwer

Merkmale Körper ähnelt dem Fischotter; Kopf kurz, mit stumpfer Nase und sehr kleinen Ohren; Zehen von Vorder- und Hinterbeinen durch Schwimmhäute verbunden; Fell schwarzbraun, an Kopf und Nacken bräunlich oder grau

Ernährung Holt sich seine Nahrung unter Wasser: Seeigel, Muscheln, Krebse und Fische

Fortpflanzung Tragzeit 8 bis 9 Monate; in der Regel Einzelgeburten; Geburtsgewicht etwa 1,8 kg; Junge mit 4 bis 6 Jahren geschlechtsreif

Vorkommen Besiedelt Flachwassergebiete an Felsküsten, bevorzugt im Bereich von Tangwäldern, stets in der Nähe des Landes; über die Küsten im Nordwesten Nordamerikas (von Alaska bis Kalifornien) verbreitet

---

eingerichtet, und der kleine noch verbliebene Bestand konnte sich erholen. Heute gibt es wieder etwa 150 000 Seeotter. Die Anstrengungen der Tierschützer haben sich also gelohnt: Ein sympathisches Tier mit einer interessanten Lebensweise ist gerettet.

Seepferdchen

Seepferdchen haben nicht nur eine ausgefallene Form, sondern auch eine ungewöhnliche Lebensweise. Sie halten sich mit ihrem Greifschwanz an Wasserpflanzen fest und stehen senkrecht im Wasser. Die Männchen haben am Bauch eine kleine Tasche, in die das Weibchen seine Eier ablegt. Die Jungen wachsen im Inneren der Tasche heran und werden erst entlassen, wenn sie voll entwickelt sind. Es gibt etwa 25 Arten von Seepferdchen. Die bis zu 30 cm langen Fische leben überwiegend in warmen Meeren.

Krönchen-Seepferdchen, Gekröntes Seepferdchen

Größe Bis 25 cm lang

Merkmale Kopf abgewinkelt; röhrenförmige Schnauze; Greifschwanz; Färbung grünlich-bräunlich

Ernährung Frißt vor allem Kleinkrebse; die Beute wird in das röhrenförmige Maul eingesogen

Fortpflanzung Das Weibchen spritzt seine Eier in die Bruttasche des Männchens; die Jungen entwickeln sich in der Tasche und werden dann freigelassen

Vorkommen Bewohnt die Pflanzenbestände am Meeresboden; vom Roten Meer über den Indischen Ozean bis zum Pazifik um Hawaii verbreitet

---

Krönchen-Seepferdchen

Seepocke

Seepocken sitzen auf Felsen, Pfählen und Mauern.

Gemeine Seepocke

Größe Durchmesser 0,5 bis 1,5 cm

Merkmale Kleiner Kegel aus 6 weißlichen Kalkplatten; die Öffnung an der Spitze des Kegels wird durch Platten verschlossen; unter Wasser werden die mit Borsten besetzten Fangarme ausgefahren

Ernährung Fängt mit seinen Fangarmen Kleinlebewesen aus dem Wasser heraus

Fortpflanzung Die Tiere sind Zwitter; die Eier werden im Inneren des Körpers befruchtet; die geschlüpften Larven werden ausgestoßen, wandeln sich nach einiger Zeit um und setzen sich fest

Vorkommen Sitzt in der Spritzwasserzone des Meeres auf Felsen, aber auch auf anderem Untergrund wie Küstenbefestigungen und Hafenmauern; über die westliche Ostsee, die Nordsee und den Atlantik verbreitet

---

Auf den ersten Blick kann man kaum erkennen, zu welcher Tiergruppe die Seepocken gehören. Man sieht lediglich kleine Kegel aus Kalkplatten. Oft sitzen Hunderte dieser Kegel auf engstem Raum dicht nebeneinander. Zu den Verwandten der Seepocken gehört die Entenmuschel. Dieses Tier hat ebenfalls einen Panzer aus Kalkplatten, sitzt aber an einem langen Stiel. Seepocken und Entenmuscheln ernähren sich, indem sie aus einer Öffnung sechs Paar Fangarme herausstrecken. Die Tiere strudeln Wasser heran und sieben die kleinen Nahrungsteilchen heraus.

Die Tiergruppe, zu der Seepocken und Entenmuscheln gehören, bezeichnet man als Rankenfüßer. Diese wiederum gehören zu den Krebsen.

Seerose

Dickhörnige Seerose

Dickhörnige Seerose, Seedahlie

Größe Durchmesser etwa 7 cm, Höhe bis 15 cm, Fangarme
bis 7 cm lang

Merkmale Kurze, dicke Fußscheibe; 80 bis 160 dicke,
stumpfe Fangarme; Färbung unterschiedlich: von bräunlich über grünlich bis gelblich, rote Streifen am Grund der
Fangarme

Ernährung Fängt kleine Krebse, Weichtiere und Fische aus
dem Wasser heraus; die Beute bleibt an den Fangarmen
kleben und wird zum Mund befördert

Fortpflanzung Entweder werden die befruchteten Eier ins
Wasser entlassen oder später die Larven, die im Inneren
des Körpers geschlüpft sind

Vorkommen Sitzt auf Hartböden in Mulden und Spalten;
vom Flachwasser bis in große Tiefen; über die Ostsee, die
Nordsee und die europäische Seite des Atlantiks
verbreitet

Trotz ihres Namens sind die Seerosen keine Pflanzen. Nur wegen ihres Aussehen hat man sie so genannt. Es sind also „richtige" Tiere, genauer gesagt
Nesseltiere. Sie haften mit ihrer Fußscheibe am
Meeresboden und haben am oberen Ende einen
Kranz von Fangarmen. In diesen Fangarmen liegen
Nesselkapseln. Stößt ein Beutetier an einen Fangarm, explodieren die Nesselkapseln, und die Beute
wird gelähmt. Aus anderen Kapseln werden dann
kleine Fangfäden ausgeschleudert, mit denen die
Beute zusätzlich festgehalten wird. So gibt es für
das Beutetier kein Entrinnen mehr.

Nah verwandt mit den Seerosen sind die Korallen↑.
Auch diese Tiere sehen auf den ersten Blick wie
Blumen aus.

Seescheide

Seescheiden sieht man immer wieder in Schau-
aquarien. Wenn man verstehen will, wie so ein
merkwürdiges Tier gebaut ist, sollte man sich einfach einen lebenden Sack vorstellen. Dieser Sack
hat zwei Öffnungen. Zur einen Öffnung strömt Wasser in den Sack herein, zur anderen Öffnung strömt
das Wasser wieder hinaus. Im Inneren des Sackes
werden dem Wasser Sauerstoff und Nahrungsteilchen entnommen.

Seescheiden scheinen also ganz einfach gebaute
Tiere zu sein. Tatsächlich sind sie aber Tiere, die
mit den Wirbeltieren verwandt sind. Die Larven
der Seescheiden haben in ihrem Inneren nämlich
einen beweglichen Stab. Er entspricht der Wirbelsäule.

Die Rote Seescheide lebt im Mittelmeer.

Rote Seescheide

Größe Bis 10 cm lang

Merkmale Körper länglich-oval, sackförmig; je 1 große,
röhrenartige Einström- und Ausströmöffnung, oben mit
Borsten besetzt; Oberfläche rauh; orange bis leuchtend rot
gefärbt

Ernährung Körper ständig von Wasser durchströmt, aus
dem im Inneren des Körpers die Nahrungsteilchen
entnommen werden; unverdauliche Reste werden über die
Ausströmöffnung ausgeschieden

Fortpflanzung Tiere sind Zwitter; Eier und Spermien
werden in das umgebende Wasser entlassen; Larven frei
schwimmend, setzen sich nach einiger Zeit fest und
entwickeln sich zum fertigen Tier

Vorkommen Lebt am Meeresgrund unter Überhängen und
in Höhlen; von geringen bis in große Tiefen; im Mittelmeer verbreitet

---

Seeschwalbe

Seeschwalben sind mit den Möwen↑ verwandt. Sie sind aber schlanker gebaut, wirken insgesamt schnittiger und sind auch viel wendiger als Möwen. Außerdem sind ihre Schnäbel lang, schlank und spitz, und ihr Schwanz ist gegabelt. Die Vögel leben überwiegend am Meer und brüten fast immer in Kolonien mit Artgenossen zusammen. Weltweit gibt es etwa 40 verschiedene Arten. Nur wenige haben ein graues Gefieder. Zu diesen gehören die *Trauer-* und die *Weißflügelseeschwalbe*. Beide Arten brüten an Weihern und Seen. Die meisten Seeschwalben haben dagegen ein weißes Gefieder und eine schwarze Kopfplatte. Die kleinste Art ist die *Zwergseeschwalbe*; sie wird 20 cm lang. Die größte ist die *Raubseeschwalbe* mit einer Länge von etwas über 50 cm. Am weitesten verbreitet ist die *Küstenseeschwalbe*. Sie hat auch die am weitesten nördlich liegenden Brutplätze. Bei Störungen am Nest ist sie sehr angriffslustig. Sie fliegt direkt auf den Störenfried zu und hackt nach ihm. Die Küstenseeschwalbe ist ein Rekordhalter: Nach der Brutzeit zieht sie nach Süden bis in die Antarktis. Dann kehrt sie um und fliegt wieder zu den angestammten Brutplätzen im hohen Norden. Jahr für Jahr legt der Vogel also eine Strecke von rund 30 000 Kilometern zurück! Einen längeren Zugweg als die Küstenseeschwalbe hat keine andere Vogelart der Erde.

Küstenseeschwalbe

Größe Länge 38 cm

Merkmale Überwiegend weißes Gefieder, Rücken und Flügeloberseite hellgrau; schwarze Kopfplatte; Schnabel und Füße karminrot

Ernährung Frißt Fische, aber auch Insekten und Krebstiere; Nahrungssuche im Flug mit nach unten gerichtetem Schnabel, dann Rütteln und Stoßtauchen

Fortpflanzung Nistet auf Sandflächen oder kurzrasigem Grünland; flache Mulde, meist ohne Nistmaterial; überwiegend Koloniebrüter; meist 2 Eier, graugrün, dunkel gefleckt; Gelege ab Mai, 1 Brut im Jahr

Vorkommen Nistet am Strand und in Dünen, im Binnenland auch in der Tundra; Nahrungssuche in Flachwassergebieten, außerhalb der Brutzeit auch auf dem offenen Meer; Sommervogel; über den Norden Europas, Asiens und Nordamerikas verbreitet

---

Die Küstenseeschwalbe füttert eines ihrer Jungen in der Nähe des Nestes.

Seestern

Ein Gemeiner Seestern von der Nordseeküste

Gemeiner Seestern

Größe 12 bis 40 cm Spannweite

Merkmale Meist 5 ziemlich dicke Arme, Körperscheibe im
  Verhältnis dazu klein; Stacheln kurz; Färbung unterschiedlich: grau, gelblich, rötlichbraun oder leicht violett

Ernährung Frißt Muscheln und Schnecken, Seeigel und
  Krebse; öffnet die Schalen von Muscheln durch Zug mit
  den Saugfüßchen

Fortpflanzung Eier und Spermien werden ins Wasser
  entlassen; die Befruchtung erfolgt im Wasser; aus den
  befruchteten Eiern entwickeln sich schwimmende Larven;
  die Larven setzen sich fest und werden zu jungen
  Seesternen

Vorkommen Lebt auf Felsgrund oder steinigem Sandgrund;
  von oberflächennahen Wasserschichten bis in rund 650 m
  Tiefe; über die Ostsee, die Nordsee und die europäische
  Seite des Atlantiks verbreitet

Purpurseestern, Roter Mittelmeerseestern

Größe Bis 20 cm Spannweite

Merkmale Meist 5, selten auch 6 oder 7 Arme; Körperscheibe im Verhältnis dazu sehr klein; Stacheln nur kurz;
  leuchtend orange bis ziegelrot gefärbt

Ernährung Frißt Kleinstlebewesen, die mit den Saugfüßchen aufgenommen und dann auf der Unterseite der
  Arme zur Mundöffnung transportiert werden

Fortpflanzung Eier und Spermien werden ins Wasser
  entlassen; die Befruchtung findet im Wasser statt; aus den
  befruchteten Eiern entwickeln sich Larven, die im freien
  Wasser schwimmen; die Larven setzen sich fest und
  wandeln sich in junge Seesterne um

Vorkommen Auf felsigem oder anderem harten Untergrund; von oberflächennahen Wasserschichten bis in
  250 m Tiefe; über das gesamte Mittelmeer verbreitet,
  auch im Atlantik

Seesterne machen auf den ersten Blick den Ein-
druck, als würden sie sich kaum bewegen. Tatsächlich kriechen sie nur sehr langsam über den Grund.
Mit Saugfüßchen auf der Unterseite ihrer Arme
bewegen sich die Seesterne fort.

Die Saugfüßchen sind mit Flüssigkeit gefüllt und
können durch Muskeln zusammengezogen werden.
Mit ihrer Hilfe gelingt es dem *Gemeinen Seestern*,
Muscheln zu öffnen. Er kriecht über die Beute und
hält beide Schalen der Muschel mit den Saugfüßchen auf Zug, auch wenn die Muschel ihre Schale
fest geschlossen hat. Sie muß sich aber irgendwann
wieder öffnen, denn sie kann nur begrenzte Zeit
leben, ohne frisches Atemwasser einzustrudeln.
Außerdem kann sie ihre Schließmuskeln nicht
dauernd angespannt halten. Öffnet sie die Schale
auch nur einen Spalt breit, ist der Moment für den
Seestern gekommen. Er zieht die Schale weiter auf,
stülpt seinen Magen in die Muschel aus und verdaut
den Weichkörper.

Insgesamt gibt es auf der Welt etwa 1500 verschiedene Arten von Seesternen. Sie kommen in allen
Weltmeeren vor. Zusammen mit den Seegurken
oder Seewalzen und den Seeigeln gehören sie zu
den Stachelhäutern (→ Seite 332). Ein wirklich volles Stachelkleid haben aber nur die Seeigel. Die
anderen haben Stacheln lediglich in bestimmten
Bereichen der Körperoberfläche, oder sie fehlen
ganz. *Schlangensterne* und *Haarsterne* sehen den
Seesternen ähnlich, haben aber ganz dünne Arme.

Ein Purpurseestern aus dem Mittelmeer

Segelflosser

Was der Goldfisch↑ für die Freunde des Kaltwasseraquariums ist, das ist der Segelflosser für die Besitzer von Warmwasserbecken. Beide Arten sind die weitaus beliebtesten Aquarienfische. Die Wildform des Segelflossers lebt im Amazonas-Flußsystem im Norden Südamerikas. Sie ist silberfarben und hat vier schwarze Querstreifen. Wie bei anderen Aquarienfischen haben sich die Fischfreunde auch beim Segelflosser nicht damit begnügt, nur eine Art zu halten. Sie haben vielmehr eine Anzahl unterschiedlicher Formen herausgezüchtet. Deren Färbung reicht von goldfarben bis halb schwarz und sogar ganz schwarz. Es gibt auch Züchtungen mit schleierförmigen Flossen. Männchen und Weibchen sind äußerlich kaum zu unterscheiden.

Segelflosser, Skalar

Größe 11 cm lang

Merkmale Scheibenförmiger Köper, seitlich stark abgeplattet; lange, nach hinten geschwungene Rücken- und Afterflosse; dreieckige Schwanzflosse, äußerste Strahlen verlängert, fadenförmig; Bauchflossen sehr lang, fadenförmig

Ernährung Allesfresser, bevorzugt Insektenlarven

Fortpflanzung Legt seine Eier an Blättern von Unterwasserpflanzen oder Steinen ab; der Laich wird von beiden Elterntieren betreut: sie fächeln mit ihren Flossen Frischwasser heran und vertreiben Feinde; die Jungen schlüpfen nach 24 bis 36 Stunden aus den Eiern und werden weiterhin von den Eltern geführt

Vorkommen Lebt im Süßwasser, bevorzugt ruhige Flußabschnitte; über das Amazonasgebiet in Südamerika verbreitet, in vielen Ländern als Aquarienfisch gehalten

---

Der Segelflosser ist ein sehr beliebter Aquarienfisch.

Seidenschwanz

Seidenschwanz

Seidenschwanz

Größe 18 cm lang

Merkmale Rötlichbraunes Gefieder; Kehle schwarz, Federhaube auf dem Kopf; Flügel weiß, gelb und rot gezeichnet; Schwanz mit gelber Endbinde

Ernährung Frißt im Sommer Insekten, im Herbst auch Beeren und Früchte

Fortpflanzung Nest aus Zweigen, Flechten und Moos; 4 bis 5 m hoch in Bäumen; 4 bis 5 Eier; Gelege ab Mai/Juni; Brutdauer 12 bis 15 Tage

Vorkommen Bewohnt lichte Nadel- und Birkenwälder; über Nordeuropa, Nordasien und Nordamerika verbreitet; dringt bisweilen im Winter nach Mitteleuropa vor

---

Seidenschwänze leben in den Nadel- und Birkenwäldern des Nordens. Meist finden sie dort das ganze Jahr über etwas zu fressen. Wenn in ihrem Brutgebiet die Nahrung aber knapp wird, weichen die Vögel nach Westen bis nach Mitteleuropa aus. Man spricht dann von einer Invasion. In Trupps von 50 und mehr Vögeln streifen sie umher. Bisweilen kann man sie dann auch in Parks und Gärten beobachten. Neben dem in Europa vorkommenden Seidenschwanz gibt es noch den *Blutseidenschwanz* und den *Zedernseidenschwanz*.

Sekretär

Ein merkwürdiger Vogel ist er, der Sekretär. Auf langen Beinen stelzt er durch die afrikanischen Steppen und Savannen und fängt Heuschrecken, Mäuse und andere Beutetiere. Er hat Stelzbeine wie ein Storch und einen Hakenschnabel wie ein Greifvogel. Dennoch hat er mit den Adlern, Bussarden und Falken nichts zu tun. Seine nächsten Verwandten sind vielmehr die Neuweltgeier (Geier↑). Dies sind Vögel, die „halb Geier, halb Storch" sind. Der Sekretär kommt ausschließlich in Afrika vor. Seinen Namen hat der Vogel wegen des lockeren Federbüschels am Hinterkopf bekommen. Es sieht ein bißchen so aus, als hätte er sich mehrere Bleistifte hinter das Ohr gesteckt, wie es Sekretäre in Büros vielleicht auch tun.

Ein Sekretär jagt in der afrikanischen Steppe.

Sekretär

Größe 1,25 bis 1,50 m lang; 3,4 bis 4,3 kg schwer
Merkmale Großer, langbeiniger Vogel mit lockerem Federschopf und Hakenschnabel; Gefieder überwiegend grau gefärbt; schwarze Flügel, oberer Teil der Beine schwarz befiedert
Ernährung Jagt Insekten, Lurche und Kriechtiere, Vögel und kleine Säugetiere; die wichtigste Beute sind Heuschrecken und kleine Nagetiere
Fortpflanzung Baut einen großen Horst in Büschen oder Bäumen, 2 bis 9 m über dem Boden; meist 2 blaßblaue Eier; Brutdauer 43 bis 44 Tage; die Jungen verlassen das Nest mit 75 bis 85 Tagen; Bruten in allen Monaten
Vorkommen Lebt in Halbwüsten, Steppen und Savannen, auch noch an locker bewachsenen Berghängen; mit Ausnahme der großen Waldgebiete über ganz Afrika südlich der Sahara verbreitet

---

Siebenschläfer

Siebenschläfer

Siebenschläfer

Größe Körper bis 20 cm, Schwanz 10 bis 19 cm lang; Gewicht 70 bis 280 g
Merkmale Fell grau bis graubraun; langer, buschiger Schwanz; große, dunkle Augen
Ernährung Frißt Samen, Früchte, Rinde und Knospen von Büschen und Bäumen
Fortpflanzung Baut ein Nest aus Moos und anderen pflanzlichen Baustoffen; in Baumhöhlen, oft auch in Vogelnistkästen; Tragzeit rund 4 Wochen; 2 bis 7 Junge in einem Wurf; 1 Wurf im Jahr
Vorkommen Bewohnt Laubwälder mit hohem Baumbestand, auch Parks und große Gärten; über Mittel- und Südeuropa verbreitet

---

Es ist schwierig, den Siebenschläfer zu beobachten. Das kleine Nagetier schläft tagsüber in seinem Unterschlupf und wird erst in der Dämmerung rege. Vorsichtig kommt es heraus. Zuerst erscheint der Kopf am Höhleneingang, und dann wird geprüft, ob die Luft rein ist. Ist alles in Ordnung, macht sich der Siebenschläfer an die Nahrungssuche. Er kann dabei die ganze Nacht unterwegs sein. Er ist ein ausgesprochen gewandter Kletterer und turnt auch hoch in den Baumkronen herum. Am frühen Morgen verschwindet er wieder in seinem Schlupfwinkel und legt sich schlafen. Im Herbst kommt der Siebenschläfer bisweilen auch in Häuser und treibt sich auf Dachböden herum. Durch seine Stimme wird man zuerst auf den neuen Obermieter aufmerksam: Er muckert, um Kontakt mit Artgenossen aufzunehmen, knurrt vor Ärger, schnarcht vor Wut und quiekt, wenn er Angst hat.

Sikahirsch

![Sikahirsch, Kuh mit Kalb]

Sikahirsch, Kuh mit Kalb

Der Sikahirsch stammt ursprünglich aus dem Fernen Osten. Er lebt dort in dichtbesiedelten Gebieten. Doch die Menschen brauchen viel Land. Wo die Laub- und Mischwälder in Ackerland umgewandelt werden, verliert der Hirsch seinen Lebensraum. Dennoch ist er ein noch recht häufiges Tier. Das liegt daran, daß Sikahirsche in vielen anderen Ländern der Erde als jagdbares Wild eingebürgert wurden. Die Tiere leben in Wildparks und in der freien Natur. Da sie ihre Heimat in den gemäßigten Breiten haben, war es auch nicht schwierig, sie zum Beispiel in den mitteleuropäischen Wäldern heimisch zu machen. Auch nach Madagaskar und Neuseeland wurden die Tiere gebracht. Insgesamt ist der Sikahirsch heute fast weltweit verbreitet. Seine Brunft fällt in die Monate November und Dezember. Sie findet damit rund zwei Monate später statt als die des verwandten Rothirsches ↑. Die Stimme des Sikahirsches ist wenig eindrucksvoll. Er läßt nur hohe, auch etwas schrille Töne hören. Sie sind längst nicht so laut wie das kräftige, weit zu hörende Röhren des Rothirsches.

Sikahirsch, Sikawild

Größe Bis 1,55 m lang, Schulterhöhe bis 1,10 m; bis 110 kg schwer

Merkmale Fell im Sommer hellbraun, im Winter dunkelbraun, hell getupft; Stangen bis 80 cm lang, höchstens 8 Enden an einer Stange

Ernährung Frißt Gräser, Kräuter und Laub

Fortpflanzung Tragzeit 217 Tage; 1 Kalb, selten 2 Kälber; mit 18 bis 24 Monaten geschlechtsreif

Vorkommen Bewohner von Mischwäldern; ursprünglich nur über Südostasien verbreitet

Sikahirsche in der Brunftzeit

Silberfischchen

Das Silberfischchen ist ein Insekt ohne Flügel.

Silberfischchen
Größe 7 bis 10 mm lang
Merkmale Körper länglich, Hinterleib zum Ende hin schlanker werdend; der Körper ist silberglänzend beschuppt (Name!); 2 lange Fühler, 6 Beine, 3 Schwanzanhänge
Ernährung Frißt verschiedene organische Stoffe, vor allem solche, die Zucker enthalten; tritt auch in Bibliotheken als Schädling auf
Fortpflanzung Das Männchen setzt ein Spermienpaket ab, das vom Weibchen aufgenommen wird; aus den abgelegten Eiern schlüpfen Larven, die über mehrere Häutungen heranwachsen
Vorkommen Liebt die Wärme, lebt daher bei uns in Häusern, vor allem in feuchtwarmen Räumen wie Badezimmern; Silberfischchen sind weltweit verbreitet

Insekten, das weiß jeder, haben vier Flügel und sechs Beine. Aber nicht jeder weiß, daß es auch Insekten gibt, die keine Flügel haben. Zu den Flügellosen Insekten gehört das Silberfischchen. Das Tierchen wird höchstens 1 cm lang und lebt in unserer nächsten Umgebung. Man sieht es in Speisekammern und Badezimmern. Seine Lieblingsnahrung sind zuckerhaltige Reste. Im Volksmund wird es deshalb auch „Zuckergast" genannt. Wenn Silberfischchen viel Nahrung finden, vermehren sie sich schnell. Dann können sie bisweilen lästig werden. Die Tierchen sind aber völlig harmlos. Weitere Flügellose Insekten sind die Springschwänze. Das sind winzige Tiere mit einer Sprunggabel unter dem Hinterleib.

Skorpion

Etwa 600 verschiedene Arten von Skorpionen gibt es auf der Erde. Sie leben in den tropischen und subtropischen Gebieten der Erde. Einige wenige Arten dringen bis nach Südeuropa vor. Skorpione gehören zu den Spinnentieren (→ Seite 330). Am Kopf haben sie große Scheren. Das Hinterende läuft in einen langen Fortsatz aus, der einen Giftstachel trägt. Die Beute wird mit den Scheren gepackt und nur dann mit Hilfe des Giftstachels getötet, wenn sie sich sehr heftig wehrt. Stiche der europäischen Skorpione sind für uns Menschen unangenehm bis sehr schmerzhaft. Tropische Skorpione dagegen verfügen über Gifte, die für uns lebensgefährlich werden können. Man muß den Tieren also stets mit Vorsicht begegnen.

Feldskorpion
Größe Bis 8 cm lang
Merkmale Am Kopf großes Paar Scheren; 8 Beine; Hinterleib mit dünnem, 6gliedrigem Endteil mit Giftstachel; strohgelb bis gelbbraun gefärbt
Ernährung Jagt Würmer, Spinnen und Insekten; die Beute wird mit den Scheren gepackt und mit den Mundwerkzeugen zerkleinert; geht überwiegend in der Dämmerung und nachts auf Nahrungssuche
Fortpflanzung Auffälliger Paarungstanz; Männchen setzt Spermienpaket ab, das vom Weibchen aufgenommen wird; Junge lebend geboren, bleiben eine Zeitlang auf dem Rücken der Mutter und machen sich erst nach einigen Häutungen selbständig
Vorkommen Versteckt sich unter Steinen in offenem Gelände; über das westliche Mittelmeergebiet und Nordafrika verbreitet

Ein Feldskorpion aus Spanien

Specht

Ein Schwarzspechtmännchen an seiner Bruthöhle

Spechte haben Kennzeichen, die sie von anderen Vögeln unterscheiden. Sie haben Kletterfüße mit zwei nach vorn und zwei nach hinten gerichteten Zehen. Alle Zehen haben steigeisenartige Krallen. Beim Klettern stützen sich die Vögel mit dem keilförmigen Schwanz aus harten Federn ab (Stützschwanz). Mit ihrem kräftigen Meißelschnabel spalten sie Baumrinde und morsches Holz, um dort nach Nahrung zu suchen. Die lange, mit Widerhaken besetzte Zunge zieht die Beutetiere aus den feinen Höhlungen im Holz hervor. Mit dem Schnabel zimmern die Spechte aber auch ihre Bruthöhlen in die Bäume. Über Klopf- und Trommelzeichen verständigen sie sich mit Artgenossen.

Der größte unter den europäischen Spechten ist der krähengroße *Schwarzspecht*. Er braucht große, zusammenhängende Waldgebiete zum Leben. Auf seine Anwesenheit weisen zerhackte, morsche Baumstümpfe hin. Zum Bau seiner Höhle bevorzugt der Vogel alte Buchen oder Kiefern mit Stämmen von mehr als 35 cm Durchmesser. Das Einschlupfloch liegt bis 25 m hoch über dem Erdboden.

Ein überwiegend schwarz-weißes Gefieder haben die „bunten Spechte". In Europa leben *Buntspecht*↑, *Mittelspecht*, *Kleinspecht* und *Weißrückenspecht*. In Europa gibt es außerdem die „grünen Spechte": *Grünspecht* und *Grauspecht*. Beide suchen häufig am Boden nach Nahrung, vor allem nach Ameisen. Wegen ihrer Lebensweise werden die Vögel auch als „Erdspechte" bezeichnet.

Schwarzspecht

Größe Rund 45 cm lang, größter europäischer Specht

Merkmale Gefieder schwarz; Männchen mit roter Kopfplatte, Weibchen mit rotem Hinterkopf; Schnabel gelb; gelbe Augen; klettert mit gegrätschten Beinen; laute „kliöh"-Rufe

Ernährung Frißt Ameisen und andere Insekten (Borkenkäfer), Spinnen und andere Kleintiere

Fortpflanzung Zimmert Bruthöhlen in Bäume; 3 bis 5 weiße Eier; Gelege ab April, 1 Brut im Jahr

Vorkommen Lebt in Nadel- und Laubwäldern; Jahresvogel; über weite Teile Europas und Asiens verbreitet

---

Grünspecht

Größe 32 cm lang

Merkmale Gefieder grün gefärbt; Kopfplatte und Nacken rot; breiter Bartstreif, beim Männchen schwarz und rot, beim Weibchen einfarbig schwarz

Ernährung Frißt vor allem Ameisen und deren Larven und Puppen, selten auch Beeren

Fortpflanzung Brütet in selbstgezimmerten Baumhöhlen; 5 bis 8 weiße Eier; Brutdauer 14 bis 15 Tage; Gelege ab April, 1 Brut im Jahr

Vorkommen Besiedelt Parks, Feldgehölze und Wälder; Jahresvogel; über fast ganz Europa verbreitet

Der Grünspecht sucht oft am Boden Nahrung.

Sperling

Sperlinge sind kräftige kleine Singvögel mit überwiegend bräunlich gefärbtem Gefieder. Insgesamt gibt es etwa 30 verschiedene Arten auf der Erde. Darunter ist der *Haussperling* als einziger weltweit verbreitet und kommt auch in Mitteleuropa überall häufig vor. Meist sieht man ihn in kleinen Gruppen zusammen mit Artgenossen. Er hält sich nur selten entfernt von menschlichen Siedlungen auf und fühlt sich selbst mitten in Großstädten wohl. Meist hört man vom Haussperling nur das typische Tschilpen. Daneben läßt er aber auch viele andere Laute hören. Der *Feldsperling* ist etwas kleiner als der Haussperling. Anders als beim nahen Verwandten sind bei dieser Art Männchen und Weibchen gleich gefärbt. Auch der Feldsperling lebt gesellig, hält sich aber weniger in Dörfern und Städten auf als der Haussperling. Er ist mehr ein Vogel der offenen Landschaft. Allerdings müssen Bäume vorhanden sein, in denen der Vogel als Höhlenbrüter sein Nest bauen kann. Gern nimmt er auch Nistkästen an. Das Nest ist – wie beim Haussperling – ein umfangreicher, schlampiger Bau aus Halmen und Blättern. Auch Papierfetzen und ähnliches Material werden eingebaut. Die Nestmulde wird mit vielen Federn ausgelegt. Im Winter erscheinen Feldsperlinge in Dörfern und an Stadträndern, um Nahrung zu suchen.

Eine weitere europäische Art ist der *Steinsperling*. Er sieht ähnlich aus wie das Weibchen des Haussperlings, hat aber einen gelben Kehlfleck.

Haussperlinge: links ein Männchen, rechts ein Weibchen

Haussperling, Hausspatz

Größe Knapp 15 cm lang

Merkmale Männchen mit grauer Kopfplatte, braunem Nacken, hellgrauen Wangen und schwarzem Kehlfleck; Rücken und Flügel braun mit dunklen Längsstreifen, Bürzel und Unterseite hellgrau; Weibchen unscheinbar, ohne deutliche Kopfzeichnung

Ernährung Abwechslungsreiche Nahrung: Beeren, Samen, grüne Pflanzenteile und Kleintiere

Fortpflanzung Nistet in Mauerlöchern, unter Dachbalken und Dachpfannen; unordentliches Nest aus Halmen und Federn; 5 bis 6 Eier, auf bläulich-grünlichem Grund dicht dunkelbraun gefleckt; Gelege ab April, 2 bis 3 Bruten im Jahr; Brutdauer 11 bis 13 Tage, beide Elternvögel brüten abwechselnd

Vorkommen Überall in Dörfern und Städten zu beobachten; Jahresvogel; weltweit verbreitet

Feldsperling bei der Nahrungssuche

Feldsperling, Feldspatz

Größe 14 cm lang, etwas kleiner als Haussperling

Merkmale Kastanienbraune Kopfplatte, schwarze Kehle, schwarze Wangenflecken; Rücken braun mit dunkler Längsstreifung; Flügel mit einer kräftigen und einer undeutlichen hellen Binde; Männchen und Weibchen gleich gefärbt

Ernährung Frißt Samen, grüne Pflanzenteile und Kleintiere, vor allem Insekten

Fortpflanzung Nest in Baumhöhlen oder Nistkästen, schlampiger Bau aus Halmen, Blättern und Federn; 5 bis 6 Eier; Gelege ab Ende April, 2 Bruten im Jahr; Brutdauer 11 bis 14 Tage, beide Elternvögel brüten abwechselnd

Vorkommen Bewohner der offenen Landschaft mit Hecken und Feldgehölzen; im Winter auch in Dörfern und an den Rändern der Städte; Teilzieher; über weite Teile Europas und Asiens verbreitet

Spinne

Spinnen haben acht Beine, und ihr Körper ist in Kopfbrust und Hinterleib gegliedert. Weltweit gibt es etwa 30 000 verschiedene Arten. Spinnen kommen in allen Lebensräumen vor.

Die bekanntesten Spinnen sind die *Kreuzspinnen↑*. Sie tragen eine Kreuzzeichnung auf dem Hinterleib und bauen große Netze. Eine andere schöne europäische Art ist die *Zebraspinne↑*. Sie hat einen schwarz-gelb gezeichneten Hinterleib und baut wie die Kreuzspinnen ein großes, senkrecht aufgehängtes Netz. Waagrecht aufgehängte Netze bauen die *Baldachinspinnen*. Es ist aber nicht so, daß alle Spinnen Netze bauen. Es gibt viele Arten, die „zu Fuß" auf Jagd gehen. Die *Wolfsspinnen* etwa pirschen ihre Beute regelrecht an. Die oft gelblich

Kreuzspinnen bauen große, kreisförmige Netze.

gefärbten *Krabbenspinnen* dagegen setzen sich in Blüten und warten darauf, daß sich ein Insekt niederläßt. Die *Falltürspinnen* lauern in ihren Wohnröhren am Boden, aus denen sie bei leicht geöffnetem Deckel hervorspähen. Hat eine Spinne ein Beutetier gepackt, zieht sie es in die Röhre und klappt den Deckel zu. *Springspinnen* wiederum pirschen ihre Beute an, um sie aus kurzer Entfernung im Sprung zu fangen. Während die meisten Spinnen an Land leben, verbringt die *Wasserspinne* ihr Leben unter Wasser. Sie baut kleine Wohnglokken, die sie mit Luft füllt.

Übrigens: Fast alle Spinnen sind giftig. Mit dem Gift töten sie ihre Beutetiere. Für den Menschen sind aber nur ganz wenige Arten gefährlich. Wasserspinne und *Tarantel↑* beispielsweise gehören dazu, und der Biß einer *Schwarzen Witwe↑* kann tödlich sein. Die giftigsten Spinnen, die es gibt, sind die *Kammspinnen* aus Südamerika. Sie sind auch sehr angriffslustig. Die großen *Vogelspinnen* aber sind vergleichsweise harmlos.

Die Hausspinne ist ein harmloser Untermieter.

Vogelspinnen sind die größten Spinnen, die es gibt.

Hausspinne, Hauswinkelspinne

Größe Männchen bis 14 mm, Weibchen bis 18 mm lang

Merkmale Braun bis dunkelbraun gefärbt; helle und dunkle Zeichnung auf der Oberseite des Hinterleibes; Beine doppelt bis dreifach so lang wie der Körper; Männchen und Weibchen unterscheiden sich in der Größe, aber kaum in der Färbung

Ernährung Fängt Insekten, vor allem Fliegen und Mücken; baut ausgedehnte, dichte, trichterförmige Netze in Zimmerecken

Fortpflanzung Nach der Begattung legt das Weibchen seine Eier in einem Kokon ab; nach dem Schlüpfen wachsen die Jungen heran und häuten sich mehrmals, bis sie ihre Endgröße erreichen

Vorkommen Lebt fast nur innerhalb von Häusern, Schuppen und Ställen; über Europa und Asien bis nach Sibirien verbreitet

Spitzmaus

Sumpfspitzmaus

Spitzmäuse haben eine spitze Schnauze, aber Mäuse sind sie nicht. Sie sind vielmehr mit dem Igel und dem Maulwurf verwandt und gehören zur Gruppe der Insektenfresser. Das deutet schon an, welche Nahrung Spitzmäuse bevorzugen: Würmer, Schnecken und vor allem Insekten und deren Larven. Entsprechend ihrer Nahrung haben die Tiere Reihen kleiner, spitzer Zähne, mit denen sie die harten Panzer der Insekten zerbeißen können.

Die Tiere sind sehr rege und sowohl tagsüber als auch nachts aktiv. Häufige Arten in Mitteleuropa sind die *Waldspitzmaus*, die *Feldspitzmaus*, die *Gartenspitzmaus* und die *Hausspitzmaus*. Eine besonders interessante Art ist die *Wasserspitzmaus*. Sie lebt am Ufer von meist ruhig fließenden Gewässern, von denen sie sich nur selten einmal entfernt. An das Leben an und vor allem im Wasser ist sie gut angepaßt. Sie hat Schwimmborsten an den Hinterzehen und auf der Schwanzunterseite. Sie schwimmt viel und gut und taucht auch sehr geschickt. Auf der Suche nach Nahrung läuft sie auf dem Grund des Gewässers umher.

Sumpfspitzmaus

Größe Körper 6,5 bis 9 cm, Schwanz 4,5 bis 6 cm lang; Gewicht 13 bis 20 g

Merkmale Mausähnlicher Körper; lange, spitze Schnauze mit Tasthaaren; Ohren im Fell verborgen, kleine Augen; kurze Schwimmborsten an den Hinterfüßen; langer Schwanz; dichtes Fell, auf der Oberseite dunkelgrau bis schwarz, auf der Unterseite silbrigweiß gefärbt

Ernährung Frißt vor allem Insekten und deren Larven, aber auch Spinnen, Würmer und Schnecken

Fortpflanzung Tragzeit 20 bis 21 Tage; 3 bis 13 Junge in einem Wurf; Gewicht bei der Geburt etwa 1 g; 2 bis 3 Würfe im Jahr; Junge im Alter von 6 bis 8 Monaten geschlechtsreif

Vorkommen Lebt an dicht bewachsenen Ufern aller Arten von Gewässern, auch in Sumpfgebieten; bis in etwa 2 000 m Höhe anzutreffen; über weite Teile Europas (Mittel- und Hochgebirge) und Asiens verbreitet

---

Eine weitere europäische Art ist die 4,2 bis 6,2 cm lange *Zwergspitzmaus*. Trotz ihres Namens gibt es aber noch kleinere Spitzmäuse. Die *Knirpsspitzmaus* wird nur 3,3 bis 5 cm lang, die *Etruskerspitzmaus* 3,6 bis 5,3 cm. Diese beiden Tiere sind die kleinsten Säugetiere, die es auf der Erde gibt.

Stachelschwein

Star

Die Tierforscher wissen bis heute nicht, ob das Stachelschwein ein echter „Europäer" ist. Da das Tier nur in Italien vorkommt, halten sie für möglich, daß es die Römer dort eingeführt haben. Trotz seines Namens ist das Stachelschwein kein Schwein, sondern ein Nagetier. Es lebt in kleinen Gruppen, ruht tagsüber in Höhlen und wird erst nachts aktiv. Wird es in die Enge getrieben, geht es mit gespreizten Stacheln rückwärts oder seitlich auf den Angreifer zu. Mit den Schwanzstacheln erzeugt es dann ein rasselndes Geräusch. Wenn es seinen Körper schüttelt, können die Stacheln 2 m weit weggeschleudert werden und dem Angreifer schmerzhafte Wunden zufügen. Verwandte des Stachelschweins leben in Afrika, Asien und Amerika.

Ein Star an seiner Bruthöhle in einem hohlen Baum

Stachelschwein

Größe Körper 60 bis 80 cm, Schwanz 4 bis 9 cm lang; erscheint durch das Stachelkleid größer; Gewicht 10 bis 15 kg

Merkmale Fell dunkelgrau; auf dem Nacken weißliche Borsten; Rücken mit langen, schwarzweiß geringelten Stacheln besetzt; auf dem Schwanz kurze Stacheln, mit denen das Tier ein rasselndes Geräusch erzeugen kann

Ernährung Frißt Wurzeln, Zwiebeln und Rinde, auch Insekten

Fortpflanzung Tragzeit um 100 Tage; 1 Junges bis 4 Junge in einem Wurf, meist 2; Gewicht bei der Geburt 300 bis 465 g; 2 bis 3 Würfe im Jahr; im Alter von 9 bis 16 Monaten werden die Jungen geschlechtsreif

Vorkommen Lebt in trockenem, offenem Busch- und Waldland mit Deckung; über die südliche Hälfte Italiens und über Nordafrika verbreitet

---

Star

Größe Knapp 22 cm lang

Merkmale Zur Brutzeit schwarzes Gefieder, metallisch grünlich und purpurn glänzend; langer, spitzer, gelber Schnabel; außerhalb der Brutzeit Gefieder weiß getüpfelt, Schnabel dann dunkelbraun

Ernährung Frißt Kleintiere, Früchte und Beeren

Fortpflanzung Nistet in Höhlen (Baumhöhlen, Mauerlöchern, Starenkästen); 4 bis 6 blaßblaugrüne Eier; erste Gelege im April, 1 Brut im Jahr

Vorkommen Bewohnt Gärten und Parks, Feldgehölze und Wälder; Teilzieher; über fast ganz Europa und Teile Mittelasiens verbreitet

---

Das Stachelschwein gehört zu den Nagetieren.

Der Star sieht der Amsel ↑ ähnlich. Er ist aber etwas kleiner, sein Schwanz ist kürzer, und er hat dreieckige, spitze Flügel. Im Flug wechseln Schlag- und Gleitphasen ab. Beim Singen läßt der Star die Flügel hängen oder schlägt damit auf der Stelle. Sein Gesang ist ein geschwätziges Gemisch aus Pfiffen, Schnalz- und Schnurrlauten. Der Vogel macht sich unbeliebt, wenn er Kirschbäume oder Weinberge plündert. Außerhalb der Brutzeit schließen sich Stare oft zu großen Schwärmen zusammen. Die Schwärme können Tausende von Vögeln umfassen.

269

Steinbock

Es hätte nicht viel gefehlt, und der Alpensteinbock wäre im vorigen Jahrhundert ausgerottet worden. Naturschützer sorgten aber schon 1816 für einen strengen Schutz der verbliebenen Tiere. Im Gran-Paradiso-Gebiet, das 1854 Privatbesitz des italienischen Königs wurde, konnten sich die Tiere wieder vermehren. Aus diesem Bestand entstammen die Tiere, die heute wieder an vielen Stellen der Alpen zu beobachten sind. Neben dem Alpensteinbock gibt es noch einige andere Unterarten des Steinbocks. Der *Äthiopische Steinbock* etwa lebt in den hohen Gebirgen Äthiopiens. Der *Nubische Steinbock* kommt in heißen, wüstenartigen Gebieten in Nordwestafrika und auf der Arabischen Halbinsel vor.

Alpensteinbock

Größe Böcke 1,40 bis 1,70 m lang und bis 120 kg schwer; Geißen 0,75 bis 1,15 m lang und bis 50 kg schwer; Schulterhöhe 70 bis 94 cm

Merkmale Fell braun; Böcke mit kurzem Kinnbart; säbelförmig nach hinten gekrümmte Hörner; Hörner der Böcke bis 1 m, die der Geißen bis 30 cm lang

Ernährung Frißt Gräser und Kräuter

Fortpflanzung Brunft im Dezember/Januar; Tragzeit 5 bis 6 Monate; meist 1 Kitz, selten 2 Kitze; Setzzeit Mai/Juni; Gewicht bei der Geburt 2 bis 3,5 kg; männliche Tiere mit 2 Jahren, weibliche Tiere ab 2,5 Jahren geschlechtsreif

Vorkommen Besiedelt vor allem felsiges Gelände in Höhen zwischen 2 000 und 3 500 m; über die Alpen verbreitet; weitere Unterarten des Steinbocks auf der Iberischen Halbinsel, in Nordwestafrika und Vorder- und Mittelasien verbreitet

---

Ein Alpensteinbock in seinem Lebensraum, den höchsten Lagen des Hochgebirges

Steinschmätzer

Weibchen des Steinschmätzers

Steinschmätzer
Größe 15 cm lang
Merkmale Männchen mit blaugrauem Rücken und rahmfarbener Unterseite; schwarzer Augenstreif, schwarze Flügel, weißer Bürzel (umgekehrt T-förmig), schwarzer Schwanz; Weibchen oberseits graubraun, Augenstreif fehlt
Ernährung Frißt vor allem Spinnen und Insekten, aber auch Würmer und kleine Schnecken
Fortpflanzung Nistet in Steinhaufen, Felsspalten und Erdlöchern; 4 bis 6 weißliche oder hellblaue Eier; Weibchen brütet allein; Brutdauer etwa 14 Tage; Gelege ab Mai, 1 Brut im Jahr
Vorkommen Bewohner von steinigem Ödland, Mooren, Dünen, Bergweiden und Tundra; zur Zugzeit auch auf Feldern; über ganz Europa, das mittlere und nördliche Asien, Teile des nördlichen Nordamerikas und Grönland verbreitet

Steinschmätzer sind etwa sperlingsgroße Singvögel. Sie haben eine aufrechte Sitzhaltung. Meist huschen sie rastlos am Boden hin und her. Dabei knicksen sie immer wieder und schlagen langsam mit dem gefächerten Schwanz. Auf dem Schwanz ist ein schwarzes „T" zu erkennen, das in den weißen Bürzel hineinreicht. An diesem Kennzeichen kann man den Steinschmätzer am besten erkennen. In Europa gibt es neben dem Steinschmätzer weitere Arten. In Spanien kommt der *Trauersteinschmätzer* vor. Der *Mittelmeersteinschmätzer* besiedelt ganz Südeuropa. Weltweit gibt es 17 Arten von Steinschmätzern. Die Vögel sind weit verbreitet, fehlen aber in Südamerika, Australien und in der Antarktis.

Steinwälzer

Der Steinwälzer brütet an fast allen nördlichen Küsten. In Europa liegen die südlichsten Brutplätze in Dänemark. Auf dem Zug taucht der Vogel aber regelmäßig auch in Mitteleuropa auf. Dann sucht er im Sand- und Schlickwatt, vor allem aber an felsigen Küsten nach Nahrung. Bei der Suche nach Futter läuft der Vogel recht bedächtig umher und rückt immer wieder kleine Kiesel von ihrem Platz, um an die darunter versteckten kleinen Schnecken und Flohkrebse zu gelangen. Außerdem wendet der Steinwälzer bei der Nahrungssuche auch Muscheln und Pflanzen um. Dort sind ebenfalls Kleintiere zu finden. Wegen dieses ungewöhnlichen Vorgehens bei der Nahrungssuche hat der Steinwälzer seinen Namen bekommen.

Steinwälzer
Größe 23 cm lang
Merkmale Im Brutkleid rostbrauner Rücken, auffällige schwarz-weiße Gesichtszeichnung; im Ruhekleid Kopf, Brust und Rücken düster braun; in beiden Kleidern orangegelbe Beine
Ernährung Frißt im Brutgebiet Insekten und Pflanzensamen; frißt auf dem Zug an der Küste kleine Krebse, Muscheln, Schnecken und Würmer
Fortpflanzung Brütet in einer Bodenmulde in Pflanzenbüscheln oder zwischen Steinen; 3 bis 4 Eier, grünlichbräunlich mit olivbrauner Fleckung; Gelege ab Mai, 1 Brut im Jahr
Vorkommen Brütet an Küsten und auf vorgelagerten Inseln, auch in der Tundra; hält sich im Winter vorwiegend an Küsten (Sandwatt, Schlickwatt, Felsküsten) auf; brütet entlang der Küsten der gesamten nördlichen Halbkugel

Ein Steinwälzer im bunten Brutkleid

Stelzenläufer

Kein anderer Vogel hat im Verhältnis zum Körper so lange Beine wie der Stelzenläufer. Daran ist der Vogel immer eindeutig zu erkennen. Auf seinen langen Beinen stakst er durch das flache Wasser. Fliegt der Stelzenläufer auf, ragen die Beine weit über den Körper hinaus. An einer höhergelegenen Stelle baut er sein Nest. Oft brütet er mit Artgenossen zusammen in kleinen Kolonien. Nah verwandt mit dem Stelzenläufer ist der *Schlammstelzer*, der über das südliche Australien und über Tasmanien verbreitet ist.

Stelzenläufer

Größe 38 cm lang

Merkmale Männchen mit schwarzer Oberseite, Kopf oben meist dunkel; weiße Unterseite; sehr lange rote Beine; langer, spitzer Stocherschnabel

Ernährung Frißt Wasserinsekten und deren Larven, kleine Krebse, Froschlaich und Kaulquappen

Fortpflanzung Nistet in Seggenblüten auf kleinen Inseln oder auch am Ufer; 4 auf olivbraunem Grund dunkel gefleckte Eier; Gelege ab Mitte April, 1 Brut im Jahr

Vorkommen Bewohner von Süß-, Brack- und Salzwassersümpfen; über größere Gebiete auf allen Kontintenten mit Ausnahme der Antarktis verbreitet

---

Der Stelzenläufer hat außergewöhnlich lange Beine.

Sterntaucher

Der Sterntaucher ist ein hervorragender Unterwasserjäger, aber nur ein mäßiger Fußgänger. Seine Beine sitzen ganz hinten am Körper, und deshalb ist der Vogel an Land sehr unbeholfen. Unter Wasser dagegen bewährt sich dieser „Heckantrieb", zumal die Zehen durch Schwimmhäute verbunden sind und wie Paddel wirken. Schwierigkeiten hat der Taucher auch beim Auffliegen. Will er starten, muß er erst einen langen Anlauf auf der Wasseroberfläche nehmen. Dann erst hebt er schwerfällig ab. Der Sterntaucher gehört zur Familie der Seetaucher, die insgesamt 5 Arten umfaßt. *Pracht-, Weißnacken-, Eis-* und *Gelbschnabel-Eistaucher* kommen wie der Sterntaucher nur im Norden der nördlichen Halbkugel vor.

Der Sterntaucher schwimmt und taucht hervorragend.

Sterntaucher

Größe 50 bis 60 cm lang

Merkmale Graubraune Oberseite; Kopf und Hals seitlich grau, hinten schwarzweiß längsgestreift; rostroter Fleck an der Vorderseite des Halses; schlanker, aufgeworfener Schnabel

Ernährung Frißt überwiegend Fische, aber auch Krebstiere, Wasserinsekten, Weichtiere und Frösche

Fortpflanzung Nistet am Boden in unmittelbarer Nähe des Wassers oder auf kleinen Inseln; 2 längliche Eier; Eier olivbraun und unregelmäßig schwarzbraun gefleckt; Brutdauer 25 bis 30 Tage, Männchen und Weibchen brüten abwechselnd; Gelege ab Mai, 1 Brut im Jahr

Vorkommen Besiedelt stehende Gewässer von den Küsten bis ins Gebirge; außerhalb der Brutzeit auf dem Meer in Küstennähe; über die nördlichen Gebiete der gesamten Nordhalbkugel verbreitet

---

Stichling

Ein Paar des Dreistacheligen Stichlings: unten das Männchen, oben das Weibchen mit seinem prall mit Eiern gefüllten Bauch

---

Dreistacheliger Stichling

Größe 4 bis 8 cm, im Salzwasser auch bis 11 cm lang

Merkmale Männchen in der Fortpflanzungszeit mit blaugrünem Rücken, roter Brust und bläulichen Augen; sonst wie die Weibchen unscheinbar graugrün mit silbrigem Glanz und schwarzen Punkten; 3 einzeln stehende Stacheln auf dem Rücken

Ernährung Frißt vor allem Kleintiere, aber auch Fischlaich und Jungfische

Fortpflanzung Baut kleines Nest aus Pflanzenteilen, in dem das Weibchen ablaicht; Eier und Junge werden allein vom Männchen betreut

Vorkommen Lebt vorwiegend in kleinen Gewässern; es gibt aber auch Stichlinge, die in Küstengewässern leben und zum Laichen ins Süßwasser wandern; über die gemäßigten und kalten Gebiete der nördlichen Halbkugel verbreitet

---

Der *Dreistachelige Stichling* ist ein kleiner Fisch. Er kann drei Stacheln auf seinem Rücken aufrichten, um sich vor Freßfeinden zu schützen. Selbst Hechte haben es schwer, mit dem Fisch fertig zu werden. Sehr interessant ist das Leben des Stichlings zur Laichzeit. Zunächst legt das Männchen sein „Hochzeitskleid" an. Es bekommt einen blaugrünen Rücken und eine rote Brust. In seinem Revier baut es dann ein kleines Nest. Taucht ein laichbereites Weibchen auf, versucht das Männchen, es ins Nest zu locken. Hat das Weibchen dort abgelaicht, besamt das Männchen die Eier. Dann vertreibt es das Weibchen und übernimmt allein die Bewachung der Eier und die Betreuung der Jungen. Man unterscheidet beim Dreistacheligen Stichling zwei Formen, die sich in der Lebensweise unterscheiden. Die eine lebt in flachen Küstengewässern und wandert im Frühjahr ins Süßwasser, um dort zu laichen. Die Jungfische wachsen im Süßwasser heran und wandern später wieder ins Meer zurück. Die zweite Form verbringt das ganze Leben im Süßwasser.

Neben dem Dreistacheligen Stichling gibt es in Europa eine weitere Stichlingsart: den *Kleinen Stichling* oder *Zwergstichling*. Dieser Fisch wird 4 bis 7 cm lang und hat 9 Stacheln auf dem Rükken. Er wird deshalb auch *Neunstacheliger Stichling* genannt.

Stieglitz

Der Stieglitz frißt gern die Samen von Disteln.

Stieglitz, Distelfink

Größe 12 cm lang

Merkmale Rücken braun, weißer Bürzel, schwarzer
Schwanz; Unterseite heller; schwarze Flügel mit gelbem
Längsstreifen; Gesichtsmaske rot, weiß und schwarz;
Männchen und Weibchen gleich gefärbt

Ernährung Frißt Samen von Stauden (Disteln) und daneben
Insekten und andere Kleintiere

Fortpflanzung Nistet in Hecken und auf Bäumen;
4 bis 6 weißliche Eier, dunkelbraun oder rötlich gefleckt;
Gelege ab Anfang Mai, 2 Bruten im Jahr

Vorkommen In Parks und Obstbaumbeständen, über fast
ganz Europa und Nordafrika verbreitet

Der bunte Fink hat zwei Namen bekommen. „Stieglitz" heißt er wegen seines Rufs. Seine Rufe klingen
wie „stigelitt, stigelitt". Sie werden in den Gesang
eingebaut. Der Name „Distelfink" bezieht sich dagegen auf seine Lieblingsnahrung, die Samen von
Disteln. Meist sieht man Stieglitze in kleinen Trupps
durch die Landschaft streifen. Von Zeit zu Zeit fallen
sie an Stauden ein. Dort hängen sie sich oft kopfüber an die Fruchtstände, um die Samen herauszu-
picken.

Stinktier

Vorsicht ist geboten, wenn man einem Stinktier
begegnet. Das mit den Mardern nahverwandte Tier
greift zwar nicht an, es hat aber eine unangenehme
„Waffe". Diese heißt Afterdrüse oder Stinkdrüse.
Darin wird eine übelriechende Flüssigkeit gebildet.
Wenn das Stinktier angegriffen wird, stellt es den
Schwanz senkrecht hoch und spritzt dem Angreifer
die Flüssigkeit mitten ins Gesicht. Bis zu 6 m weit
reicht der Strahl. Der Geruch ist so penetrant, daß
Pumas, Kojoten oder Füchse für immer von Stink-
tieren ablassen, wenn sie einmal getroffen worden
sind.

Stinktiere oder Skunks sind ausschließlich über
Nord-, Mittel- und Südamerika verbreitet. Man
unterscheidet mehrere Stinktierarten: den *Streifenskunk*, der über weite Teile Nordamerikas verbreitet ist, den *Fleckenskunk* in Nord- und Mittelamerika und den *Andenskunk* in Südamerika.

Streifenskunk, Kanadaskunk

Größe Körper 58 bis 80 cm, Schwanz 18 bis 40 cm lang;
Gewicht 1,2 bis 2,5 kg, im Herbst bis 5,3 kg

Merkmale Marderartiger Körper; langer, buschiger
Schwanz; das Fell ist schwarz mit 2 breiten, weißen
Seitenstreifen; die Zeichnung des Fells ist veränderlich

Ernährung Frißt kleine Nagetiere, Vögel und deren Eier,
Insekten und Würmer, aber auch Beeren und Obst

Fortpflanzung Tragzeit 59 bis 77 Tage; 2 bis 10, meist
6 bis 8 Junge in einem Wurf; Gewicht der Jungen bei der
Geburt 32 bis 35 g; Junge mit 10 Monaten geschlechtsreif

Vorkommen Lebt in der offenen Landschaft mit Waldinseln,
häufig auch auf Kulturland; über weitere Teile des mittleren und südlichen Nordamerikas verbreitet

---

Ein Streifenskunk aus Nordamerika

Stockente

Stockente

Größe 58 cm lang

Merkmale Erpel mit flaschengrünem, schillerndem Kopf, gelbem Schnabel, weißem Halsring, kastanienbrauner Brust und schwarzweißem Hinterende mit 4 hakig gebogenen, schwarzen Schwanzfedern; übriges Gefieder hellgrau; Weibchen unscheinbar dunkelbraun und hellbraun gestreift und gefleckt, blaues Feld in den Flügeln; Beine orange; laute „rähb, rähb"-Rufe, daneben in der Balzzeit auch verschiedene andere Rufe

Ernährung Nahrung vielseitig, abhängig vom Lebensraum und von der Jahreszeit; frißt Teile von Wasserpflanzen, Gras, Früchte und Kleintiere, daneben auch Brot und Fischfutter

Fortpflanzung Nistet meist in dichter Vegetation nahe am Wasser; baut ein Nest aus Pflanzenteilen der Umgebung; die flache Nestmulde wird mit Daunen ausgepolstert; 7 bis 11 gelbliche, grünliche oder leicht bräunliche Eier; nur das Weibchen brütet, deckt das Gelege beim Verlassen des Nestes mit Nistmaterial ab; Gelege ab März, 1 Brut im Jahr; Brutdauer 27 bis 28 Tage

Vorkommen Brütet überall häufig an stehenden und langsam fließenden Gewässern, auch an Parkteichen mitten in Städten; Jahresvogel, weicht im Winter auf eisfreie Gewässer aus; über weite Gebiete Europas, Asiens und Nordamerikas verbreitet

Schwimmender Erpel der Stockente

Die Stockente ist die häufigste und bekannteste Schwimmente (Ente↑) in Europa. Besonders im Winter sieht man Stockenten an Gewässern, wo sie zusammen mit anderen Wasservögeln auf Spaziergänger mit Futtertüten warten. Unter den Stockenten gibt es immer wieder Tiere mit weißen Flecken im Gefieder. Dies sind Vögel, die aus Paarungen von Stockenten mit Hausenten stammen. Die Stockente ist die Stammform der Hausente.

Die jungen Stockenten verlassen das Nest gleich nach dem Schlüpfen. Sie bleiben aber nah bei der Mutter.

Stör

Sterlet

Störe haben einen langgestreckten Körper mit fünf Reihen von Knochenschilden: eine Reihe entlang der Rückenlinie, je eine Reihe an jeder Seite und zwei Reihen auf dem Bauch. Ihre Schwanzflosse hat ungleiche Lappen. In den oberen Lappen reicht die Wirbelsäule hinein. Das Maul liegt immer auf der Unterseite des Kopfes. Vor dem Maul tragen die Fische ein Büschel aus 4 Barteln. Störe leben vor allem im Bereich des Schwarzen Meeres und des Kaspischen Meeres. Weil die Flüsse verschmutzt sind und die Fische übermäßig stark gefangen werden, sind einige Arten recht selten geworden.

Störe gehören zu den Riesen unter den Süßwasserfischen. Der *Sterlet* ist mit höchstens 1 m Länge eine vergleichsweise kleine Art. Der *Sternhausen* wird 2 m und der *Waxdick* 3 m lang. Der *Stör* dagegen bringt es schon auf 5 m. Der „Superfisch" ist aber der *Hausen*. Seine Länge wird mit durchschnittlich 1 bis 3 m angegeben. Er kann aber 9 m lang werden und wiegt dann 1,5 t.

Störe sind wirtschaftlich wichtige Fische. Sie liefern wohlschmeckendes Fleisch, vor allem aber den

---

Sterlet

Größe 40 bis 60 cm, höchstens 1 m lang; bis 10 kg, selten bis 16 kg schwer

Merkmale Langgestreckter, schlanker Körper mit 5 Reihen von Knochenschilden; die Knochenschilde auf dem Rücken bilden einen scharfen Kamm; lange, spitze Schnauze; Maul auf der Unterseite des Kopfes, am Maul 4 lange Barteln; Schwanzflosse mit ungleichen Lappen, in den oberen reicht die Wirbelsäule hinein; Oberseite grau, Unterseite weißlich bis gelblich gefärbt

Ernährung Frißt Wasserinsekten und deren Larven, Flohkrebse und kleine Fische; frißt im Winter fast gar nichts

Fortpflanzung Wandert zum Laichen flußaufwärts; laicht auf Geröllgrund; das Weibchen legt 11 000 bis 135 000 Eier; die Jungen schlüpfen nach 4 bis 5 Tagen und bleiben längere Zeit im Flachwasser

Vorkommen Verbringt das ganze Leben im Süßwasser; lebt in den großen Flüssen, die in das Schwarze Meer und in das Kaspische Meer münden

---

berühmten Kaviar. Kaviar ist nichts anderes als die gesalzenen Eier von Stören. Da echter Kaviar sehr teuer ist, gibt es auch „Kaviar" von Lachsen, von Seehasen und einigen anderen Arten von Meeresfischen.

Storch

Jeder kennt „Freund Adebar" und die Geschichte, daß der *Weißstorch* die kleinen Kinder bringt. Die alljährliche Wiederkehr der Störche ist in jedem Dorf oder Städtchen ein wichtiges Ereignis. Nach der Ankunft hört man die Störche immer wieder klappern. Auch bei späteren Begrüßungen der Brutpartner am Horst kann man dies hören. Wenn die Jungstörche groß geworden sind, ziehen die Vögel wieder nach Süden. Je nach Lage ihres Brutplatzes ziehen sie nach Südwesteuropa, über Gibraltar hinweg und weiter nach Nordwestafrika. Oder sie ziehen nach Südosten ab, über den Bosporus hinweg und weiter nach Ostafrika und Südafrika. Auf diesen langen Zugwegen und auch in den Winterquartieren sind die Vögel vielen Gefahren ausgesetzt. Neben dem Weißstorch brütet in Europa der *Schwarzstorch.* Er hat sich nicht wie der Weißstorch eng an den Menschen angeschlossen, sondern ist ein scheuer und seltener Bewohner ausgedehnter Wälder. Dort steht sein Horst auf hohen Bäumen. Der Nahrungssuche geht der Schwarzstorch in Sumpfwiesen und an Gewässern nach.

Ein Waldstorch aus Amerika

Zwei Nester des Weißstorchs auf einem Hausdach

Weißstorch

Größe Knapp über 1 m lang; Flügelspannweite 2,20 m; Gewicht 3,5 bis 4,5 kg

Merkmale Gefieder weiß, Flügel zur Hälfte schwarz; kräftiger, roter Schnabel; lange rote Stelzbeine; Männchen und Weibchen gleich gefärbt; Jungstörche im Gefieder ähnlich den Altvögeln, aber mit schwarzbraunem Schnabel und schwarzbraunen Beinen; neben gelegentlichen Zischlauten typisches Klappern mit dem Schnabel, fast nur in der Brutzeit zu hören

Ernährung Nahrung vielseitig: von Lurchen, Kriechtieren und Fischen über Kleinsäuger bis hin zu Insekten (Heuschrecken)

Fortpflanzung Nistet auf Hausdächern, Schornsteinen und Strommasten, seltener auch in hohen Bäumen; baut großen Horst aus Ästen und Zweigen; Nestmulde mit weichem Material ausgelegt; 3 bis 5 weiße Eier; Gelege ab März/April, 1 Brut im Jahr; Brutdauer 33 bis 34 Tage, Männchen und Weibchen brüten abwechselnd

Vorkommen Brütet überwiegend in Dörfern und Städten, aber auch in der freien Landschaft und in Waldgebieten; Nahrungssuche in Sumpfwiesen und an Gewässern; Sommervogel, an den mitteleuropäischen Brutplätzen von März/April bis September; über Teile Europas, Asiens und Nordafrikas verbreitet; besonders in Mitteleuropa starker Rückgang

---

Als weitere Verwandte von Weiß- und Schwarzstorch sind in Afrika der *Abdimsstorch*, der *Marabu↑*, der *Nimmersatt* und der *Sattelstorch* zu Hause. In Wäldern, Auen und Sümpfen Nordamerikas lebt der überwiegend weiß gefärbte *Waldstorch*. In Teilen Südamerikas kommt der *Jabiru* vor, in Asien leben der *Buntstorch* und der *Milchstorch*.

Strandläufer

Die Strandläufer gehören zu einer sehr artenreichen Gruppe von Vögeln, den Schnepfen↑. In Mitteleuropa brüten nur wenige Arten von Strandläufern, aber viele ziehen durch oder überwintern hier. Im Wattenmeer vor der Nordseeküste beispielsweise sieht man oft „Vogelwolken" mit Hunderttausenden von Strandläufern. Überwiegend sind dies *Alpenstrandläufer*. Die Vögel haben eine schlichte, graubraune Farbe. Den schwarzen Bauch haben die Vögel nur zur Brutzeit. Der größte europäische Strandläufer ist der *Knutt* mit 25 cm Länge. Etwas kleiner ist der *Meerstrandläufer*. Der kleinste Strandläufer, der *Zwergstrandläufer*, wird nur halb so groß wie der Knutt. Weltweit gibt es ungefähr 25 Arten von Strandläufern.

Alpenstrandläufer

Größe 18 cm lang

Merkmale Im Brutkleid auf dem Rücken rostbraun, schwarz gemustert; Unterseite hellgrau mit schwarzen Fleckenstreifen und schwarzem Bauchfleck; heller Flügelstreifen; dunkler, leicht abwärts gebogener Schnabel; im Ruhekleid Gefieder graubraun gefärbt

Ernährung Frißt hauptsächlich kleine Insekten und deren Larven, aber auch Schnecken und Würmer

Fortpflanzung Nistet in Grasbüscheln, Mulde mit Halmen ausgelegt; meist 4 auf gelbbraunem Grund dunkeloliv gefleckte Eier; Gelege ab Ende Mai, 1 Brut im Jahr; Brutdauer 21 bis 24 Tage

Vorkommen Brütct in Sumpfgebieten und Mooren; außerhalb der Brutzeit vor allem an den Küsten (Wattenmeer) zu beobachten; Brutplätze im hohen Norden der gesamten Nordhalbkugel

---

Alpenstrandläufer im Brutkleid

Strandschnecke

Strandschnecken gehören zu den Kiemenschnecken (Schnecke↑). Sie atmen also mit Kiemen. Auf dem Fuß haben sie einen Deckel, mit dem sie das Gehäuse verschließen können. Strandschnecken leben in der Gezeitenzone des Meeres und kriechen oft weit aus dem Wasser heraus. Wenn es ihnen zu heiß und zu trocken wird, lassen sie sich ins Wasser zurückfallen. Oft sieht man die Schnecken dicht an dicht sitzen. Tierforscher haben gezählt, daß bis zu 350 Schnecken auf einem Quadratmeter sitzen. Die Höchstzahl lag bei 1470 Schnecken. Dies waren aber noch nicht ganz ausgewachsene Tiere. An den europäischen Küsten kommen mehrere Arten von Strandschnecken vor. Sie unterscheiden sich in der Größe und in der Form ihrer Gehäuse.

Gemeine Strandschnecken bei Niedrigwasser

Gemeine Strandschnecke

Größe Gehäuse bis 3 cm hoch

Merkmale Kegelförmiges Gehäuse mit dicker Schale; braun oder grau gefärbt, oft mit spiraligen Bändern; trägt auf dem Fuß einen Deckel

Ernährung Weidet Algen vom Untergrund, vor allem von sandigem Schlickboden ab; benutzt dabei ihre mit feinen Zähnen besetzte Raspelzunge

Fortpflanzung Laichzeit zwischen April und Juni; legt zahlreiche gallertige Scheiben ab, die je 1 bis 4 Eier enthalten; die Laichscheiben treiben im Wasser; die Larven schwimmen etwa 3 Wochen umher und lassen sich dann am Boden nieder

Vorkommen Lebt in der Gezeitenzone des Meeres; sitzt an Felsen, Küstenbefestigungen und an Seegras; über die westliche Ostsee, die Nordsee und den Atlantik (europäische und nordamerikanische Küste) verbreitet

---

Strauß

Ein Straußenhahn im afrikanischen Busch

Strauß
Größe Bis 2 m hoch und bis 150 kg schwer
Merkmale Sehr großer Vogel; lange, kräftige Laufbeine; langer, dünner Hals; kleiner Kopf; Hahn mit schwarzem Gefieder, Flügel und Schwanz weiß; Weibchen bräunlich gefärbt
Ernährung Frißt Gras, Samen, Beeren, Insekten und kleine Kriechtiere
Fortpflanzung Brütet in einer Bodenmulde; Gelege mit meist 16 bis 23, höchstens 43 cremefarbenen Eiern von mehreren Weibchen; Brutdauer 45 bis 46 Tage; Eiablage meist in der Trockenzeit
Vorkommen Bewohnt Savannen, Steppen und Halbwüsten; über Afrika südlich der Sahara verbreitet, ausgespart sind die Waldgebiete in West- und Zentralafrika

Der Strauß ist der größte und schwerste Vogel der Erde. Er legt auch die größten Eier, die es gibt. Sie werden 15 cm lang und können bis 1,5 kg wiegen, so viel wie 24 Hühnereier zusammen. Ein Hahn lebt gemeinsam mit mehreren Hennen, und alle Hennen legen ihre Eier in eine gemeinsame Nestmulde. Zu den Verwandten des Straußes zählen der Emu↑, die Kasuare↑ und die Nandus↑. Als einziger dieser großen, flugunfähigen Vögel lebt der Strauß in Afrika.

Streifenhörnchen

Streifenhörnchen sind über Asien und Nordamerika verbreitet. Sie sind – im Gegensatz zu den nah verwandten Erdhörnchen↑ und Zieseln↑ – vorwiegend Waldbewohner. Ein in Asien lebendes Streifenhörnchen ist der *Burunduk*. Er besiedelt weite Gebiete Mittel- und Nordasiens. Die in Nordamerika lebenden Streifenhörnchen sind auch unter dem Namen *Chipmunks* bekannt. Es gibt von ihnen 6 Arten, die einander sehr ähnlich sehen und deshalb schwer zu unterscheiden sind. Chipmunks tragen den Schwanz beim Laufen steil in die Höhe gerichtet. Streifenhörnchen und Chipmunks werden auch unter dem Namen „Backenhörnchen" zusammengefaßt. Ihr wichtigstes Kennzeichen sind die großen Backentaschen. In diesen Taschen kann beispielsweise der Burunduk bis zu 9 g Nahrung kilometerweit bis zu seinem Bau tragen.

Kleiner Chipmunk
Größe Rumpf 9 bis 11 cm, Schwanz 7,5 bis 11 cm lang; 28 bis 57 g schwer
Merkmale Fell graugelb, mit hellen und dunklen Längsstreifen im Gesicht und auf dem Rücken; langer, buschiger Schwanz
Ernährung Verzehrt Samen und Früchte, Insekten, kleine Lurche, Kriechtiere und Jungvögel; geht hauptsächlich am Tag auf Nahrungssuche
Fortpflanzung Tragzeit 35 bis 40 Tage; Ende Mai/Anfang Juni werden 2 bis 6 Junge geboren; möglicherweise 2 Würfe im Jahr
Vorkommen Bewohnt mit Büschen bestandenes Gelände, Misch- und Nadelwald; über weite Gebiete Nordamerikas verbreitet

Ein Kleiner Chipmunk aus Nordamerika

Tafelente

Die Tafelente ist eine Tauchente (Ente↑). Um Nahrung zu suchen, taucht sie zum Grund des Gewässers. Dabei treibt sie sich mit ihren Schwimmfüßen vorwärts. Die Ente brütet an großen Weihern und Seen. Im Winter sieht man sie auch auf Talsperren und größeren Flüssen. Oft sammeln sich zu dieser Jahreszeit größere Mengen von Tafelenten, denn jetzt kommen zahlreiche Durchzügler und Wintergäste aus dem Norden zu den heimischen Vögeln hinzu. Meist sieht man sie dann in Gesellschaft anderer Enten wie der schwarzweißen Reiherenten. Der Zug der Tafelenten richtet sich vor allem danach, welche Witterung im Brutgebiet herrscht. Größere Mengen von Tafelenten überwintern in Südeuropa und in Nordafrika.

Schwimmender Erpel der Tafelente

Tafelente

Größe 46 cm lang

Merkmale Kopf des Erpels braunrot, gegen den grauen Rücken durch einen breiten, schwarzen Ring abgesetzt; Hinterende schwarz; Schnabel grau, am Grund und an der Spitze schwarz; Weibchen unscheinbar braun, vorn dunkler als hinten

Ernährung Frißt Pflanzenteile, Kleinkrebse, Insekten und deren Larven, Schnecken und Muscheln

Fortpflanzung Nest aus Pflanzenteilen am Boden, gut versteckt im Bewuchs; 5 bis 12 graugrüne Eier; Gelege ab Mitte April, 1 Brut im Jahr; Brutdauer 27 bis 28 Tage; das Weibchen brütet die Eier allein aus und führt auch die Jungen

Vorkommen Brütet an großen Weihern und Seen im Binnenland; im Winter auch auf Flüssen, kaum an der Küste zu beobachten; über weite Teile Mitteleuropas und bis weit nach Mittelasien hinein verbreitet

Tannenhäher

Der Tannenhäher hat eine Nuß gefunden.

Tannenhäher

Größe Knapp 32 cm lang

Merkmale Gefieder schokoladenbraun, dabei auf Rücken, Brust und Bauch kräftig weiß getüpfelt; Kopfplatte und Nacken einheitlich braun, Flügel fast schwarz; auffälliger weißer Unterschwanz und weiße Endbinde auf der Unterseite des Schwanzes

Ernährung Frißt Nüsse, Eicheln, Samen von Nadelbäumen, Früchte und Beeren; frißt im Sommer auch Insekten

Fortpflanzung Baut ein Nest aus Reisig auf Nadelbäumen; 3 bis 5 Eier mit hellgrünem, hellblauem oder weißlichem Grund, olivbraun und grau gefleckt; Gelege ab März, 1 Brut im Jahr

Vorkommen Lebt in den Fichten- und Zirbelkieferbeständen der Gebirge (Alpen) bis hinauf zur Baumgrenze und in den Nadelwäldern des Nordens; Jahresvogel; über Südskandinavien und die höheren Gebirge Mittel- und Südosteuropas und über Mittel- und Nordasien verbreitet

Der Tannenhäher ist etwas kleiner als der nah verwandte Eichelhäher↑. In Mitteleuropa brütet der Vogel nur in den Bergwäldern der Alpen. Als Wintervorrat versteckt er Nüsse und Samen von Nadelbäumen. Das Futter findet der Häher später nur zu einem Teil wieder. Wird die Nahrung in den Wäldern im Winter zu knapp, weicht er in tiefere Lagen aus. Dann erscheint der Tannenhäher auch in den Bergdörfern. In Abständen von einigen Jahren kommt es auch vor, daß Tannenhäher aus den Brutgebieten im Norden Europas und Asiens nach Südwesten ziehen. Sie überwintern in Mitteleuropa. Da die Vögel innerhalb kurzer Zeit und in Mengen auftauchen, sprechen die Vogelforscher von einer „Invasion".

Tapir

Tapire sehen ein bißchen wie eine Kreuzung zwischen Wildschwein und Flußpferd aus. Sie können gut schwimmen und ohne Schwierigkeiten selbst breite Urwaldflüsse durchqueren. Ihr Aussehen und ihre Lebensweise führten dazu, daß Naturforscher des 18. Jahrhunderts eine Verwandtschaft mit dem Flußpferd vermuteten. Heute weiß man, daß die Tiere mit Nashörnern und Pferden näher verwandt sind. Tapire haben an den Vorderbeinen vier, an den Hinterbeinen drei Zehen. Es gibt insgesamt nur vier Arten auf der Erde. Der *Baird-Tapir*, der *Bergtapir* und der *Flachlandtapir* sind über Mittel- und Südamerika verbreitet. Der schwarzweiß gefärbte *Schabrackentapir* kommt als einzige Art in Südostasien vor.

Baird-Tapir, Mittelamerikanischer Tapir

Größe Körper 2 m, Schwanz 7 bis 13 cm lang, Schulterhöhe 0,90 bis 1,05 m; Gewicht 250 bis 320 kg, bisweilen auch darüber

Merkmale Massiges Tier; rüsselartig verlängerte Schnauze, recht kurze Beine, breite Hufe; Fell mittel- bis dunkelbraun, auch graubraun; kurze Nackenmähne aus steifen Haaren; runde Ohren

Ernährung Nimmt vor allem pflanzliche Nahrung auf: Gräser, Knospen, Blätter und Früchte von Büschen und Bäumen (auch abgefallene Früchte)

Fortpflanzung Tragzeit 390 bis 400 Tage; 1 Junges, selten 2 Junge; das Junge bleibt 10 bis 11 Monate lang bei der Mutter

Vorkommen Lebt in den tropischen Regenwäldern bis in 3350 m Höhe; über Mittelamerika und ein kleines Gebiet im Nordosten Südamerikas verbreitet

---

Baird-Tapir

Tarantel

Taranteln können sehr schmerzhaft beißen.

Tarantel

Größe 3 bis 5 cm lang

Merkmale Große, behaarte Spinne mit langen Beinen und großen, schwarzen Augen; Oberseite sandbraun, Unterseite schwarz gefärbt; Beine mit schwarzen, rechteckigen Flecken auf der Unterseite

Ernährung Baut kein Netz, sondern jagt „zu Fuß", meist vom Eingang der Wohnröhre aus; ihre bevorzugte Beute sind Insekten

Fortpflanzung Die Eier werden zusammen in einem Kokon abgelegt, den das Weibchen am Hinterleib mit sich herumträgt; etwa 30 Eier von 1 mm Durchmesser in einem Kokon; die jungen Spinnen werden eine Zeitlang auf dem Hinterleib getragen

Vorkommen Bewohnt Trockengebiete (Brachflächen, Steppen, Halbwüsten); über das westliche Mittelmeergebiet und Nordafrika verbreitet

---

Früher nahm man an, daß der Biß einer Tarantel Menschen in Lebensgefahr bringen könnte. Man glaubte auch, daß nach einem solchen Biß nur ein wilder Tanz half, an dessen Ende der Tänzer schweißüberströmt und völlig erschöpft war. Er schlief dann ein und wachte erholt wieder auf. Heute wissen wir, daß der Biß der großen Spinnen ↑ zwar äußerst schmerzhaft, aber nicht tödlich ist. Taranteln gehören zu den Wolfsspinnen. Dies sind Spinnen, die fast nie Netze bauen, sondern frei jagen. Die Taranteln leben in selbstgegrabenen Erdhöhlen. Innen sind die Höhlen mit Spinnenseide austapeziert. Am Eingang der Höhlen lauern die Tiere auf Beute. Gelegentlich sieht man sie auch frei umherlaufen und jagen.

Taschenkrebs

Der Taschenkrebs gehört zu den Krabben↑. Wie bei seinen Verwandten sieht man auch bei ihm nur die fünf Beinpaare, die am Kopfbruststück ansetzen. Das vorderste Beinpaar sind die Scheren. Sie sind beim Taschenkrebs so kräftig, daß er ohne Schwierigkeiten einen fingerdicken Ast durchknipsen kann. Man muß also vorsichtig sein, wenn man einen Taschenkrebs anfaßt. Die Scheren dienen dem Krebs natürlich nicht dazu, den Menschen zu zwicken, sondern die Schalen seiner Beutetiere zu knacken. Die Schalen von Muscheln, anderen Krebsen und Seeigeln sind für ihn kein Hindernis, an die Weichteile im Inneren heranzukommen. Taschenkrebse werden in großen Mengen gefangen und dann verkauft.

Taschenkrebs

Größe Kopfbruststück bis 20 cm lang und bis 30 cm breit

Merkmale Kopfbruststück gelblichbraun bis rotbraun, im Umriß fast oval, nur wenig nach oben gewölbt; 1 Paar kräftige, an der Spitze schwarze Scheren; 4 Paar Laufbeine

Ernährung Frißt Muscheln, andere Krebse und Stachelhäuter

Fortpflanzung Die Weibchen werden bei einer Häutung vom Männchen begattet; die Eier werden in Paketen am Hinterleib getragen; die jungen Krebse wachsen über verschiedene Formen von Larven zu ihrer endgültigen Größe heran; während des Wachstums wird der Panzer in Abständen zu klein, und dann häuten sich die Tiere

Vorkommen Lebt auf sandigem und felsigem Grund im Flachwasserbereich; über die Nordsee, das Mittelmeer und den Atlantik verbreitet

---

Taschenkrebs

Taube

Überall auf der Welt leben *Haustauben* in Städten und Dörfern. Darunter sind Vögel, die von Züchtern gehalten und betreut werden. Die meisten Haustauben sind aber verwildert und fliegen frei herum. Da die Vögel in der Nähe des Menschen reichlich Futter finden und mehrere Bruten im Jahr aufziehen, haben sie sich stark vermehrt. In vielen Städten sind sie zu einer regelrechten Plage geworden. Die Stammform der Haustaube ist die *Felsentaube*. Manche Haustauben ähneln Felsentauben noch sehr, andere haben ein rotbraunes, schwarzes oder weißes Gefieder. Weltweit gibt es rund 300 verschiedene Arten von Tauben. In Europa kommen neben der Felsentaube noch *Hohltaube, Ringeltaube↑, Turteltaube* und *Türkentaube↑* vor.

Haustauben leben in vielen Städten der Erde.

Haustaube, Felsentaube

Größe 33 cm lang

Merkmale Gefieder graublau, Halsseiten grün und lila glänzend, 2 schwarze Flügelbinden, weißer Bürzel; Haustauben sind der Felsentaube teilweise sehr ähnlich, aber oft auch ganz anders gefärbt

Ernährung Frißt grüne Triebe, Knospen, Samen, Eicheln und Bucheckern; kaum tierische Nahrung

Fortpflanzung Felsentauben nisten in Höhlen in Felswänden; Haustauben nisten an und in Gebäuden auf Dachbalken, auf Fensterbänken und in Mauernischen; 2 weiße Eier; Haustauben brüten meist mehrmals im Jahr (ab März, aber auch im Winter)

Vorkommen Die Felsentaube brütet an Felswänden und Küsten in Mittel- und Südeuropa, im südlichen Asien und in Nordafrika; Haustauben kommen weltweit in Städten vor

---

Teichhuhn

Teichhuhn

Teichhuhn
Größe 33 cm lang
Merkmale Gefieder schwärzlich; an der Seite gebrochenes weißes Band; weiße Unterschwanzdecken; rote Stirn, Schnabel rot mit gelber Spitze; lange, grünliche Beine
Ernährung Frißt Teile von Wasser- und Uferpflanzen und im Wasser lebende Kleintiere
Fortpflanzung Nest versteckt in Pflanzen am Wasser; 5 bis 11 gelblich-bräunliche Eier mit dunkelbraunen Flecken; Gelege ab April; 2 Bruten, manchmal 3 Bruten im Jahr
Vorkommen Lebt an stehenden und langsam fließenden Gewässern mit viel Uferbewuchs; über weite Teile Europas, Asiens, Afrikas und Amerikas verbreitet

Das Teichhuhn ist ein schlanker Wasser- und Schwimmvogel. Beim Schwimmen nickt es ständig mit dem Kopf, und beim Schwimmen und Laufen zuckt der Schwanz häufig auf und ab. Fliegt ein Teichhuhn auf, hängen die Beine lang herunter. Meistens bleiben die Teichhühner im Winter bei uns. Bei starkem Frost weichen sie auf offene Wasserflächen aus. Ihr Nest bauen die Vögel immer nah am Wasser. Die Jungen haben ein schwarzes Daunenkleid und sind am Kopf rot gefärbt. Sie können sofort nach dem Schlüpfen schwimmen.

Termite

Bei einer Fahrt durch die afrikanischen Steppen und Savannen sieht man immer wieder einmal rötliche oder braune schlanke Erdhügel, die 2 m bis 3 m hoch sind. Die Erbauer leben in deren Innerem. Es sind Termiten. Diese Insekten bilden Staaten wie Ameisen oder Bienen. In einem Termitenstaat leben eine Königin und ein König mit vielen Arbeitern und Soldaten zusammen. Die Arbeiter können als einzige selbständig Nahrung aufnehmen. Sie füttern alle anderen Mitglieder des Staates. Weltweit gibt es etwa 2000 verschiedene Arten von Termiten. Die meisten leben in den tropischen Gebieten Afrikas, Australiens und Amerikas. Es gibt Termiten, die in toten Bäumen leben. Andere legen ihre Bauten in der Erde an. Die Bauten einer Art im Norden Australiens wiederum ragen 6 bis 8 m auf. Das sind mit die größten Bauten, die Tiere anlegen. Das Baumaterial ist Erde, Speichel und Kot. Die Tiere, die diese großen Bauten errichten, werden aber nur wenige Millimeter bis höchstens 2 cm lang. Sie richten bisweilen großen Schaden an, indem sie in Häuser einziehen und die Holzbalken zerfressen.

Termitenhügel im afrikanischen Buschland

Tiger

Wenn ein Tiger durch das asiatische Grasland, durch den Busch oder den Wald streift, ist er nur schwer zu entdecken. Die Farbe seines Felles ist der Umgebung gut angepaßt, und das Streifenmuster läßt ihn vollends in der Umgebung verschwinden. Leider ist die größte Raubkatze der Erde gefährdet. In große Teile ihres Verbreitungsgebietes sind die Menschen vorgedrungen. Sie benötigten die Flächen, um Landwirtschaft zu treiben. Besonders in Indien mit seiner hohen Bevölkerungszahl war der *Bengal-* oder *Königstiger* fast schon ausgerottet, ehe man 1972 Schutzmaßnahmen einleitete. Um die letzten Tiere zu retten, wurde das „Projekt Tiger" begonnen. Für die Raubkatzen wurden besondere Schutzgebiete geschaffen. Gleichzeitig gingen die Biologen an die Arbeit. Zunächst versuchten sie herauszufinden, wie viele männliche und weibliche Tiere und wie viele Jungtiere vorhanden waren. Dann erforschten sie die Lebensweise des Tigers genauer. Auch die in anderen Gebieten lebenden Tiger konnten nur dadurch gerettet werden, daß man größere Schutzgebiete eingerichtet hat. Vom größten Tiger, dem *Amurtiger* oder *Sibirischen Tiger*, gab es 1940 nur noch 20 bis 30 Tiere. Heute ist diese Unterart gerettet: Es gibt wieder ungefähr 400 bis 500 der Tiere.

Tiger

Größe Körper 1,40 bis 2,80 m, Schwanz 0,60 bis 1,10 m lang; Schulterhöhe 0,80 bis 1,10 m; Weibchen 115 bis 185 kg, Männchen 180 bis 280 kg schwer

Merkmale Große Katze mit massigem Kopf und langem Schwanz; Fell ockerfarben bis rötlichorange, mit schwarzen, grauen oder braunen Streifen

Ernährung Jagt meist Antilopen, Wildrinder, Hirsche und Wildschweine; jagt in Notzeiten aber auch kleinere Säugetiere und frißt dann sogar Frösche und Heuschrecken

Fortpflanzung Tragzeit 102 bis 112 Tage; 2 bis 4 Junge in einem Wurf, in der Regel 2 Junge; Gewicht bei der Geburt 780 bis 1 600 g; Junge werden mit 3 bis 4 Jahren geschlechtsreif

Vorkommen Bewohnt trockenes und feuchtes Grasland, Buschland und Waldland; von tiefen Lagen bis in 4 000 m Höhe; durchstreift ein großes Revier; über Gebiete in Mittelasien und über Südostasien verbreitet; Verbreitungsgebiet heute kleiner als früher; in vielen Teilen selten geworden oder bereits ganz ausgerottet

---

Der Tiger hat als einzige Großkatze der Erde ein gestreiftes Fell.

Tintenfisch

Tintenfische sind keine Fische, sondern Weichtiere (→ Seite 329). Man bezeichnet sie deshalb besser als Tintenschnecken. Im Inneren ihres Körpers liegt eine Kalkschale. Diese findet man öfter am Strand angeschwemmt. Über „Tinte" verfügen die Tiere tatsächlich. Diese Flüssigkeit wurde früher auch zum Schreiben benutzt. Die Tiere speichern die Tinte in einem besonderen Beutel und spritzen sie ins Wasser, wenn sie angegriffen werden. Stößt ein Raubfisch in eine Tintenwolke, sieht er seine Beute nicht mehr. Der Tintenfisch kann diesen Moment ausnutzen, um sich in Sicherheit zu bringen. Gegen die Fischer hilft die Tinte allerdings nicht. Das Fleisch der Tintenfische ist sehr schmackhaft, und deshalb werden die Tiere in großen Mengen gefangen.

Paar des Gemeinen Tintenfisches

Gemeiner Tintenfisch, Sepia

Größe Bis 30 cm lang

Merkmale Körper abgeplattet, mit breitem Flossensaum; braun gefärbt, mit hellen Streifen; am Kopf 10 Arme: 8 kurze Fangarme, mit je 4 Reihen von Saugnäpfen besetzt, 2 längere Fangarme, die am Ende verdickt sind und nur dort Saugnäpfe haben

Ernährung Frißt Muscheln, Krebse oder Fische; Beutefang abends und nachts

Fortpflanzung Paarungszeit im Frühjahr; das Männchen überträgt mit einem Fangarm ein Spermienpaket in das Weibchen; Eier werden in schwarzen Kapseln an Pflanzen abgelegt; daraus schlüpfen nach einiger Zeit die jungen Tintenfische

Vorkommen Lebt vor allem über Sandgrund, wühlt sich tagsüber in den Sand ein; über die Nordsee, den Atlantik und das Mittelmeer verbreitet

Toko

Gelbschnabeltoko

Gelbschnabeltoko

Größe 48 bis 60 cm lang; Männchen 211 g, Weibchen 168 g schwer

Merkmale Langer, nach unten gebogener gelber Schnabel; gelbe Augen; Gefieder oben schwarzbraun mit weißen Flecken, unten hellgrau; langer, schwarzer Schwanz

Ernährung Frißt Insekten, Skorpione, Hundertfüßer, kleine Nagetiere, Samen und Früchte

Fortpflanzung Nistet in Baumhöhlen; 2 bis 5 weiße Eier; Brutdauer 24 Tage; nur das Weibchen brütet

Vorkommen In trockenen Dornbuschsteppen, in Savannen und im Waldland zu beobachten; über das östliche und südliche Afrika verbreitet

Tokos gehören zu den Nashornvögeln↑. Es gibt genau 14 verschiedene Arten. Zwölf von ihnen kommen in Afrika vor, die beiden anderen in Indien. Die Vögel haben einen sehr großen Schnabel, der meist viel länger ist als der Kopf. Wenn das Weibchen seine Eier in einer Baumhöhle abgelegt hat, mauert es den Eingang von innen zu. Nur ein schmaler Schlitz bleibt offen. Während der folgenden Zeit wird es vom Männchen gefüttert. Mit dem langen Schnabel steckt das Männchen das Futter durch den Schlitz. Sind die Jungen geschlüpft, bricht das Weibchen den Eingang auf, und die Jungen mauern ihn gleich wieder zu. Beide Eltern schaffen nun Nahrung für die hungrigen Jungen heran. Wenn die Jungen flügge sind, brechen sie ihrerseits den Eingang auf, um auszufliegen. Danach bleiben die jungen Tokos noch einige Wochen mit den Elternvögeln zusammen. Sie lassen sich weiterhin füttern, nehmen aber mehr und mehr selbst Nahrung auf.

Totengräber

Die Totengräber gehören zu den Aaskäfern. Diese Käfer haben eine überaus interessante Lebensweise. Totengräber wittern schon aus großer Entfernung tote Tiere. Unter dem Kadaver graben sie einen Gang in die Erde. Nach und nach versinkt der Kadaver, und das Weibchen legt seine Eier hinein. Die Larven schlüpfen nach etwa 5 Tagen und ernähren sich eine Zeitlang von dem toten Tier. Nach ungefähr 7 Tagen verpuppen sie sich. Die fertigen Käfer verlassen dann ihre unterirdische Behausung. Am häufigsten ist in unseren Wäldern der *Gemeine Totengräber* zu beobachten. Aber auch den 2 bis 3 cm langen *Schwarzen Totengräber* und die 1 bis 1,5 cm lange *Rothalsige Silphe* mit dem roten Halsschild trifft man an Aas regelmäßig an. Eine ähnliche Lebensweise wie die Totengräber haben die Mistkäfer. Allerdings entwickeln sich die jungen Käfer bei ihnen nicht in Aas, sondern im Kot von Tieren.

Gemeiner Totengräber

Größe   1,2 bis 2,2 cm lang

Merkmale   Kopf und Halsschild schwarz; Deckflügel schwarz und orange gebändert; Fühler mit orangefarbenen Keulen an der Spitze

Ernährung   Käfer und Larven ernähren sich von Aas

Fortpflanzung   Die Eier werden in vergrabenes Aas abgelegt; die Larven leben in diesem Nahrungsvorrat und verpuppen sich später; kriechen als erwachsene Käfer an die Erdoberfläche

Vorkommen   Lebt in Gärten, Parks und Mischwäldern; über die gemäßigten Breiten der gesamten nördlichen Halbkugel verbreitet

---

Gemeiner Totengräber

Totenkopfschwärmer

Totenkopfschwärmer

Totenkopfschwärmer

Größe   Vorderflügel 7 cm lang; Gewicht 9 g

Merkmale   Sehr großer Schmetterling; Totenkopf-Zeichnung auf dem Rückenschild; Vorderflügel unscheinbar bräunlich; Hinterflügel orangegelb, schwarz gebändert; Hinterleib orangegelb mit schwarzer Bänderung und schwarzem Längsstreifen

Ernährung   Raupen fressen an Kartoffeln, Tollkirschen und anderen Nachtschattengewächsen

Fortpflanzung   Das Weibchen legt seine Eier an den Futterpflanzen der Raupen ab; die Raupen graben sich zur Verpuppung in den Boden ein; in Europa 1 Generation im Sommer, in Afrika 2 bis 3 Generationen im Jahr

Vorkommen   Wärmeliebend, daher in geschützten Tälern und auf warmen Mittelgebirgshängen; über ganz Europa verbreitet; eigentliche Heimat ist Nordafrika, fliegt von dort nach Mitteleuropa ein

---

Der Totenkopfschwärmer ist einer der größten Schmetterlinge Europas. In Ruhestellung ist er aber trotz seiner Größe nur schwer zu entdecken, denn seine Vorderflügel mit ihrer unscheinbaren Färbung tarnen ihn. Wird der Falter von einem Freßfeind entdeckt, klappt er blitzschnell die Vorderflügel auf und zeigt die gelben Hinterflügel. Der Angreifer erschrickt vor der „Gefahr", stutzt, und der Falter kann fliehen. Der Schwärmer wird erst spät in der Nacht aktiv. Bisweilen bricht er in Bienenstöcke ein, denn er saugt gern Honig. Die Bienen lassen sich das aber nicht gefallen. Sie greifen den Falter an und stechen auf ihn ein. Der Ausflug in einen Bienenstock hat schon manchen Totenkopfschwärmer das Leben gekostet.

Trappe

Trappen sind sehr große Vögel mit kräftigem Körper, langem Hals und stämmigen Beinen. Die Vögel gehen langsam und gemessen. Bei fliegenden Trappen fallen die langsamen, aber kraftvollen Schläge der Flügel auf. Die größten Trappen, die *Großtrappe* und die *Riesentrappe*, gehören zu den schwersten flugfähigen Vögeln der Welt.

Ein besonderes Schauspiel ist die Balz der Vögel. Bei der Großtrappe legt der Hahn den Hals zurück, spreizt die Flügel ab und läßt sie hängen. Zusätzlich stellt er den Schwanz und verschiedene Federn hoch und bläht seinen Kehlsack auf. Ein Trapphahn in voller Balz wirkt dann wie ein übergroßer Federball. Leider ist die Balz der Großtrappe heute nur noch selten zu beobachten. Ihr Lebensraum sind die weiten, baumlosen Landschaften, die immer mehr in Ackerland umgewandelt werden. Der Vogel kann zwar in ausgedehnten Getreide- und Rapsfeldern überleben, doch die Bestände gehen zurück. Naturschützer bemühen sich deshalb, Trappen in Gefangenschaft zu züchten und die Jungen wieder auszuwildern. Letztlich brauchen die Vögel aber große Schutzgebiete, wenn sie überleben sollen.

Im Süden Europas lebt eine weitere Art, die *Zwergtrappe*. Sie ist wie die Großtrappe sehr scheu und fast nur auf große Entfernung zu beobachten. Weitere Trappenarten sind über Afrika und Asien verbreitet. Insgesamt gibt es rund 20 verschiedene Arten. Die nächsten Verwandten der Trappen sind die Kraniche.

Balzender Hahn der Großtrappe

Großtrappe

Größe Hahn bis 1 m lang und 20 kg schwer, Flügelspannweite bis 2,40 m; Henne bis 75 cm lang und 5 kg schwer

Merkmale Oberseite rotbraun und dunkel gebändert, Kopf und Hals hellgrau; Unterseite weiß, Hahn mit kastanienbraun gefärbter Brust

Ernährung Frißt Pflanzenteile und Samen, aber auch Insekten, Würmer und kleine Wirbeltiere

Fortpflanzung Brütet in einer Bodenmulde in höherem Bewuchs; 2 olivfarbige Eier; vom Weibchen allein ausgebrütet; Brutdauer 21 bis 26 Tage; Gelege ab April, 1 Brut im Jahr; Junge werden mit 5 Wochen flügge, brüten zum ersten Mal im Alter von 4 bis 6 Jahren

Vorkommen Typischer Vogel von Steppenlandschaften; auch in ausgedehnten Getreidefeldern; lückige Verbreitung: Iberische Halbinsel, Nordostdeutschland, Südosteuropa und Teile Mittelasiens

Riesentrappe

Größe Hahn 1,20 bis 1,50 m lang und 13,5 bis 19 kg schwer; Henne 1,05 bis 1,20 m lang

Merkmale Sehr großer Vogel; auf der Oberseite bräunlich; am Hals und an den Flügeln schwarzweiß gezeichnet; auf der Unterseite weißlich; waagrechter Federschopf am Hinterkopf

Ernährung Frißt Insekten, kleine Wirbeltiere, Samen und Aas

Fortpflanzung Brütet auf dem blanken Boden, bisweilen in kleiner Mulde; 2 Eier, manchmal auch nur 1 Ei; Eier blaß olivbraun mit grüner, brauner oder grauer Streifung; Brutdauer 4 bis 5 Wochen; nur das Weibchen brütet; Brutzeit von Gebiet zu Gebiet unterschiedlich

Vorkommen Bewohnt offene Savannen, Buschland, Grasland und Halbwüsten; über Teile Ost- und Südafrikas verbreitet

Eine Riesentrappe in der afrikanischen Steppe

Truthuhn

Balzender Truthahn

Truthuhn, Pute

Größe Hahn bis 1,17 m, Weibchen bis 94 cm lang

Merkmale Dunkles, schillerndes Gefieder; Hahn mit weißen
Federn in den Flügeln und am Schwanz; Kopf und Hals
nackt, blau und rot gefärbt, warzig; fleischiger Lappen an
der Kehle; fächerförmiger Schwanz, bei der Balz hoch
aufgestellt; Henne ähnlich wie Hahn gefärbt, aber weniger
schillerndes Gefieder; Kopf weniger gezeichnet, Kehl-
lappen fehlt

Ernährung Frißt Samen, Nüsse, Eicheln, Kastanien, Getreide
und Insekten

Fortpflanzung Nistet am Boden; Mulde mit Blättern und
Gras ausgelegt; 8 oder mehr Eier (15 bis 20), ockerfarben
mit graubraunen Flecken; Brutdauer 28 Tage

Vorkommen Bewohnt lichte Wälder; über weite Teile der
USA und bis Mexiko verbreitet; als Hausgeflügel weltweit
gehalten

Das *Truthuhn* ist ein Vogel der amerikanischen
Wälder. Aber schon vor 2 000 Jahren haben es die
Indianer zum Haustier gemacht. Im 16. Jahrhundert
brachten es die Spanier dann nach Europa. Heute
gibt es verschiedene Rassen, die der Wildform teilweise noch sehr ähnlich sehen, aber auch stark
abweichen. Truthühner werden vor allem wegen
ihres schmackhaften Fleisches gehalten. Die Hennen legen zudem bis zu 250 Eier im Jahr, und man
verarbeitet auch die Federn. Ende des vorigen Jahrhunderts hat man auch versucht, Wildtruthühner in
Mitteleuropa einzubürgern. Die Vögel sind aber nie
heimisch geworden. Neben dem eigentlichen Truthuhn gibt es das nahverwandte *Pfauentruthuhn*.
Diese Art ist in Mittelamerika verbreitet.

Türkentaube

Die Türkentaube ist die kleinste in Europa lebende
Taube↑. An ihrem einfarbig sandbraunen Gefieder
mit dem schwarzen, weiß eingefaßten Nackenring
ist sie leicht zu erkennen. Wenn sie plötzlich auf-
fliegt, hört man ein Flügelklatschen, wenig später
dann auch ein singendes Geräusch. Im Frühjahr
führen die Männchen ihre Balzflüge auf. Sie steigen
mit 2 bis 3 raschen Flügelschlägen hoch und gleiten
dann wieder herab. Außerhalb ihres Reviers sind
Türkentauben gesellige Vögel. Ihren Namen haben
sie bekommen, weil sie eigentlich asiatische Vögel
sind. Erst vor einigen Jahrzehnten sind die Tauben
von ihrer Heimat aus über Südosteuropa (Türkei)
nach Mitteleuropa eingewandert und bei uns heimisch geworden.

Eine Türkentaube auf einem Gartenzaun

Türkentaube

Größe 28 cm lang

Merkmale Gefieder sandbraun; Kopf und Unterseite blasser
als Oberseite; schwarzer, weiß eingefaßter Nackenring;
Seiten des Schwanzes weiß; Männchen und Weibchen
gleich gefärbt

Ernährung Frißt Keimlinge und Blätter, Grassamen und
Früchte von Sträuchern, aber auch Vogelfutter und Brot;
frißt gelegentlich auch Kleintiere

Fortpflanzung Baut ein Nest aus Reisig, gewöhnlich auf
Bäumen, bisweilen auch an Gebäuden; 2 weiße Eier;
Brutdauer 13 bis 14 Tage; Junge mit 34 bis 44 Tagen selb-
ständig; Gelege ab März, 2 bis 4 Bruten im Jahr

Vorkommen Bei uns überall in Städten und Dörfern zu
beobachten, sonst Bewohner von Halbwüsten und
Trockensavannen; Jahresvogel; über Teile Europas, des
südlichen Asiens und Nordafrikas verbreitet

Tukan

Tukane sind Vögel mit sehr großen und oft farbenfrohen Schnäbeln. Beim *Riesentukan* wird der Schnabel 23 cm lang. Er ist also länger als der Körper, ohne Schwanz gemessen. Trotz ihrer Größe sind Tukanschnäbel sehr leicht, aber dennoch von großer Festigkeit. Wozu die Vögel solche „Superschnäbel" haben, weiß man nicht. Ihre Nahrung – weiche Früchte und Kleintiere – könnten sie auch mit anders gebauten Schnäbeln bewältigen. Tukane kommen nur in Südamerika vor. Die Vogelfamilie umfaßt rund 30 verschiedene Arten.

Riesentukan

Größe 60 cm lang

Merkmale Gefieder schwarz, weiße Kehle; blauer Augenring; riesiger gelber Schnabel mit schwarzem Band um den Ansatz herum und ovalem schwarzem Fleck an der Spitze des Oberschnabels

Ernährung Frißt vor allem Früchte, aber auch Insekten, Spinnen und andere Kleintiere

Fortpflanzung Nistet in Baumhöhlen, gewöhnlich hoch über dem Erdboden; 2 bis 4 weiße Eier

Vorkommen Bewohner von Wäldern, aber auch von Palmenhainen; über den Norden Südamerikas verbreitet

---

Riesentukan

Turako

Ein Graulärmvogel in der südwestafrikanischen Savanne

Graulärmvogel

Größe 47 bis 50 cm lang, 270 g schwer

Merkmale Gefieder einheitlich grau; aufstellbare Federhaube am Kopf, langer Schwanz; Männchen und Weibchen gleich gefärbt

Ernährung Frißt Knospen, Blätter, Samen und Früchte, daneben auch Insekten und Jungvögel

Fortpflanzung Baut ein Nest aus Ästen und Zweigen in Astgabeln oder Baumkronen, bis zu 20 m hoch über dem Boden; gewöhnlich 2 bis 3 blaßblaue Eier; Brutdauer 26 bis 28 Tage

Vorkommen Bewohner von Buschland und Savanne; über das südliche Afrika verbreitet

---

Turakos sind 40 bis 70 cm lange Vögel mit einem ziemlich langen Schwanz. Auf dem Kopf haben sie Federn, die sie vor allem bei Erregung aufstellen. Insgesamt gibt es 22 verschiedene Arten von Turakos. Sie sind ausschließlich über Afrika verbreitet und leben in Wäldern und Savannen. Viele Turakos haben Grün, Blau oder Rot im Gefieder. Zu ihnen gehören die *Helmturakos* und die *Schildturakos*. Ziemlich unscheinbare Arten sind dagegen die Lärmvögel. Der *Graulärmvogel* hat ein graues Gefieder. Lärm macht er nicht, aber er läßt seine Stimme oft hören, vor allem, wenn er erregt ist. Seine Rufe klingen auf englisch wie „go away" („geh weg"). Deshalb wird der Graulärmvogel in den afrikanischen Ländern mit Spitznamen auch „go-away bird" („Geh-weg-Vogel") genannt. Der größte Turako ist der *Riesenturako* mit 70 cm Länge und einem Gewicht von 1 kg. Die nächsten Verwandten der Turakos sind die Kuckucke.

Uhu

Wenn der Uhu fliegt, sind seine waagerecht stehenden Federohren kaum zu sehen.

Der Uhu ist die größte europäische Eule↑ überhaupt. Neben der Größe fällt der breite, rechteckige Kopf mit den waagerecht abstehenden Federohren auf. Mit dem sprichwörtlich guten Gehör der Eulen haben diese Federbüschel aber nichts zu tun. Die Ohröffnungen liegen vielmehr an den Seiten des Kopfes unter den Federn verbogen.

Der Uhu ist nach seiner Stimme benannt. Die dumpfen „u-hu"-Rufe sind besonders in der Paarungszeit – zwischen Februar bis April – zu hören. Leider hört man diese Stimme heute nur noch selten, denn der Uhu ist im Bestand gefährdet. Teilweise sind Störungen am Nest daran schuld, denn darauf reagiert der Uhu sehr empfindlich. Während der Eiablage und der Bebrütung genügt bereits eine einzige Störung am Nest, und die Eule gibt ihre Brut auf. Damit fällt der Nachwuchs für das Jahr aus. Störungen müssen also unbedingt vermieden werden. Mittlerweile kümmern sich die Vogelschützer um die große Eule. Sie sperren gefährdete Brutplätze und versuchen auch, Uhus in geeigneten Gebieten wieder anzusiedeln.

Uhu

Größe 61 bis 71 cm lang, Flügelspannweite 1,70 m

Merkmale Gefieder gelblichbraun, oberseits dunkel gefleckt, unterseits dunkel längsgefleckt bis gestreift; rechteckiger Kopf mit waagerecht abstehenden Federbüscheln; Augen orangerot, Schnabel und Krallen schwarz; Männchen und Weibchen gleich gefärbt

Ernährung Jagt Säugetiere (bis zur Größe von Hasen) und Vögel (bis zur Größe von Fasanen und Reihern), auch Lurche; frißt im Winter auch Aas

Fortpflanzung Brütet in Felsnischen, in hohlen Bäumen und in alten Horsten von Großvögeln; 2 bis 4 weiße Eier; Brutdauer 31 bis 36 Tage; nur das Weibchen brütet; Gelege ab März, 1 Brut im Jahr

Vorkommen Bevorzugt Landschaften mit großen Wäldern, offenen Flächen und Felswänden; Jahresvogel; über weite Teile Europas, Asiens und Nordafrikas verbreitet

---

Wie eine „verkleinerte Ausgabe" des Uhus sieht die *Waldohreule↑* aus. Diese Eule wird aber nur halb so groß wie der Uhu. Sie hat lange Federohren, die nach oben gerichtet sind, und orangefarbene Augen. Deshalb kann man die beiden Arten kaum miteinander verwechseln.

Unke

Unken sind kleine Froschlurche, die Kröten↑ ähnlich sehen. In Europa kommen zwei Arten vor, die *Gelbbauchunke* und die *Rotbauchunke*. In Asien gibt es noch drei weitere Arten. Die Tiere leben in kleinen und kleinsten Gewässern, auch in solchen, die nur eine Zeitlang bestehen und dann wieder austrocknen. Deshalb laichen sie auch mehrmals im Jahr an verschiedenen Stellen ab. Wenn Gewässer dann austrocknen, geht nie der gesamte Nachwuchs des betreffenden Jahres verloren.

Die Gelbbauchunke ist ein auf den ersten Blick unscheinbares Tier. Ihre Oberseite ist verwaschen oliv- bis graubraun gefärbt, manchmal auch dunkel gefleckt. Von oben ist die Unke deshalb leicht zu übersehen. Sie wird außerdem nur 5 cm lang. Auf der blaugrauen bis fast schwarzen Unterseite hat die Gelbbauchunke allerdings große zitronen- bis dottergelbe Flecken und kleine weiße Punkte.

Sieht man eine solch auffällige Zeichnung bei einem Tier, kann man annehmen, daß damit andere Tiere gewarnt oder abgeschreckt werden sollen. Und genau das ist bei der Gelbbauchunke der Fall. Sitzt die Unke im Wasser, taucht sie bei Gefahr blitzschnell unter. Sie wühlt sich in den Schlamm am Grund des Gewässers ein und bringt sich so in Sicherheit. Fühlt sich die Unke dagegen an Land bedroht, stellt sie die Vorder- und Hinterbeine hoch und zeigt dem Gegner die gelben Flecken an den Schenkeln. Bisweilen dreht sie sich auch auf den Rücken und zeigt die gesamte Unterseite. Erst wenn die Gefahr vorüber ist, löst sich die Unke wieder aus dieser ungewöhnlichen Warnstellung.

Die Unke hat aber noch ein anderes Mittel, um sich vor Freßfeinden zu schützen. Sie kann in kurzer Zeit soviel giftige Flüssigkeit auf der Haut ausscheiden, daß sie wie mit Seifenschaum überzogen erscheint. Wenn ein Reiher oder ein Marder die Unke fängt, speit er sie sofort angeekelt wieder aus. Beim Menschen kann die Flüssigkeit unangenehme Reizungen hervorrufen, vor allem in den Augen, an den Lippen und auf den Schleimhäuten in der Nase.

Ganz ähnlich wie die Lebensweise der Gelbbauch- oder Bergunke ist die der Rotbauchunke. Diese Unke hat große rote und kleine weiße Flecken auf dem Bauch. Sie ist über Mittel- und vor allem Südosteuropa verbreitet, wird aber nie in Höhen über 250 m beobachtet. Deshalb wird sie oft auch Tief-

landunke genannt. Im Gegensatz zur Gelbbauchunke hat sie Schallblasen, die ihren Ruf verstärken. Männliche Unken markieren mit ihren Rufen ihren Standort.

Gelbbauchunke, Bergunke

Größe 5 cm lang

Merkmale Auf den ersten Blick unscheinbar gefärbt; Oberseite verwaschen oliv- bis graubraun, manchmal auch dunkel gefleckt; auf der Unterseite dagegen blaugrau bis fast schwarz gefärbt und mit großen zitronen- bis dottergelben Flecken und weißen Punkten

Ernährung Frißt vor allem Würmer und andere Kleintiere

Fortpflanzung Paarungszeit von der zweiten Aprilhälfte bis in den August hinein, kann mehrere Male im Jahr ablaichen; das Weibchen legt mehrere kleine Eiklumpen (bis zu 100 Eier) an Wasserpflanzen und Steinen ab, aus denen nach etwa 1 Woche die Kaulquappen schlüpfen; junge Unken mit 2 Jahren geschlechtsreif

Vorkommen Bevorzugt stehende oder langsam fließende Kleingewässer, die klares Wasser und reichen Pflanzenwuchs aufweisen, oder Pfützen, mit Wasser gefüllte Fahrspuren, Gräben, beschattete Waldtümpel, Baggerlöcher, Kiesgruben und Altwässer; in ebenen Lagen, besonders aber im Hügel- und Bergland bis in 1 800 m Höhe zu beobachten; über Mittel- und Südeuropa verbreitet; in Deutschland vor allem im Südwesten anzutreffen

---

Gelbbauchunke

Vielfraß

Vielfraß

Vielfraß, Järv, Bärenmarder

Größe Körper 0,70 bis 1,05 m, Schwanz 18 bis 23 cm lang;
  Gewicht 10 bis 20 kg

Merkmale Massig wirkender Marder mit kurzem,
  buschigem Schwanz; Fell schwarzbraun gefärbt, mit hell-
  braunem Band am Kopf, an den Seiten des Körpers und
  auf der Oberseite des Schwanzes; langes, dichtes Fell

Ernährung Jagt Nagetiere, Hasen, Kälber von Rentieren
  und Elchen und Vögel, frißt aber auch Aas und Beeren

Fortpflanzung Die Paarung erfolgt in der Zeit zwischen
  April und Juli; Tragzeit 7 bis 9 Monate; 2 bis 3, selten
  4 Junge in einem Wurf; Gewicht bei der Geburt 80 bis
  100 g; Junge werden erst im 2. Lebensjahr selbständig
  und im 2. bis 3. Lebensjahr geschlechtsreif

Vorkommen Bewohner des nördlichen Nadelwaldes und
  der Tundra; über Nordeuropa, das nördliche Asien und
  den Norden Nordamerikas verbreitet

Tiernamen kommen manchmal auf seltsame Weise
zustande. Beim Vielfraß denkt man zunächst, daß
das Tier einen sehr großen Appetit hat. In Wirklichkeit frißt der Räuber aber nicht mehr als andere
Tiere auch. Sein alter norwegischer Name „fjeld-
fross" wurde einfach nach der Aussprache übertragen. Übersetzt man den Namen richtig, so bedeutet
er „Fjell-Katze". Allerdings ist dieser Name nicht
richtig. Der Vielfraß lebt zwar auf dem Fjell, also
dem Hochland in den skandinavischen Bergen,
doch er ist keine Katze, sondern gehört zu den Mardern. Er wird allerdings sehr groß und massiger als
viele andere Marder und ist deshalb sehr kräftig.
So kann er auch große Beutetiere wie die Kälber
von Elchen und Rentieren überwältigen.

Viper

Vipern sind Giftschlangen. Sie sind über die Alte
Welt verbreitet, also über Europa, Asien und Afrika.
Zu ihnen gehören die bekanntesten Giftschlangen
Mitteleuropas, die *Kreuzotter*↑ und die *Aspisviper*.
In der Sahara leben die *Hornviper* und die *Avicen-
naviper*. Beide graben sich tagsüber meist in den
Sand ein und schützen sich so vor der Hitze. Ihre
Augen stehen aber aus dem Sand heraus, und so
können sie Beute ausmachen. Normalerweise jagen
sie aber erst in den Dämmerung und in den frühen
Nachtstunden. Zu den Vipern gehören weiter die
Gabunviper und die *Puffotter* (Schlange↑). Alle
Vipern sind mit äußerster Vorsicht zu behandeln.
Ihr Biß kann lebensgefährlich werden. Das Gift
wirkt vor allem auf den Blutkreislauf.

Hornvipern

Hornviper

Größe Wird über 60 cm lang

Merkmale Dicker, plumper Körper; kleines Hörnchen über
  jedem Auge, Pupillen mit schmalem, senkrechtem Spalt;
  Schuppenkleid beigefarben mit dunklen, graubraunen
  Flecken; auch Tiere mit hell rötlichbrauner Färbung und
  rotbraunen Flecken

Ernährung Jagt Kriechtiere und Mäuse; die Beute wird mit
  einem schnellen Biß getötet und nach einer Weile ganz
  verschlungen; ruht tagsüber und geht erst in der Dämmerung auf Nahrungssuche

Fortpflanzung Das Weibchen legt etwa 20 Eier ab; die
  Jungen schlüpfen nach etwa 7 Wochen; Junge bei der
  Geburt 16 bis 17 cm lang

Vorkommen Bewohner der Sandwüste, gern im lockeren
  Buschwerk; über die Sahara und angrenzende Gebiete
  verbreitet

Wachtel

Wachtel

Größe 18 cm lang

Merkmale Kleiner, gedrungener Hühnervogel mit sehr
kurzem Schwanz; braune, gelblich gesprenkelte Oberseite;
gestreifte Flanken; rahmfarbene Unterseite; Hahn mit
schwarzer und rahmfarbener Kopfzeichnung; Schnabel
hornfarben, Augen braun, Beine fleischfarben; der Gesang
des Männchens („Schlag") klingt wie „pick–wer–wick",
meist mehrmals hintereinander

Ernährung Frißt Getreidekörner, Samen von Ackerwild-
kräutern und grüne Pflanzenteile, im Frühjahr und
Sommer auch viele Insekten; Junge fressen zunächst fast
ausschließlich Insekten

Fortpflanzung Nest am Boden in hohem Pflanzenwuchs;
7 bis 14 Eier, gelblichbraun mit dunkelbraunen bis
schwarzen Punkten und Flecken, Zeichnung veränderlich;
Gelege ab April/Mai; nur das Weibchen brütet, Brutdauer
17 bis 20 Tage; meist 1 Brut im Jahr, aber 2 Bruten
möglich; Junge mit 19 Tagen voll flugfähig

Vorkommen Bewohnt Felder, Wiesen, Steppen und Halbwüsten; Sommervogel, in Mitteleuropa von März bis
Oktober, überwintert in Südeuropa, Nordafrika und Kleinasien; über Europa mit Ausnahme Skandinaviens, über
große Teile Mittel- und Südasiens, über Teile Nordafrikas
und das gesamte südliche Afrika und Madagaskar
verbreitet; in Mitteleuropa abnehmend

Wachteln sind kleine Hühnervögel und mit dem
Fasan↑ und dem Rebhuhn↑ verwandt. In Europa
kommt nur eine Art vor. Sie zieht im Herbst aus den
Brutgebieten ab, um im Frühjahr dorthin zurückzu-
kehren. Das ist sehr ungewöhnlich für Hühnervögel.
Die meisten anderen Arten bleiben das ganze Jahr
über in ihrem angestammten Gebiet. Auf ihrem Zug
sind die Wachteln vielen Gefahren ausgesetzt. Vor
allem stellen ihnen Jäger nach. Auf dem Zug in die
Winterquartiere und von dort zurück müssen sie
aber auch Meere und trockene Wüsten überqueren.
Und dies schaffen längst nicht alle Vögel. In ihrer
Heimat wird außerdem die Landschaft verändert,
und geeignete Brutgebiete verschwinden. So hört
man den Schlag der Wachtel heute längst nicht
mehr so häufig wie früher.

Ein Drittel kleiner als die europäische Wachtel ist
die *Zwergwachtel*. Sie wird nur 12 cm lang und
etwa 45 g schwer und ist der kleinste Hühnervogel
der Erde. Ihr Lebensraum sind Grassteppen und
sumpfiges Grasland. Die Art ist über Afrika, Südasien und den Osten Australiens verbreitet.

Wachteln sind die kleinsten Hühnervögel Europas.

Wal

Ein Grauwal ist aufgetaucht und stößt feuchte Atemluft aus. Er bläst.

Unter den Walen sind die größten Tiere, die es auf der Erde gibt. Die Walforscher unterscheiden zwei große Gruppen: die Zahnwale und die Bartenwale. Zu den Zahnwalen zählen etwa 80 Arten, die Gruppe der Bartenwale umfaßt nur 10 Arten. Zahnwale werden zwischen 1,30 und 20 m lang und 30 kg bis 40 t schwer. Bartenwale erreichen Längen zwischen 5 und 35 m und Gewichte zwischen 4,5 und 135 t. Alle Wale haben zu Flossen umgewandelte Vorderbeine, während von den Hinterbeinen äußerlich nichts mehr zu sehen ist. Im Körper liegen allerdings noch kleine Knochen, die den Hinterbeinen entsprechen. Die Tiere haben einen großen Kopf und eine waagerecht stehende Schwanzflosse. Sie sind über alle Weltmeere verbreitet.

Die Zahnwale haben, wie ihr Name schon sagt, Zähne im Maul. Sie leben räuberisch und jagen Tintenfische und Fische, aber auch Pinguine und Robben. Der bekannteste unter ihnen ist der *Pottwal*. Er wird bis zu 20 m lang und 40 t schwer. Deutlich kleiner sind der schwarzbraune *Grindwal* mit etwa 8 m Länge und der grauweiß gefärbte *Weißwal* mit

6,50 m Länge. Nah verwandt mit dem Grindwal ist der schwarzweiß gezeichnete, bis zu 8 m lange und 7 t schwere *Schwertwal*, der immer wieder „Killerwal" genannt wird. Ein „Killer" ist dieser Wal aber ganz und gar nicht. Er muß sich nur ernähren – wie jedes andere Tier auch.

Die bekannteste Gruppe der Zahnwale sind die Delphine↑. Jeder kennt die Tiere aus Fernsehsendungen oder Delphinarien. Es handelt sich meist um den *Großen Tümmler*, der ungefähr 4 m lang und 350 kg schwer werden kann. Sein Bestand wird auf etwa 5 Millionen Tiere geschätzt.

Bartenwale haben im Maul senkrechte, schmale Hornplatten mit steifen Borsten am Rand. Diese Barten bilden ein großes Filter, in dem alle möglichen Tiere hängenbleiben. Die Bartenwale öffnen das Maul, lassen Wasser einströmen und schließen es wieder. Das Wasser selbst pressen sie dann wieder heraus. Die Nahrung aber, die enthalten ist, bleibt in den Barten hängen.

Bekannte Arten von Bartenwalen sind der *Zwergwal*, der *Grauwal*, der *Buckelwal* und vor allem

Wal

Grauwal

Größe 12 bis 15 m lang, 25 bis 30 t schwer

Merkmale Großer Bartenwal; Kopf zugespitzt, leicht abwärts gebogen; Haut grau gefärbt mit hellen Flecken; Haut mit vielen Seepocken und anderen Tieren bewachsen

Ernährung Frißt am Boden lebende Krebse, Borstenwürmer und andere Kleintiere

Fortpflanzung Tragzeit rund 1 Jahr; 1 Junges; Gewicht bei der Geburt 700 bis 1 200 kg; Junge mit 7 bis 11 Jahren geschlechtsreif

Vorkommen Entlang der Ostküste Rußlands und der Westküste Nordamerikas vom Beringmeer (Nahrungsgründe) bis hinunter nach Baja California (Geburtsplätze) verbreitet; regelmäßige, jährliche Wanderungen von Norden nach Süden und wieder zurück; Bestand auf etwa 12 000 Tiere geschätzt

Ein Grauwal streckt seinen Kopf aus dem Wasser.

der *Blauwal*. Der bis zu 10 m lange und 9 t schwere Zwergwal ist der häufigste Bartenwal. Sein Bestand wird auf rund 300 000 Tiere geschätzt. Der bis zu 19 m lange und 45 t schwere Buckelwal wiederum ist der Wal, der Beobachtern am meisten Freude macht. Dieses mächtige Tier springt bisweilen ganz aus dem Wasser heraus, auch mehrere Male hintereinander. Der Blauwal wiederum ist das größte Tier der Erde. Er wird bis 35 m lang und 130 t schwer. Sein Gewicht entspricht in etwa dem von 30 Elefanten, 150 Kleinwagen oder 1 600 Menschen. Durch den modernen Walfang ist der Blauwal heute vom Aussterben bedroht. Man schätzt seinen Bestand auf 10 000 Tiere.

Beim Abtauchen zeigt der Buckelwal oft seine Schwanzflosse.

Der Weißwal lebt in den arktischen Meeren.

Weißwal, Beluga

Größe 4 bis 6,50 m lang, 500 bis 1 400 kg schwer

Merkmale Mittelgroßer Zahnwal; rundlicher Kopf mit aufgewölbter Stirn („Melone"); keine Rückenflosse; junge Tiere grau, erwachsene Tiere rein weiß gefärbt

Ernährung Frißt Fische, aber auch Krebse, Weichtiere und Borstenwürmer; sucht seine Nahrung sowohl am Meeresboden als auch im freien Wasser

Fortpflanzung Tragzeit etwa 1 Jahr; 1 Junges; Gewicht bei der Geburt etwa 70 kg, Länge rund 1,50 m; die Jungen werden im Juli/August geboren; Junge mit 5 bis 6 Jahren geschlechtsreif

Vorkommen Lebt in Küstennähe, besonders in Fjorden und großen Mündungsgebieten von Flüssen; steigt auch zeitweise eine Strecke in große Flüsse auf; über die Meere im hohen Norden der Nordhalbkugel verbreitet; gesamter Bestand 15 000 bis 20 000 Tiere

Waldkauz

Waldohreule

Der Waldkauz ist eine mittelgroße braune Eule ↑ mit großem rundem Kopf und großen dunklen Augen. Weil er keine „Federohren" hat, ist er leicht von der Waldohreule ↑ zu unterscheiden. Schon im ausgehenden Winter hört man die Stimmen der Männchen. Sie zeigen mit ihrem Gesang an, daß sie ein Brutrevier besetzt haben und eine Brutpartnerin suchen. Wenn die Käuze brüten, muß man sie in Ruhe lassen. Stört man sie am Nest, greifen sie an, und es kann zu schweren Verletzungen kommen. Die Jungen verlassen die Bruthöhle schon im Alter von etwa 4 Wochen. Sie sitzen dann auf Ästen in der Nähe der Nisthöhle herum und lassen sich dort von den Eltern füttern. Erst im Alter von 6 bis 7 Wochen können die jungen Käuze richtig fliegen.

Eine Waldohreule am Tagesschlafplatz

Waldkauz

Größe 38 cm lang

Merkmale Oberseite rostbraun, gelblichbraun oder graubraun, mit weißen Tropfenflecken und dunklen Fleckenstreifen; Unterseite heller graubraun mit dunklen Fleckenstreifen

Ernährung Jagt kleine Säugetiere (vor allem Mäuse), Vögel und Lurche

Fortpflanzung Brütet in großen Baumhöhlen, aber auch in Nistkästen, Felshöhlen, Ruinen und Scheunen; 3 bis 5 rundliche, weiße Eier; Weibchen brütet allein; Gelege ab Februar/März, 1 Brut im Jahr

Vorkommen Besiedelt Gärten und Friedhöfe mit altem Baumbestand, große Parks und Wälder (lichte Altholzbestände); bis in Berglagen; Jahresvogel; über fast ganz Europa verbreitet, außerdem über Nordwestafrika, Kleinasien, Süd- und Ostasien

---

Waldohreule

Größe Knapp 36 cm lang

Merkmale Oberseite gelblich, grau und braun gefleckt; Unterseite gelbbraun mit dunkelbraunen, ausgefransten Streifen; senkrecht stehende Federbüschel am Kopf, Augen orangerot, Schnabel grau; Männchen und Weibchen gleich gefärbt

Ernährung Jagt kleine Säugetiere, vor allem Mäuse

Fortpflanzung Brütet in alten Nestern von Tauben, Krähen und Greifvögeln; in Baumgruppen, in Feldgehölzen, an Waldrändern; 4 bis 5 weiße Eier, in guten Mäusejahren auch mehr Eier; Brutdauer 27 bis 28 Tage; Gelege ab März, 1 Brut im Jahr

Vorkommen Bewohnt Parks, Feldgehölze und Wälder (Nadelwälder); Jahresvogel, im Winter umherstreifend; über fast ganz Europa, Mittelasien, Nordwestafrika und Teile Nordamerikas verbreitet

---

Waldkauz

Die Waldohreule ist etwas kleiner als der ähnlich gefärbte Waldkauz ↑, aber viel schlanker. Außerdem ist sie durch den mehr eckigen Kopf, die aufrecht stehenden „Federohren" und die orangeroten Augen vom Waldkauz gut zu unterscheiden. Waldohreulen jagen hauptsächlich Feldmäuse. In guten Mäusejahren ziehen die Eulen mehr Junge auf als in schlechten. Im Winter tauchen sie bisweilen in Bäumen auf Friedhöfen, in Parks und in Gärten auf. Oft sitzen mehrere Tiere in einem Baum. Solche Tagesschlafplätze werden manchmal jahrelang hintereinander benutzt. In harten Wintern mit hohem Schnee können die Waldohreulen kaum noch Beute finden, und viele Tiere verhungern. Dann muß man versuchen, die Eulen mit Mäusen zu füttern.

Walroß

Walroß

Größe Männchen bis 3,75 m lang und 1,5 t schwer; Weibchen bis 3,35 m lang und 800 kg schwer; nach den beiden Arten von See-Elefanten die größte Robbe, die es heute auf der Erde gibt

Merkmale Plumper Körper mit dicker, faltiger Haut; Haut rotbraun bis rosa gefärbt; recht gut bewegliche Vorderbeine; die hinteren Flossenfüße können nach vorn gekehrt werden; große Nasenöffnungen; dicke Borsten auf der Oberlippe (Bart) und bis 75 cm lange Hauer aus Elfenbein im Oberkiefer (umgewandelte Eckzähne), Hauer bei den Männchen größer und schwerer als bei den Weibchen

Ernährung Nahrungssuche am Meeresboden; spürt die Nahrung (vor allem Weichtiere) mit Hilfe der Borsten auf der Oberlippe auf; saugt Schnecken und Muscheln dann ein

Fortpflanzung Paarungszeit von April bis Juni; Tragzeit rund 1 Jahr; Stillzeit etwa 1,5 Jahre; Weibchen bekommen normalerweise alle 2 Jahre ein Junges; Junge bei der Geburt 50 bis 60 kg schwer; im Alter von 6 bis 8 Jahren geschlechtsreif; Familienverbände aus 1 alten Bullen, 1 bis 3 Kühen und einer Anzahl von Jungtieren

Vorkommen Lebt vor allem im polaren Packeis und Treibeis, aber auch an Meeresküsten; über das Nordpolarmeer von Sibirien über Spitzbergen und Grönland bis zu den Küsten Nordkanadas und Alaskas verbreitet

Das Walroß war lange Zeit die wichtigste Lebensgrundlage der Inuit im hohen Norden Sibiriens, Grönlands und Nordamerikas. Die bis zu 2,5 cm (und mehr) dicke Haut der Tiere wurde zu Bespannungen für die Umiaks verarbeitet. Das sind die großen Boote, mit denen die Inuit ihre Ausrüstung von einem Wohnplatz zum nächsten transportierten oder große Meeressäuger wie Wale und Walrosse jagten. In schmale Streifen geschnitten, entstanden aus Walroßhaut auch Riemen, zum Beispiel zum Anschirren der Schlittenhunde. Aus den Knochen der Walrosse machten die Inuit Werkzeuge. Das Fleisch diente Menschen und Hunden als Nahrung. Wenn sie nicht jagen konnten, stellten die Inuit aus den Elfenbeinhauern der Walrosse schöne Schnitzereien her. Für das Überleben der Walrosse bestand keine Gefahr. Denn die Jäger hatten noch keine Schußwaffen und erlegten nur so viele Tiere, wie sie zum Leben brauchten. Später dann wurden Walrosse vor allem wegen des Elfenbeins gejagt. Und heute leben die Tiere nur noch in Teilen ihres früheren großen Verbreitungsgebietes.

Eine Walroßherde ruht auf dem Strand einer kleinen Felseninsel vor der Küste Alaskas.

Wanderfalke

Wandermuschel

Der Wanderfalke ist zwar über fast ganz Europa verbreitet, aber er ist sehr selten geworden, und man sieht ihn kaum. Es gibt mehrere Gründe für die rückgängigen Bestände der Wanderfalken. Eiersammler haben die Horste ausgenommen, und Taubenzüchter haben den Falken nachgestellt, weil diese auch Tauben jagen. Pflanzengifte haben dazu geführt, daß die Vögel nur noch Eier mit zerbrechlichen Schalen gelegt haben. Schließlich wurden die Jungen aus den Nestern geholt, weil arabische Scheichs gern mit Falken jagen und für die Vögel viel Geld bezahlen. Um dem Falken zu helfen, haben sich Vogelschützer entschlossen, die verbliebenen Brutplätze Tag und Nacht zu bewachen. Nur so können die Jungfalken sicher ausfliegen.

Die Wandermuschel stammt aus der Gegend des Schwarzen und des Kaspischen Meeres. Von dort aus hat sie sich über die europäischen Binnengewässer ausgebreitet. Heute ist sie in vielen unserer Flüsse, Altwässer und Seen heimisch geworden. So wurde der Bodensee von 1966 an besiedelt. Die Wandermuscheln vermehrten sich zunächst sehr stark. Im Verlauf der folgenden Jahre pendelte sich ihre Anzahl dann ein. Die Muschel heftet sich mit einem Büschel hornartig erstarrender Fäden, den sogenannten Byssusfäden, am Untergrund fest. Man sieht die Tiere an Steinen, Pfählen und auf den Schalen anderer Muscheln. Sie setzen sich auch an Schiffen fest und können so über weite Strecken verschleppt werden.

Wanderfalke

Schalen der Wandermuschel

Wanderfalke

Größe 38 bis 48 cm lang; Weibchen deutlich größer und schwerer als Männchen

Merkmale Schiefergrauer Rücken; helle, dunkel quergestreifte („gesperberte") Brust; schwarzgrauer Scheitel; breiter, schwarzgrauer Bartstreif

Ernährung Jagt fast ausschließlich Vögel bis zur Größe von Tauben, aber auch darüber; schlägt seine Beute ausschließlich in der Luft, oft in rasendem Sturzflug

Fortpflanzung Brütet in steilen Felswänden und auf hohen Bäumen; 3 bis 4 auf gelblichem Grund rotbraun gefleckte Eier; Gelege ab Mai; die Jungen schlüpfen nach rund 4 Wochen; 1 Brut im Jahr

Vorkommen Bewohnt offenes Wald- und Bergland und Felsküsten; über fast die gesamte Nordhalbkugel verbreitet, daneben in Teilen Afrikas und Australiens und im Süden Südamerikas (Patagonien)

Wandermuschel, Dreieckmuschel, Dreikantmuschel

Größe Schale 2,5 bis 4 cm lang

Merkmale Schale dreikantig; auf gelbbraunem Grund dunkelbraun gestreift; glänzend

Ernährung Strudelt Wasser ein und entnimmt daraus Kleinstlebewesen, vor allem Algen

Fortpflanzung Männliche und weibliche Tiere entlassen Spermien und Eier ins Wasser, wo die Befruchtung stattfindet; aus den befruchteten Eiern entwickeln sich Schwimmlarven; Larven wandeln sich in Jungmuscheln um und heften sich irgendwo fest; die endgültige Größe wird mit 1 bis 3 Jahren erreicht

Vorkommen Ursprünglich nur in den Zuflüssen des Schwarzen und des Kaspischen Meeres; heute über fast ganz Europa verbreitet und dort in Flüssen, Altwässern und Seen zu Hause

Wanze

Wanzen kann man an dem abgeplatteten Körper erkennen. Wie die meisten Insekten tragen sie vier Flügel. Die Vorderflügel sind nur am Ansatz durch die Einlagerung des Baustoffes Chitin verstärkt, ihre Spitze ist häutig. Zwischen den Vorderflügeln liegt ein dreieckiges Schildchen. Am Kopf haben die Tiere einen Saugrüssel, mit dem sie Pflanzenstengel und Früchte anstechen, um deren Saft herauszusaugen. Die räuberisch lebenden Wanzen saugen mit dem Rüssel andere Tiere aus.

Die meisten Wanzen leben an Land. Die *Beerenwanze* beispielsweise findet man auf Beerensträuchern in Gärten, Hecken und Feldgehölzen. Sie saugt die Beeren aus und hinterläßt dort einen unangenehmen Geruch. Einen starken Geruch verbreitet auch die *Grüne Stinkwanze*. Sie lebt in Laub- und Mischwäldern an Büschen und Bäumen. Ein wirklich unangenehmes Tier ist die *Gemeine Bettwanze*. Sie hält sich tagsüber in Ritzen im Fußboden oder hinter Tapeten verborgen. Nachts aber saugt sie das Blut der schlafenden Menschen.

Interessanter als Landwanzen sind Wanzen, die im Wasser leben. Dazu gehören beispielsweise die Rückenschwimmer ↑. Sie schwimmen meist mit dem Bauch nach oben durch das Wasser. Die Ruderwanzen dagegen schwimmen in „normaler" Haltung, also mit dem Rücken nach oben. Während diese Wanzen ihre Beute suchen, sind der *Wasserskorpion* und die *Stabwanze* Lauerjäger. Alle diese Wasserwanzen erbeuten Kleintiere.

Feuerwanze

Beerenwanze

Wasserskorpion

Beerenwanze	
Größe	1 cm lang
Merkmale	Abgeplatteter Körper; Vorderflügel an der Spitze häutig; zwischen den Vorderflügeln dreieckiges Schildchen mit heller Spitze; rotbraun gefärbt; Rand des Hinterleibes mit schwarzen und weißen Feldern; dünne, lange, nach außen gebogene Fühler
Ernährung	Sticht mit dem Saugrüssel Pflanzenstengel und Früchte (Beeren) an und saugt den Saft heraus; hinterläßt dabei einen unangenehmen Geruch
Fortpflanzung	Das Weibchen legt befruchtete Eier in kleinen Paketen ab; aus den Eiern schlüpfen kleine Larven; die Larven häuten sich 5mal und sind dann voll entwickelt; erwachsene Tiere überwintern
Vorkommen	Lebt in Gärten, Hecken, Feldgehölzen und Wäldern; über Teile Europas verbreitet

Wapiti

Überwinternder Wapiti in den Rocky Mountains (USA)

Wapiti

Größe Schulterhöhe 1,22 bis 1,52 m; Gewicht 225 bis 270 kg (Weibchen), 315 bis 450 kg (Männchen)

Merkmale Fell im Sommer gelbgrau, im Winter graubraun; Halsmähne, Bauch und Beine dunkelbraun; weißlichgelbes Feld um den Schwanz herum; weißer Schwanz; männliche Tiere mit großem Geweih, größte bekannte Auslage 1,90 m; das Geweih wird jedes Jahr im Winter abgeworfen und in den folgenden Monaten neu gebildet

Ernährung Frißt Gräser und Kräuter und daneben Knospen, Triebe und Rinde von Sträuchern und Bäumen

Fortpflanzung Brunft im September/Oktober; Tragzeit 256 Tage; das Weibchen setzt im Mai/Juni 1 Kitz, selten 2 Kitze; Kitze 9 Monate lang gesäugt

Vorkommen Lebt in großen, offenen Waldgebieten; wandert im Winter aus dem Hochgebirge in Tallagen; über Teile Nordamerikas (vor allem im Westen) verbreitet

Wapiti ist der Name der in Nordamerika lebenden Rothirsche (Hirsch ↑). Die größten Wapitis leben in der kanadischen Provinz Manitoba, die kleinsten im südlichen Kalifornien. Die Hirsche sind fast ausschließlich in der Dämmerung und nachts aktiv. Außerhalb der Brunftzeit halten sich die Geschlechter voneinander getrennt. Erst im Herbst kommen die Brunftrudel wieder zusammen. Wenn ein Wapitihirsch schreit, hört man Unterschiede zum Rothirsch heraus. Der Wapiti läßt ein hohes Pfeifen hören, das in einem tiefen Brüllen endet. Der Rothirsch dagegen röhrt laut und tief. Die Brunft der Wapitis kann man in vielen Nationalparks im Westen der USA miterleben. Dort kann man die Tiere auch tagsüber beobachten.

Waran

Warane sind große bis sehr große Kriechtiere. Sie unterscheiden sich in zwei wichtigen Merkmalen von den anderen Kriechtieren. Sie haben eine lange, an der Spitze gespaltene Zunge wie die Schlangen. Und sie können ihren Schwanz nicht abwerfen und erneuern wie die Eidechsen. Warane leben in Afrika, Asien und Australien. Eine afrikanische Art ist der *Weißkehl-Steppenwaran*. In Afrika lebt auch der *Nilwaran*. Er kann 1,50 m lang werden und ist damit etwas größer als der Steppenwaran. Viel größer wird dagegen der *Komodo-Waran*. Diese Art kann 3,50 m lang und 135 kg schwer werden. Der Riese kommt nur auf der Insel Komodo in Indonesien vor. Er wurde in seiner entlegenen Heimat erst 1912 entdeckt.

Weißkehl-Steppenwaran

Größe Bis über 1 m lang

Merkmale Seitlich abgeflachter, langer Schwanz; kräftige Beine mit je 5 Zehen, die lange Krallen tragen; gespaltene Zunge; Schuppenkleid hellbraun bis gelblichbraun gefärbt; oben mit dunklen Flecken, an den Flanken helle Flecken; auf dem Schwanz undeutliche helle Querbinden

Ernährung Nahrung vielseitig; frißt Insekten, Aas, Vögel und deren Eier und andere Kriechtiere (Schlangen, Eidechsen, Schildkröten) und deren Eier und Junge; geht am Tag auf Nahrungssuche; spürt Beute vor allem mit dem Geruchssinn in der Zunge auf

Fortpflanzung Das Weibchen legt 20 bis 50 Eier in einer selbstgegrabenen Kammer im Boden ab; die Kammer wird nach der Eiablage wieder verschlossen

Vorkommen Bewohnt vor allem Buschland und Savannen; über das ganze südliche Afrika verbreitet

Ein Weißkehl-Steppenwaran aus dem südlichen Afrika

Warzenschwein

Im Verhältnis zu ihrem Körper haben Warzenschweine sehr große Köpfe. Sie haben je ein Paar dicke Warzen unter den Augen, vor den Augen und auf der langen Schnauze. Die Tiere haben auffällig große Eckzähne. Beim Eber können die oberen Eckzähne bis zu 60 cm lang werden. Die unteren Eckzähne sind kleiner, aber an der Spitze scharf. Ein ausgewachsener Warzenschweineber ist damit ein wehrhaftes Tier. Weil Warzenschweine nicht wie die meisten anderen Schweine im dichten Wald, sondern in der offenen Landschaft leben, werden sie von Hyänen und Hyänenhunden, von Löwen, Leoparden, Geparden und großen Adlern gejagt. Aber dank ihrer Waffen können Warzenschweine die Angreifer auch schwer verletzen.

Ein Warzenschwein suhlt sich in einem Wasserloch.

Warzenschwein

Größe Körper 1,05 bis 1,52 m, Schwanz 35 bis 50 cm lang; Schulterhöhe 0,65 bis 0,84 m; Gewicht 48 bis 143 kg

Merkmale Körper wie Wildschwein; großer Kopf mit dicken Warzen (Name!); männliche Tiere mit langen Eckzähnen; graue, faltige Haut; schwarze oder bräunliche Hals- und Rückenmähne

Ernährung Frißt Gras, Samen und Wurzeln, selten auch Früchte und Kleintiere; ist nur tagsüber auf Nahrungssuche

Fortpflanzung Tragzeit 170 bis 175 Tage; 1 bis 4, selten mehr Ferkel (bis 8) in einem Wurf; Gewicht der Ferkel bei der Geburt 450 bis 910 g; mit 17 bis 19 Monaten geschlechtsreif

Vorkommen Bewohner von Steppen und Savannen; über große Teile Afrikas südlich der Sahara verbreitet; lebt meist in unterirdischen Bauen

Waschbär

Ein Waschbär sitzt in einem Bach.

Waschbär

Größe Körper 41 bis 60 cm, Schwanz 19 bis 38 cm lang; Schulterhöhe 23 bis 30 cm; 1,8 bis 22 kg schwer

Merkmale Runder Kopf mit spitzer Schnauze; schwarze, weiß umrandete Gesichtsmaske; Fell grau; flauschiger Schwanz, hell-dunkel quergebändert

Ernährung Frißt Kleintiere, Fische, Lurche, Kriechtiere, Vogeleier und Jungvögel, kleine Säugetiere, Beeren und Früchte; sucht seine Nahrung fast immer am Boden; geht in der Dämmerung und in der Nacht auf Nahrungssuche

Fortpflanzung Tragzeit 60 bis 73 Tage; 2 bis 7 Junge in einem Wurf; Geburtsgewicht 70 g; Junge mit 1 bis 2 Jahren geschlechtsreif

Vorkommen Bewohnt Wälder, Auen und Feuchtgebiete; über weite Teile Nord- und Mittelamerikas verbreitet; in Europa und Asien in kleinen Gebieten eingeführt und verwildert

Waschbären sind typische nordamerikanische Tiere. In ihrer Heimat sind sie recht häufig. In den Nationalparks schleichen sie sich nachts auf die Zeltplätze, um nach Futter zu suchen. Haben sie Nahrung gefunden, gehen sie oft zu einem Bach oder Weiher in der Nähe und waschen sie. Aufgrund dieses eigentümlichen Verhaltens haben die Tiere ihren Namen erhalten. Waschbären wurden auch in Europa ausgesetzt. Sie haben sich hier gut eingelebt und besiedeln vor allem lichte Wälder. Ähnlich wie der Waschbär sieht der Marderhund↑ aus, mit dem er aber nicht näher verwandt ist. Verwandt mit ihm sind dagegen die Nasenbären und der katzenhafte Wickelbär. Die gesamte Tiergruppe nennt man „Kleinbären".

Wasseramsel

Die Wasseramsel ist ein gedrungener Singvogel mit kurzem Schwanz. Meist sieht man den Vogel erst, wenn er fliegt. In schnurrendem Flug folgt er dem Wasserlauf in niedriger Höhe. Er landet irgendwo auf einem Stein im Flußbett. Jetzt kann man beobachten, was für eine interessante Lebensweise die Wasseramsel hat. Sie stürzt sich nämlich vom Stein aus zur Nahrungssuche ins Wasser. Sie läuft eine Zeitlang auf dem Grund des Gewässers umher und pickt zwischen den Steinen Kleintiere heraus. Irgendwann taucht sie an anderer Stelle wieder auf. Die Wasseramsel kann auch schwimmen. Leider ist sie durch die Begradigung und Verschmutzung der Gewässer stellenweise stark zurückgegangen oder schon ganz verschwunden.

Eine Wasseramsel in ihrem Lebensraum

Wasseramsel

Größe Knapp 18 cm lang

Merkmale Gedrungener Vogel mit kurzem Schwanz; Oberseite schwarzbraun, Kopf brauner als Rücken; weißer Kehllatz, rostbrauner Bauch; Männchen und Weibchen gleich gefärbt; kurze, kräftige „zit"-Rufe

Ernährung Frißt im Wasser lebende Kleintiere; sucht seine Nahrung am Grund des Gewässers

Fortpflanzung Baut ein umfangreiches, kugeliges Nest mit seitlichem Eingang; nistet in Stauwehren, Ufermauern und Brücken; 4 bis 6 weiße Eier; Gelege ab März, 2 Bruten im Jahr

Vorkommen Lebt an klaren, schnell fließenden Bächen und kleinen Flüssen im Hügel- und Bergland; Jahresvogel, im Winter von hochgelegenen Wohngewässern in tiefere Lagen ausweichend; über große Gebiete Europas und Teile Asiens verbreitet

Wasserbock

Wasserböcke gehören zu den Antilopen. Ihre nächsten Verwandten sind die Impalas ↑. Die Tiere leben meist in der Nähe von Gewässern, da sie täglich trinken müssen. Sie wandern in ihrem Gebiet nicht weit umher. Die erwachsenen Böcke besetzen Reviere. Die weiblichen Tiere und die Kitze streifen durch mehrere solcher Reviere. Den Tag über ruhen die Wasserböcke. Am Morgen und vom Nachmittag bis zum Abend gehen sie auf Nahrungssuche und zur Tränke. Ihre Feinde sind Löwen, Leoparden und Hyänenhunde. Wenn sie von einem Raubtier gehetzt werden, fliehen sie ins Wasser, um sich in Sicherheit zu bringen. Die Tiere können gut schwimmen. Ähnlich stark an Wasser gebunden sind die verwandten Riedböcke.

Wasserbock, Hirschantilope

Größe Körper 1,80 bis 2,20 m, Schwanz 22 bis 45 cm lang, Schulterhöhe 1 bis 1,30 m, Gewicht 150 bis 250 kg; weibliche Tiere kleiner als männliche Tiere

Merkmale Stämmiger Körper; strähniges Fell, von Gelbbraun über Rotbraun bis Grauschwarz gefärbt; um den Schwanz herum weißes Feld oder weißer Ring; Hörner nur bei männlichen Tieren; Hörner 0,50 bis 1 m lang, geringelt und leicht nach vorne gebogen

Ernährung Frißt vor allem Gräser, zusätzlich auch Laub; braucht täglich Wasser zum Trinken

Fortpflanzung Tragzeit rund 9 Monate; 1 Junges, selten 2 Junge; Gewicht bei der Geburt um 13 kg; Junge mit 13 bis 14 Monaten geschlechtsreif

Vorkommen Bewohnt Steppen und Savannen; über Afrika südlich der Sahara verbreitet; vor allem im östlichen Afrika zu beobachten

Ein Wasserbock in der ostafrikanischen Steppe

Wasserbüffel

Wilde Wasserbüffel waren früher von Nordafrika bis Südostasien verbreitet. Heute leben sie nur noch in Vorderindien. Schon vor Jahrtausenden wurde aus dem Wasserbüffel ein Haustier. Der Hauswasserbüffel oder Hausbüffel ist in vielen Ländern der Erde heimisch geworden. Hauswasserbüffel unterteilt man in Sumpfbüffel und Milchbüffel. Sumpfbüffel dienen in den Tropen und Subtropen als Zug-, Reit- und Arbeitstiere. Milchbüffel liefern Milch und Fleisch. Zu den Milchbüffeln gehören auch die Büffel, die in Europa gehalten werden: vor allem in Ungarn, in Albanien, in der Ukraine und in Italien. Die Tiere kamen schon vor etwa 1000 Jahren in diese Länder. Sie können rund 30 Jahre alt werden.

Wasserbüffel, Asiatischer Büffel, Arni

Größe Körper 2,40 bis 2,80 m, Schwanz 0,60 bis 0,85 m lang; Schulterhöhe 1,60 bis 1,90 m; weibliche Tiere bis 800 kg, männliche Tiere bis 1200 kg schwer

Merkmale Massiger Körper; sehr große, flachstehende Hörner, sichelförmig nach hinten gebogen; Fell meist kurzhaarig, schieferfarben bis schwarz gefärbt

Ernährung Frißt vor allem Sumpf- und Wasserpflanzen, aber auch Landpflanzen

Fortpflanzung Tragzeit 310 bis 330 Tage; das Weibchen bekommt in der Regel 1 Kalb, selten 2 Kälber; Geburten meist im Februar/März; die Kälber werden etwa ein halbes Jahr lang gesäugt; mit 1 Jahr sind sie selbständig und mit etwa 2 Jahren geschlechtsreif

Vorkommen Lebt in sumpfigen Flußniederungen, an schlammigen Seeufern und in anderen Feuchtgebieten; als Wildtier nur noch über Vorderindien, als Haustier über viele Gebiete der Erde verbreitet

---

Eine Herde von Hauswasserbüffeln

Wasserfloh

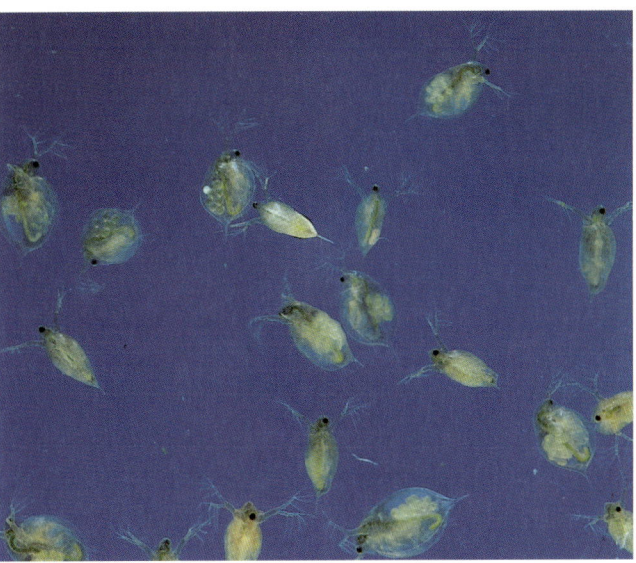

Wasserflöhe leben im freien Wasser von Weihern und Seen.

Gemeiner Wasserfloh

Größe 3 bis 4 mm lang

Merkmale Körper mit Schale aus 2 Klappen; am Kopf 2 große Antennen mit je 2 Ästen; 1 großes, schwarzes Auge; durchsichtig gelblich, grünlich oder rötlichbraun; schwimmt mit hüpfenden Bewegungen (Name!)

Ernährung Strudelt Wasser heran und filtert Algen und Bakterien heraus

Fortpflanzung Das Weibchen gibt unbefruchtete Eier in den Brutraum im Rücken ab, aus denen junge Wasserflöhe heranwachsen; bei einer Häutung der Mutter werden die Jungen freigelassen; im Herbst können sich Männchen entwickeln, und dann werden befruchtete Dauereier abgelegt; aus diesen schlüpfen im folgenden Frühjahr Weibchen aus

Vorkommen Lebt im freien Wasser von Weihern und Seen, besonders in den pflanzenreichen Uferzonen; fast weltweit verbreitet

---

Wasserflöhe sind kleine Krebse, die im Wasser schweben. Sie leben fast alle im Süßwasser; nur wenige Arten kommen im Meer vor. Besonders viele Arten tummeln sich in den pflanzenreichen Uferzonen von Weihern und Seen. Die hüpfenden Bewegungen kommen durch ruckartige Schläge der großen Antennen zustande. Wie der Gemeine Wasserfloh ernähren sich die meisten Wasserflöhe von Futterteilchen, die sie dem Wasser entnehmen. Dazu benutzen sie ihre Beine, die in der Schale verborgen liegen. Sie strudeln Wasser und Futter heran. Daneben gibt es auch Wasserflöhe, die andere Kleinkrebse und Rädertiere fressen. Solche „Räuber" sind der *Raubwasserfloh*, das *Langschwanzkrebschen* und das *Glaskrebschen*.

Wasserfrosch

Wasserfrösche sind zur Paarungszeit nicht zu überhören. Sie laichen oft in großen Gruppen ab, und ihr lautes „ärrr, ärrr, ärrr, oäck, oäck" ist unverkennbar. Beobachtet man die Tiere dabei, kann man erkennen, wie sie die Schallblasen zu beiden Seiten des Kopfes ausstülpen. Ihren Laich geben die Wasserfrösche wie die Grasfrösche (Frosch↑) in Klumpen ins Wasser ab. Die Kaulquappen schlüpfen dann nach 7 bis 10 Tagen. Sie verwandeln sich nach rund 4 Monaten in kleine Frösche. Mit 3 Jahren werden die meisten Jungfrösche geschlechtsreif. Die Lebensdauer der Wasserfrösche liegt bei rund 10 Jahren. So alt werden allerdings nicht viele Frösche, denn Schlangen, Wasservögel und Raubfische stellen ihnen nach.

Wasserfrosch, Teichfrosch

Größe   7 bis 10 cm, in Ausnahmefällen bis 12 cm lang

Merkmale   Grasgrün gefärbt; oft mit einem gelblichgrünen Längsstreifen auf der Oberseite; Hinterschenkel gelb und schwarzbraun gefleckt; nie mit einem dunklen Schläfenfleck, wie er für den Grasfrosch typisch ist

Ernährung   Frißt Insekten, Kleinkrebse, Würmer, Kaulquappen, junge Frösche und junge Eidechsen

Fortpflanzung   Paarungszeit im Mai; Laich in Klumpen im Wasser abgelegt; ein Weibchen legt 5 000 bis 10 000 Eier; die Kaulquappen schlüpfen nach etwa 7 Tagen; die Entwicklung bis zum Frosch dauert 3 bis 4 Monate

Vorkommen   An fast allen kleineren und größeren Gewässern mit Bewuchs von Wasser- und Uferpflanzen anzutreffen; vom Tiefland bis in mittlere Gebirgslagen; über ganz Mitteleuropa und ostwärts bis zur Ukraine und Rumänien verbreitet

---

Quakender Wasserfrosch

Wasserläufer

Wasserläufer beim „Spaziergang" auf der Wasseroberfläche

Gemeiner Wasserläufer

Größe   Körper 0,8 bis 1 cm lang

Merkmale   Langgestreckter, schlanker Körper; mittlere und hintere Beine sehr lang; vordere Beine wesentlich kürzer; Fühler nach vorn ausgestreckt; graubraun gefärbt

Ernährung   Fängt vor allem kleine Insekten, die auf die Wasseroberfläche gefallen sind; die Beute wird mit den Vorderbeinen (Fangbeinen) ergriffen und anschließend mit dem Rüssel angestochen und ausgesaugt

Fortpflanzung   Das Weibchen legt seine Eier an Pflanzen dicht unter der Wasseroberfläche ab; aus den Eiern schlüpfen Larven, die sich über mehrere Häutungen zu erwachsenen Insekten entwickeln; von der Eiablage bis zum Schlüpfen der Larven vergehen 1 bis 2 Wochen; die Larven wachsen innerhalb von 3 bis 4 Wochen heran

Vorkommen   Auf allen ruhigen Gewässern zu beobachten; über weite Teile Europas verbreitet

---

Die Wasserläufer gehören zu den Wanzen. Sie haben sich die Oberfläche ruhiger Gewässer als Lebensraum erobert. Meist sieht man sie in kleinen Gruppen auf dem Wasser hin und her schießen. Sie treiben sich hauptsächlich mit dem mittleren Beinpaar an. Die Hinterbeine dienen der Steuerung. Mit den wesentlich kürzeren Vorderbeinen ergreifen die Tiere ihre Beute. Ähnlich wie die Wasserläufer leben die *Stoßwasserläufer*. Diese 6 bis 8 mm langen, unscheinbar bräunlich gefärbten Tiere leben auf fließenden Gewässern. Sie laufen außerordentlich schnell, sogar gegen die Strömung, und sie können auch unter die Wasseroberfläche abtauchen. Ihre Beute besteht aus den kleinen Tieren, die die Strömung heranbringt.

Wasserschwein

Wasserschwein, Capybara

Größe 1 bis 1,30 m lang; Gewicht 50 bis 70 kg; größtes heute lebendes Nagetier

Merkmale Plumper Körper mit klobigem Kopf und stumpfer Schnauze; Schwanz fehlt; langhaariges Fell, hellbraun gefärbt

Ernährung Frißt vor allem Gras, aber auch verschiedene Wasserpflanzen

Fortpflanzung Tragzeit 120 Tage; 3 bis 4 Junge in einem Wurf; Gewicht bei der Geburt 1 000 bis 1 500 g; Junge mit 12 bis 18 Monaten geschlechtsreif

Vorkommen Hält sich immer in der Nähe des Wassers auf; lebt in Sumpfgebieten, an Fließgewässern, im Gras- und Buschland und im Regenwald; über das nördliche Südamerika östlich der Anden verbreitet, vor allem im Amazonasbecken

Wasserschweine sind keine Schweine, sondern Nagetiere. Fast immer kann man sie in der Nähe von Wasser beobachten. Meist versammeln sich die Tiere in Gruppen. Bei Trockenheit können sich 30 bis 50 Tiere an kleinen Wasserstellen sammeln. Fällt Regen, breiten sich die Tiere wieder über ein größeres Gebiet aus. Sie haben kleine Schwimmhäute zwischen den Zehen und können damit gut schwimmen. Ihre Augen und Ohren liegen hoch am Kopf, so daß diese beim Schwimmen stets über der Wasseroberfläche liegen. Bei Gefahr tauchen die Tiere weg. Sie können minutenlang unter Wasser bleiben. Zu den Verwandten des Wasserschweins gehören die Maras und die Meerschweinchen ↑.

Wasserschweine sind die größten Nagetiere, die es gibt. Die Tiere leben in Südamerika.

Webervogel

Die Webervögel sind eine sehr große Vogelfamilie. Sie umfaßt rund 100 verschiedene Arten, die über Afrika und Asien verbreitet sind. Die Vögel sind etwa so groß wie Sperlinge; verschiedene Arten werden auch etwas größer. Im übrigen sind Webervögel und Sperlinge nah miteinander verwandt. Sie haben beide einen kurzen, kräftigen Schnabel und fressen Samen und Früchte, aber auch Kleintiere. Männchen und Weibchen sind bei den Webervögeln unterschiedlich gefärbt. Zur Brutzeit haben die Männchen einiger Arten Gelb oder Rot, andere haben Grün und Schwarz im Gefieder. Die Weibchen sind überwiegend unscheinbar gefärbt.

Webervögel haben ihren Namen bekommen, weil sie ausgesprochen kunstvolle Nester bauen können. Manche sehen aus wie Kugeln mit seitlichem Eingang. Andere haben eine ovale Form, der Eingang ist ebenfalls an der Seite. Wieder andere sind kugelig, haben als Eingang aber eine lange Röhre, die nach unten führt. Die Nester werden aus Grashalmen gewebt und innen mit feinen Pflanzenfasern und Federn ausgepolstert. Sie werden an Halmen aufgehängt, baumeln aber auch oft von den Spitzen feiner Zweige herab. Die Nester können sowohl in höheren Pflanzen angelegt sein als auch in Büschen oder hoch in Bäumen. Dadurch, daß die Nester frei hängen, sind die Eier und die Jungen darin gut geschützt. Die Nester schaukeln zwar im Wind hin und her, aber Schlangen und andere Räuber können sie nur sehr schwer erreichen.

Bis auf wenige Arten sind Webervögel sehr gesellige Vögel. Und oft brüten sie auch in Gemeinschaft mit Artgenossen. Man sieht dann mehrere Nester in einem Baum hängen. Einige Arten von Webervögeln legen ihre Nester aber auch in unmittelbarer Nähe zu ihren Nachbarn an. Der *Siedelweber* beispielsweise baut solche Kolonienester in die Kronen von Bäumen. Diese Nester können 7 m lang und 4 m tief werden und dabei bis zu 50 separate Nester haben! Das sind beeindruckende Bauwerke, die die nur sperlingsgroßen Vögel errichten. Die Nester werden sogar oft so groß und damit so schwer, daß die Bäume unter ihrer Last zusammenbrechen. Die Vögel müssen dann in einer anderen Baumkrone ein neues Gemeinschaftsnest beginnen.

Ein Männchen des afrikanischen Oryxwebers

Ein Baum mit Webervogelnestern

Oryxweber

Größe Männchen 12 bis 13 cm lang und 26 g schwer; Weibchen 11 bis 12 cm lang und 21 g schwer

Merkmale Männchen mit schwarzem Gesicht, schwarzer Brust und schwarzem Bauch, übriges Gefieder rot bis orange; Weibchen unscheinbar bräunlich, wie ein Sperling gefärbt

Ernährung Frißt Samen und Getreidekörner; verfüttert Insekten an seine Jungen

Fortpflanzung Das Männchen webt ein ovales Nest; an Schilfhalmen oder Zweigen von Bäumen aufgehängt; 2 bis 5 Eier, einfarbig blaugrün gefärbt; Brutdauer 12 bis 13 Tage; die Jungen bleiben 12 bis 16 Tage im Nest und werden in dieser Zeit nur vom Weibchen gefüttert

Vorkommen Bewohnt Schilfröhrichte und Sauergraswiesen an Gewässern; auch in der offenen Steppe, in Obsthainen und Gärten zu beobachten; über Afrika südlich der Sahara verbreitet

Weihe

Ein Weibchen der Wiesenweihe

Weihen sind schlanke Greifvögel, die meist im Segelflug niedrig über die Landschaft gaukeln. Dabei halten sie ihre Flügel flach V-förmig. Immer wieder machen die Vögel überraschende Schwenks und Haken, und zur Balzzeit vollführen die Brutpartner oft akrobatische Flugspiele. Die in Europa häufigste Art ist die *Rohrweihe*. Sie brütet in der Verlandungszone von großen Weihern und Seen und in ausgedehnten Sumpfgebieten. Über freien Wasserflächen und über Wiesen geht sie auf Jagd. Seltener als die Rohrweihe sind die *Kornweihe* und die *Wiesenweihe*. Alle drei Arten sind heute in Mitteleuropa nur noch selten zu beobachten. Man hat die Vögel abgeschossen und ihren Lebensraum in Kulturland umgewandelt.

Weinbergschnecke

Die Weinbergschnecke ist eine der größten Landschnecken Europas. Das Gehäuse besteht bei einem jungen Tier aus nur zwei Umgängen. Während die Schnecke wächst, wird das Gehäuse ständig vergrößert: Am Rand der Mündung werden Zuwachsringe angelegt. Eine ausgewachsene Schnecke hat dann ein Gehäuse mit fünf Umgängen, in das sie sich bei Gefahr zurückziehen kann. Bei Trockenheit verschließt sie die Öffnung mit einem Schleimhäutchen. Im Winter dagegen wird das Gehäuse mit einem luftdurchlässigen Kalkdeckel verschlossen. Die Schnecke verfällt dann in Winterstarre. Im folgenden Frühjahr klappt sie den Deckel auf und kriecht heraus. Weinbergschnecken sind eine beliebte Delikatesse.

Weinbergschnecke

Wellensittich

Ein Wellensittichpaar an seiner Bruthöhle

Der Wellensittich ist der bekannteste, beliebteste und häufigste Papagei↑ der Erde. Er wird von Vogelfreunden auf der ganzen Welt als Zimmergenosse gehalten. Gezüchtete Wellensittiche bekommt man in ganz unterschiedlichen Farben. Es gibt die wildfarbenen Wellensittiche mit dem grünen und gelben Gefieder und gelbe, blaue, graue und weiße Wellensittiche. Leider werden die Vögel immer wieder einzeln gehalten, und genau das sollte man nicht tun. Wellensittiche sind nämlich ausgesprochen gesellige Vögel. Sie brauchen die Nähe von Artgenossen, wenn sie sich wohl fühlen sollen. Am besten hält man Wellensittiche in kleinen Gruppen. Auch in ihrer Heimat Australien sieht man Wellensittiche nie einzeln. Meist streifen sie in Gruppen durch die Landschaft. Während der heißesten Stunden des Tages ruhen sie im Laubwerk von Bäumen. Am Morgen und am Nachmittag fliegen sie zu einer Wasserstelle, um zu trinken. Dabei sieht man oft riesige Schwärme der Vögel. Ihre Streifzüge durch das Land unterbrechen die Vögel, wenn ihnen die Zeit zum Brüten günstig erscheint. Wenn nach Regenfäl-

len die Pflanzen wachsen, legen die Sittiche Eier. Sind die Jungen dann geschlüpft, finden die Altvögel genügend Futter für sich und vor allem für die Jungen. Da Niederschläge in Australien unregelmäßig fallen, weiß man nie genau, wo man Wellensittiche beobachten kann. Deshalb ist es auch unmöglich zu sagen, wann und wo sie brüten.

Wellensittich

Größe 17 bis 20 cm lang

Merkmale Kleiner Papagei mit dickem Kopf und langem Schwanz; Gefieder grasgrün, mit gelber Stirn, gelber Kehle und dunkler Oberseite; schwarze Wellenlinien am Kopf, auf der Oberseite und auf den Flügeln (Name!); Stubenvögel in verschiedenen anderen Färbungen

Ernährung Frißt Samen und grüne Teile von Pflanzen

Fortpflanzung Nistet in hohlen Bäumen; 4 bis 6, gelegentlich auch bis 8 weiße, rundliche Eier; brütet in Abhängigkeit von Regenfällen und der zur Verfügung stehenden Pflanzennahrung; brütet meist in Gesellschaft von Artgenossen

Vorkommen Besiedelt Grasland, Buschland und lichte Wälder; über fast ganz Australien verbreitet; als Stubenvogel weltweit gehalten

Wels

Zu den größten europäischen Fischen gehören die Welse. In Mitteleuropa sind sie leider selten geworden. Die großen Fische halten sich tagsüber in Höhlen, in tiefen Kolken und an ähnlichen Ruheplätzen auf. Nachts werden sie aktiv. Zur Orientierung dienen ihnen die Bartfäden um das Maul herum. Diese Fäden sind mit Sinnesorganen besetzt, und damit können die Welse ihre Nahrung orten. Den Winter verbringen die Fische einzeln oder in kleinen Gruppen. Sie fressen dann nichts. Man schätzt, daß Welse bis zu 80 Jahre alt werden können. Verwandt mit dem Wels ist der *Zwerg-* oder *Katzenwels*. Dieser Fisch stammt aus Nordamerika und wurde um die Jahrhundertwende in Europa ausgesetzt. Seither hat er sich stark ausgebreitet.

Wels, Waller

Größe Bis 2,50 m lang; ausnahmsweise bis 3 m lang und 150 kg schwer

Merkmale Schuppenloser, schleimiger Körper mit breitem, abgeplattetem Kopf; 1 sehr kurze Rückenflosse und 1 lange Afterflosse; 2 lange Bartfäden an der Oberseite des Maules, 4 kleinere an der Unterseite

Ernährung Frißt Fische, Frösche, Wasservögel und kleine Säugetiere – je nach Größe des Welses

Fortpflanzung Laichzeit zwischen Mai und Juli; Larven schlüpfen, je nach Wassertemperatur, nach 3 bis 10 Tagen und sind dann nur 7 mm lang; junge Welse etwa im 3. Lebensjahr geschlechtsreif

Vorkommen Bevorzugt wärmere Seen, Altwässer und größere Flüsse mit weichem Boden; über Mittel- und Osteuropa bis nach Kleinasien und über große Teile Rußlands verbreitet

---

Der Wels ist einer der größten Fische Europas.

Wendehals

Ein Wendehalspaar an seiner Bruthöhle

Wendehals

Größe 17 cm lang

Merkmale Oberseite braun und schwarz gefleckt und gestreift, mit dunklen Längsstreifen vom Nacken zum Bürzel; Unterseite fein quergestreift

Ernährung Frißt vor allem Ameisen und deren Larven und Puppen, daneben aber auch Käfer, Schmetterlinge und andere Insekten und selten Beeren

Fortpflanzung Brütet in Baumhöhlen oder Nistkästen; 7 bis 12 weiße Eier; Gelege ab Mai, unter günstigen Bedingungen 2 Bruten im Jahr

Vorkommen Besiedelt Parks, Friedhöfe, Obsthaine, Feldgehölze, Laub- und Mischwälder; Sommervogel; über fast ganz Europa und Mittelasien verbreitet

---

Der Wendehals ist mit den Spechten↑ verwandt. Er hat Füße mit zwei nach vorn und zwei nach hinten gerichteten Zehen. Sein kurzer Meißelschnabel hilft ihm bei der Nahrungssuche. Wegen seiner unscheinbaren Färbung wird der Vogel oft übersehen. Er ist aber auch nirgends mehr häufig. Sein Lebensraum wird ständig verkleinert. So fehlt es dem Wendehals an Brutgelegenheiten, und auch Nahrung finden die Tiere heute weniger als früher.

Wespe

Nest der Sächsischen Wespe

Sächsische Wespe
Größe   1 bis 1,8 cm groß
Merkmale   Brust und Hinterleib durch schmale „Wespentaille" verbunden; 4 häutige Flügel; schwarz und gelb gezeichnet
Ernährung   Jagt Insekten und Spinnen; frißt auch an Fleisch und Früchten
Fortpflanzung   Weibchen bauen ein kugeliges Nest auf Dachböden und in Gartenhäuschen; die Königin legt in den Waben Eier ab, aus denen Larven schlüpfen; die Larven wandeln sich über Puppen in fertige Wespen um (vollständige Entwicklung)
Vorkommen   Lebt in Gärten, auf Kulturland und in Wäldern; über ganz Europa, das nördliche Asien und Nordamerika verbreitet

Wespen sind mit Bienen ↑, Hummeln ↑ und Ameisen ↑ verwandt. Alle diese Insekten haben vier häutige Flügel. Man nennt die ganze Gruppe deshalb „Hautflügler". Weil Vorder- und Hinterflügel miteinander verhakt sind, wirkt es, als ob die Tiere nur zwei Flügel hätten. Die auffälligsten Merkmale der Wespen sind die „Wespentaille" zwischen Brust und Hinterleib und die schwarzgelbe Zeichnung. Diese Zeichnung ist eine Warnung an andere Tiere, vor allem an Vögel. Sie signalisiert: Pack mich nicht, ich kann stechen! Vögel lassen die Wespen deshalb auch in Ruhe. Nur einer mag gerade sie besonders gern: der Bienenfresser. Der Vogel hat einen langen Schnabel, und mit geschickten Bewegungen erschlägt er die gefährliche Beute. Neben Wespen fängt der Bienenfresser auch Bienen, Käfer, Libellen und andere Insekten.

Widderchen

Die Widderchen sind kleine, sehr hübsche Schmetterlinge. In Mitteleuropa kommen rund 20 verschiedene Arten vor, die sich alle recht ähnlich sehen. Viele haben rote Punkte oder Felder auf den Vorderflügeln. Deshalb nennt man die Schmetterlinge auch Blutströpfchen. Das *Kleewidderchen* taucht in warmen Jahren schon Ende Mai auf. Man sieht es bis in den August hinein fliegen. Eine andere häufige Art ist das *Gemeine Blutströpfchen*. Es sieht dem Kleewidderchen zum Verwechseln ähnlich, fliegt aber auch auf trockenen Wiesen.

Kleewidderchen
Größe   Vorderflügel 1,5 cm lang
Merkmale   Vorderflügel bläulich-grünlich schillernd, mit je 5 großen, roten Punkten; Hinterflügel mit großem rotem Feld; Hinterleib und Unterseite dunkelblau bis schwarz, schillernd
Ernährung   Die Raupen fressen an Hornklee
Fortpflanzung   Das Weibchen legt seine Eier an Hornklee ab; die Raupen überwintern am Boden und verpuppen sich im folgenden Frühjahr
Vorkommen   Fliegt auf feuchten Wiesen mit vielen Blumen; Flugzeit Mai bis August; über fast ganz Europa, bis nach Mittelasien hinein und über Nordafrika verbreitet

Zwei Kleewidderchen paaren sich.

Wiedehopf

Erregter Wiedehopf mit aufgestellter Federhaube

Wiedehopf

Größe Knapp 30 cm lang

Merkmale Gefieder orangebraun; am Kopf aufstellbare Federhaube mit schwarzen Spitzen; Schnabel lang und leicht nach unten gebogen; Flügel und Schwanz schwarz und weiß quergebändert

Ernährung Frißt vor allem Heuschrecken (viele Maulwurfsgrillen) und andere Insekten; sucht seine Nahrung am Boden

Fortpflanzung Nest in Baumhöhlen, Mauerlöchern und Steinhaufen; 6 bis 7 grünlichgelbe Eier; volle Gelege in Südeuropa ab März, in Mitteleuropa ab Mai; 1 Brut, im Süden bisweilen 2 Bruten im Jahr

Vorkommen Bewohnt Parklandschaften, Wiesen mit eingestreuten Obstbäumen und offene Waldungen; über fast ganz Europa, über Mittel- und Südasien und über Afrika mit Ausnahme der Sahara verbreitet

Wenn ein Wiedehopf aufgeregt ist, stellt er seine Federhaube auf, die aussieht wie die eines Indianers. Er hat aber auch sonst ein so auffälliges Gefieder, daß man ihn mit keinem anderen europäischen Vogel verwechseln kann. An seinem Nest ist Vorsicht geboten. Die Jungen spritzen jedem Eindringling gezielt Kot entgegen.

Wiesel

Wiesel sind kleine, langgestreckte und kurzbeinige Raubtiere. Sie sind ausgesprochen wendig und können auch schnell laufen. Weltweit gibt es 11 verschiedene Arten.

Das *Mauswiesel* sieht wie eine verkleinerte Ausgabe des *Hermelins*↑ oder *Großwiesels* aus. Es ist das kleinste Raubtier der Erde. Wie das Hermelin hat es eine braune Ober- und eine weiße Unterseite. Dem Mauswiesel fehlt allerdings die schwarze Schwanzspitze. Es sieht auch das ganze Jahr über gleich aus. Nur im Hochgebirge und im hohen Norden färbt es im Winter um. Es bekommt dann ein weißes Winterfell. Das Hermelin hat dagegen im Winter immer ein weißes Fell mit einer schwarzen Schwanzspitze.

Mauswiesel, Zwergwiesel, Kleinwiesel

Größe Männchen: Körper bis 26 cm, Schwanz bis 9 cm lang, bis 250 g schwer; Weibchen deutlich kleiner: Körper bis 20 cm, Schwanz bis 6 cm lang, bis 120 g schwer

Merkmale Fell auf der Oberseite zimtbraun bis sandgelb, auf der Unterseite weiß; gebrochene Trennlinie zwischen Braun und Weiß

Ernährung Jagt vor allem kleine Säugetiere wie Mäuse, Spitzmäuse und Kaninchen, aber auch Frösche und Eidechsen; frißt daneben Eier und Nestlinge von Vögeln

Fortpflanzung Tragzeit 5 Wochen; 4 bis 7 Junge in einem Wurf; in der Regel 2 Würfe im Jahr; Junge mit 8 bis 9 Wochen selbständig und mit 16 bis 21 Wochen geschlechtsreif

Vorkommen Besiedelt offene, trockene Lebensräume, auch Kulturland; über fast ganz Europa, Mittel- und Nordasien, Nordafrika und das nördliche Nordamerika verbreitet

Das Mauswiesel sieht aus wie ein kleines Hermelin.

Wildkatze

Die Wildkatze lebt zurückgezogen in den europäischen Wäldern.

Wildkatzen leben als Einzelgänger zurückgezogen in großen Waldgebieten. Man sieht die Tiere fast nie. Entdeckt man in der freien Natur einmal eine Katze ↑, handelt es sich in den meisten Fällen um eine Hauskatze, die von einem Dorf oder Bauernhof aus herumstreunt. Manche Hauskatzen sind aber auch verwildert und leben fast so wie die Wildkatze. Die Tiere sehen Wildkatzen bisweilen auch in der Färbung ähnlich. Sie sind aber meist etwas leichter gebaut, und ihr Schwanz ist am Ende zugespitzt und nicht so dick. Paarungen von halbwilden oder völlig verwilderten Hauskatzen mit Wildkatzen kommen vor. Deshalb ist es manchmal schwer zu sagen, was für ein Tier man vor sich hat.

Heute nehmen die Tierforscher an, daß die europäische Wildkatze mit der Falbkatze und der Steppenkatze so nah verwandt ist, daß alle drei einer einzigen Art angehören. Die Falbkatze wird als die Stammform der Hauskatze angesehen. Und da Hauskatzen und Wildkatzen miteinander Junge bekommen können, muß zwischen ihnen eine ganz nahe Verwandtschaft bestehen.

Wildkatze

Größe Körper 45 bis 90 cm, Schwanz 23 bis 40 cm lang; Gewicht 5 bis 11,5 kg

Merkmale Körperbau wie bei der Hauskatze; Fell in der Grundfärbung graugelb, mit verwaschenen, dunklen Querstreifen und Reihen von Flecken; Schwanz dunkel geringelt und mit dunkler, stumpfer Spitze

Ernährung Jagt vor allem kleine Nagetiere, aber auch Kaninchen und Hasen, Vögel und Frösche; geht vor allem in der ersten Nachthälfte und in der Morgendämmerung auf Jagd

Fortpflanzung Paarungszeit im Februar und März; Tragzeit 63 bis 68 Tage; 3 bis 5 Junge in einem Wurf; 1 Wurf im Jahr; Gewicht bei der Geburt 80 bis 135 g; Junge im Alter von 2 bis 3 Monaten selbständig und mit 1,5 bis 2,5 Jahren geschlechtsreif

Vorkommen Lebt in Europa überwiegend in Waldgebieten, dort meist in felsigem Gelände; über Schottland, die Mittelgebirge und die Alpen und über weite Teile im Süden Europas verbreitet

---

Leider sind Wildkatzen in Europa selten geworden. Man versucht sie deshalb in geeigneten Gebieten wieder anzusiedeln. Dennoch wird man die Tiere in Zukunft kaum öfter sehen, da sie sehr scheu sind.

Wildschwein

Wildschwein, Schwarzwild

Größe Körper 1,30 bis 1,80 m, Schwanz 0,20 bis 0,30 m lang;
Schulterhöhe 0,80 bis 1 m; Gewicht 50 bis 180 kg; starke
männliche Tiere 2 m lang und 320 kg schwer

Merkmale Langgestreckte Schnauze mit Rüsselscheibe;
ausgewachsene männliche Tiere mit großen Eckzähnen
im Oberkiefer und im Unterkiefer; dichtes, borstiges Fell,
dunkel graubraun gefärbt; Frischlinge gelbbraun, dabei
rotbraun längsgestreift, bekommen im Alter von etwa
10 Monaten die Färbung der erwachsenen Tiere

Ernährung Allesfresser; wühlt mit dem Rüssel den Boden
um und frißt Eicheln, Bucheckern, Wurzeln, Pilze, Farn-
kraut, Würmer, Engerlinge, Fische, Frösche, Schlangen,
Vogeleier, Jungvögel, Aas und Abfälle

Fortpflanzung Paarungszeit in Europa von November bis
Januar; Tragzeit rund 4 Monate; 4 bis 8, selten bis
13 Frischlinge in einem Wurf; Gewicht bei der Geburt
350 bis 1200 g; Wurfzeit im März und April;
1 Wurf im Jahr; die Frischlinge werden 3 bis 4 Monate
lang gesäugt und mit 18 Monaten geschlechtsreif

Vorkommen Bevorzugter Lebensraum sind Laub- und
Mischwälder; vom Tiefland bis in 4000 m Höhe anzutreffen; über große Teile Europas und das mittlere und
südliche Asien verbreitet; in Nord- und Südamerika und in
Australien als jagdbares Wild eingeführt und verwildert

Das Wildschwein kommt heute fast auf der ganzen Welt vor. Sein eigentliches Verbreitungsgebiet erstreckt sich über große Teile Europas und das mittlere und südliche Asien. Von dort aus wurde es in Nord- und Südamerika und in Australien eingeführt. Sein Lebensraum sind Laub- und Mischwälder. Es muß genügend Deckung vorhanden sein, in die sich die Tiere tagsüber zurückziehen können. Vor allem aber muß der Lebensraum sumpfige Stellen aufweisen. Wildschweine suhlen sich nämlich gern im Schlamm, um lästige Plagegeister auf der Haut loszuwerden. Die Tiere leben fast immer mit Artgenossen zusammen. Außerhalb der Paarungszeit sieht man die weiblichen Tiere mit ihren Frischlingen. Die jungen Männchen bilden eigene Trupps. Alte Männchen sind dagegen meist Einzelgänger. Erst zur Paarungszeit stoßen die Männchen zu den Weibchen.

Das Wildschwein ist die Stammform unseres Hausschweins (Schwein ↑). Manche Hausschweine sehen Wildschweinen noch recht ähnlich, andere weichen in Form und Farbe stark ab.

Bei der Nahrungssuche durchwühlen Wildschweine mit ihrer Rüsselschnauze die obersten Bodenschichten.

Wisent

In den 20er Jahren unseres Jahrhunderts war der Wisent in der freien Natur ausgerottet. Es gab aber noch mehrere Tiere in Zoos und Wildparks. Diese Wisente führte man zusammen, um daraus einen neuen Bestand aufzubauen. Besonders wichtig war dabei eine Herde im polnischen Nationalpark Bialowieza. Als der Bestand nach einigen Jahren groß genug geworden war, konnte man Wisente in freier Wildbahn wieder ansiedeln. Heute gibt es mehrere Herden, die in Freiheit leben: 5 Herden in Polen und 19 in Rußland. Im letzten Moment konnte man dadurch eines der größten europäischen Tiere noch retten. Beim verwandten Auerochsen↑ war das nicht gelungen. Das letzte Tier dieser Art starb schon im 17. Jahrhundert. Der Auerochse ist die Stammform des Hausrindes (Rind↑) – und nicht der Wisent. Dagegen ist der Wisent nah verwandt mit dem nordamerikanischen Bison↑. Es gab sogar Kreuzungen zwischen Wisenten und Bisons. Doch diese Tiere waren nicht für den Aufbau eines reinen Wisentbestandes geeignet, und man hat sie aus der Zucht ausgeschlossen.

Wisent, Europäischer Bison

Größe Körper bis 3 m, Schwanz 0,80 m lang; Schulterhöhe 1,85 bis 2,00 m; Stiere 800 bis 1 000 kg schwer, Kühe viel leichter

Merkmale Körper wie Rind, vorn aber massiger, mit Schulterbuckel; einfarbig dunkelbraunes Fell; kräftige Mähne aus gekräuselten Haaren an Kopf, Brust, Schultern und Vorderbeinen; Mähne bei Stieren stärker ausgeprägt als bei Kühen und Jungtieren; recht kurze Hörner, nach innen gebogen

Ernährung Frißt Gräser und Kräuter, Blätter und Rinde von Sträuchern und Bäumen, Eicheln, Moos und Flechten; geht sowohl am Tag als auch in der Morgen- und Abenddämmerung und in der Nacht auf Nahrungssuche

Fortpflanzung Brunftzeit im August/September; Tragzeit 254 bis 272 Tage; die Kuh bekommt 1 Kalb, selten 2 Kälber; Gewicht bei der Geburt 27 kg; bei guter Ernährung 1 Kalb jährlich, sonst nur alle 2 Jahre; die Kälber werden etwa ein halbes Jahr lang gesäugt; weibliche Tiere mit 2 Jahren, männliche Tiere mit 8 Jahren geschlechtsreif

Vorkommen Bewohnte ursprünglich lichte Laub- und Mischwälder, Waldsteppen und Grassteppen; hat sich heute in geschlossene Waldgebiete mit dichtem Unterwuchs und sumpfigen Niederungen zurückgezogen; nur noch über kleine Gebiete in Ost- und Südosteuropa verbreitet

Der Wisent ist das einzige heute noch lebende Wildrind Europas. Er war schon fast ausgerottet.

Wolf

Der Wolf ist nach dem Braunbären das größte Raubtier Europas.

Wolf

Größe Körper 1,05 bis 1,60 m, Schwanz 0,30 bis 0,50 m lang; Schulterhöhe 0,50 bis 1 m; Gewicht 32 bis 50 kg, selten bis 80 kg; Weibchen kleiner als Männchen

Merkmale Körper wie Schäferhund, aber breitere Stirn und kürzere Ohren; Fell hellgrau bis hell ockerfarben, meist mit etwas Schwarz; im Nordwesten Amerikas auch ganz schwarze und im hohen Norden Kanadas fast völlig weiße Tiere

Ernährung Jagt Hasen, Nagetiere und Vögel, im Winter auch große Säugetiere wie Hirsche, Elche, Rentiere und Moschusochsen; hetzt große Beute bei mäßiger Geschwindigkeit über weite Strecken und packt schließlich mit den Zähnen zu; frißt auch Kleintiere und geht an Aas

Fortpflanzung Paarungszeit zwischen Januar und März; Tragzeit 62 bis 75 Tage; meist 3 bis 8 Junge in einem Wurf; junge Weibchen bekommen weniger Welpen als ältere Weibchen; Gewicht bei der Geburt 300 bis 500 g; 1 Wurf im Jahr; Junge im Alter von 1 Jahr bis 3 Jahren geschlechtsreif

Vorkommen Lebt in der Tundra und der Waldtundra, in großen Waldgebieten und im Gebirge; in Europa nur noch über kleine Gebiete, in Asien und in Nordamerika dagegen über größere Flächen verbreitet; vom Menschen stark verfolgt und in großen Teilen seines früheren Verbreitungsgebietes ausgerottet

---

Um den Wolf ranken sich viele Märchen und Fabeln. Im allgemeinen kommt er dabei nicht gut weg. Er wird als hinterhältig und blutrünstig beschrieben. Aus den Geschichten spricht die Angst des Menschen vor dem Wolf. In freier Natur geht der Wolf dem Menschen zwar meist aus dem Weg, aber er kann ihm natürlich gefährlich werden. Der Wolf wird aber nicht deswegen so stark verfolgt, sondern weil er in den Viehherden großen Schaden anrichten kann. Vor allem im Winter jagen die Wölfe in großen Rudeln, und dann greifen sie auch große Tiere an. Die übrige Zeit des Jahres leben Wölfe in Familiengruppen zusammen. Diese bestehen aus den Eltern, den neugeborenen Jungen und den Jungen des Vorjahres. Während der Aufzucht der Welpen halten sich die Jungen des Vorjahres allerdings fern. Der Rüde beschafft die Nahrung für die Welpen, das Weibchen übernimmt die Bewachung. Aus dem Wolf wurde schon vor etwa 15 000 Jahren ein Begleiter des Menschen. Der Wolf ist der wilde Vorfahre des Haushundes (Hund↑). Das sollte ein Grund sein, die verbliebenen Wölfe zu erhalten.

Yak

Hausyak in den Schweizer Bergen

Wildlebende Yaks gibt es nur im Hochland von Tibet, doch die Tiere sind heute nahezu ausgestorben. Vor mindestens 3 000 Jahren hat man aber schon damit begonnen, aus dem Wildyak ein Haustier zu machen. Die Hausyaks werden in China, Nepal, Kaschmir, Bhutan, in der Mongolei, in Sibirien und Nordamerika gehalten. Einzelne Tiere gibt es auch in anderen Ländern der Erde. In den Deutschen und den Schweizer Alpen leben kleine Gruppen von Hausyaks. Die Tiere haben ein schwarzes, braunes, graues oder weißes Fell; auch gescheckte Tiere kommen vor. Hausyaks geben bis zu 400 Liter Milch im Jahr. Sie wird zu Sauermilch, Butter oder Käse verarbeitet. Ein Yak liefert neben Fleisch etwa 3 kg Wolle im Jahr. Aus der Wolle werden Decken und Seile hergestellt. In manchen Ländern wird sogar der Dung der Tiere genutzt. Weil es in den Hochlagen des Himalajas kein Brennholz gibt, dient der getrocknete Yakmist zum Feuern. Am wichtigsten sind Yaks aber als Lastenträger und als Reittiere. Bis zu 100 kg kann man einem Tier aufbürden. Dabei muß man bedenken, daß Yaks noch in großen

Höhen (bis 6 000 m hoch) eingesetzt werden. Weil es so anstrengend ist, in der dünnen Luft schwere Lasten zu tragen, können die Menschen ohne Yaks fast gar nicht leben. Hausyaks kann man übrigens mit Zebus↑ kreuzen. Diese Tiere haben in den Randgebieten des Himalajas einige Bedeutung.

Yak, Wildyak

Größe Körper bis 3,25 m lang; Schulterhöhe des Stieres bis 2 m, der Kuh bis 1,55 m; Kuh bis 306 kg, Stier bis 820 kg schwer

Merkmale Der Körper des Yaks ähnelt dem des Rindes: herunterhängender, breiter Kopf; buckelige Schultern; kurze Beine; Schwanz mit Quaste am Ende; langhaariges, zotteliges Fell, längs den Rumpfseiten mähnenartig verlängert; Haare auf den Schultern, am Bauch und am Schwanz schwarz, sonst dunkelbraun; Stier und Kuh mit ausladenden Hörnern; Hörner beim Stier bis 90 cm, bei der Kuh bis 50 cm lang

Ernährung Frißt Kräuter, Gräser, Moose und Flechten

Fortpflanzung Tragzeit 258 Tage; die Kuh bekommt alle 2 Jahre 1 Kalb, das sie säugt

Vorkommen Lebt auf den Hochgebirgsmatten in 4 000 bis 6 000 m Höhe; über das Hochland von Tibet verbreitet

Zander

Der Zander gehört zu den Barschen↑ und ist mit dem Flußbarsch nah verwandt. Beide Arten sehen sich ähnlich. Allerdings fallen beim Zander die Querbinden nicht so stark auf wie beim Flußbarsch. Zudem sind die Rückenflossen und die Schwanzflosse beim Zander dunkel gefleckt. Der Raubfisch liebt trübe Gewässer. Von der Verschmutzung der Seen und Flüsse ist er weniger betroffen als andere Fische. Wenn die Gewässer nährstoffreicher werden, wachsen mehr Algen und Kleinkrebse im Wasser, und das ist dem Zander durchaus recht. Junge Zander ernähren sich nämlich von den Kleinkrebsen, bis sie soweit herangewachsen sind, daß sie größere Beute bewältigen können. Wie der Flußbarsch ist der Zander ein wichtiger Nutzfisch.

Zander, Schill

Größe   In der Regel 40 bis 50 cm lang; höchster Wert: 1,30 m lang und 18 kg schwer
Merkmale   Langgestreckt, spitze Schnauze; Schuppenkleid graugrün, mit dunklen Querbinden; Binden bei Jungfischen deutlich zu sehen, bei ausgewachsenen Fischen verwaschen; Rückenflossen und Schwanzflosse gefleckt
Ernährung   Jagt kleine Fische wie Stint, Plötze, Flußbarsch und Ukelei; junge Zander fressen Kleinkrebse, die im Wasser schweben, und Fischbrut
Fortpflanzung   Laichzeit im April/Mai; schlägt auf hartem Untergrund eine Laichgrube und legt dort die 1,5 mm großen Eier ab; das Männchen bewacht das Gelege; die Jungen schlüpfen nach etwa 1 Woche und sind dann 5 bis 6 mm lang; Fische mit 2 bis 5 Jahren geschlechtsreif
Vorkommen   Lebt in trüben, flachen Seen und Flüssen; geht auch ins Brackwasser hinein; über weite Teile Mittel- und Osteuropas und bis nach Mittelasien hinein verbreitet

---

Der Zander sieht dem Flußbarsch recht ähnlich.

Zaunkönig

Der Zaunkönig ist ein sehr kleiner, aber lebhafter Vogel.

Zaunkönig

Größe   9,5 cm lang, rund 8,5 g schwer
Merkmale   Oberseite kräftig braun, Unterseite heller braun; vor allem Flügel und Flanken mit dunkelbrauner bis schwarzer Zeichnung; langer, feiner Insektenfresserschnabel; Männchen und Weibchen gleich gefärbt
Ernährung   Frißt Kleintiere wie Insekten und Spinnen
Fortpflanzung   Baut aus Zweigen, Grashalmen und Moos ein kugelförmiges Nest mit seitlichem Eingang; nistet am Boden; 5 bis 7 weiße Eier mit wenigen rotbraunen oder schwarzen Punkten; Brutdauer 14 bis 17 Tage; das Weibchen brütet allein die Eier aus; die Jungen verlassen das Nest im Alter von 15 bis 18 Tagen; Gelege ab April, 2 Bruten im Jahr
Vorkommen   Lebt in Gärten, Parks und Wäldern mit dichtem Unterwuchs; Teilzieher, viele Zaunkönige überwintern in Mitteleuropa; über fast ganz Europa, Teile Asiens und Nordamerikas und in Nordwestafrika verbreitet

---

Der Zaunkönig ist ein winziger, rundlicher Vogel. Aber er ist nicht der kleinste Vogel Europas, auch wenn er oft dafür gehalten wird. Noch kleiner sind die Goldhähnchen↑. Diese Winzlinge wiegen etwa 3,5 g weniger als der Zaunkönig. Der Zaunkönig ist äußerst lebhaft. Wie eine Maus huscht der kleine Kerl durch das Geäst von Büschen und niedrigen Bäumen und am Boden entlang. Im nächsten Moment fliegt er in gerader Linie weiter. Man ist immer wieder erstaunt, daß ein so kleiner Vogel so laut schmettern kann. Das Männchen singt meist von niedrigen Baumwipfeln oder freien Ästen aus. Der Gesang ist bereits mitten im Winter zu hören. Zu dieser Jahreszeit erschallen nur wenige andere Vogelstimmen.

Zebra

Pferde können einfarbig oder gescheckt sein. In Afrika aber leben Verwandte des Pferdes, die schwarz und weiß gestreift sind: die Zebras. Heute leben noch drei Arten. Das am weitesten verbreitete „Tigerpferd" ist das *Steppenzebra*. Mit ihm ist das *Quagga* nah verwandt, eine nur an Kopf, Hals und Vorderteil des Rückens gestreifte Art. Es wurde 1883 ausgerottet. Das nur im Süden und Südwesten Afrikas lebende *Bergzebra* sieht dem Steppenzebra ähnlich. Dagegen hat das *Grevyzebra* aus Ostafrika sehr schmale Streifen.

Wozu die Zebras Streifen haben, war lange eine offene Frage. Bis vor kurzem vermuteten die Tierforscher, die Streifen bildeten ein Tarnkleid. In der flimmernden Luft der afrikanischen Steppen und Savannen sollten die Zebras mit ihrem Muster verschwimmen und für die großen Raubtiere – vor allem die Löwen – nicht gut zu sehen sein. Dann aber haben die Forscher herausgefunden, daß es nicht um eine Tarnung gegenüber Raubtieren, sondern gegenüber Tsetse-Fliegen geht. Diese kleinen geflügelten Plagegeister übertragen neben der für den Menschen gefährlichen Schlafkrankheit auch die Nagana-Seuche. Und ein Tier, das von Nagana geplagt wird, leidet an Fieber und Entkräftung. Die Zebras haben demnach ihr Muster, damit die Fliegen sie nicht so leicht ausmachen können und sie von einer Ansteckung verschont bleiben.

Steppenzebra

Größe Länge bis 2,45 m, Schulterhöhe bis 1,40 m, Schwanzlänge 50 cm; Gewicht bis 355 kg (Hengst) bzw. 335 kg (Stute)

Merkmale Körper wie Pferd; Fell weißlich mit schwarzen Streifen; zwischen den dunklen Streifen oft hellere „Schattenstreifen"; von der Stirn bis zum Widerrist Stehmähne

Ernährung Frißt Gras, gelegentlich auch Blätter und Rinde; im Tageslauf wechseln Zeiten mit Weiden, Trinken, Ruhen und Schlafen ab

Fortpflanzung Hengste kämpfen um Weibchen; Begattungen über 1 bis 2 Tage hin; Tragzeit rund 1 Jahr; Hauptfohlzeit nach Vorkommen unterschiedlich (in Ostafrika Oktober bis März); 1 Fohlen, das schon kurz nach der Geburt laufen kann

Vorkommen Bewohnt Steppen und Savannen mit lockerem Baumbestand; über das östliche und südliche Afrika verbreitet

---

Zwei Steppenzebra-Hengste kämpfen miteinander.

Zebrafink

Zebrafink (Männchen)

Zebrafink

Größe 10 cm lang

Merkmale Kleiner, gedrungener Finkenvogel mit graubraunem Gefieder; Männchen mit orangefarbenem Wangenfleck, fein schwarzweiß gestreifter Brust und roten Flanken mit weißen Punkten; Weibchen ohne Rot im Gefieder; beide Geschlechter mit knallrotem Schnabel; zudem mit weißem, schwarz eingefaßtem Streif zwischen Schnabel und Auge, weißem Bürzel und schwarzem Schwanz mit weißen Flecken

Ernährung Frißt vor allem Samen

Fortpflanzung Baut ein Nest aus Halmen und feinen Zweigen und polstert es innen mit Federn, Haaren und Pflanzenwolle aus; nistet 2 bis 4 m über dem Boden in Büschen und Bäumen; legt 5 bis 7 blaßblaue Eier

Vorkommen Besiedelt Waldland, offenes Buschland und Kulturland, kommt auch in Obsthaine, Parks und Gärten; über fast ganz Australien verbreitet

---

Als Stubenvogel ist der Zebrafink bei vielen Vogelfreunden beliebt. Sein Aussehen hat sich gegenüber den wildlebenden Zebrafinken kaum verändert. Deren Heimat ist Australien. Wenn sie genügend Futter finden, bleiben sie meist in einem begrenzten Gebiet. Wird die Nahrung in der Trockenzeit knapp, streifen die Vögel weit umher. Besonders gern halten sie sich um Windmühlen und Brunnen herum auf. Hier finden sie genügend zu essen und zu trinken. Zebrafinken treten paarweise auf, oft aber auch in großen Schwärmen. Die Vögel gehören zur Familie der Prachtfinken. Die vielen Arten dieser Familie sind über Afrika, Südostasien und Australien verbreitet. Ihre nächsten Verwandten sind die Webervögel↑ und die Sperlinge↑.

Zebraspinne

Die Zebraspinne gehört zu den heimischen Spinnenarten, die man auf einen Blick erkennen kann. Das Weibchen hat einen schwarzgelben Hinterleib. Es gibt zwar rund 150 Arten von Zebraspinnen auf der Erde, aber nur eine einzige davon kommt in Mitteleuropa vor. Ebenso auffällig wie ihre wespenartige Färbung, die Feinde abschrecken soll, ist das Netz der Spinne. Es ist feinmaschig gewebt und weithin sichtbar. Ein breites Zickzackband führt nach oben und unten. Das Netz wird zwischen mehreren Pflanzen aufgehängt, meist nur etwa 30 cm über dem Boden. Die Spinne sitzt stets kopfunter in der Mitte des Netzes und lauert auf Beute. Die Art ist nah verwandt mit den Kreuzspinnen↑, die ebenfalls schöne, große Radnetze weben.

Zebraspinne, Wespenspinne

Größe Weibchen bis 3 cm lang, Männchen nur etwa 5 mm lang

Merkmale Weibchen: Hinterleib schwarzgelb gezeichnet, Kopfbrust mit silbrig schimmernder Behaarung, Beine hellbraun und schwarz geringelt; Männchen: unscheinbar gefärbt und winzig

Ernährung Fängt vor allem Feldheuschrecken, aber auch andere Insekten; ins Netz gegangene Beute wird in Sekundenschnelle in Spinnfäden eingewebt, durch einen Biß gelähmt und anschließend gefressen

Fortpflanzung Etwa 1 Monat nach der Paarung legt das Weibchen 300 bis 400 Eier in einem Kokon oder in mehreren Kokons ab; die jungen Spinnen schlüpfen noch im Herbst, verlassen den Kokon aber erst im folgenden Frühjahr (Mai)

Vorkommen Lebt auf sonnigem Ödland, an Wegrainen und an Waldrändern; über Mittel- und Südeuropa verbreitet

---

Eine Zebraspinne sitzt in ihrem Netz und lauert auf Beute.

Zebu

Eine Zebukuh mit ihrem Kalb.

Alle Hausrinder stammen vom Auerochsen↑ ab. Dieses im 17. Jahrhundert ausgestorbene Wildrind lebte in lichten Wäldern und Auenlandschaften. Es war über das gemäßigte Europa und Asien verbreitet. Aus den asiatischen Auerochsen hat man bereits vor etwa 6 500 Jahren Hausrinder gezüchtet, die auf dem Hals und dem Vorderrücken einen Buckel haben. Diese Buckelrinder faßt man unter der Bezeichnung „Zebus" zusammen. Die Tiere sind gut an hohe Temperaturen angepaßt und werden deshalb vor allem in den subtropischen und tropischen Gebieten Afrikas und Asiens gehalten. Seit ungefähr 100 Jahren hält man die Tiere auch verstärkt in Mittel- und Südamerika.

Der Buckel der Zebus besteht fast nur aus Muskeln. Er ist also kein Fettspeicher, wie es die Höcker von Dromedar oder Trampeltier sind. Welche Bedeutung der Buckel genau hat, wissen die Tierforscher nicht. Zebus sind schlanke, hochbeinige Rinder. Sie haben große Hängeohren und eine deutliche Wamme, das ist ein fleischiger Lappen unterhalb der Kehle. Die Hörner der Zebus können eine unterschiedliche Form und Größe haben. Das Fell kann grau, schwarz, braun oder weiß sein. Es gibt einfarbige Tiere, aber auch solche mit gescheckem Fell. Wie bei den Rindern, die keinen Buckel haben, gibt es auch bei den Zebus verschiedene Rassen. Bei uns werden hin und wieder *Zwergzebus* gehalten. Der Stier erreicht bei dieser Rasse eine Widerristhöhe von 1,20 m und ein Gewicht von 250 bis 300 kg. Die Kuh bleibt etwas kleiner.

Wo Zebus gehalten werden, sind sie wichtige Haus- und Nutztiere. Sie liefern Milch und Fleisch. Allerdings ist ihre Leistung viel geringer als die der hochgezüchteten Rinderrassen. Zebus dienen vor allem aber als Arbeitstiere. Sie ziehen Pflüge oder Wagen und werden auch als Reittiere benutzt.

In einigen Ländern, wie zum Beispiel in Indien, sehen die Menschen Zebus als heilige Tiere an, die nicht geschlachtet werden dürfen. Zebus, die nicht mehr gebraucht werden, überläßt man dort einfach sich selbst. Sie irren dann auch durch die Städte und Dörfer. Irgendwann sterben die Tiere eines natürlichen Todes.

Zecke

Bei Spaziergängen im Wald ist wohl jeder schon einmal mit Zecken in Berührung gekommen. Meist entdeckt man die winzigen Spinnentiere erst zu Haus, wenn sie sich festgesetzt haben und die Haut zu jucken beginnt. Zecken lassen sich von Sträuchern und Bäumen aus auf Säugetiere, auch auf Menschen fallen und bohren sich mit ihrem Rüssel in die Haut ein, um Blut zu saugen. Wenn sie prall gefüllt sind, erreichen sie die Größe einer Erbse; sie lassen sich dann zu Boden fallen.

Zeckenstiche erzeugen einen starken Juckreiz. Durch einen Zeckenstich können aber auch die gefährliche Hirnhautentzündung und andere Krankheiten übertragen werden. Man sollte die Tiere daher sofort entfernen, wenn man sie auf der Haut entdeckt. Dabei muß man darauf achten, daß man auch wirklich das ganze Tier entfernt. Wenn der Saugrüssel oder gar der ganze Kopf in der Haut steckenbleibt, kann es zu Entzündungen kommen. In besonders gefährdeten Gebieten sollte man sich vom Arzt vorsorglich gegen Hirnhautentzündung impfen lassen. Vorsorge zu treffen ist besser, als ernsthaft krank zu werden.

Zecke, Holzbock

Größe Männchen 2,5 mm, Weibchen bis 4 mm lang; vollgesogen bis 1,1 cm lang
Merkmale Rundlicher Körper, ungegliederter Hinterleib, 4 Beinpaare; dunkelbraun bis schwarz gefärbt
Ernährung Saugt Blut von Kriechtieren und Säugetieren (auch von Menschen)
Fortpflanzung Das Weibchen legt 1 000 bis 3 000 Eier an Pflanzen nahe dem Boden ab; die Larven wachsen über Nymphen zur Endgröße heran
Vorkommen Lebt vor allem in Wäldern, aber auch in Parks mit Baumbestand; weltweit verbreitet

---

Eine Zecke auf der Haut

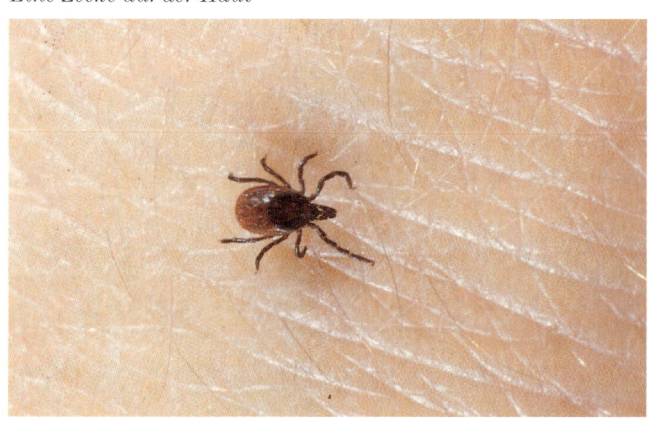

Zeisig

Ein Pärchen des Zeisigs (links Weibchen, rechts Männchen)

Zeisig, Erlenzeisig

Größe 12 cm lang
Merkmale Gefieder überwiegend gelb gefärbt; Männchen mit schwarzer Kopfplatte und kleinem, schwarzem Kehlfleck; gelbe Flügelbinde und gelbe Kanten im vorderen Teil des Schwanzes; Rücken und Flanken dunkel gestreift; Weibchen insgesamt unscheinbarer als Männchen
Ernährung Frißt Samen, vor allem von Bäumen, daneben auch Insekten und andere Kleintiere
Fortpflanzung Nistet meist in den äußeren Zweigspitzen von Nadelbäumen; 4 bis 6 weißliche, rötlich und violett gefleckte Eier; 1 oder 2 Bruten im Jahr
Vorkommen Bewohnt Nadel- und Mischwälder; Teilzieher, streift im Winter in Trupps umher und ist dann auch in Parks und Gärten und in Birken- und Erlenbeständen zu beobachten; über Mittel- und Nordeuropa und kleine Teile Asiens verbreitet

---

Zeisige sieht man meist in Trupps. Bei der Nahrungssuche turnen sie geschickt selbst an dünnen Zweigen herum. Dabei hört man sie fast ständig zwitschern. Ein naher Verwandter des *Zeisigs* oder auch *Erlenzeisigs* ist der *Birkenzeisig*. Dieser kleine Vogel hat eine rote Stirn, eine schwarze Kehle und helle Flügelbinden. Beim Männchen ist die Brust zur Brutzeit rötlich überflogen. Sein Nest baut der Birkenzeisig meist nah am Boden. Das Weibchen legt 5 bis 6 trübblaue, fein rötlichbraun gefleckte Eier. Diese Art ist über den Norden der gesamten Nordhalbkugel verbreitet. In den höchsten Breiten innerhalb dieses Gebietes brütet der *Polarbirkenzeisig* oder *Schneezeisig*. Er sieht aus wie ein sehr blaß gefärbter Birkenzeisig.

Ziege

Man schätzt den weltweiten Bestand an Hausziegen auf etwa 450 Millionen Tiere. In Mitteleuropa werden die Tiere allerdings nur noch selten gehalten. Noch vor wenigen Jahrzehnten war das ganz anders. Da galt die Ziege als die „Kuh des kleinen Mannes". In vielen Ställen standen die Tiere, um Milch und Fleisch zu liefern. Eine *Weiße* oder eine *Bunte Deutsche Edelziege* kann 1000 Liter Milch im Jahr geben, ihre Höchstleistung liegt sogar bei 1800 Litern. Daneben gibt es auch Rassen wie die *Angoraziege* und die *Kaschmirziege*, die sehr feine und damit sehr teure Wolle liefern.

Zu den wild lebenden Verwandten der Hausziege zählen Arten wie *Alpensteinbock, Schraubenziege, Bezoarziege* und *Himalajatahr*. Eine dieser Wildziegen, die Bezoarziege, ist die Stammform der Hausziege. Das Tier wird 1,20 bis 1,60 m lang, hat einen 15 bis 20 cm langen Schwanz und erreicht eine Schulterhöhe von 0,70 bis 1 m. Weibliche Bezoarziegen werden 25 bis 35 kg, männliche Tiere werden 35 bis 40 kg schwer. Die Böcke haben sichelförmige Hörner, die 1,40 m lang werden kön-nen. Die Art ist über Inseln im östlichen Mittelmeer, die östliche Türkei, Gebiete im Irak, Iran und Pakistan und nordwärts bis zum Kaukasus verbreitet. Bei den Tieren, die auf der Mittelmeerinsel Kreta leben, spricht man auch von *Kretischen Wildziegen*. Die Bewohner der Insel nennen sie *Agrimi*.

Die meisten Ziegen werden heute in Südeuropa und in den anderen warmen, trockenen Zonen der Erde gehalten. Es sind recht anspruchslose Tiere, die man weitgehend sich selbst überlassen kann. Und weil sie keine großen Ansprüche stellen, hält man Ziegen auch noch in Halbwüsten, wo die Pflanzendecke ohnehin sehr dünn ist. Die Ziegen fressen dann die letzten Grasbüschel und die letzten Blätter von den Büschen. In der Trockenheit wächst nichts nach, und die lebensfeindlichen Wüstengebiete können sich immer weiter ausdehnen. Leider hat man auch Ziegen an vielen Stellen ausgesetzt, wo sie den jeweils heimischen Tieren die Nahrung wegfressen. Ziegen sind dort so weit verwildert, daß es sehr schwierig ist, ihren Bestand wieder zu verringern.

Ziegen in den Bergen in Graubünden (Schweiz)

Ziesel

Das Ziesel ist ein am Boden lebender Verwandter des Eichhörnchens und sehr flink und wendig. Es lebt gesellig und ist auch am Tag aktiv. Immer wieder sieht man die Tiere auf den Hinterbeinen sitzen und Männchen machen, um nach Feinden Ausschau zu halten. Die Nahrung wird meist in den weitverzweigten unterirdischen Bau getragen und erst dort verzehrt. Wenn Ziesel in Massen vorkommen, richten sie großen landwirtschaftlichen Schaden an. Ziesel sind überwiegend Bewohner des Tieflandes. Von September/Oktober bis März halten die Tiere Winterschlaf. Eine ähnliche Lebensweise wie das Ziesel haben die Erdhörnchen↑ und die Präriehunde↑. Alle diese Tiere sind nah miteinander verwandt. Sie gehören zu den Nagetieren.

Europäisches Ziesel

Europäisches Ziesel, Schlichtziesel

Größe Körper rund 20 cm, Schwanz bis 8 cm lang; 200 bis 400 g schwer

Merkmale Hörnchenartiges Tier mit sehr großen dunklen Augen und kurzen, breiten Ohren; dichtbehaarter Schwanz; Fell auf der Oberseite gelbgrau und dabei undeutlich gesprenkelt, auf der Unterseite heller

Ernährung Frißt grüne Pflanzenteile, vor allem Gräser, Samen und Wurzeln

Fortpflanzung Paarungszeit im Frühjahr; Tragzeit 25 bis 26 Tage; meist 6 Junge in einem Wurf; nur 1 Wurf im Jahr; Gewicht bei der Geburt 6 bis 7 g; die Jungen werden etwa 30 Tage lang vom Weibchen gesäugt und im Alter von 1 Jahr geschlechtsreif

Vorkommen Typischer Bewohner von Steppengebieten; über Ost- und Südosteuropa und bis weit nach Asien hinein verbreitet

Zikade

Bergzikade

Bergzikade

Größe 2 cm lang, Flügelspannweite 5 cm

Merkmale Körper bräunlich gefärbt; große, durchsichtige Flügel, in Ruhehaltung dachartig über dem Hinterleib zusammengelegt

Ernährung Saugt mit dem Rüssel Saft an verschiedenen Gräsern und Sträuchern; Larven nagen an den Wurzeln von Pflanzen

Fortpflanzung Nach der Begattung kleben die Weibchen ihre Eier an Pflanzen; die Larven graben sich nach dem Schlüpfen in den Boden ein und kommen erst zur letzten Häutung wieder an die Erdoberfläche; unvollständige Entwicklung

Vorkommen Liebt trockene, warme Hänge mit niedrigem Pflanzenwuchs und lockerem Buschbestand; in Mitteleuropa nur an wenigen warmen Stellen, sonst über das südliche Europa verbreitet

Fällt das Wort „Zikade", denken viele an Ferien am Mittelmeer oder in anderen warmen Gebieten. Dort nämlich hört man überall den eintönig-schnurrenden Gesang dieser Insekten. Besonders laut sind die *Singzikaden*. In Mitteleuropa dagegen ist der Gesang von Zikaden nur in wenigen warmen Gebieten zu hören. Er kann von der *Bergzikade* kommen. Häufiger und schöner, aber stumm ist die *Blutzikade*. Sie wird 1 cm lang und ist auffällig schwarz und rot gefärbt. An Wiesenblumen und Gräsern sieht man öfter schaumige Gebilde („Kuckucksspeichel"). Darin leben die Larven der *Wiesen-Schaumzikade*. Die Larven schützen sich mit ihrem selbstgemachten Schaumnest vor dem Austrocknen und vor Freßfeinden.

Zitronenfalter

Zitronenfalter fliegen schon sehr früh im Jahr. Und bereits im Juli setzen sich die Falter zur Ruhe, um zu überwintern. Manchmal fliegen sie aber auch im Herbst noch einmal. Mit rund 9 Monaten ist seine Flugzeit eine der längsten unter allen Schmetterlingen. Zitronenfalter gehören zur Schmetterlingsfamilie der Weißlinge, zu der auch die Kohlweißlinge ↑ gehören. Viele dieser Schmetterlinge richten Schäden an Kulturpflanzen an. Ein besonders hübscher Weißling ist der *Aurorafalter*. Man kann ihn leicht erkennen: Insgesamt ist der Falter weiß, aber die Vorderflügel sind vorn orangegelb gefärbt. Der Aurorafalter fliegt wie der Zitronenfalter schon früh im Jahr. Seine Raupen fressen vor allem an Wiesenschaumkraut.

Zitronenfalter

Zitronenfalter

Größe Länge bis etwa 3 cm;
   Spannweite der Flügel 5 bis 6 cm
Merkmale Flügel beim Männchen zitronengelb, beim Weibchen grünlichweiß; 4 runde orangerote Flecken in den Flügeln; Kopf und Fühler rot
Ernährung Die Falter ernähren sich von Nektar; die Raupen fressen an den Blättern des Faulbaums
Fortpflanzung Das Weibchen legt seine Eier einzeln an Blättern und jungen Trieben des Faulbaums ab; die Raupen schlüpfen nach etwa 10 Tagen und fressen etwa 1 Monat lang bis zur Verpuppung; die fertigen Falter schlüpfen nach etwa 14 Tagen; 1 Generation im Jahr
Vorkommen Bewohnt Buschgelände und offene, feuchte Wälder; im Gebirge bis in etwa 2 000 m Höhe anzutreffen; von Westeuropa und Nordafrika bis weit nach Asien hinein verbreitet

---

Zwergmaus

Die Zwergmaus ist eines der kleinsten Säugetiere Europas.

Zwergmaus

Größe Körper 5 bis 7 cm lang, Schwanz noch einmal so lang
Merkmale Sehr klein; Fell auf der Oberseite rotbraun, auf der Unterseite weiß; Greifschwanz
Ernährung Frißt Pflanzensamen und Insekten
Fortpflanzung Baut Nester aus Halmen, bis 1 m über dem Boden; zwischen April und September 2 bis 3 Würfe mit jeweils 3 bis 7 nackten, blinden Jungen; Junge werden 2 Wochen lang gesäugt
Vorkommen Bewohnt Kornfelder, hoch bewachsene Wiesenränder und mittelfeuchte Schilfbestände; über das mittlere Europa und bis weit nach Asien hinein verbreitet

---

Zwergmäuse tragen ihren Namen zu Recht: Kleiner geht's kaum noch. Die Mäuschen sind sowohl am Tag als auch bei Nacht unterwegs. Mit Hilfe ihres Schwanzes klettern sie geschickt an den Pflanzen herum. Im Sommer bauen sie kugelförmige Nester, die zwischen Halmen aufgehängt werden. Im Winter bauen die kleinen Mäuse größere Nester, die dann auch am Boden liegen. Die Nester erreichen einen Durchmesser von 15 cm. Sie werden meist nur von einem einzigen Tier bewohnt. Zwergmäuse sind nicht sehr gesellig.

Zwergtaucher

Der Zwergtaucher ist ein relativ kleiner, rundlicher Vogel mit kurzem Hals und kurzem, kräftigem Schnabel. Er gehört zu den Lappentauchern. Das sind Wasservögel, bei denen die Zehen durch Schwimmlappen verbreitert sind. Sie können hervorragend tauchen. In erster Linie suchen die Vögel auf diese Weise ihre Nahrung. Sie tauchen aber auch bei Gefahr weg und bringen sich unter Wasser schwimmend in Sicherheit. Der Zwergtaucher ist der kleinste dieser Lappentaucher.

Zur Brutzeit lebt der Vogel versteckt. Dann wird man meist nur durch sein kurzes, helles Trillern auf ihn aufmerksam. Wie die anderen Lappentaucher, baut auch der Zwergtaucher ein schwimmendes Nest aus Pflanzen. Das kleine Floß wird meist an Schilfhalmen oder an im Wasser liegenden Zweigen verankert. Die Pflanzen des Nestes gehen bald in Fäulnis über, und die Faulstoffe färben die beim Legen weißen Eier im Lauf der Brutzeit bräunlich. Die Jungen lassen sich in den ersten Lebenstagen von den Altvögeln im Rückengefieder herumtragen. Außerhalb der Brutzeit ist der kleine Taucher häufiger zu beobachten. Er erscheint dann auch auf Gewässern innerhalb von Städten.

Ein naher Verwandter des Zwergtauchers ist der Haubentaucher↑, der größte in Europa lebende Lappentaucher. Weitere Arten dieser Vogelgruppe sind der Schwarzhals- und der Rothalstaucher.

Zwergtaucher

Größe 27 cm lang

Merkmale Im Brutkleid auf dem Rücken dunkelbraun, auf der Unterseite heller graubraun, an den Seiten des Halses kastanienbraun, an der Schnabelwurzel gelb; im Ruhekleid graubraun gefärbt, viel heller als im Brutkleid und ohne die braune Halsfärbung

Ernährung Frißt kleine Wassertiere und Teile von Wasser- und Uferpflanzen

Fortpflanzung Baut eine schwimmende Plattform aus Wasser- und Uferpflanzen; 5 bis 6 weiße, später bräunliche Eier; Gelege ab März/April; 2 Bruten, bei günstigen Bedingungen auch 3 Bruten im Jahr

Vorkommen Lebt auf Teichen, Weihern und Seen; im Winter sowohl auf stehenden Gewässern als auch auf langsam fließenden Flüssen; Teilzieher; über Mittel- und Südeuropa, das südliche Asien und Afrika südlich der Sahara verbreitet

---

Zwergtaucher im Ruhekleid

Das Tierreich im Überblick

Insgesamt gibt es etwa 1,4 Millionen verschiedene Tierarten auf der Erde. Für die Biologen, die die Tierwelt erforschen, ist es eine schwierige Aufgabe, diese Vielfalt zu ordnen. Sie müssen dazu den Körperbau und die Lebensweise der einzelnen Tiere kennen. Sie müssen aber auch wissen, wie die heutige Tierwelt im Lauf der Erdgeschichte entstanden ist.

Je mehr die Forscher in Erfahrung bringen, desto sicherer können sie sein, welche Tiere miteinander verwandt sind. Denn Ordnung in die Vielfalt der Tiere zu bringen heißt nicht, in einer Gruppe alle grünen Tiere, in einer anderen alle braunen Tiere und in einer dritten Gruppe alle schwarzen zusammenzufassen.

Die Biologen fassen auch nicht alle im Wasser und alle an Land lebenden Tiere in jeweils einer Gruppe zusammen. Sie versuchen vielmehr, die Tiere nach ihrem Körperbau und nach ihrer Verwandtschaft zu ordnen. Das ist gar nicht so einfach, wie es klingt, denn manche Tiere sehen sich zwar auf den ersten Blick äußerlich ähnlich, sind aber nicht näher miteinander verwandt.

Für die verschiedenen Gruppen von Tieren benutzen die Biologen besondere Bezeichnungen. Zu einem *Stamm* gehören alle die Tiere, die nur wenige, aber typische Gemeinsamkeiten haben. Ein wichtiger Stamm sind beispielsweise die Chordatiere, zu denen die Vögel und die Säugetiere gehören. Diese Tiere weisen aber nicht nur Gemeinsamkeiten (z. B. das Skelett aus Knochen) auf, sondern auch viele Unterschiede. Deshalb teilt man sie in zwei verschiedene Gruppen ein, die man *Klassen* nennt. Die Klassen wiederum gliedern sich in die einzelnen *Ordnungen*. Diese Art der Einteilung wird bis zu den *Arten* fortgeführt. Zu einer Art zählt man alle Tiere, die sich im Körperbau genau gleichen und miteinander Junge hervorbringen können. So zum Beispiel ordnen Forscher die Tiere ein:

Stamm:	Chordatiere
Klasse:	Säugetiere
Ordnung:	Raubtiere
Familie:	Hundeartige
Gattung:	Füchse
Art:	Rotfuchs

In der folgenden Übersicht findest du die wichtigsten Stämme und Klassen des Tierreiches. Es ist auch angegeben, wie viele Arten der jeweilige Stamm umfaßt.

Stamm: SCHWÄMME (5 000 Arten)
Klasse: Kalkschwämme
Klasse: Kieselschwämme

Stamm: NESSELTIERE (9 000 Arten)
Klasse: Polypen
Klasse: Quallen
Klasse: Blumentiere

Stamm: PLATTWÜRMER (16 100 Arten)
Klasse: Strudelwürmer
Klasse: Saugwürmer
Klasse: Bandwürmer

Stamm: RUNDWÜRMER (23 000 Arten)
Klasse: Rädertiere
Klasse: Fadenwürmer

Stamm: WEICHTIERE (130 000 Arten)
Klasse: Käferschnecken
Klasse: Schnecken
Klasse: Muscheln
Klasse: Kopffüßer (Tintenfische)

Stamm: RINGELWÜRMER (17 000 Arten)
Klasse: Vielborster
Klasse: Gürtelwürmer

Stamm: GLIEDERFÜSSER (1 000 000 Arten)
Klasse: Pfeilschwanzkrebse
Klasse: Spinnentiere
Klasse: Krebstiere
Klasse: Tausendfüßer
Klasse: Insekten

Stamm: STACHELHÄUTER (6 500 Arten)
Klasse: Haarsterne (Seelilien)
Klasse: Seesterne
Klasse: Schlangensterne
Klasse: Seeigel
Klasse: Seegurken (Seewalzen)

Stamm: CHORDATIERE (56 000 Arten)
Klasse: Seescheiden
Klasse: Rundmäuler
Klasse: Knorpelfische
Klasse: Knochenfische
Klasse: Lurche (Amphibien)
Klasse: Kriechtiere (Reptilien)
Klasse: Vögel
Klasse: Säugetiere

Das Tierreich im Überblick

Stamm: SCHWÄMME

Schwämme sind einfach gebaute Tiere. Ihr Körper besteht aus einem Hohlraum, der von einer Wand umgeben ist. Durch Öffnungen in der Wand strömt ständig Wasser ein und aus. Im Inneren des Schwammkörpers werden die Nahrungsteilchen aus dem Wasser herausgefiltert. Schwämme leben im Süßwasser, vor allem aber im Meer. Man teilt sie in zwei Klassen ein:

Klasse: Kalkschwämme
Klasse: Kieselschwämme

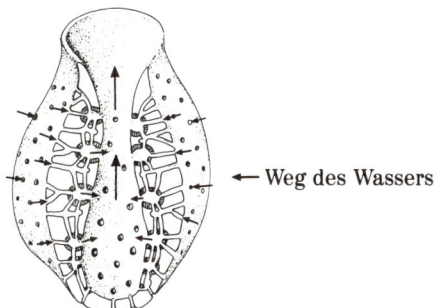

← Weg des Wassers

Bei den Kalkschwämmen sind die Wände durch Kalknadeln verfestigt, bei Süßwasserschwamm, Geweihschwamm und Badeschwamm festigen Kieselnadeln oder Hornfasern die Wände.

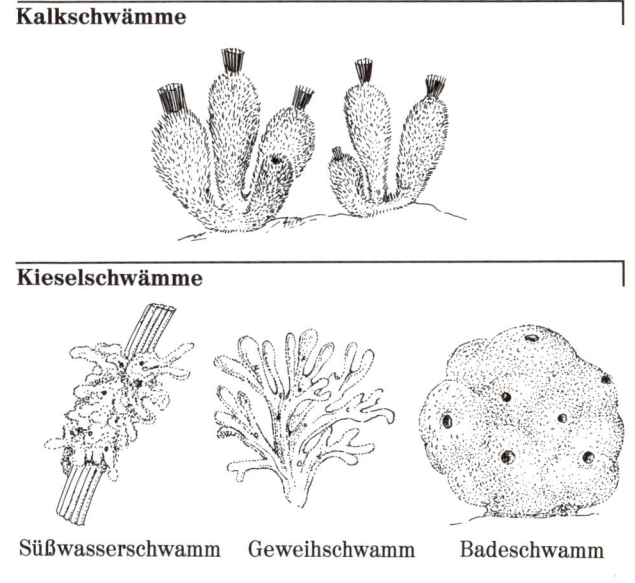

Kalkschwämme

Kieselschwämme

Süßwasserschwamm   Geweihschwamm   Badeschwamm

Stamm: NESSELTIERE

Der Körper der Nesseltiere besteht aus einer Wand und einem darin eingeschlossenen Hohlraum. Daher nennt man die Nesseltiere oft auch „Hohltiere". Sie können sich zusammenziehen und wieder ausdehnen. In den Fangarmen sitzen Nesselkapseln, mit deren Hilfe Beutetiere gelähmt werden. Die gefangene Beute wird mit den Fangarmen zur Mundöffnung befördert und im Inneren des Körpers verdaut. Die Mehrzahl der Nesseltiere lebt im Meer. Man unterscheidet:

Klasse: Polypen
Klasse: Quallen
Klasse: Blumentiere

Polypen haben einen schlauchförmigen Körper, an dessen oberem Ende die Fangarme sitzen. **Quallen** sind oft wie eine flache Glocke gebaut, aus der die Fangarme heraushängen. **Blumentiere** sehen meist wie schöne Pflanzen aus: ein

Stiel und als „Blüte" eine Vielzahl von Fangarmen. Zu den Blumentieren gehören auch die Korallen. Bei ihnen sind viele kleine Polypen untereinander verbunden. In ihren Körper sind Kalknadeln oder Hornfasern eingelagert.

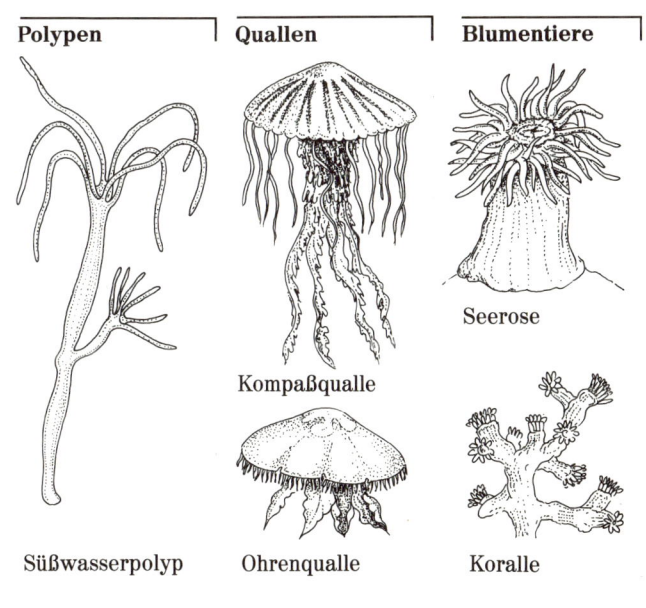

Polypen   **Quallen**   **Blumentiere**

Seerose

Kompaßqualle

Süßwasserpolyp   Ohrenqualle   Koralle

Das Tierreich im Überblick

Stamm: PLATTWÜRMER

Diesen Tieren ist der abgeplattete Körper gemeinsam. Sie haben weder Organe zum Atmen noch Blutgefäße. Man teilt sie folgendermaßen ein:

Klasse: Strudelwürmer
Klasse: Saugwürmer
Klasse: Bandwürmer

Bei den **Strudelwürmern** ist der Körper mit feinen Härchen besetzt, die ständig in Bewegung sind. Sie leben vor allem im Meer, aber auch im Süßwasser. Die **Saugwürmer** sind allesamt Schmarotzer oder Parasiten und leben im Körper von anderen Tieren (auch des Menschen). Dort heften sie sich mit Saugnäpfen, die sich am Vorderende befinden, fest. Zu den Saugwürmern gehören zum Beispiel der Kleine und der Große Leberegel und der Pärchenegel. Auch alle **Bandwürmer** sind Schmarotzer. Sie leben im Darm

ihres Wirtes und nehmen ihre Nahrung über die Haut auf. Zu den Bandwürmern gehören zum Beispiel Rinder-, Schweine-, Fuchs- und Hundebandwurm. Es gibt Arten, die bei ihren Wirten schwere Erkrankungen hervorrufen können.

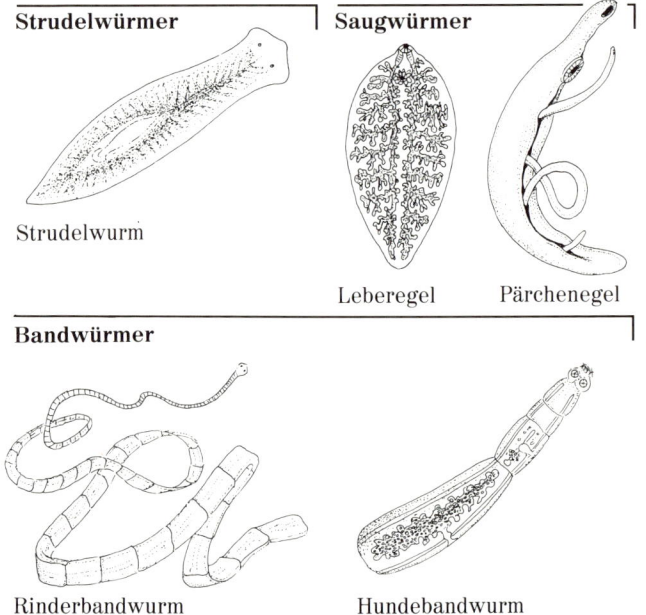

Strudelwürmer
Strudelwurm

Saugwürmer
Leberegel — Pärchenegel

Bandwürmer
Rinderbandwurm — Hundebandwurm

Stamm: RUNDWÜRMER

In diesem Stamm sind recht unterschiedlich aussehende Tiere zusammengefaßt. Ihre Verwandtschaft ist nicht leicht zu erkennen. Die zwei wichtigsten Gruppen der Rundwürmer sind:

Klasse: Rädertiere
Klasse: Fadenwürmer

Rädertiere sind so klein, daß man die meisten mit bloßem Auge nicht sehen kann. Die größten Arten werden gerade 2 mm lang. Die Tiere leben im Wasser und haben am Vorderende Reihen von Härchen, die ständig in Bewegung sind. Mit Hilfe dieser Härchen können sich die Tiere bewegen, aber auch Nahrung heranstrudeln.
Fadenwürmer sind langgestreckte, drehrunde Würmer. Sie haben einen Darm, aber keine Blutgefäße. In der Wand liegen Muskeln, mit denen sich die Würmer schlängelnd fortbewegen können. Unter den Fadenwürmern gibt es viele

Schmarotzer, zum Beispiel Spulwurm, Trichine und Madenwurm. Sie ernähren sich auf Kosten eines Wirts. Bei einem Befall durch solche Würmer kann ein Tier oder eine Pflanze schwer erkranken oder sogar umkommen.

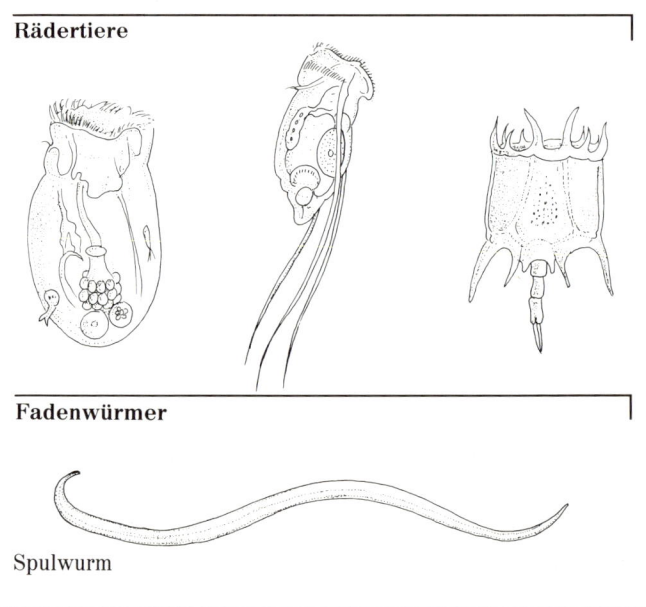

Rädertiere

Fadenwürmer
Spulwurm

Das Tierreich im Überblick

Stamm: WEICHTIERE

Dieser Stamm umfaßt im Meer, im Süßwasser und an Land lebende Tiere. Die Biologen gliedern ihn in folgende Klassen:

Klasse: Käferschnecken
Klasse: Schnecken
Klasse: Muscheln
Klasse: Kopffüßer (Tintenfische)

Man unterscheidet Stachelweichtiere und Schalenweichtiere. Alle Weichtiere haben einen weichen Körper und eine mit Schleim bedeckte Haut. Man kann vier Körperabschnitte erkennen: Kopf, Rumpf, Mantel und Fuß. Am Kopf (fehlt bei den Muscheln) sitzen die Sinnesorgane: die Fühler und die Augen. In der Mundöffnung liegen kräftige Kauwerkzeuge, die aber bei den Muscheln fehlen. Der Fuß dient den Tieren (mit Ausnahme der Tintenfische) zur Fortbewegung oder als Graborgan (Muscheln). Die meisten Weichtiere bilden eine Schale aus: die Gehäuse vieler Schnecken, die Schalen der Muscheln und die im Inneren des Körpers liegenden Schulpe der Tintenfische. Die Schalen bestehen aus Kalk und einem hornartigen Baustoff. Sie geben dem Körper Halt und dienen als Schutz gegen Freßfeinde und ungünstige Lebensbedingungen (Trockenheit). Zu den Weichtieren zählen auch die bereits ausgestorbenen Ammoniten und Belemniten.

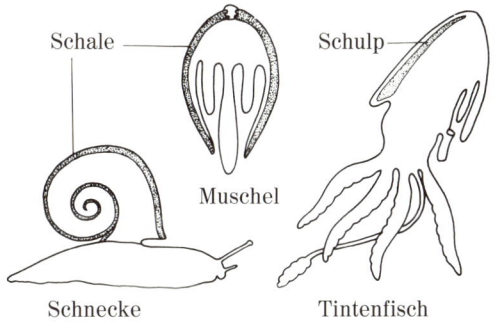

Schale — Schulp —
Muschel
Schnecke — Tintenfisch

Die **Käferschnecken** haben eine Schale, die sich aus acht beweglichen Platten zusammensetzt. Die Tiere kommen nur im Meer vor. **Schnecken** haben unterschiedlich geformte Gehäuse; es gibt aber auch zahlreiche Arten ohne Gehäuse. Meist

haben die Tiere einen langgestreckten Fuß. Sie leben im Meer, im Süßwasser und an Land, besiedeln also ganz unterschiedliche Lebensräume. Entsprechend gibt es Schnecken, die über Kiemen atmen, und solche mit Lungenatmung. **Muscheln** haben eine Schale aus zwei miteinander verbundenen Klappen und leben stets im Wasser, die meisten im Meer. Sie atmen mit Kiemen. Die **Kopffüßer** sind ausschließlich Bewohner des Meeres.

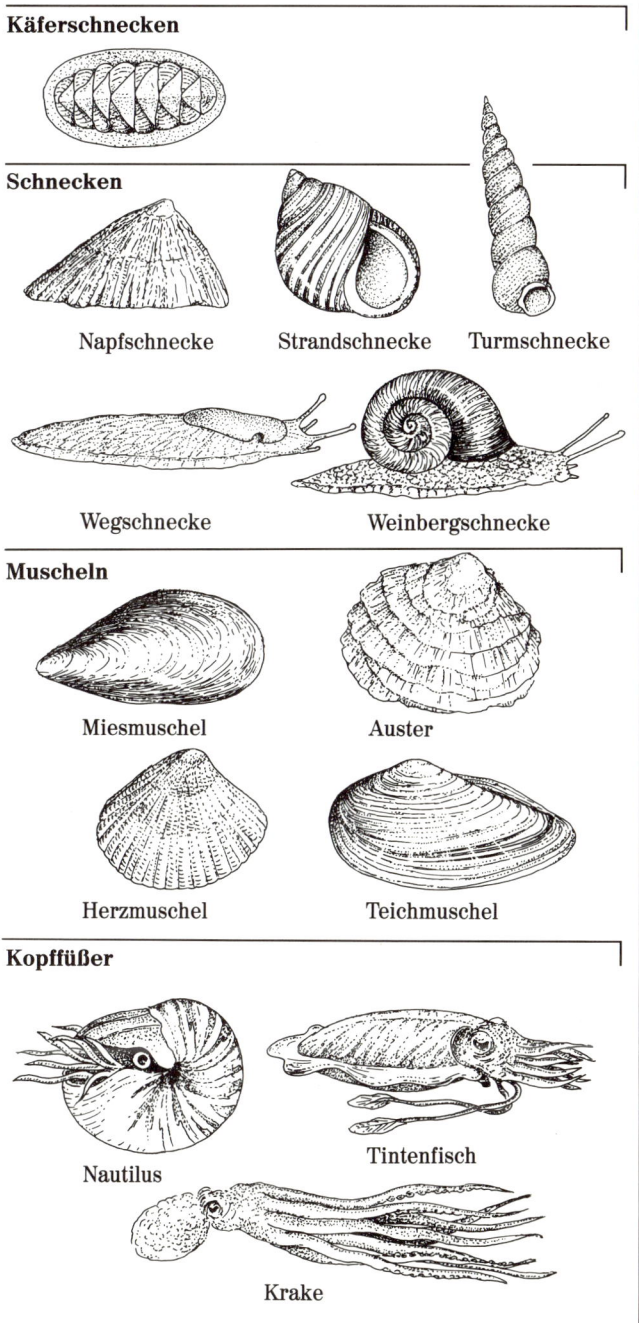

Käferschnecken

Schnecken

Napfschnecke · Strandschnecke · Turmschnecke

Wegschnecke · Weinbergschnecke

Muscheln

Miesmuschel · Auster

Herzmuschel · Teichmuschel

Kopffüßer

Nautilus · Tintenfisch

Krake

Das Tierreich im Überblick

Stamm: RINGELWÜRMER

Ringelwürmer haben einen langgestreckten Körper, der in viele kleine Abschnitte gegliedert ist: Bei einer Gruppe der Würmer ist der Körper dicht mit Borsten besetzt. Die Würmer der anderen Gruppe haben nur wenige oder gar keine Borsten auf der Haut. Zu diesen Gürtelwürmern gehören die Wenigborster (Regenwurm) und die Egel (Blutegel).

Klasse: Vielborster
Klasse: Gürtelwürmer

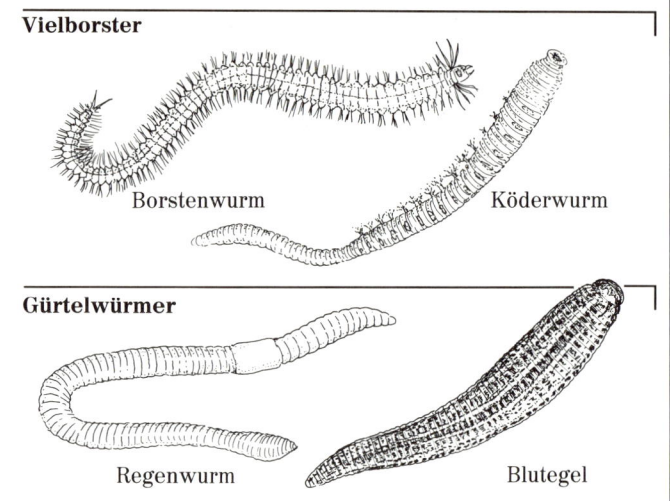

Vielborster

Borstenwurm   Köderwurm

Gürtelwürmer

Regenwurm   Blutegel

Stamm: GLIEDERFÜSSER

Als gemeinsames Kennzeichen haben die Tiere dieses Stammes Körperanhänge, die in Abschnitte gegliedert sind. Auch ihr Körper ist in Abschnitte unterteilt. Die Tiere haben einen festen Panzer aus Chitin (und Kalk). Man unterscheidet:

Klasse: Pfeilschwanzkrebse
Klasse: Spinnentiere
Klasse: Krebstiere
Klasse: Tausendfüßer
Klasse: Insekten

Pfeilschwanzkrebse sind sehr urtümliche Tiere, die im Meer leben. Es gibt heute nur noch fünf Arten. Sie alle haben eine halbrunde Schale und einen langen Schwanzstachel (daher der andere Name Schwertschwänze). In der Schale liegen fünf Paar Laufbeine und dahinter die Kiemen.

Bei den **Spinnentieren** ist der Körper in Kopfbruststück und Hinterleib gegliedert. Die Tiere haben vier Beinpaare, die am Kopfbruststück ansetzen. Statt der für die Insekten typischen Netzaugen haben sie nur Punktaugen. Spinnentiere leben überwiegend am Land. Die Biologen unterscheiden Skorpione, Webspinnen, Weberknechte und Milben.

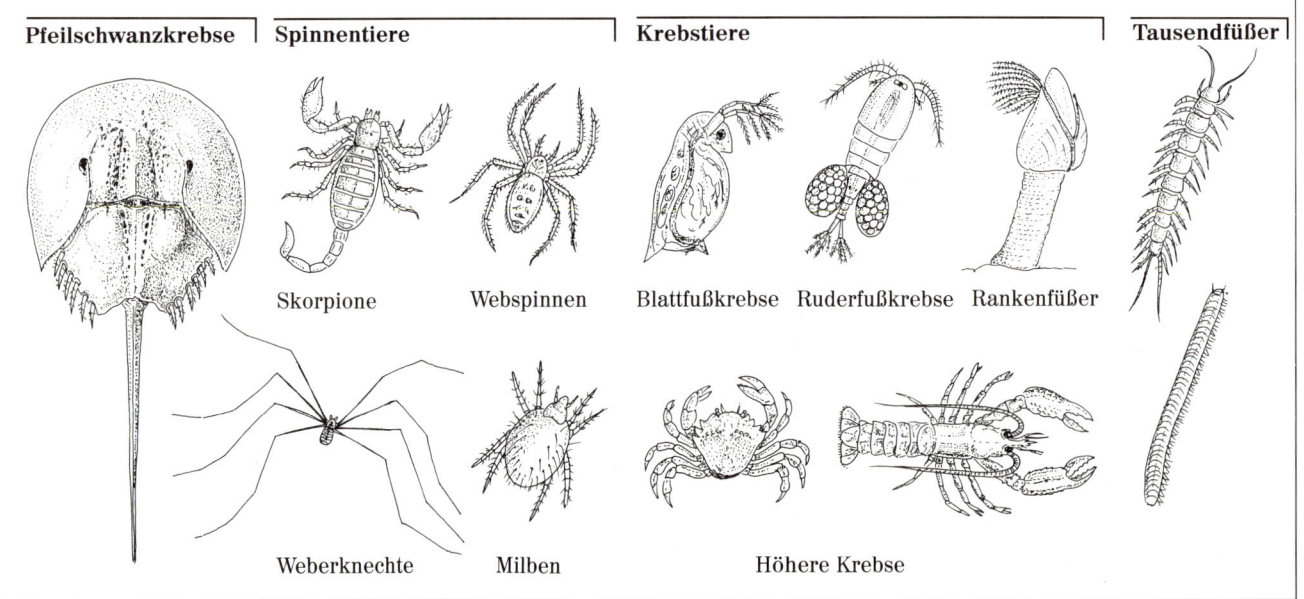

Pfeilschwanzkrebse   Spinnentiere   Krebstiere   Tausendfüßer

Skorpione   Webspinnen   Blattfußkrebse   Ruderfußkrebse   Rankenfüßer

Weberknechte   Milben   Höhere Krebse

Das Tierreich im Überblick

Bei den **Krebstieren** ist der Körper in Kopf, Brust und Hinterleib gegliedert. Diese Gliederung ist bei den einzelnen Gruppen aber in mannigfaltiger Weise abgewandelt. Man unterscheidet zum Beispiel Blattfußkrebse, Ruderfußkrebse, Rankenfüßer und Höhere Krebse.

Bei den **Tausendfüßern** sind mehrere Abschnitte zu einer Kopfkapsel verschmolzen. Daran angehängt ist der langgestreckte, geringelte Rumpf. Es gibt Tausendfüßer, bei denen die Abschnitte einzeln miteinander verbunden sind; jeder Abschnitt trägt ein Beinpaar. Bei anderen sind jeweils zwei Abschnitte miteinander verschmolzen; an jedem äußerlich sichtbaren Abschnitt sitzen hier zwei Beinpaare.

Die **Insekten** sind eine sehr vielgestaltige Klasse der Gliederfüßer. Ihr Körper ist in Kopf, Brust und Hinterleib gegliedert. Am Kopf sitzen die Mundwerkzeuge und verschiedene Sinnesorgane: die zwei Fühler und die zwei auffälligen, aus vielen Einzelaugen zusammengesetzten Netzaugen. Die Brust besteht immer aus drei Abschnitten, an denen jeweils ein Beinpaar ansetzt. Insekten haben also immer sechs Beine. Die beiden hinteren Brustabschnitte tragen außerdem die vier Flügel (Ausnahme: Flügellose Insekten und Zweiflügler). Am Hinterleib sitzen grundsätzlich weder Flügel noch Beine.

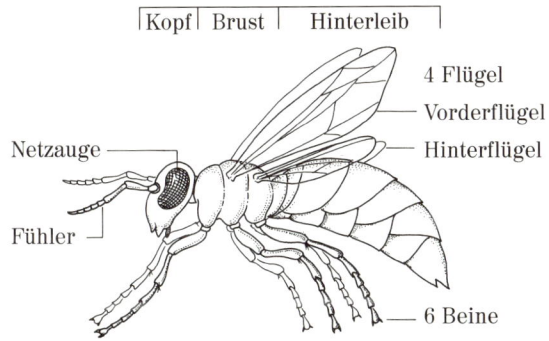

Kopf | Brust | Hinterleib

4 Flügel
Vorderflügel
Hinterflügel
Netzauge
Fühler
6 Beine

Man unterscheidet: Eintagsfliegen, Libellen, Steinfliegen, Laubheuschrecken und Grillen, Feldheuschrecken, Wanzen, Käfer, Hautflügler, Köcherfliegen, Schmetterlinge und Zweiflügler.

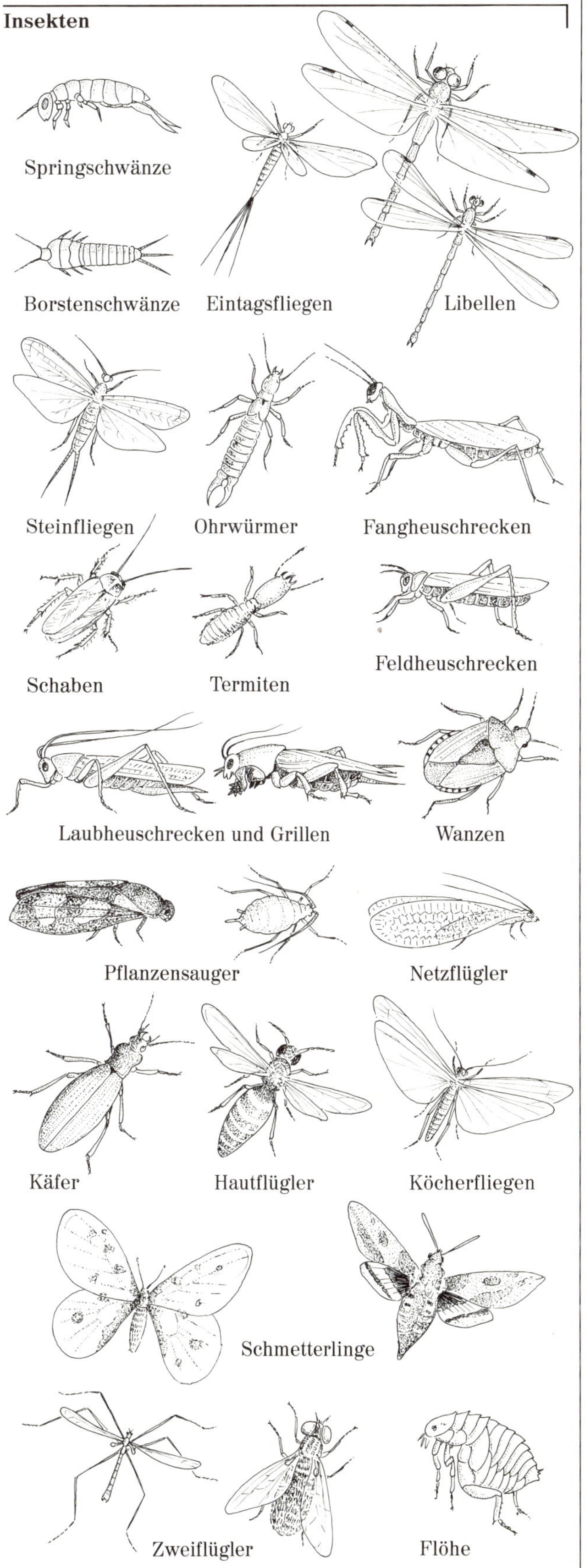

Insekten

Springschwänze

Borstenschwänze   Eintagsfliegen   Libellen

Steinfliegen   Ohrwürmer   Fangheuschrecken

Schaben   Termiten   Feldheuschrecken

Laubheuschrecken und Grillen   Wanzen

Pflanzensauger   Netzflügler

Käfer   Hautflügler   Köcherfliegen

Schmetterlinge

Zweiflügler   Flöhe

Das Tierreich im Überblick

▬▬ Stamm: STACHELHÄUTER ▬▬

Alle Stachelhäuter sind Meeresbewohner. Im Süßwasser gibt es diese Tiere nicht. Ihr Name bezieht sich auf die Stacheln, die in der Oberfläche des Kalkpanzers sitzen. Ein wirklich volles Stachelkleid haben aber nur allein Seeigel. Die Tiere der anderen Klassen haben nur in bestimmten Bereichen der Körperoberfläche Stacheln, oder diese fehlen ganz. Die meisten Stachelhäuter können sich mit Hilfe von Saugfüßchen langsam fortbewegen. Und die meisten sind sternförmig gebaut. Es gibt unter den Stachelhäutern aber auch langgestreckte Tiere. Man unterscheidet:

Klasse: Haarsterne (Seelilien)
Klasse: Seesterne
Klasse: Schlangensterne
Klasse: Seeigel
Klasse: Seegurken (Seewalzen)

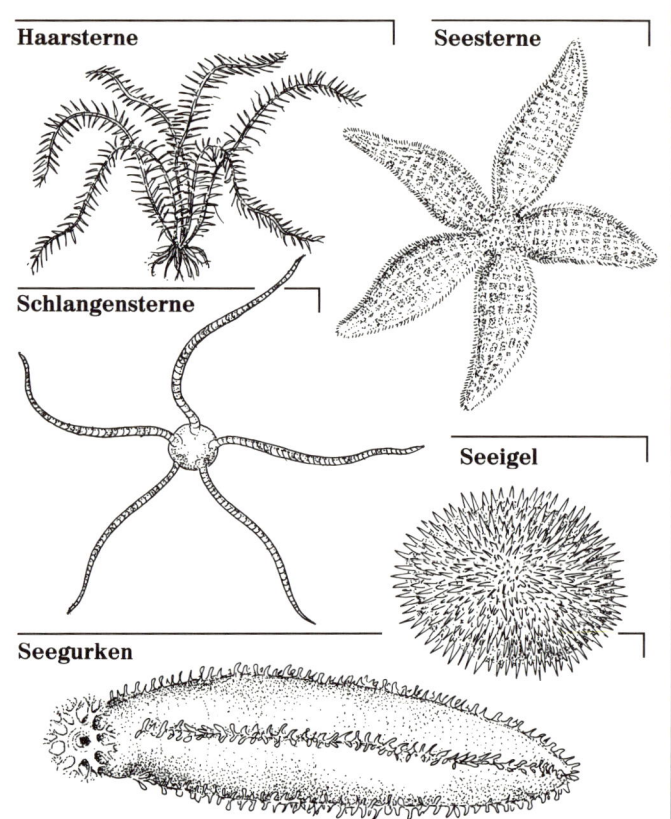

Haarsterne

Seesterne

Schlangensterne

Seeigel

Seegurken

▬▬ Stamm: CHORDATIERE ▬▬

Zu den Chordatieren zählen vor allem die Tiere, die als wesentliches Merkmal eine Wirbelsäule aus Knorpel oder Knochen im Inneren ihres Körpers aufweisen. Die Wirbelsäule ist in einzelne Wirbel gegliedert und bildet die Achse des Skelettes. Man spricht deshalb von Wirbeltieren. Zu den Chordatieren zählen insgesamt:

Klasse: Seescheiden
Klasse: Rundmäuler
Klasse: Knorpelfische
Klasse: Knochenfische
Klasse: Lurche (Amphibien)
Klasse: Kriechtiere (Reptilien)
Klasse: Vögel
Klasse: Säugetiere

Klasse: Seescheiden
Zu dem Stamm, in den die Wirbeltiere eingeordnet werden, zählen aber auch Tiere, die Wirbeltieren gar nicht ähnlich sehen, nämlich die Seescheiden. Diese Tiere bestehen eigentlich nur aus einem Hohlraum mit einer Einström- und einer Ausströmöffnung. Durch das Tier fließt ständig Wasser, dem Sauerstoff und Nahrungsteilchen entnommen werden. Die Larven der Seescheiden aber haben im Inneren ihres Körpers einen beweglichen „Stützstab", wie er auch bei den Wirbeltieren anzutreffen ist. Die Seescheiden sind also mit den Wirbeltieren nah verwandt, und deshalb gehören beide Gruppen zu einem einzigen Stamm.

Seescheiden

Das Tierreich im Überblick

noch: CHORDATIERE

Fische leben im Wasser (Flüsse, Seen, Meere) und sind an ihren Lebensraum entsprechend angepaßt: Sie schwimmen mit Flossen und atmen mit Kiemen. Ihre Körpertemperatur entspricht der Temperatur der Umgebung; sie sind also wechselwarme Tiere.

Klasse: Rundmäuler

Die Rundmäuler sind langgestreckte Fische, denen Knochen und Schuppen fehlen. Sie besitzen Kiemenspalten und Flossensäume. Die bekanntesten Rundmäuler sind die Neunaugen.

Klasse: Knorpelfische

Die Knorpelfische haben ein knorpeliges Skelett (Name!). Es wird allerdings durch die Einlagerung von Kalk oft so fest wie ein Skelett aus Knochen. Ein weiteres Kennzeichen sind die harten Zahnschuppen in der Haut. Zu den Knorpelfischen zählen die Haie und die Rochen.

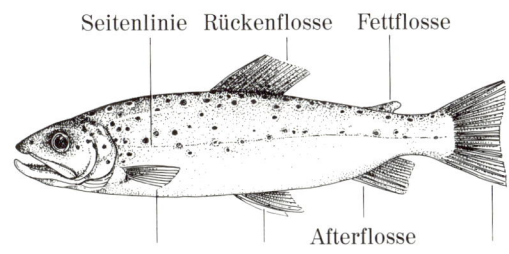

Seitenlinie Rückenflosse Fettflosse

Brustflosse Bauchflosse Schwanzflosse Afterflosse

Klasse: Knochenfische

Die weitaus meisten heute lebenden „Fische" gehören zu den Knochenfischen. Ihren Namen haben sie, weil sie ein festes Skelett aus Knochen besitzen, und auch die Schuppen auf der Haut bestehen aus Knochensubstanz (Knochenplatten). Die meisten dieser Fische haben eine Schwimmblase im Körper, mit der sie sich in den unterschiedlichen Wassertiefen halten können. Mit Hilfe der Seitenlinie nehmen die Fische Änderungen der Wasserströmung wahr.

Die Weibchen legen ihre Eier im Wasser ab, und die Männchen geben ihre Spermien dazu. Man nennt dies „äußere Befruchtung".

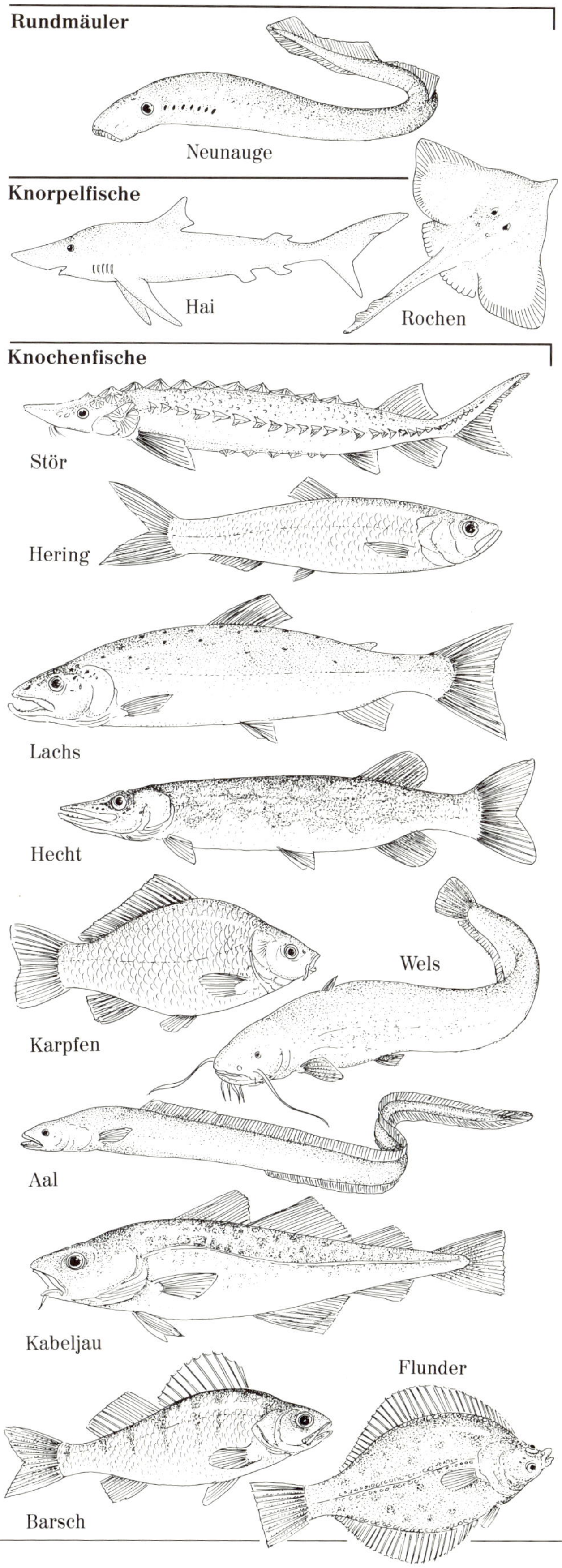

Rundmäuler

Neunauge

Knorpelfische

Hai

Rochen

Knochenfische

Stör

Hering

Lachs

Hecht

Karpfen

Wels

Aal

Kabeljau

Barsch

Flunder

Das Tierreich im Überblick

Klasse: Lurche (Amphibien)

Wie die Fische sind auch die Lurche wechselwarm. Sie haben ein Skelett aus Knochen. In der Haut der Tiere liegen zahlreiche Drüsen, die Schleim absondern. Die Haut wird dadurch feucht gehalten und fühlt sich schleimig an. Bisweilen scheiden die Lurche auch giftige Stoffe aus, die Angreifer abschrecken sollen.

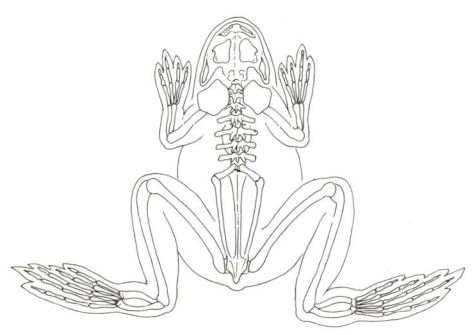

Als erwachsene Tiere leben Lurche überwiegend an Land, meist aber in einer Umgebung mit hoher Luftfeuchtigkeit. Sie atmen mit Lungen. Zusätzlich atmen die Tiere auch über die Haut und über die Schleimhäute im Mund.

Zur Fortpflanzungszeit suchen die meisten Lurche Gewässer auf, um dort zu laichen. Es gibt aber auch eine Vielzahl anderer Formen der Eiablage bei den Lurchen. Manche bauen über einem Gewässer Schaumnester, in denen sich die Eier entwickeln. Baumfrösche wiederum legen ihre Eier auf Bäumen in Hohlräumen ab, die mit Wasser gefüllt sind. Meist werden die Eier (Laich) in Wasser abgelegt und dort befruchtet. Es findet eine äußere Befruchtung statt.

Aus den Eiern schlüpfen irgendwann Larven. Bei den Kröten und Fröschen nennt man diese Larven Kaulquappen. Die Larven entwickeln sich im Wasser weiter. Sie atmen mit Kiemen und haben einen Ruderschwanz mit Flossensäumen, mit dem sie sich gut bewegen können. Später verwandeln sich die Larven: Sie bekommen Beine, der Ruderschwanz bildet sich zurück, und die Tiere können zum Leben an Land übergehen.

Die Lurche lassen sich folgendermaßen einteilen:

Ordnung: Schwanzlurche
Ordnung: Blindwühlen
Ordnung: Froschlurche

Zu den *Schwanzlurchen* gehören zum Beispiel die Salamander, die Molche und der Axolotl. *Blindwühlen* sind Amphibien, die in den Tropen eingewühlt im Boden leben. Sie haben einen wurmförmigen Körper; Beine fehlen den Tieren. Ihre Augen sind meist rückgebildet und liegen unter der Haut oder den Schädelknochen. Zu den *Froschlurchen* zählen die Unken, die Frösche, die Kröten und die Laubfrösche.

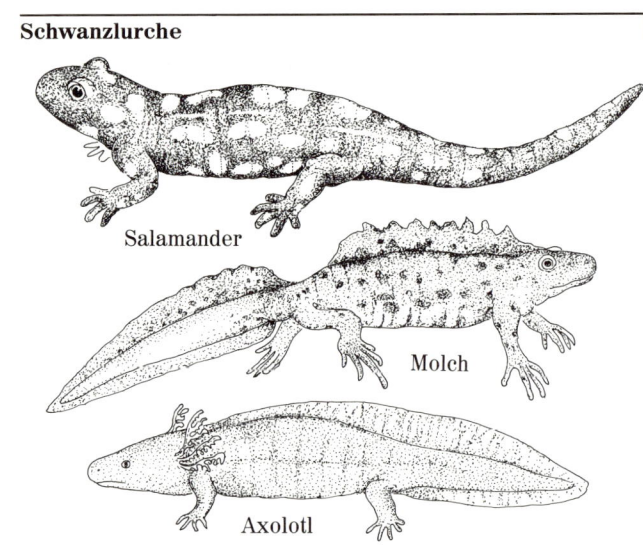

Schwanzlurche

Salamander

Molch

Axolotl

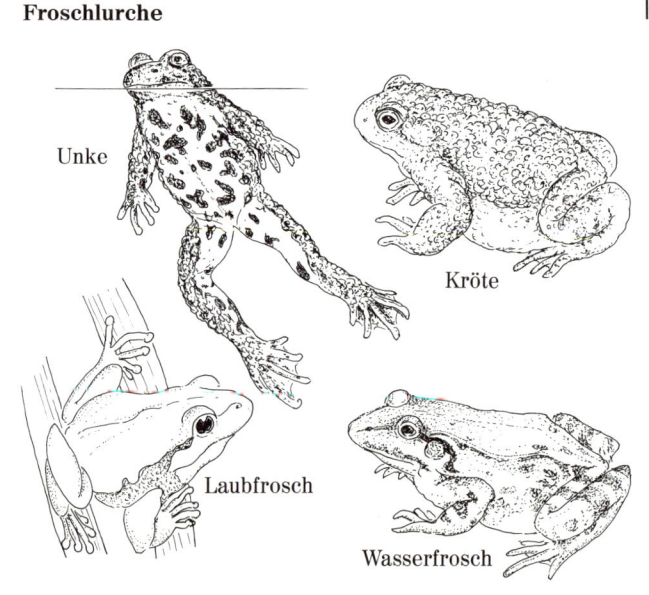

Froschlurche

Unke

Kröte

Laubfrosch

Wasserfrosch

Das Tierreich im Überblick

noch: CHORDATIERE

Klasse: Kriechtiere (Reptilien)

Kriechtiere sind wechselwarm und überwiegend Landbewohner. Doch gibt es auch verschiedene Kriechtiere, die teilweise im Wasser leben (Beispiele: Sumpfschildkröten, Meeresschildkröten, Seeschlangen, Krokodile). Ausgestorbene Kriechtiere sind die Saurier.

Die Haut der Kriechtiere ist mit Hornschuppen bedeckt und trocken. Bei verschiedenen Kriechtieren liegen auch Knochenplatten in der Haut; Drüsen in der Haut sind nur selten vorhanden. Kriechtiere sind folglich unabhängig von der Luftfeuchtigkeit, und man begegnet ihnen in ganz unterschiedlichen Lebensräumen: von Sumpfgebieten bis hin zu den trockensten Gebieten der Erde, den Halbwüsten und den Wüsten.

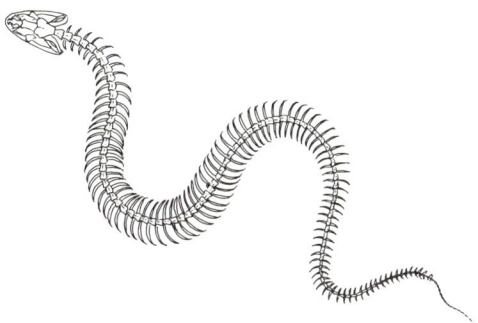

Die Vorder- und Hinterbeine der Kriechtiere sehen fast gleich aus. Bei den Schleichen (Beispiel: Blindschleiche) und den Schlangen sind die Beine aber nur winzig klein, oder sie fehlen ganz. Es findet eine innere Befruchtung statt. Die Eier haben eine pergamentartige Schale, in die manchmal Kalk eingelagert ist. Neben Kriechtieren, die Eier legen, gibt es auch solche, die lebende Junge bekommen (Beispiele: Waldeidechse, Blindschleiche, Kreuzotter). Die Jungtiere sehen den erwachsenen Tieren schon sehr ähnlich.

Die Kriechtiere gliedert man so:

Ordnung: Echsen und Schlangen
Ordnung: Schildkröten
Ordnung: Krokodile

Echsen und Schlangen

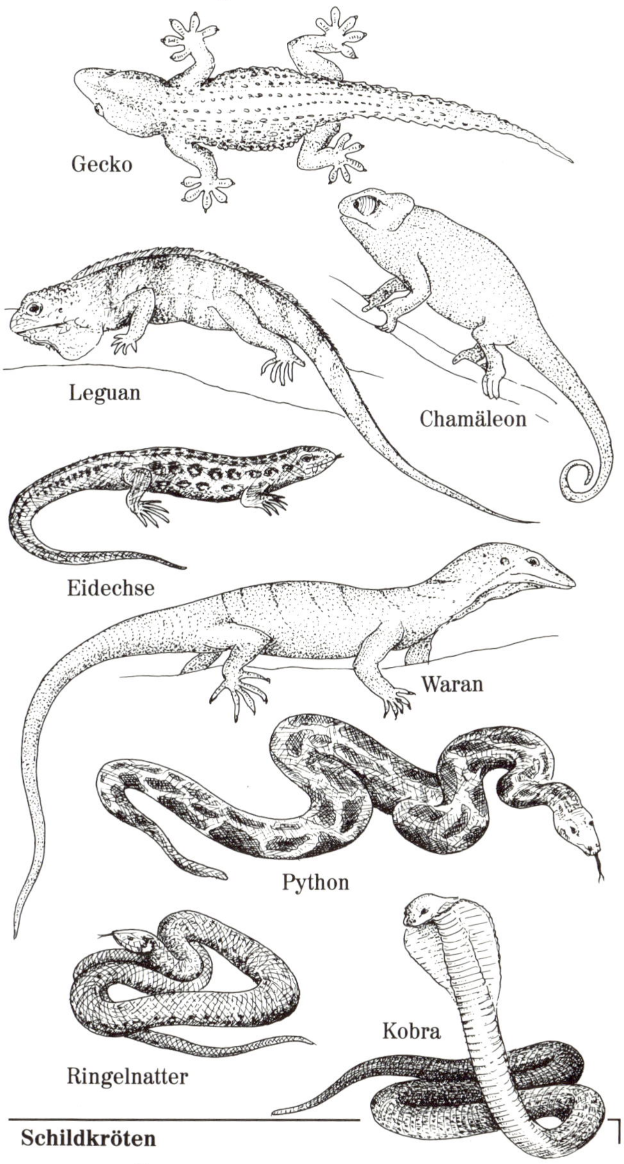

Gecko

Leguan

Chamäleon

Eidechse

Waran

Python

Ringelnatter

Kobra

Schildkröten

Landschildkröte

Sumpfschildkröte

Meeresschildkröte

Krokodile

Alligator

Das Tierreich im Überblick

Klasse: Vögel

Im Gegensatz zu den Fischen, den Lurchen und den Kriechtieren ist die Körpertemperatur der Vögel (und der Säugetiere) unabhängig von der Außentemperatur immer gleich hoch. Vögel sind also gleichwarme Wirbeltiere. Ihr Körper ist durch das Federkleid nach außen gegen Regen, Wind, Kälte und Hitze geschützt. Die Federn isolieren aber auch gegen zu hohen Wärmeverlust von innen heraus.

Das Skelett der Vögel weist einige Besonderheiten auf. Es muß möglichst leicht und trotzdem stabil sein, denn sonst könnten die Tiere nicht fliegen. Viele Knochen haben deshalb Hohlräume, und verschiedene Teile des Skeletts sind miteinander verwachsen. Die hinteren Gliedmaßen dienen den Vögeln zum Laufen und Sitzen; es sind also normale Beine. Aus den vorderen Gliedmaßen sind dagegen die Flügel geworden. Mit ihnen können sich die Tiere in der Luft halten und fortbewegen. Da die Federn an den Flügeln stark beansprucht werden, werden sie regelmäßig bei der Mauser durch neue ersetzt – wie die anderen Federn auch.

Als wichtiges weiteres Merkmal haben alle Vögel einen Schnabel, der wie das Gefieder aus dem festen, aber leichten Baustoff Horn besteht. Der Schnabel wird bei den einzelnen Gruppen der Vögel in ganz unterschiedlicher Weise eingesetzt, und er ist entsprechend gebaut: Greifvögel beispielsweise reißen mit ihrem Hakenschnabel die Beute in Stücke. Spechte zimmern mit ihrem Meißelschnabel Wohnhöhlen in Baumstämme. Grasmücken benutzen den feinen Insektenfresserschnabel wie eine Pinzette. Finken knacken mit ihrem kräftigen Körnerfresserschnabel selbst hartschalige Samen auf. Schnepfen wiederum suchen mit ihrem langen Stocherschnabel im feuchten Boden nach Nahrung.

Als Atmungsorgan dient den Vögeln die Lunge und die anhängenden Luftsäcke. Die am besten ausgebildeten Sinnesorgane sind die Augen und die Ohren. Die meisten Vögel orientieren sich mit den Augen, und die meisten lassen auch Rufe und Gesänge hören.

Nach der Begattung legen die Weibchen Eier, die von einer festen Kalkschale umgeben sind, in oft kunstvoll gebaute Nester. Bis auf wenige Ausnahmen werden die Eier bis zum Schlüpfen der Jungen von den Altvögeln bebrütet. Eine Ausnahme ist der Kuckuck: Das Kuckucksweibchen läßt seine Eier von anderen Singvögeln ausbrüten, die auch die Jungen aufziehen. Bei vielen Vogelgruppen sind die Jungen Nesthocker. Das bedeutet, daß sie erst nach längerer Nestlingszeit flügge werden. Bei anderen Vogelgruppen sind die Jungen Nestflüchter. Sie sind beim Schlüpfen schon recht weit entwickelt und können das Nest nach kurzer Zeit verlassen.

Die Vögel werden von den Forschern in folgende *Ordnungen* eingeteilt:

Flachbrustvögel	Kranichvögel
Röhrennasen	Schnepfen-, Möwen- und Alkenvögel
Pinguine	
Seetaucher	Flughühner
Lappentaucher	Taubenvögel
Ruderfüßer	Papageien
Schreitvögel	Kuckucksvögel
Flamingos	Eulen
Entenvögel	Segler
Neuweltgeier	Kolibris
Greifvögel	Rackenvögel
Falken	Spechtvögel
Hühnervögel	Sperlingsvögel

Das Tierreich im Überblick

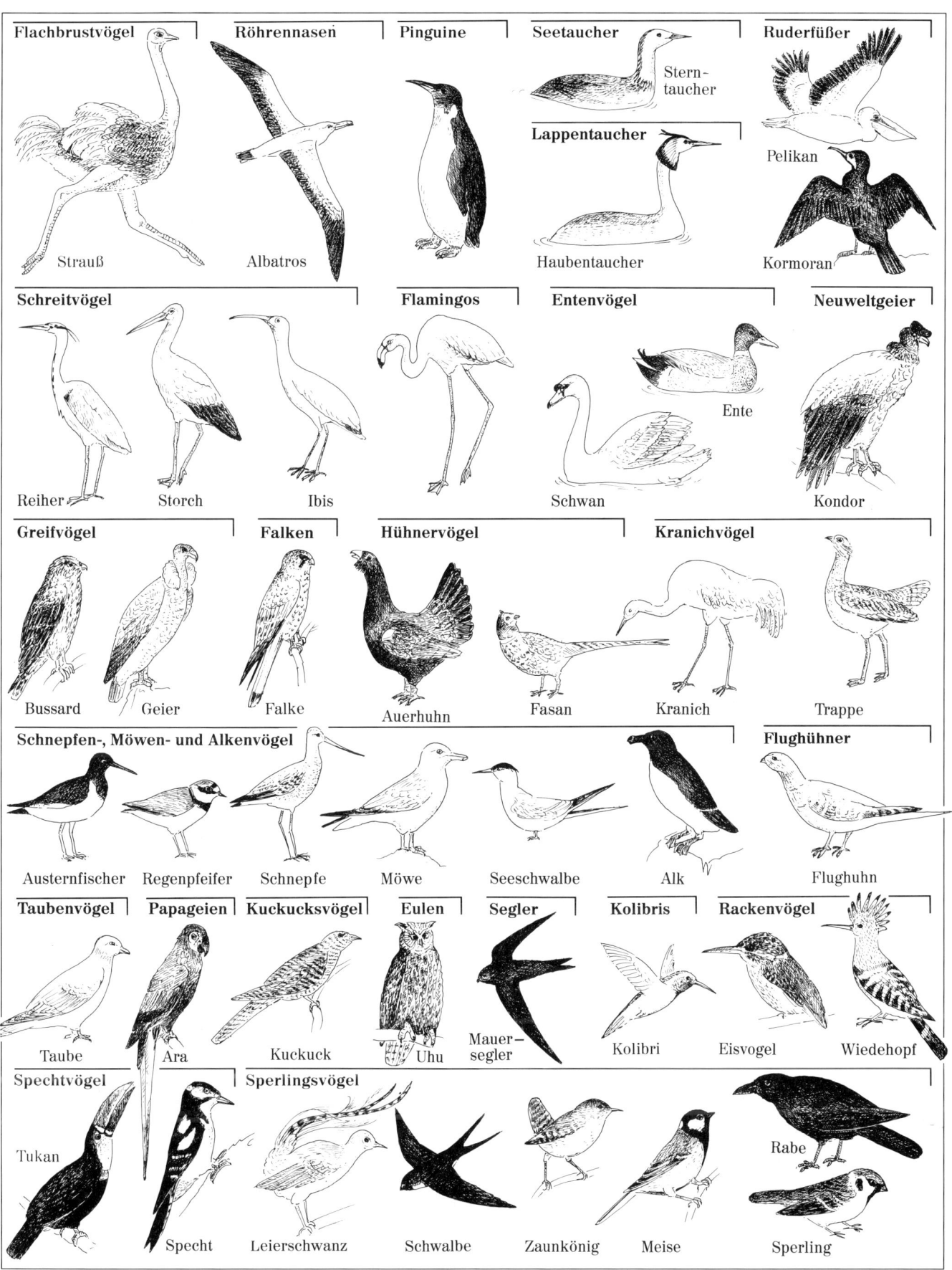

Flachbrustvögel

Strauß

Röhrennasen

Albatros

Pinguine

Seetaucher

Sterntaucher

Lappentaucher

Haubentaucher

Ruderfüßer

Pelikan

Kormoran

Schreitvögel

Reiher   Storch   Ibis

Flamingos

Entenvögel

Schwan   Ente

Neuweltgeier

Kondor

Greifvögel

Bussard   Geier

Falken

Falke

Hühnervögel

Auerhuhn

Kranichvögel

Fasan   Kranich

Trappe

Schnepfen-, Möwen- und Alkenvögel

Austernfischer   Regenpfeifer   Schnepfe   Möwe   Seeschwalbe   Alk

Flughühner

Flughuhn

Taubenvögel

Taube

Papageien

Ara

Kuckucksvögel

Kuckuck

Eulen

Uhu

Segler

Mauersegler

Kolibris

Kolibri

Rackenvögel

Eisvogel   Wiedehopf

Spechtvögel

Tukan   Specht

Sperlingsvögel

Leierschwanz   Schwalbe   Zaunkönig   Meise   Rabe   Sperling

Das Tierreich im Überblick

Klasse: Säugetiere

Säugetiere haben sich wie die Vögel aus Kriechtiervorfahren entwickelt. Viele Gruppen der früheren Säugetiere sind heute ausgestorben. Insgesamt unterscheidet man 19 Säugetier-Ordnungen. Säugetiere sind die höchstentwickelten Wirbeltiere. Die Jungen werden von der Mutter gesäugt. Säugetiere sind gleichwarme Wirbeltiere. Bei Winterschläfern, wie zum Beispiel Fledermäusen, Igeln oder Hamstern, kann die Körpertemperatur zeitweise stark absinken. Ihr wichtigstes gemeinsames Merkmal ist das Haarkleid (Fell), das gegen Witterungseinflüsse schützt und den Körper isoliert. Das Fell wird im Lauf eines Jahres zweimal gewechselt. Im Frühjahr bekommen die Tiere das dünnere Sommerfell, im Herbst bekommen sie das dichtere Winterfell. Sommer- und Winterfell können auch unterschiedlich aussehen. Beim Schneehasen und beim Hermelin ist das Sommerfell braun, das Winterfell weiß. Weitgehend haarlos sind nur Wale, Seekühe und Elefanten.

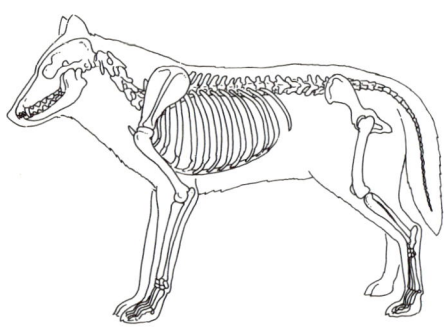

Am Skelett der Säugetiere sieht man einen kräftigen Schulter- und Beckengürtel. An dieser Stelle sind die Vorder- und Hinterbeine mit der Wirbelsäule verbunden. Ein weiteres Merkmal des Skelettes der Säugetiere ist der Schädel, in dem das Gehirn liegt. Das Gebiß wird bei den meisten Säugetieren im Lauf des Lebens einmal gewechselt. Das in der Jugend angelegte Milchgebiß wird später durch ein Dauergebiß ersetzt. Es gibt aber auch Säugetiere, bei denen die Zähne laufend erneuert oder ersetzt werden.

Das Gebiß sieht unterschiedlich aus, je nachdem, ob das Tier überwiegend pflanzliche, gemischte oder tierische Nahrung aufnimmt. Pflanzenfresser haben Backenzähne mit breiten Kronen. Fleischfresser haben kräftige Schneide- und Eckzähne. Insektenfresser haben viele spitze Zähne, mit denen sie die harten Panzer ihrer Beutetiere knacken können. Allesfresser haben Zähne in ihrem Gebiß, mit denen sie sowohl Pflanzen als auch Fleisch zerreißen und zerkauen können.

Alle Säugetiere atmen mit Lungen. Auch die dauernd im Wasser lebenden Wale müssen Sauerstoff aus der Luft aufnehmen. Sie steigen deshalb in Abständen an die Wasseroberfläche, um auszuatmen und frische Luft aufzunehmen. Die wichtigsten Sinnesorgane sind die Augen, die Ohren und die Nase. Tiere mit einer langen Schnauze können meist sehr gut riechen (Beispiel: Hund).

Nach der Begattung und der Befruchtung der Eizellen durch die Spermien entwickeln sich die Jungen im Körper des Muttertieres. Die Tragzeit ist von Gruppe zu Gruppe unterschiedlich (→ Seite 341). Die Jungen werden nach der Geburt mit Milch ernährt, die in besonderen Drüsen gebildet wird. Manche jungen Säugetiere brauchen nach der Geburt noch einige Zeit, bevor sie laufen lernen. Andere können schon bald nach der Geburt schnell rennen und sich vor einem Angreifer in Sicherheit bringen.

Die Säugetiere werden von den Forschern in folgende *Ordnungen* eingeteilt:

Eierlegende Säugetiere (Kloakentiere)	Raubtiere
	Robben
Beuteltiere	Hasenartige
Insektenfresser	Wale
Fledermäuse	Rüsseltiere
Herrentiere (Primaten)	Seekühe
Nebengelenktiere (Zahnarme)	Schliefer
	Unpaarhufer
Schuppentiere	Paarhufer
Nagetiere	

Das Tierreich im Überblick

Eierlegende Säugetiere

Schnabeltier

Beuteltiere

Koala Känguruh

Insektenfresser

Igel

Spitzmaus

Fledermäuse

Fledermaus

Herrentiere

Maki Affe

Nebengelenktiere

Ameisenbär Faultier Gürteltier

Schuppentiere

Schuppentier

Nagetiere

Eichhörnchen Maus Stachelschwein

Raubtiere

Bär Panda Marder Wolf Leopard Hyäne

Robben

Seehund Seelöwe Walroß

Hasenartige

Hase

Wale

Schwertwal Delphin

Blauwal

Rüsseltiere

Elefant

Seekühe

Seekuh

Schliefer

Klippschliefer

Unpaarhufer

Nashorn Zebra Tapir

Paarhufer

Wildschwein

Flußpferd Kamel Hirsch Giraffe Auerochse Antilope Steinbock

Rekorde im Tierreich

Wußtest du schon,…

… daß die Riesenmuschel eine Schale von 1,35 Meter Länge hat?

… daß der ausgestorbene Brontosaurus mit 20 Metern Länge und 50 Tonnen Gewicht das größte Landtier aller Zeiten war? Sein Fußabdruck hatte die Größe einer kleinen Badewanne.

… daß es einen Bandwurm gibt, der 15 Meter lang werden kann?

… daß es tropische Termiten gibt, deren Völker 3 000 000 Mitglieder umfassen?

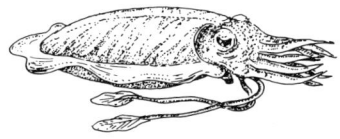

… daß große Tintenfische 18 Meter lang werden können?

… daß das Zikadenmännchen das lauteste Insekt ist? Es ist aus 400 Meter Entfernung zu hören.

… daß die Stabheuschrecke das längste Insekt der Erde ist? Sie kann bis zu 33 Zentimeter lang werden.

… daß ein Blauwal-Baby bei der Geburt 6,5 Tonnen wiegt? Das ist soviel wie 7 Kleinwagen zusammen wiegen!

… daß der Goliathkäfer mit 100 Gramm Gewicht das schwerste flugfähige Insekt ist?

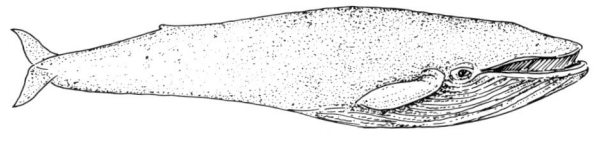

… daß der Blauwal mit 35 Meter Länge und 130 Tonnen Gewicht das größte lebende Tier der Erde ist? Sein Gewicht entspricht dem von 150 Kleinwagen!

… daß ein Kolibri und eine Zwergspitzmaus täglich doppelt soviel fressen müssen, wie sie selbst wiegen?

… daß der kleinste Vogel nur 1,6 Gramm wiegt und eine Spannweite von 7,5 Zentimeter hat? Es ist die Hummelelfe.

… daß ein Stör im Jahr 6 000 000 Eier ablegt, ein Steinbutt sogar 9 000 000?

… daß der Strauß das schnellste auf zwei Beinen laufende Tier ist? Er erreicht eine Geschwindigkeit von 72 Stundenkilometern.

… daß der Wanderalbatros mit 3,20 Meter die größte Spannweite hat?

… daß ein Elefant 7,50 Meter lang und 7,5 Tonnen schwer werden kann? Er wiegt soviel wie 8 Kleinwagen!

… daß Mauersegler im Lauf ihres zwanzigjährigen Lebens im Flug eine Entfernung zurücklegen, die größer ist als der Abstand zwischen Erde und Mond?

… daß sich der Kopf einer Giraffe fast 6 Meter über dem Boden befindet? Das ist fast viermal so hoch, wie du groß bist!

… daß das Ei des ausgestorbenen Madagaskar-Straußes 10 Kilo wog?

Tiere in Zahlen

So schnell können Tiere… …laufen

Afrikanischer Elefant	39 km/h
Bison	55 km/h
Dromedar	50 km/h
Eisbär	65 km/h
Faultier	1,83 m/h
Feldmaus	8 km/h
Flußpferd	48 km/h
Gabelbock	56 km/h
Gartenschnecke	50 m/h
Gepard	120 km/h
Giraffe	51 km/h
Hase	65 km/h
Hauskatze	48 km/h
Löwe	75 km/h
Maulwurf	4 km/h
Panzernashorn	35 km/h
Pferd	36 km/h
Riesenschildkröte	270 m/h
Rotes Riesenkänguruh	80 km/h
Schwarze Mamba	18 km/h
Smaragdeidechse	29 km/h
Strauß	72 km/h
Windhund	110 km/h
Wolf	60 km/h
Zebra	65 km/h

…fliegen

Albatros	70 km/h
Biene	29 km/h
Brieftaube	90 km/h
Eiderente	104 km/h
Fledermaus	50 km/h
Florfliege	2,2 km/h
Hornisse	22 km/h
Libelle	30 km/h
Maikäfer	11 km/h
Mauersegler	180 km/h
Rebhuhn	85 km/h
Schwalbe	65 km/h
Star	81 km/h
Wanderfalke (Sturzflug)	290 km/h
Wanderheuschrecke	16 km/h

…schwimmen

Aal	12 km/h
Delphin	46 km/h
Finnwal	55 km/h
Hai	36 km/h
Lachs	39 km/h
Schwertwal	65 km/h

Die Spannweiten einiger Vögel

Auerhahn	1,30 m
Baßtölpel	1,80 m
Blaumeise	0,20 m
Eichelhäher	0,55 m
Gänsegeier	2,40 m
Goldhähnchen	0,16 m
Höckerschwan	2,60 m
Kiebitz	0,70 m
Kolkrabe	1,25 m
Kondor	2,90 m
Mauersegler	0,35 m
Schleiereule	0,95 m
Seeadler	2,55 m
Wanderalbatros	3,20 m

So viel können Tiere wiegen

Blauwal	130 Tonnen
Elefant	7,5 Tonnen
Nashorn	1500 kg
Steinbock	50 kg
Wildschwein	320 kg
Zaunkönig	8,5 g

So alt können Tiere werden

Wirbellose Tiere:

Auster	12 Jahre
Bandwurm	35 Jahre
Bettwanze	6 Monate
Biene (Arbeiterin)	6 Wochen
Blutegel	27 Jahre
Flußkrebs	20 – 30 Jahre
Flußperlmuschel	100 Jahre
Gottesanbeterin	8 Jahre
Hummer	45 Jahre
Krake	2 – 3 Jahre
Ohrwurm	7 Jahre
Regenwurm	10 Jahre
Strandschnecke	20 Jahre
Stubenfliege	76 Tage
Teichmuschel	9 Jahre
Vogelspinne	15 Jahre

Fische, Lurche und Kriechtiere:

Aal	88 Jahre
Anakonda	31 Jahre
Elefantenschildkröte	150 Jahre
Erdkröte	40 Jahre
Feuersalamander	43 Jahre
Goldfisch	41 Jahre
Guppy	5 Jahre
Laubfrosch	22 Jahre
Mississippi-Alligator	66 Jahre
Stör	152 Jahre
Sumpfschildkröte	120 Jahre
Teichmolch	28 Jahre

Vögel:

Amsel	18 Jahre
Buchfink	29 Jahre
Elster	25 Jahre
Fasan	27 Jahre
Gänsegeier	118 Jahre
Haubentaucher	23 Jahre
Kohlmeise	9 Jahre
Kolkrabe	69 Jahre
Kranich	62 Jahre
Kuckuck	40 Jahre
Mauersegler	21 Jahre
Silbermöwe	44 Jahre
Uhu	68 Jahre
Zaunkönig	5 Jahre

Säugetiere:

Biber	20 – 25 Jahre
Bison	30 Jahre
Braunbär	47 Jahre
Damhirsch	25 Jahre
Dromedar	28 Jahre
Eichhörnchen	12 Jahre
Eisbär	41 Jahre
Elch	25 Jahre
Elefant	70 Jahre
Esel	100 Jahre
Feldhase	8 Jahre
Giraffe	34 Jahre
Goldhamster	4 Jahre
Gorilla	60 Jahre
Igel	14 Jahre
Löwe	30 Jahre
Meerschweinchen	15 Jahre
Orang-Utan	59 Jahre
Pferd	40 – 50 Jahre
Reh	16 Jahre
Siebenschläfer	9 Jahre
Tiger	30 Jahre
Wolf	14 Jahre
Zebra	38 Jahre

Fachwörter aus der Biologie

Allesfresser ernähren sich sowohl von Pflanzen als auch von Tieren. Ihr Gebiß weist deshalb keine besonderen Anpassungen auf; es sind Zähne zum Schneiden, Abreißen und Zermahlen der Nahrung vorhanden.

Amphibien ist der wissenschaftliche Name der Lurche.

Befruchtung nennt man die Verschmelzung einer weiblichen Keimzelle (Eizelle) mit einer männlichen Keimzelle (Spermium).

Begattung heißt der Vorgang, bei der das männliche Tier seine Keimzellen in den Körper des weiblichen Tieres überträgt. Es gibt aber auch die Begattung außerhalb des weiblichen Körpers.

Eizelle nennt man die weibliche Keimzelle. Aus ihr entwickelt sich nach der Verschmelzung mit einer männlichen Keimzelle (Spermium) ein neues Lebewesen.

Fleischfresser nennt man Tiere, die sich vom Fleisch anderer Tiere ernähren. Ihr Gebiß weist typische Merkmale auf: Mit den wie Dolche geformten Eckzähnen hält das Tier seine Beute fest. Die Backenzähne mitsamt den Reißzähnen dienen dem Zerkleinern von Fleischstücken und Knochen. Mit den Schneidezähnen schabt das Tier Fleischreste von den Knochen.

Geschlechtsreif ist ein Tier, wenn es sich fortpflanzen, also Nachkommen hervorbringen kann.

Höhlenbrüter bauen ihre Nester in hohlen Bäumen und anderen vorhandenen Höhlen. Stehen diese nicht in ausreichender Zahl zur Verfügung, kann man den Vögeln durch das Aufhängen von Nistkästen helfen.

Insektenfresser ernähren sich von Insekten. Mit ihren spitzen Zähnen können die Tiere die harten Panzer von Insekten aufbeißen. Zu den Insektenfressern gehören Maulwurf, Igel und Spitzmäuse (aber trotz der Ähnlichkeit des Gebisses nicht die Fledermäuse).

Invasionsvögel kommen unregelmäßig zu uns, meist nur dann, wenn in ihrer Heimat die Nahrung knapp wird (Beispiele: Sibirischer Tannenhäher, Seidenschwanz, Bergfink).

Jahresvögel bleiben das ganze Jahr über im Brutgebiet. In Zeiten mit wenig Nahrung streifen sie bisweilen etwas umher.

Kriechtiere (= *Reptilien*) haben eine mit Hornschuppen bedeckte Haut. Damit sind sie unabhängig von der Luftfeuchtigkeit. Sie können sogar in den trockensten Gebieten der Erde (Wüsten) leben. Ihre Eier haben eine pergamentartige Schale. Die Jungen wachsen ohne Verwandlung heran. Zu den Kriechtieren gehören Echsen und Schlangen, Schildkröten und Krokodile. Ausgestorbene Kriechtiere sind die Saurier.

Laich nennt man die Eier der Fische und Lurche.

Larve heißt das Jugendstadium von Tieren. Die Larve muß noch eine Verwandlung durchmachen, bevor sie zum erwachsenen Tier wird. Kaulquappen sind die Larven der Frösche.

Lurche (= *Amphibien*) leben meist an Land, aber nur in feuchter Umgebung. Ihre Eier (Laich) legen sie in Wasser ab. Auch die Jungen (Larven) entwickeln sich auch im Wasser und machen eine Verwandlung durch. Danach können sie an Land leben. Zu diesen Tieren gehören die Schwanzlurche (Salamander, Molche), die Blindwühlen und die Froschlurche (Unken, Frösche, Kröten, Laubfrösche).

Nagetiere weisen vorn in ihrem Gebiß auffällige Nagezähne auf. Es sind umgebildete Schneidezähne (Beispiele: Eichhörnchen, Mäuse und Ratten, Hamster, Siebenschläfer, Bisamratte und Biber).

Nestflüchter schlüpfen schon recht weit entwickelt aus dem Ei. Sie können bald darauf das Nest verlassen (Beispiele: Stockente, Fasan, Kiebitz).

Nesthocker schlüpfen nackt und blind aus dem Ei. Das Nest verlassen die meisten Nesthocker erst, wenn sie flügge sind.

Fachwörter aus der Biologie

Paarhufer sind Säugetiere, die mit zwei Zehen auftreten. Die Zehen sind durch eine Hornkapsel, den Huf, geschützt. Zur Ordnung der Paarhufer zählen Mufflon, Wildschwein, Reh.

Pflanzenfresser ernähren sich von Pflanzen, oft aber nur von Teilen der Pflanzen. Im Gebiß der pflanzenfressenden Säugetiere fallen breite Zähne auf, mit denen die Nahrung zermahlen wird.

Plankton ist der Oberbegriff für alle Lebewesen, die im Wasser eines Weihers oder Sees schweben. Die Lebewesen sind sehr klein und haben oft eine ungewöhnliche Form. Beispiele sind kleine Algen, Rädertiere, Hüpferlinge und Wasserflöhe.

Reptilien ist der wissenschaftliche Name der *Kriechtiere*.

Säugetiere ernähren ihre Jungen in deren ersten Lebenszeitspanne mit Muttermilch. Die Milch wird im Körper der Mutter gebildet. Zu den Säugetieren gehören beispielsweise Eichhörnchen, Rotfuchs, Rothirsch.

Skelett ist der Oberbegriff für die Gesamtheit aller Knochen im Körper der Wirbeltiere. Es gibt dem Körper (zusammen mit Gelenken, Sehnen und Muskeln) Form und den Organen Halt.

Sommervögel verbringen nur die Brutzeit (bei uns den Sommer) in einem bestimmten Gebiet, um zu brüten. Die übrige Zeit des Jahres halten sie sich in anderen Gegenden auf.

Spermium nennt man eine männliche Keimzelle (Mehrzahl: Spermien). Zusammen mit Stoffen, die von Drüsen ausgeschieden werden, bilden die Keimzellen das Sperma.

Teilzieher verlassen ihr Brutgebiet nicht regelmäßig. Es ziehen auch nicht alle Vögel weg, sondern oft nur ein Teil. Ein älterer Begriff ist *Strichvögel*.

Tragzeit nennt man bei Säugetieren die Zeit von der Befruchtung der Eizellen bis zur Geburt der Jungen.

Unpaarhufer sind Säugetiere, bei denen die mittlere Zehe besonders stark entwickelt ist.

Wechselwarme Wirbeltiere sind die Fische, die Lurche und die Kriechtiere. Ihre Körpertemperatur wechselt mit der Temperatur der Umgebung.

Wiederkäuer nehmen schwerverdauliche Nahrung mit wenig Nährstoffen auf. Um die Nahrung besser verwerten zu können, würgen sie sie aus dem Magen noch einmal hoch und kauen sie erneut durch (Beispiel: Rind).

Winterruhe nennt man den Zustand, in dem verschiedene Tiere überwintern. Jetzt laufen viele Körpervorgänge sehr langsam ab. Die Tiere wachen von Zeit zu Zeit auf, etwa um zu fressen.

Winterschlaf halten beispielsweise die Fledermäuse und der Igel. Um die kalte, nahrungsarme Jahreszeit zu überstehen, suchen die Tiere geschützte Plätze auf. Alle Körpervorgänge sind stark verlangsamt. Mit dem beginnenden Frühjahr erwachen die Tiere und nehmen ihre normale Lebenstätigkeit wieder auf.

Winterstarre nennt man den Zustand, in dem die wechselwarmen Wirbeltiere (Lurche und Kriechtiere) den Winter überdauern. Die Körpertemperatur gleicht der Temperatur der Umgebung. Herzschlag, Atmung und Stoffwechsel sind stark herabgesetzt. Die Tiere sind dann regungslos.

Wirbeltiere sind alle die Tiere, die ein knöchernes Skelett im Inneren ihres Körpers besitzen. Zu den Wirbeltieren gehören Fische, Lurche, Kriechtiere, Vögel und Säugetiere.

Zoologen nennt man die Forscher, die sich mit der Tierwelt beschäftigen.

Zugvögel verbringen einen Teil des Jahres regelmäßig außerhalb des Brutgebietes. Ursache für die Wanderungen ist meist Nahrungsknappheit. Beispiele: Weißstorch, Kuckuck, Mauersegler, Mehl- und Rauchschwalbe. Ein neuerer Begriff für die Zugvögel ist *Sommervögel*.

Register

Araraunas

Register

Kasuar

Register

Monarch

Register

Robbe (Weddell-Robbe)

Wasserschweine

Register

Bildquellennachweis

Giraffen auf der Flucht

Dr. Eckart Pott, Stuttgart: 1, 3, 4 ol, 4 or, 4/5, 5 ol, 5 or, 6, 7, 8/9, 11 o, 12, 14, 15 o, 15 u, 16, 17 u, 19 m, 20 o, 20 u, 21 o, 22 o, 23 m, 23 u, 24 m, 26, 27 m, 27 u, 28 o, 29 u, 30 o, 30 u, 32 o, 33, 34, 35, 38 m, 38 u, 39 o, 39 m, 40 o, 43 m, 45, 46 o, 46 u, 47, 48, 49 o, 49 m, 50 u, 53 o, 54 u, 55 o, 56 o, 56 u, 57 o, 57 u, 58 u, 59 m, 59 u, 60, 61 o, 62 u, 63 o, 63 m, 64 o, 64 u, 65, 66, 67 u, 68 o, 68 u, 71 o, 72, 74 o, 74 u, 78 o, 80 o, 81 u, 82 o, 83 m, 83 u, 84, 85 o, 85 m, 85 u, 86, 88 o, 88 u, 89 m, 89 u, 90, 91 o, 91 u, 92, 93 m, 98, 105 o, 105 u, 106 m, 107 u, 110 u, 111 o, 113, 114 u, 115 u, 116 o, 116 u, 117 o, 117 u, 119 u, 121 o, 122, 123 o, 123 u, 128, 129 o, 131 o, 131 m, 133 m, 135, 136 u, 138, 141, 142 o, 142 u, 143 o, 144 o, 144 u, 146, 147 u, 148 ol, 151, 152 o, 152 u, 153 o, 153 u, 155 u, 157, 160 m, 160 u, 161 o, 161 u, 162 u, 163 o, 163 u, 164 o, 165 u, 169 u, 170 m, 172 o, 175 o, 176 o, 176 u, 178, 181, 183 o, 183 u, 184 u, 189 u, 190 u, 191, 192 o, 192 u, 195 o, 197, 198, 199, 200 m, 200 u, 201 o, 201 u, 202, 203 o, 203 ul, 203 ur, 204, 205 o, 205 m, 205 u, 206 u, 207 m, 208, 211 u, 212 o, 213 o, 213 u, 215 o, 216, 217 o, 217 u, 218, 219, 220 o, 220 u, 221 o, 222 o, 222 u, 223 o, 223 m, 223 u, 224 u, 226 o, 226 u, 227 u, 228 o, 228 u, 229, 230 o, 230 u, 231, 232, 233 m, 235 u, 237, 238 o, 238 u, 239 o, 239 u, 240, 242 o, 243 u, 244, 245 o, 245 m, 247 o, 247 m, 248 o, 249 o, 249 m, 250, 252 o, 253 m, 253 u, 255, 257 o, 258 o, 258 m, 259, 260 o, 260 u, 261 u, 262 o, 262 m, 263 o, 263 u, 266 u, 267 o, 270, 271 o, 272 m, 272 u, 275 o, 275 u, 277 o, 277 u, 278 m, 278 u, 279 o, 279 u, 280 o, 280 m, 282 m, 282 u, 283 o, 283 u, 284, 285 o, 287 u, 288 m, 289 o, 291, 292 o, 294, 295 o, 295 m, 295 u, 296 o, 297, 298 u, 299 u, 300 o, 300 u, 301 m, 303 o, 304 u, 306 u, 307 u, 308, 310 o, 313, 314, 315, 318, 319 u, 322, 344, 347, 348, 349, 352

Hans Reinhard, Eiterbach: 10, 11 u, 13 o, 19 u, 21 u, 22 m, 25 o, 25 u, 28 u, 29 m, 31, 40 m, 41, 42, 43 u, 44, 50 m, 51 o, 51 u, 52, 53 m, 54 o, 55 u, 58 o, 62 o, 67 o, 70, 70 u, 71 u, 73, 75 o, 76 o, 78 u, 79, 80 u, 82 u, 87, 94, 95 o, 95 u, 96, 97 o, 97 u, 99 o, 99 u, 100, 101 o, 102, 104, 106 o, 107 m,

108 o, 108 u, 109 o, 109 u, 110 o, 111 u, 112 o, 115 o, 118, 119 o, 124, 125 m, 125 u, 126 o, 127 o, 127 u, 130 o, 131 u, 132 o, 132 u, 133 u, 134 o, 136 m, 137 o, 137 u, 139, 140 o, 143 u, 145, 147 o, 150 o, 150 u, 154, 155 o, 156 o, 158 m, 159, 164 u, 166, 167 u, 168 o, 168 u, 169 m, 170 u, 171 m, 171 u, 172 u, 174 o, 174 u, 175 u, 177 o, 177 u, 179, 184 o, 186, 188 o, 188 u, 189 o, 190 o, 193 o, 194 m, 194 u, 195 u, 196 u, 206 o, 207 u, 210, 212 m, 215 u, 221 u, 225 o, 227 m, 233 u, 234, 235 o, 236 u, 241, 245 u, 251 m, 252 u, 261 o, 264 u, 266 o, 267 m, 268, 269 o, 274 o, 274 u, 276, 281 o, 281 u, 287 m, 288 o, 289 u, 290, 292 m, 293, 296 u, 298 m, 301 o, 302 u, 309 o, 309 u, 311 u, 312, 316, 317 o, 317 u, 319 o, 321 o, 321 u, 324 o, 324 m, 325

Bildarchiv OKAPIA, Frankfurt/Main: J. Cancalosi: 101 u; J. A. L. Cooke: 286 u; A. Famula: 156 u; D. Faulkner: 254; J. Foott: 256; G. Kiepke: 61 u; W. Kratz: 37 u, 77 m; L. Lemoine: 24 u; W. Lummer: 121 u; R. Maier: 160 o; L. Martinez: 17 o; T. McHugh: 103, 120, 187 u, 209, 257 u, 267 u; B. McRae: 246; K. Mühlmann: 158 u; Okapia: 193 u, 269 u; R. Packwood: 75 u; P. Parks: 77 u; M. Reardon: 13 u; B. Reif: 140 m; A. Root: 18, 185; L. L. Rue: 32 u; D. Shale: 112 u; K. G. Vock: 76 m; K. Wernicke: 211 o

Bildarchiv Harald Lange, Leipzig: T. Angermayer: 165 o, 236 o, 285 m, 286 o, 305, 350; S. Köster: 224 o, 249 u; H. Lange: 255 u, 264 o; H. Pfletschinger: 180 o, 180 m, 323 o; G. Ziesler: 69

Friederike Naroska, Tübingen: 36, 37 o, 114 o, 126 u, 129 m, 129 u, 130 u, 173, 196 o, 239 m, 242 u, 243 o, 299 o, 299 m, 303 u, 304 o, 310 u, 320

Winfried Wisniewski, Waltrop: 81 m, 93 o, 134 u, 148 or, 149, 162 o, 187 o, 248 u, 251 o, 271 u, 273, 306 m, 307 o, 311 o, 323 m

Manfred Danegger, Billafingen: 167 o, 182, 214, 265 o, 265 u, 302 m

(u = unten; m = mitte; o = oben; l = links; r = rechts)